아픈 아동과 그 가족의 건강한 삶을 지원하는

병원아동생활전문가

| 진혜련 · 이혜미 · 임귀자 공저 |

학지사

서문

●
●
●

　질병을 앓고 있는 아동 환자 및 그 가족이 '병원'이라는 새로운 상황과 치료과정에 잘 적응하고 대처할 수 있도록 정서적 · 인지적 도움을 지원하는 병원아동생활전문가(Certified Child Life Specialist: CCLS)는 미국이나 영국 등 여러 국가의 아동병원이나 관련 기관에서 왕성하게 활동하고 있는 전문 직업군이다. 하지만 우리나라에서 병원아동생활전문가는 아직 낯설고 생소하다. 국내에 처음 소개되고 양성과정이 시작된 것은 2015년 고용노동부가 신직업 창출 프로그램의 한 부분으로 병원아동생활전문가 사업공모를 하기 시작하면서부터이다. 이 공모에 상명대학교가 제1회 병원아동생활전문가 양성 프로그램 운영기관으로 선정되었으며, 약 1년간에 걸쳐 교육과정이 운영되었다. 당시 여러 상담전문가, 소아과 전문의, 간호사 등 각 분야 전문가들이 소아질환, 아동발달, 아동이상심리, 상담기법 등을 심층적으로 다루어 교육하였으며, 그 결과 2015년 12월에 50명의 병원아동생활전문가가 배출되었다. 이후 2017년부터 3년간 광주여자대학교에서 아동병원전문케어 서비스 구축을 통한 일자리창출지원사업의 일환으로 '병원아동보호사 인력양성 과정' 교

육을 실시해 매해 40~50명의 전문가가 양성되었으며, 점차 그 영역이 확대
되어 광주여자대학교를 포함한 창원대학교, 울산대학교 등이 2020년 현재
일자리 창출을 위한 교육에 참여하고 있다. 이 외에 다른 대학 및 기관도 이
직업군 창출에 관심과 지원을 기울이고 있다.

　이처럼 민관이 협업하여 기존에 배출된 전문가 인력은 물론 향후 보다 질
높은 교육프로그램 개발과 병원아동생활전문가를 전문 직업군으로 안착시
키고자 하는 노력에 발맞추어 고용노동부도 전문가를 초청하여 여러 번 자문
회의를 주최해 심도 있는 논의를 하였다. 논의 과정에서 이 직업군의 안정화
를 위하여 여러 다른 국가의 실례를 참고했을 때 우선 민간으로서의 움직임
이 필요하다는 의견이 모아지게 되었다. 이에 제1회 병원아동생활전문가 운
영 및 자문 기관으로 협업하였던 마음돌봄상담센터가 이 직업군의 전문화를
위하여 2017년에 '병원아동생활전문가 2급, 1급' 민간자격을 등록하였다.

　자격과정의 내실화를 위하여 전문가들의 검증된 자격교육 지침서가 필요
해졌으며, 정확한 지침을 제공하는 병원아동생활전문가 교재 개발의 필요성
이 시급하게 되었다. 이에 병원아동생활전문가의 발전에 있어 교육과정 속에
서 실천가로 함께해 왔던 저자들은 병원아동생활전문가를 국내의 직업군으
로 자리 잡을 수 있도록 하는 과정에서 지침이 될 수 있는 통일된 교재의 필요
성을 절감하고 함께 뜻을 모아 집필하게 되었다.

　이 책은 국외의 병원아동생활전문가 전문 교재와 지금까지 각 대학교별
로 다루었던 내용 중 공통된 부분을 바탕으로 국내 실정에 맞도록 구성하였
으며, 국내 병원아동생활전문가가 숙지해야 할 부분을 전반적으로 다루고 있
다. 여기에는 아동의 병리에 대한 기본적인 이해를 위한 소아질환 영역, 신체
적 어려움을 가지고 있는 아동을 이해하기 위한 병원아동에 대한 이해 영역,
아동의 발달적 · 심리적인 부분에 대한 이해와 아동이 병원치료에서 부정적
인 정서를 해소할 수 있도록 돕기 위한 아동발달, 아동심리에 대한 영역 그리

고 병원아동생활전문가로서의 활동을 위하여 실제로 사용할 수 있는 다양한
상담기법[각종 매체를 통한 상담기법(놀이, 미술 등), 부모상담, 집단상담기법] 등
이 담겨 있다. 차례별로 제1장부터 제8장까지는 제1회 병원아동생활전문가
과정의 운영 및 실습을 담당한 진혜련 소장과 이혜미 소장이 국외 병원아동
생활전문가 자료와 기존 교육과정을 토대로 정리하였고, 제9장은 광주여자
대학교 임귀자 교수가 담당하였다. 제1장에서는 병원아동생활전문가의 필
요성·정의·역할을 논의하였고, 제2장과 제3장에서는 아동의 발달단계별
이해와 소아질환의 이해로 영아기·유아기·학령기 질환 등을 다루고 있으
며, 제4장에서는 병원아동에 대한 심리·정서·행동에 대한 이해를 돕고자
하였다. 제5장부터 제7장까지는 병원아동생활전문가의 실제를 구체적으로
다루고 있으며, 제8장에서는 국외 병원아동생활전문가의 동향을 다루었다.
마지막으로 제9장에서는 병원아동생활전문가 영역에서 숙지해야 할 아동권
리·아동복지·아동학대·미디어 중독에 대한 쟁점들을 대략적으로 논의하
고 있다. 부록에서는 「병원아동생활전문가의 윤리강령」과 「유엔아동권리협
약」을 제시함으로써 아동인권의 필요성을 다시 한번 강조하였다.

　이 책이 병원아동과 그 가족들 그리고 사회에 정말로 필요한 병원아동생활
전문가가 양성되는 데 조금이나마 도움이 되길 바라며, 끝으로 이 책을 펴낼
수 있도록 도와주신 학지사 김진환 사장님과 편집과 교정 과정에서 수고해
주신 박수민 선생님께 진심으로 감사드린다.

2020년 1월
저자 일동

차례

병원아동생활 전문가

1. 병원아동생활전문가의 필요성

우리나라에 병원아동생활전문가(Certified Child Life Specialist: CCLS)란 직업군이 소개된 지는 그리 오래되지 않았다. 영국의 경우 아동에 대한 발달지식과 의료지식을 갖춘 병원아동생활전문가는 아동 환자 15명당 1명이 배치될 정도의 대중적 직업으로 인정받고 있으며, 2012년 미국에서 활동하는 병원아동생활전문가는 약 4,000여 명 정도에 달한다(CLC, 2012). 현재 미국의 병원아동생활전문가협회(Child Life Council: CLC)와 양해각서(Memorandom of understanding: MOU)를 맺고 활동하고 있는 나라는 총 8개 국가(영국, 일본, 스위스, 캐나다, 쿠웨이트, 호주, 뉴질랜드, 남아프리카)이며, 각 국가의 사정에 맞게 병원아동생활전문가 자격증 조건과 활동의 영역을 확장·운영하고 있다.

이러한 움직임과는 달리, 현재 국내의 병원에서 병원아동생활전문가라는 직업군은 전무한 실정이다. 현재는 아동의 병원 생활을 돕기 위하여 진료나 치료 시 아동이 공포나 불안감을 덜 느끼도록 아동 친화적으로 실내를 꾸민 아동전문병원병동이 존재하거나, 병원 소속의 직업인이 아닌 자원봉사자나 프리랜서 치료사들이 간혹 장기 입원하고 있는 아동 환자의 숙제를 돌봐 주거나 집단 프로그램 활동 등을 하는 정도에 의존하고 있는 상황이다.

하지만 병상에 있는 아동의 복지와 권리를 존중하고 아동과 그 가족의 삶의 질을 높이기 위한 권익 차원에서 아동의 심리사회학적 발달에 초점을 맞추고 아동 환자와 그 가족이 스트레스에 효과적으로 대응하도록 돕는 전문가와 전문적 서비스의 필요성이 점차 강조되었다. 이에 국내에서는 2015년 처음으로 고용노동부가 병원아동생활전문가를 '신직업군'으로 소개하면서 이 직업군에 대한 훈련 프로그램의 개발과 보급의 움직임이 일어났다. 이후 여러 해를 거치며 민·관이 함께 협업하여 지역 내 전문인력 양성 및 일자리 창출을 위한 노력을 하고 있는 상태이다.

아동이나 성인 모두 병원에 대한 공포심은 있기 마련이다. '병원' 하면 소독약 냄새, 뾰족한 주삿바늘, 아이들의 비명과 상처 그리고 아픔의 눈물 등이 떠오르며 자연스럽게 공포감이 찾아온다. 더욱이 오랜 기간 아프고 질병과 싸워야 하는 아동은 부모와의 분리, 익숙하지 않은 환경, 어려운 치료과정, 죽음과 손상에 대한 두려움으로 인하여 정서적으로 불안과 두려움이 높을 수밖에 없다. 또한 치료과정에 대한 이해가 아직 어려운 아동은 치료과정을 수동적으로 받아들여야 하는 입장이므로 예측하지 못하는 두려운 상황에 자주 부딪히게 되고, 이러한 상황은 아동에게 자율과 통제감을 상실하는 경험을 하게 한다.

발달단계에 따라 이 과정이 아동에게 미치는 영향은 각각 다를 수 있다. 자기개념이 확실히 서지 않은 발달단계에 있는 아동인 경우 이러한 고통과 예측할 수 없는 경험으로 인하여 자기에 대한 개념 그리고 타인과의 관계를 통한 자기개념 등이 위태롭게 될 수밖에 없으며, 이로 인하여 죄책감, 고통과 격한 분노의 감정을 경험하는 것이 반복되어 전반적인 짜증, 퇴행, 발작, 공격, 투약 거부 등의 행동 등을 보일 수 있다. 또한 성장기 아동이 입원할 경우 환경적인 영향, 즉 가족이나 학교 또래와의 일상적인 생활을 떠나서 병원이나 질병이라는 낯선 환경에서의 치료과정을 통해 많은 불편한 자극에 적응해야 하는 상황은 질병으로 인한 고통뿐 아니라 또 다른 차원인, 불안, 분노 등과 같은 정서적인 변화를 강하게 경험하게 한다. 이처럼 입원과 여러 치료를 위한 의료경험은 각 발달단계에 따라 아동에게 각기 다른 영향을 미치게 된다.

북아메리카의 의료연구진들은 이러한 영향의 심각성을 인지하여 병원아동의 스트레스와 두려움을 최소화하기 위한 해결책에 대하여 연구하게 되었다. 이 연구를 통해 밝혀진 해결책들은 '병원아동생활 프로그램'이라는 명칭으로 불리며 1971년 이후 미국 소아과학회에 의해 공식적으로 승인되었고 점차 그 필요성과 중요성이 입증되어 갔다. 맥쿠 등(McCue et al., 1978)은 이 중요성에 대한 조사를 국립 아동 병원 및 관련기관(NACHRI)의 병원 관리자들을 대상으로 실시하였는데, 이 조사에 따르면 '병원아동생활 프로그램'의 필요성에 대해서 80%가 '필수적이다'라고 생각한다고 답했고, 20%는 '중요하다'고 말했으며, '관련이 없다'고 말한 사람은 단 한 명도 없었다. '병원아동생활 프로그램'의 중요성이 점차 인지됨에 따라 그 영역에 전문가가 필요하게 되었고, 그러한 움직임은 최초로 1917년, 1922년, 1932년을 이어가면서 병원에서 '아동들을 위한 놀이프로그램'을 운영하며 서서히 구체화되기 시작하였다(Rutkowski, 1978). 하지만 그 시기의 활동은 아직 미비하였고 이후 본격적인 '병원아동생활 프로그램'의 확산 운동은 클리블랜드의 엠마 플랭크(Emma Plank)와 필라델피아의 메리 브룩스(Mary Brooks)로 인하여 1950~1960년대에 가장 크게 이루어졌다. 이러한 시도는 그 시기에 굉장히 낯설고 새로운 것이었으며, 그 활동 영역이나 업적 또한 매우 선구적이었고 매우 큰 영향력을 미쳤다. 현재 미국의 120가지 '병원아동생활 프로그램' 중 18% 정도가 1959년 이전에 개발된 것이라는 점을 미루어 보아도 이 시기의 확산 운동이 얼마나 열정적이었고 많은 진전을 보였는지 짐작할 수 있다. '병원아동생활 프로그램'과 연관된 인력들의 조직도 결성되었는데 최초 조직인 병원아동보호연합 (the Association the Care of Children in Hospitals)—현재의 아동건강보호연합 (the Association for the Care of Children's Health)—은 1967년에 설립된 이후 빠르게 확산되어 1979년에는 북미병원아동생활 프로그램이 미국과 캐나다에서만 270개에 달했다.

당시 이 프로그램 관계자들은 다양한 분야의 전문가로 구성되었는데, 루트코우스키(Rutkowski, 1978)의 조사에 따르면 미국 내 '병원아동생활 프로그램' 전문가의 30%는 아동발달 분야의 배경을 가졌고, 29%는 교육 분야, 15%는 레크리에이션 분야, 나머지는 심리학, 소아과(pediatrics), 간호학 등의 배경을 가지고 있다고 밝혔다. 또 다른 미국과 캐나다의 '병원아동생활 프로그램' 연구에서 마더와 글래스러드(Mather & Glasrud, 1980)는 병원아동생활 프로그램의 운영자들의 20%는 아동발달 분야, 21%는 교육 분야, 그리고 23%는 레크리에이션 치료 분야, 그리고 나머지는 다른 다양한 분야의 전문가들이라고 밝혔다. 이 연구에서는 병원아동생활 프로그램 운영자들의 59%가 학사학위를 가지고 있고 대략적으로 전체 프로그램의 1/4에서 한 명 혹은 그 이상의 인원이 석사 학위자였고, 두 개의 프로그램은 박사학위를 가진 인원들도 보유하고 있다고 설명하였다(Mather & Glasrud, 1980).

이러한 연구들을 미루어 보아 병원아동생활전문가는 다양한 전문가로 구성되어 있으면서도 이들 모두 아동발달에 대한 이해를 기본으로 하고 있으며, 놀이와 레크리에이션 그리고 교육 분야의 지식을 가지고 있다는 것을 알 수 있다. 이처럼 병원아동생활전문가는 아동의 발달을 이해하고 아동을 잘 수용하고 공감하는 능력을 기본 바탕으로 의료적 경험을 다루는 데 발달적으로 접근할 수 있으며, 아동의 전형적인 놀이와 행동을 잘 알고 활용할 수 있어야 하며, 질병에 대한 자료, 도구 등을 개발하고 적절히 다루는 능력을 갖추어야 한다. 그러므로 병원아동생활전문가를 양성하기 위한 교육과정과 자격 기준은 각 나라의 기준에 맞게 엄격하게 지켜져야 한다.

영국의 경우 '병원놀이전문가(Hospital Play Specialist)'라는 이름으로 이 직업군이 활동하고 있다. 이들은 아동 발달 및 의료지식을 갖고 아동 환자의 병원생활을 도와주는 전문가들로, 아동 환자 15명당 1명이 배치될 정도로 대중적인 직업으로 인정받고 있다. 영국에서는 관련 학위와 2년 이상 아동을 다룬 경험이 있는 자에게 병원놀이전문가를 취득할 수 있는 자격을 준다. 이들은 아동 관련 기초 이론수업과 실습, 직업윤리 교육으로 구성된 기초훈련 교육 과정을 마친 후 병원놀이전문가 교육기관에서 운영하고 있는 기본 학위(foundation degree) 과정을 수료해야 한다. 이 학위 과정에는 소아질병, 서비스 대상에 대한 이해, 심리학, 사회복지, 직업치료 등이 교과목으로 구성되어 있다. 이 교육과정의 주요 목적은, 첫째, 병원에서의 경험으로 생긴 걱정과 스트레스에 직면한 아동을 돕는 것이며, 둘째, 의료기관에 있는 동안과 이후 집으로 돌아간 후에 아동의 정상적인 성장과 발달을 향상시키기 위함이다.

미국의 경우, 병원아동생활전문가가 되기 위하여 학사학위 이상의 학력을 요구하고 있다. 몇몇 대학에서는 학사 · 석사 과정에 아동생활(Child Life) 전공 프로그램을 제공하고 있으며, 이 전공에서는 미국 병원아동생활전문가협회에서 제공하는 병원아동생활전문가자격을 취득할 수 있는 과목을 포함하고 있다. 전공 학위를 받지 않은 자들이 병원아동생활전문가가 되기 위해서는 아동생활, 기타 관련 분야에서 보통 12~15주의 훈련 기간의 경험과 최소 10개 과목 정도의 교육과정을 이수해야 하고 총 480시간의 인턴십 과정 이후 최종 자격검증 시험에 합격한 자에 한하여 자격이 부여된다. 현재는 보수 교육의 중요성과 자격 기준이 강화되는 실정이다. 이 과정을 운영하고 있는 대학은 보스톤의 휘록 대학(Wheelock College), 캘리포니아 오클랜드의 밀스 대학(Mills College), 뉴욕의 유티카 대학(Utica College), 시카고의 노스이스턴 일리노이스 대학교(Northeastern Illinois University), 오하이오의 보울링그린 주립대학교(Bowling Green State University), 위스콘신의 에지우드 대학(Edgewood College) 등이며, 이 대학들은 자체적인 교육의 검열과 자격 기준을 엄격하게 운영하고 있다(Stanford, 1980).

2. 병원아동생활전문가의 역할

진수 이야기

활동적이고 명랑한 여섯 살의 진수는 부모와 일곱 살인 형 영수와 함께 시내에서 약간 떨어진 작은 집 2층에서 살고 있었다. 진수의 어머니는 좁은 아파트에서 뛰어다닐 때 항상 주의를 주곤 했지만, 어린 진수에게는 소용이 없었고 형과 놀 때면 더욱 그랬다.

사고가 났던 오후, 형 영수는 진수가 골라인에 해당하는 주방에 전속력으로 뛰어올 때 얼른 그를 막아야 한다고 생각하고 있었지만 자신의 빠른 속도와 민첩성을 뽐내고 싶은 진수는 자신을 막으려는 형의 움직임을 피해 주방으로 돌진해 갔다. 바로 그때 손에 커피 포트를 들고 주방에서 나오던 어머니와 진수가 충돌하면서 진수는 오른손과 팔에 심각한 화상을 입었다.

화상을 치료하던 가까운 병원의 담당의사는 상처가 입원을 요할 만큼 심각하지 않다고 판단했고, 진수는 그냥 집에 머물면서 치료를 위해 매일 병원에 다녔다. 그렇게 사고 5일이 지나고 진수는 부모의 행동에서 무언가 다른 것을 인지하게 되었다. 부모님은 매우 걱정스러워했고, 자주 비밀스러운 대화를 나누었다. 진수는 부모님이 자신에 대해 어떤 이야기하는 것인지 궁금했다. '내 손 걱정을 하시는 걸까? 아니면 내가 말을 안 들어서 나에게 화가 나신 걸까?' 그날 저녁 부모님은 영수와 진수를 주방으로 불렀다. 두 아이는 부모님의 말씀을 다 이해하지 못했지만, 가족이 아파트에서 바로 나가야만 하고 새로운 집을 찾을 때까지 친구들과 함께 지내야 한다는 말을 들었다. 진수의 어머니는 이런 상황을 담당의사와 의논하였고, 의사는 이사가 결정되기 전까지 진수를 입원시켜 치료를 받게 하는 게 좋을 것 같다고 하였다.

다음날 진수는 아버지의 손을 잡고 강아지 인형과 함께 병원에 들어섰다. 낯선 사람들이 진수의 손목에 이름을 적은 팔찌를 채우고, 몸무게를 재고, 손가락에 바늘을 찌르고, 자신의 것이 아닌 파자마를 입혔다. 진수는 겁이 났지만 낯선 사람들이 자신에게 화를 낼까 무서워 아무 저항 없이 그들이 처치하는 것에 따랐다. 화상의 감염 가능성을 최소화하기 위해 진수는 긴 복도 끝의 격리보호실에 입원하게 되었고, 아버지는 그 방에 있을 때 옷 위에 노란색 가운을 입어야만 했다. 이사 준비를 위해 아버지가 진수를 병실에 홀로 놔두고 자리를 비우자 진수는 조용히 침대에 앉아서 천천히 방을 살폈다. 텅 빈 옅은 녹색의 벽과 세면대 하나, 사물함 하나, 그리고 작은 창문만이 병실에 있었다. 꺼진 TV 한 대가 방 한쪽 벽에 높게 설치되어 있었지만 진수는 TV를 어떻게 켜는지 알지 못했다. 외롭고 너무 무서웠다. 진수는 울고 싶었으나 크게 울면 낯선 사람들이 화를 낼지도 모르기 때문에 혼자 조용히 흐느끼기 시작했다. 진수는 왜 자기가 이곳에 있어야 하는지 알 수 없었다. '말을 듣지 않았기 때문일까? 형을 다시 볼 수는 있을까?' 수많은 무서운 생각과 질문을 스스로에게 하면서 진수는 잠이 들었다.

이 이야기 속의 진수는 6세의 어린아이이다. 진수는 자신의 수준으로 생각하며 이 상황을 인지하고 해석하고 있다. 그 연령의 아동들이 일반적으로 생각하듯이, 어머니가 분명하게 집에서 뛰어다니는 것을 금지했음에도 그러한 행동을 했던 자신이 벌을 받는 것이라고 생각한다. 병원에서 받은 의료적 처치들은 잘못된 행동을 한 자신을 벌주는 것으로 받아들였음이 분명하였다. 사고 후 집에서 머무는 게 허락되었지만, 진수는 부모의 행동을 살피며 모든 면에서 좀 이상하다고 의심하였으며, 아버지가 자기를 낯선 건물로 데려왔을 때 부모님이 자신에 대해 화가 났다고 확신했다. 그곳에서 가해지는 고통과 당혹스러움을 진수는 그냥 받아들이면서 결국 외로운 '감방'에 홀로 갇혀 버림받는 벌을 받는다고 명백하게 믿고 있다. 부모님이 내일 아침에 올 것이란 말은 진수에게 믿을 수 없는 사실이었으며, 그 말을 믿고 의지하기엔 너무나 많은 것이 불안한 상황이다.

아동은 발달단계나 상황에 따라 자신이 이해하고 생각하며 받아들이는 정도가 다르다. 이러한 상황은 진수와 같은 발달단계의 아동에게는 극심한 공포와 불안감을 야기할 수 있다. 이때 병원아동생활전문가의 개입은 절실하다. 병원아동생활전문가는 상담, 관리, 교육, 서비스의 제공 및 환경 계획 등의 역할을 다각적으로 수행하여 아동 환자 및 그 가족이 병원생활과 질병에 잘 대처할 수 있도록 돕고, '병원'이라는 새로운 상황과 자극에 적응하게 하고, 환경의 자극을 아동의 연령에 맞게 인지 · 조절 · 준비할 수 있도록 정서적 · 인지적 도움을 제공할 수 있다. 또한 질병과 길게 싸우고 치료를 받아야 하는 아동의 입원 및 치료과정과 관련된 공포와 두려움, 불안을 섬세하고 민감하게 파악하며, 이를 완화하고 극복할 수 있도록 지원할 수 있다. 병원아동생활전문가의 역할은 다음과 같다.

1) 병원아동의 놀이 지원

아동은 깨어 있는 시간의 대부분 동안 놀이를 한다. 놀이는 그들이 즐겁게 배우면서 성장하는 자신을 실험하는 과정이다. 특히 입원 중인 아동에게 중요한 것은 익숙하지 않은 것들에 대처하고 그러한 상황에서 자신의 감정을 표현하는 것이다. 그러므로 병원아동생활서비스의 핵심은 '놀이'라고 할 수 있다. 아동에게 놀 수 있는 충분한 기회를 제공하고, 아동이 평가받지 않는 분위기에서 자신을 자유롭게 표현하도록 장려한다. 편안한 놀이 과정 속에서 병원아동생활전문가와 신뢰감을 형성하고 안정적이고 지속적인 관계를 경험한 아동은 그들의 감정과 상황을 터놓고 이야기할 수 있으며 더욱 경청하게 될 것이다. 또한 아동의 놀이를 관찰함으로써 아동의 관심사와 현재 상황이나 생각, 감정 등에 대하여 이해할 수 있는 실마리를 찾을 수 있고, 아동의 마음에 있는 오해들을 밝혀낼 수 있다. 이런 과정을 통하여 이해한 부분을 의료진과 공유함으로써 아동 환자에 대한 세심한 처치를 가능하게 하며, 또한 치료과정과 결과에 긍정적인 영향을 미칠 수 있다.

2) 아동의 눈높이에 맞춘 병원과 질병에 관한 설명

질병, 입원, 수술 그리고 그 외의 치료 과정들에 대해 아동이 이해할 수 있는 수준에서의 의사소통은 필수적이다. 아동발달에 맞춘 정확하고 안정감을 주는 눈높이 설명이 필요하다. 이러한 설명을 듣지 못한 아동은 자신만의 환상으로 잘못되고 무서운 생각들을 만들어 낸다. 예를 들면, '주사는 나쁜 아이들에게 주는 것이다. 나는 나쁜 아이라 주사를 맞는 것이다.' '편도선 절제는 말하는 능력을 빼앗아 간다.'와 같이 아동은 자신만의 왜곡된 생각을 만들어 그것을 믿으며 두려움에 사로잡힌다. 병원아동생활전문가는 입원이나 치료에 앞서, 아동과 사전 만남을 통하여 아동이 치료 과정을 최대한 안정적으로 느끼게 도와주며 입원이나 치료 기간 동안 겪게 될 일들에 대해 성심껏 설명해야 한다. 병원아동생활전문가가 모든 아동을 개별적으로 충분히 대비할 수 없는 경우라면, 여러 상황에 대비할 수 있도록 아동의 연령에 따른 효과적인 기술들을 자문하면서 치료 준비를 실행하는 사람들을 조력하며 그 부분의 책임자로서 행동해야 한다.

3) 부모와 가족에 대한 지원

아동은 입원 기간에 부모와 가족에게 많은 감정적 의지를 한다. 특히 5세 이하의 아동은 더욱 그렇다. 부모와 떨어진다는 것은 아동에게 다른 어떤 것보다 고통스러운 것일 수 있으며, 이를 보는 부모도 걱정으로 경직되거나 심지어 죄의식을 느끼기도 한다. 이때 부모는 이러한 자신의 감정 때문에 불안한 자녀에게 적절한 안정감을 주지 못할 수도 있다. 병원아동생활전문가는 이러한 부모의 상황을 이해하고 그들의 요구를 인지하여 적절한 정보를 주거나 깊이 경청하고 공감하여 그들의 정서적 안정을 돕고, 이후 절차나 규칙을 자세히 안내하고 설명해 주는 역할을 하게 된다. 이 과정에서 부모는 치료과정에서 자녀를 어떻게 돌보아야 하는지에 대해 배우거나, 부모지원 집단에 참여할 수 있다. 병원아동생활전문가는 필요 사항이 생길 때 부모를 위한 프로그램을 진행하여 부모에게 적절한 도움을 지원해야 한다.

부모 입장에서는 입원한 자녀에게 관심이 집중되므로 입원하지 않은 다른 자녀를 종종 관심 밖으로 두게 된다. 자칫 그 기간이 오래되면 나머지 자녀들은 방치되었다고 느끼게 된다. 병원아동생활전문가는 여기에도 주의를 기울여, 형제자매의 방문을 장려하고 입원 아동의 놀이에 그들을 포함시켜야 한다. 병원 정책상 방문이 허용되지 않는 경우에는 아동의 심각한 질병의 문제로 인한 이유가 아니라면 병원에 이 정책의 해지를 요구하는 등의 적극적인 주장과 더불어 가족 간의 정서적 안정과 유대감을 위해 최선을 다해야 한다.

4) 병원 환경과 규범 지원 및 아동의 관점에 대한 이해를 도움

병원의 건축물, 벽에 걸린 작품들, 가구의 배치, 놀이 공간으로의 접근, 승인 서류들의 내용, 병원 환경 등 이 모든 것은 입원한 아동과 그 부모에게 다양한 의미를 제공한다. 그들이 병원에 들어섰을 때 벽에 걸린 따뜻한 느낌들의 그림이나 작품들은 환영과 회복의 기운을 북돋아 준다. 낯설고 복잡한 의료 장비들보다 놀이 공간으로의 초대와 같은 환영의 글들을 아동이 먼저 보게 된다면 병원에 대한 공포를 덜 느낄 수 있으며 가족도 환영받는다고 느낄 수 있을 것이다. 병원아동생활전문가는 병원 환경에서 만들어지는 비언어적 메시지를 정확하게 감지할 수 있는 능력이 있어야만 하고, 이런 의사소통의 긍정적 특징을 다른 의료진들과 함께 협력하여 이끌어 나가야 한다.

아동의 입원 기간에 발생하는 문제 중에는 의료진이 아동의 관점에서 상황을 볼 수 있고 이해할 수 있다면 피하거나 사전에 대비할 수도 있는 것들이 있다. 예를 들어, 편도선 절제술에 앞서 6세 남자아이에게 환자복 바지를 벗으라는 것은 수술과정에서 자신이 거세될지도 모른다는 공포감을 갖게할 수도 있으며 "수술 시간 동안 잠들게 될 것"이라 말하는 것은 수의사가 병든 애완동물을 영영 잠들게 한다는 것에 대해 익히 알고 있는 어느 아동에게는 공포감을 주는 것일 수도 있다. 이처럼 의료진이 입원아동에 대한 자세한 면들을 이해하게 된다면, 치료는 효과적으로 진행될 수 있다. 대부분의 어린 아동은 의료진에게 자신의 감정과 생각을 표현하는 언어능력이 부족하기에 이러한 부분의 도움은 아동의 공포를 완화시킬 수 있다. 또한 병원아동생활전문가는 아동의 요구를 알아차리고 적극적 돌봄과 함께 아이의 입장을 위한 변호인이 되어주어야 한다. 만약 아동이 동물 인형을 수술실에 가져가고 싶다고 할 때 이것이 아동의 정서적 안정에 도움이 된다고 판단되면 병원아동생활전문가는 그것을 의료진에게 알리고 이를 금지하는 비합리적인 규제를 없앨 수 있도록 노력하여야 한다.

5) 아동발달 지원

병원생활은 아동의 정상적인 활동에 많은 제약을 가져온다. 수많은 의료
장비와 보호 장치, 지지대, 수액 등이 아동의 주변에 설치될 수 있다. 보행이
가능한 아동은 더 큰 운동 활동을 위한 공간이 부족하거나 없기 때문에 또래
와의 접촉이 최소화되고 학교와 관련된 활동도 현저하게 줄어들어 실망할 수
있다. 특히 입원이 길어질수록 사회적 환경과 학습 환경이 제한되고 연령에
적합한 기능의 발달이 지연되기도 한다. 이에 병원아동생활전문가는 아동이
직면하게 된 의료시설 내에서의 감정적 적응을 위한 조력자 역할과 함께 아
동의 정상적 발달을 장려하는 역할을 수행한다.

부모는 자녀가 병원 생활을 하는 동안 좌절하지 않게 돕고 자녀의 성장을
자극할 수 있는 활동을 교육받는다. 병원아동생활전문가는 병원아동의 신체
적 제약을 인지하고 그에 따른 적절한 활용 방법을 생각하고 도울 수 있어야
한다. 예를 들어, 침대에 누워 있어야 하는 아동은 침대 위로 적절하게 고정
되는 이젤을 설치하여 그림을 그릴 수 있도록 도울 수 있고, 붓을 움켜쥘 수
없는 아동에게는 벨크로 테이트를 이용하여 붓을 잡게 도울 수 있다. 이러한
미술활동을 함으로써 아동의 발달에 필요한 자극과 성장에 대한 기쁨, 미래
에 대한 긍정적인 가능성 등을 끌어 올릴 기회를 제공하게 된다.

또한 병원아동생활전문가는 아동의 발달단계상 욕구를 고려하여 입원한
아동들 사이의 상호작용을 장려할 수 있다. 아동이 사회적 상호작용의 기능
을 지속적으로 발달시켜 나가게 보행이 가능한 아동들 사이에 형성되는 놀이
집단을 구성하고 운영하거나, 질병으로 인하여 침대에 있어야 하는 아동에게
는 같은 병실의 아동과 함께 놀이하도록 지원해야 한다. 침대를 다른 병실로
이동하여 주거나 놀이방으로 이동하여 침대 위에 있는 채로 다른 아동과 상
호작용할 수 있게 도움을 줄 수도 있다. 만약 아동이 '격리' 조치 혹은 다른 이

유로 1인실에 머물러야 한다면 병원아동생활전문가는 이 아동과 시간을 보내는 데 더 많은 노력을 기울여야 하고, 의료진과 자원봉사자들에게도 그렇게 하도록 지원해야 한다. 또한 병원아동생활전문가는 놀이시간에 아동을 관찰하여 아동을 지원해야 하는 다른 실천가에게 아동의 발달단계에 맞춰 접근할 수 있도록 정보를 제공해야 한다. 특히 발달 지연을 알아차리게 된다면, 자신이 발견한 것들을 다른 의료진들과 함께 논의하여 개별 아동에게 필요한 적절한 치료계획들을 수립해야 한다.

6) 다른 분야 전문가와의 협력

병상에 있는 아동의 스트레스를 최소화하고 건강한 발달을 지원하기 위해 병원아동생활전문가는 다른 의료계의 구성원들과 협력해야 한다. 일반적으로 의사, 간호사, 작업치료사, 심리치료사, 사회복지사, 심리학자 등의 전문가들과 협업할 수 있으며, 구성된 협력 집단 내에서 병원아동생활전문가는 입원이 아동에 미치는 영향과 발달 관련 정보를 나누고 놀이시간에 얻은 아동의 행동 관찰 결과들을 제공하게 된다. 전문가들과의 정보 교환은 병원아동의 기록지, 보고서, 비형식적 구두 보고를 통해 이루어지며, 아동을 잘 이해하고 아동에게 세심하게 대응하기 위해 정규적인 사례회의가 진행된다.

치료 계획, 진단의 의미, 가족의 걱정, 의료 절차에 대한 대응에 대해 다른 구성원들과 협의하는 것도 역시 중요하다. 예를 들어, 사회복지사는 아동의 가족 상황, 부모의 임박한 이혼과 같은 상황을 알고 있을 수 있고, 이런 내용의 의사소통은 아동의 놀이에 새로운 통찰을 제공할 수 있다. 협력 집단의 구성원들로부터 얻게 되는 정보는 병원아동생활전문가에게 아동을 보다 상세하게 이해할 수 있게 도움을 주며, 명확한 접근 방향을 제공한다.

다른 분야 전문가와의 협력 사례

한 병원아동생활전문가는 골수염을 앓고 있는 5세 남아가 병원생활에 잘 적응하고 있다고 생각하고 있었다. 어느 날 간호사가 수액 바늘을 재삽입할 때 보인 아동의 특이한 반응과 행동에 대하여 병원아동생활전문가에게 알려 주었다. 병원아동생활전문가는 아동과의 놀이 및 행동 관찰을 통하여 아이의 상태를 이해하게 되었다. 이후 분노, 슬픔, 원망 등의 감정 표출을 위한 놀이를 통해 아동의 적절한 감정 해소를 지원할 수 있었다. 아동은 어머니가 자신의 상황에 대해 책망하는 모습을 어떻게 느끼고 있는지 표현할 수 있게 되었으며, 다시금 안정을 찾아가는 모습을 보였다.

이 사례처럼, 다른 전문가들과의 정보 교환과 조력은 병원아동이 잘 치료를 받을 수 있도록 돕는 구체적인 해결책들을 제시할 수 있게 한다. 뿐만 아니라 병원아동생활전문가가 아동과 그 가족의 옹호자로서의 역할을 효과적으로 수행하기 위해서도 다른 구성원들과의 좋은 관계는 매우 중요하다. 아동을 위한 자신의 아이디어가 아무리 훌륭한 것이라 해도, 병원아동생활전문가가 다른 구성원들로부터 고립되어 있거나 서로 간의 존중과 자긍심이 부족하다면 효과적인 성과를 낼 수 없다. 병원아동생활전문가는 자신의 위치에서 병원아동이나 의료진의 요구에 민감한 대응을 실행하며 병원아동을 위한 개별적인 프로그램이나 지원 활동을 준비하고, 필요에 따라 프로그램의 목표에 대한 관계자 교육을 실시하는 등 집단의 가치 있는 구성원이 되도록 힘써야 한다.

아동발달에 대한 이해

　병원에서 아동의 입장에서 이해하고 돕는 일을 하는 병원아동생활전문가에게 아동발달을 이해하는 것은 기초적이며 필수적인 부분이라 하겠다. 발달이란 인간이 모체 안에서 수정될 때부터 죽을 때까지 일어나는 개인의 변화이다. 이 변화는 일시적인 변화가 아닌 어떤 순서와 패턴을 가지고 지속적으로 진행되며, 발달적 변화는 두 개의 과정인 생물학적 성숙과 학습을 통하여 일어난다.

　이 장에서는 아동발달의 기초적인 이해를 위해 아동의 발달이 생물학적 부분과 학습적인 과정을 거쳐 어떻게 이루어지고 변해 가는지 신체적·심리사회적·인지적 측면으로 나누어 알아보고자 한다.

1. 신체적 발달

1) 신체발달

(1) 신장과 체중의 변화

아동은 생후 초기 2년 동안 매우 빠르게 성장한다. 첫 3개월 동안 출생 시 체중의 2배가 되고 매달 600~700g의 체중이 증가하여 12개월에는 출생 시 체중의 3배가 된다. 신장은 첫 6개월 동안 매월 약 2.5cm씩 증가하며 이후 12개월까지는 매월 약 1. 27cm씩의 성장 속도를 보이며, 12개월에는 출생 시 신장의 거의 50%가 증가한다. 2세 무렵에는 성인 신장의 절반의 키로 성장하며 출생 시 몸무게의 4배가 되고 이후 성장의 속도는 이전보다 줄어들며, 6~11세인 아동 중기 시기에는 아주 조금만 자라게 된다. 이후 청소년기에 다시 성장이 급격하게 되며 이 시기 2~3년에 성장이 급등하여 매년 약 4.5~6.7kg씩 체중이 증가하고 신장은 약 5~10cm씩 성장하게 된다.

(2) 신체 비율의 변화

처음 태어난 신생아의 머리는 성인 크기의 약 70%이고, 전체 몸길이의 1/4을 차지하며, 다리와 같은 비율이다. 이후 성장하면서 비율이 변화하기 시작한다.

발달의 진행 방향은 머리에서 아래를 향해 진행된다. 출생 후 처음 1년 동안 가장 빠르게 커지는 것은 몸통이다. 이후 어른이 되었을 때, 다리 길이는 전체 신장의 50%이며 머리는 신장의 12% 정도가 된다. 아동은 위로 성장함과 동시에 몸의 중심에서 말단 방향으로 성장한다. 즉, 몸통의 발달이 이루어진 후, 사지 부분으로 발달한다. 태내발달 동안에는 흉곽, 내부기관이 먼저

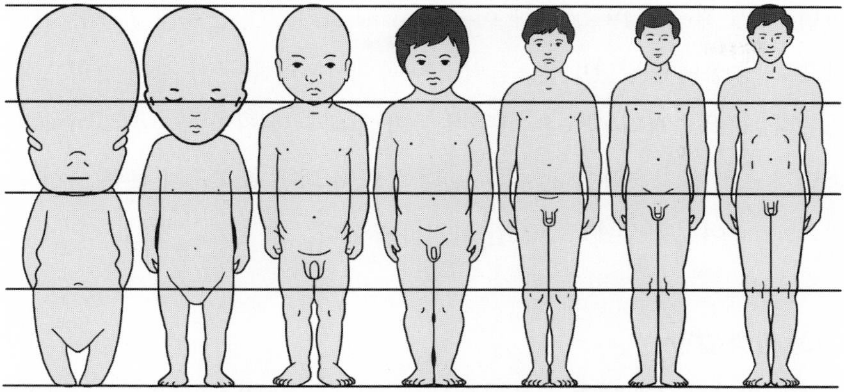

2개월된 태아 5개월된 태아   신생아   2세 아동   6세 아동   12세 아동   25세 성인

[그림 2-1] 신체 비율의 변화

생기고, 팔, 다리, 손, 발의 순서로 생겨난다. 출생 후 아동기까지 팔과 다리
는 손과 발보다 빨리 자라게 된다. 이 성장 패턴은 사춘기 바로 직전에 순서
가 반대로 바뀌어 손과 발이 빠르게 자라기 시작하고, 이후 팔과 다리가 성인
비율에 도달하며, 마지막 몸통이 성인 비율에 도달하는 순서를 가진다.

(3) 골격의 발달

태아기 초기에는 부드러운 연골로 되어 있던 골격이 성장하면서 서서히 뼈
재질로 경화되어 단단해진다. 신생아의 두개골은 6개의 부드러운 부분, 즉 천
문(fontanelles)에 의해서 나누어져 있으며, 점점 닫혀 2세 무렵에는 전체가 하
나의 두개골을 이룬다. 성숙하면서 발목, 발 그리고 손목과 손의 뼈의 개수가
증가한다. 아동의 성별과 뼈의 부분들에 따라 각각 발달 속도가 다르지만, 일
반적으로 뼈의 발달은 18세 무렵에 완성된다.

(4) 근육 발달

신생아는 모든 근육섬유를 갖고 태어난다. 출생 시 근육조직은 35%가 물

이며, 아기 체중의 18~24%에 이른다(Marshall, 1977). 근육의 발달은 위에서 아래로, 중심에서 말단방향, 즉 머리와 목에서부터 몸통과 사지 방향으로 진행된다. 근육조직의 성숙은 아동기 동안에 매우 점진적으로 이루어지며 청소년기 초기에 가속화된다. 이후 20대 중반이 되면 골격근이 보통 남성 몸무게의 40%, 여성 몸무게의 24%를 차지하게 된다.

(5) 성적 발달

성적 발달은 청소년기에 들어서서 시작된다. 이 청소년기는 신장과 체중의 빠른 성장을 겪으며 성적 성숙을 하며 성인으로 성장하는 시기이다. 여아의 경우 10.5세에 성장 급등에 들어가고 12세 무렵에 최고 성장률에 도달하며 13~13.5세 무렵 성장이 다시 느려지고, 남아의 경우 여아에 비해 2~3년 정도 느리게 성장한다.

① 여아의 성 발달

유방의 발달은 젖가슴 봉우리가 9~11세에 형성되기 시작하여 14세 무렵에 이르러 완전히 발달한다. 성 기관은 질이 커지고 자궁벽에 강한 근육이 발달하며 치구(치골을 덮고 있는 부드러운 조직), 음순(질 입구 주변의 연한 조직), 음핵이 모두 커지고 접촉에 민감해지게 된다. 약 12세 무렵 초경이 시작되며, 초경이후 12~18개월에는 무배란 생리 상태를 가질 수도 있으며 1~2년 이후 생리 주기에 배란이 있고 더 규칙적으로 변하게 된다. 점차 유방이 완전히 성숙되고, 음모 및 겨드랑이, 팔과 다리에도 털이 나게 된다.

② 남아의 성 발달

고환의 성장은 10~13세 무렵부터 시작된다. 착색되지 않은 음모가 나며, 음낭은 점차 얇고 색이 어두워지며 성인 위치까지 내려오게 된다. 음경은 길이가 길어지고 굵어지면서 14.5~15세 무렵의 사춘기에 이르면 아이를 낳을 수 있는 기능이 된다. 수염은 윗입술 가장자리에서 얼굴 측면, 빰과 턱선 순으로 나기 시작한다(Pinyerd & Zipf, 2005). 팔과 다리에서 체모가 나기 시작하고, 20대 초반까지는 가슴 털의 징조는 나타나지 않는다. 후두가 성장하고 음성 코드가 길어지면서 목소리가 저음이 된다.

〈표 2-1〉 청소년의 성 발달

단계	남아	여아	공통
11~14세 (초기)	• 고환, 음낭,음경 성장 • 음모 • 가늘게 나는 얼굴 털 • 겨드랑이 털 • 여성형 유방	• 유방 발달 시작 • 초경 • 배란 • 음모 • 남아보다 무거움	• 식욕 증가 • 근육부피 증가 • 호리호리함 • 미세운동 협응력 증가 • 영구치 출연
15~17세 (중기)	• 성인의 생식기 • 성숙한 정자 생성 • 안면/신체에 털이 남 • 여자보다 근육량이 많아지고 힘이 세짐 • 식욕 증가 • 여성형 유방 감소 • 목소리 변화	• 골격 성장이 멈춤 • 성적 성숙 • 체지방 비율 감소 • 식욕감퇴 • 6~10.4cm/년 신장 증가	• 미세운동 협응력 증가 • 지구력 증가 • 땀샘기능 • 여드름
18~21세 (후기)	• 골격계 성장이 멈춤		• 성숙 도달 • 안정적인 식욕 • 운동활동 증가 • 지구력 증가 • 치아 발육 완성

출처: 김희순 외(2017), p. 249.

(6) 신체발달의 원인과 관련 요인

신체발달은 여러 신체 체계가 각각 독특한 성장 패턴을 나타내는 매우 고르지 않은 과정을 거치는데, 이것은 개인적인 차이, 즉 생물학적·유전적 영향 그리고 환경적·문화적 배경 등의 영향으로 인한 것이다.

① 생물학적 영향

모든 인간이 공유하는 신체적 성숙과 운동 발달의 순서는 종 특유의 속성이며 공통된 유전자의 산물이라 하겠다. 이는 개별 유전자형의 영향, 즉 공통된 유전자 외에 각각 신체 성장과 발달에 영향을 주는 독특한 유전자 조합으로, 이로 인하여 신체 체계의 발달이 균일하지 않은 비동시적이며, 키, 성숙속도, 두개골의 성장, 영아의 치아 모양 등 각 성장 속도에도 개인차가 존재하게 한다.

② 환경적 영향

섭식은 인간 성장과 발달에 가장 중요한 환경적 요인이다. 특히 영양 부족이 지속되지 않거나 특별히 심각하지 않고 음식 섭취가 적절해지면 아동은 보통 정상보다 더 빨리 성장하여 성장 결핍을 극복한다. 하지만 환경적 영향으로 영양 부족을 겪는 아동은 생물학적인 요인과 상관없이 성장에 큰 영향을 받는다.

영양부족으로 인한 질병

• 마라스무스(marasmus): 불충분한 단백질과 너무 적은 열량을 섭취한 영아가 걸리는 성장이 지체되는 질병으로, 어머니가 영양실조이고 엄마 젖을 대신할 수 있는 영양가 있는 대체상품을 제공할 자원이 없는 경우에 쉽게 걸릴 수 있다. 성장이 멈

추고 신체조직이 줄어들면서 외모에 주름이 생기기 시작하며, 키가 아주 작고, 손상된 사회적·인지적 발달로 고통받게 된다.

- 콰시오커(Kwashiorkor): 열량은 충분히 섭취했으나 단백질은 거의 섭취하지 못한 아동이 걸리는 성장이 지체되는 질병으로 그 증상은 머리카락은 가늘어지고 얼굴, 다리, 복부가 물로 차 부풀어 오르며 심각한 피부손상이 일어난다.

- 비타민과 미네랄 결핍: 식사가 충분한 단백질과 열량은 공급하지만, 정상적인 성장을 촉진하는 물질이 하나 이상 부족한 영양결핍의 형태로, 열악한 사회경제적 환경에서 자라는 아동에게 영향을 많이 준다.

- 철결핍성 빈혈: 식사에 포함되는 철이 너무 적어서 야기되는 멍하고 힘이 없는 상태로 그 증상은 빈혈증으로 나타나며, 이들은 부주의하거나 무관심하게 되고, 그래서 사회적 상호작용 기회가 제한될 뿐 아니라 성장이 지체되고 운동기술과 지적 발달 검사에서 낮은 수행을 보이기도 한다.

- 그 외의 질병: 이 외에도 적절한 영양 섭취를 한 아동의 경우 폐렴, 수두와 같은 일반적 아동질병은 신체 성장과 발달에 거의 영향을 미치지 않지만 중간부터 심한 정도까지 영양결핍인 아동은 질병에 걸리면 성장이 영원히 저지될 수 있다.

> 불충분한 식사 → 면역체계 약화 → 질병에 걸릴 가능성 증가 → 질병은 아동의 식욕 억제/
> 영양분 흡수 및 활용하는 신체능력을 제한시킴 → 영양실조 야기

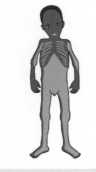
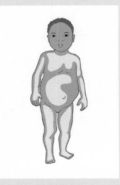

마라스무스   콰시오커

[그림 2-2] 마라스무스와 콰시오커

영양 부족과 반대로 또 다른 환경적인 요인인 영양의 과다 섭취 또한 아동의 신체에 주는 영향이 크다. 이는 서구사회에서 증가하는 또 다른 형태의 나쁜 영양 공급으로, 아동은 비만(신장, 연령, 성에 이상적인 체중을 적어도 20% 초과한 사람들을 기술하는 의학용어), 당뇨병, 고혈압, 심장질환, 간질환 혹은 신장질환 등의 질병에 걸릴 위험에 처하게 된다. 비만 아동의 특성은 일반적으로 나쁜 식사습관을 가지며, 정상 체중의 또래보다 덜 활동적인 것을 볼 수 있다.

이러한 환경의 영향 중 영양적 요인 외에 정서적인 부분도 아이의 성장에 중요한 요인이다. 보통의 성장이 가능한 유전적 요인을 가지고 있는 아동이 지나친 스트레스와 애정결핍을 경험하는 환경에 노출되었을 경우 신체 성장과 운동 발달에서 또래 보다 훨씬 뒤처지는 성장발달을 보일 수 있다.

정서적 스트레스와 애정결핍으로 인한 증상

- 비기질적 성장장애: 사랑과 관심의 부족 때문에 생기는 영아(보통 생후 18개월 무렵)의 성장장애로 성장이 멈추거나 쇠약해진다. 양육자의 무관심 · 조급함 · 적대감 · 차가움─아이의 위축─적은 양의 식사─나쁜 영양─성장지연의 순으로 영향을 미친다.
- 박탈 왜소증: 정서적 박탈에 기인된 아동기(2~15세)의 성장장애이다. 이 과정은 정서적 박탈─내분비계를 약화─성장 호르몬의 생산 억제─느린 성장의 순으로 영향을 미치며, 주 양육자와의 긍정적인 관계가 회복되면 따라잡기 성장을 보인다.

> 따라잡기 성장: 성장결핍을 겪었던 아동이 대단히 빠르게 성장하여 그들이 도달하도록 유전적으로 프로그램된 성장궤도까지 따라잡게 되는 가속된 성장 기간

2) 뇌발달

뇌발달은 발달 초기에 빠르게 성장한다. 아동의 최종 뇌 무게의 절반 이상이 증가하는 때는 임신 7개월과 생후 2세 사이이다. 뇌의 무게는 출생 시 성인 무게의 25%이다가 2세에는 성인 무게의 75%까지 증가되어 빠르게 성장한다.

(1) 신경세포의 발달

뇌는 1조 개 이상 고도로 분화된 세포로 이루어져 있으며, 이 세포들은 시냅스 혹은 세포 간의 연결공간을 통해 전기적·화학적 신호들을 전달하게 된다. 뉴런은 태아의 신경관에서 만들어지고 영아의 뇌의 주요 부분을 형성하게 된다. 각각의 뉴런은 모든 신경 기능을 해낼 수 있는 잠재력을 가지고 있다. 뉴런은 이동하는 위치에 따라 그 기능이 달라진다. 예를 들면, 시각 영역으로 뉴런이 이동하면 시각 뉴런이 되지만 시각 영역으로 이동하던 뉴런이 청각 영역으로 이식되면 청각 뉴런의 기능을 한다. 이처럼 뉴런 간의 연결을 시냅스 생성 과정이라고 하며, 이 시냅스 생성 과정은 뇌성장 급등 동안 급속하게 이루어진다. 신경이 발달함에 따라 세포분열과 시냅스 생성이 활발해지는 것이다.

보통의 영아는 성인보다 훨씬 많은 뉴런과 신경 연결을 갖게 된다. 이 과정에서 가장 자주 자극을 받는 뉴런들과 시냅스들만이 계속해서 기능하게 되고 더 빠른 속도로 전달의 기능을 하며, 반대로 덜 자주 자극을 받는 뉴런들은 시냅스들을 잃게 된다. 생존한 뉴런들은 수백 개의 시냅스를 형성하게 되고, 이들의 많은 뉴런 중에도 적절한 반응이 없어지면 가지치기되어 사라지게 되는 것이다. 뇌 손상을 보상하거나 새로운 기술을 지원하기 위해 남겨지는 상황은 어린 영아의 뇌가 가지는 놀라운 가소성, 즉 뇌세포가 경험의 영향에 고도로 반응적임을 보여 준다. 생애 초기의 뇌발달은 생물학적 프로그램과 더불어 초기 영아의 경험 둘 다에 의해서 이루어지게 되는 것이다.

신경발달의 이해를 위한 용어

- 뉴런(nueron)
  - 뇌와 신경계의 기본 단위로 신경충동을 받아들이고 전달하는 세포이다.
  - 발달 중인 태아의 신경관에서 만들어진다.
  - 뇌성장 급등 시작 전 임신 6개월 무렵에 형성된다.
  - 안내세포망이 만든 경로를 따라서 이동하여 뇌의 주요 부분 형성된다.
  - 세포체, 세포막, 세포골격, 축삭, 수상돌기 등의 구조를 가지고 있다.
- 신경교(glia)
  - 뉴런에 영양을 공급하고 뉴런을 수초로 이루어진 절연막으로 둘러싸는 신경세포이다.
  - 뉴런보다 훨씬 그 수가 많으며 일생 동안 계속해서 생성된다.
- 시냅스(synapse)
  - 한 신경세포(뉴런)와 다른 신경세포 사이의 연결 공간(접합점)이다.
- 가소성(plasticity)
  - 변화 역량, 환경에 의해서 이루어지는 잠재력을 갖는 발상 상태를 말한다.

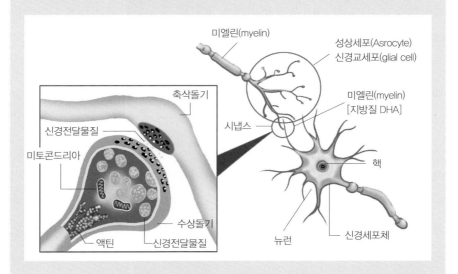

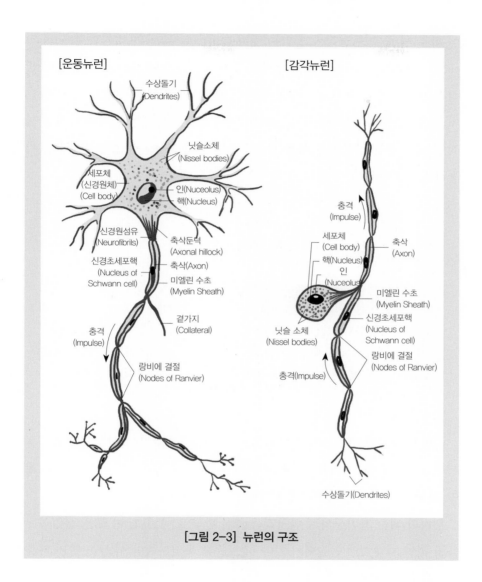

[그림 2-3] 뉴런의 구조

(2) 뇌 분화와 성장

뇌의 각 부분이 동일한 속도로 성장하는 것은 아니다. 가장 먼저 되어 있는
영역은 하부 뇌중추로 이는 의식의 상태, 선천적인 반사작용, 소화·호흡·
배설과 같은 생명유지에 필요한 생물학적 기능을 통제하는 역할을 한다.

이 하부 뇌 중추를 둘러싸고 있는 것이 대뇌(cerebrum)와 대외피질(cerebral cortex) 영역인데, 이 영역은 수의적인 신체 움직임, 지각, 학습, 사고, 언어 생성과 같은 높은 수준의 지적 행동과 가장 직접적으로 관련되어 있다. 가장 먼저 성숙하는 대뇌 영역은 1차 운동 영역과 1차 감각 영역이다. 신생아가 반사적인 '감각 운동적' 존재인 이유는 출생 시 피질의 운동 · 감각 영역만이 잘 기능하기 때문임을 알 수 있다.

대뇌 영역의 발달

- 1차 운동 영역(primary motor areas): 팔을 흔드는 것과 같은 단순한 운동을 통제한다. 가장 먼저 성숙하는 대뇌 영역이다. 생후 6개월 무렵에는 영아 행동의 대부분을 지시하는 수준까지 발달한다.
- 1차 감각 영역(primary sensory areas): 시각, 청각, 후각, 미각과 같은 감각 처리를 통제한다. 가장 먼저 성숙하는 대뇌 영역이다.

손바닥 잡기와 바빈스키 반사(Babinski's reflex)와 같은 선천적인 반응들은 생후 6개월 무렵에 사라지는데, 이는 상부의 뇌피질 중추가 뇌의 더 원시적인 '피질하' 영역을 적절하게 통제하고 있기 때문이다.

우리의 뇌는 좌반구와 우반구라는, 2개 반구로 나뉘며, 이 둘은 신경섬유들의 띠인 뇌량으로 연결되어 있다. 겉모습은 동일하지만 이 둘은 각기 다른 기능을 하며, 신체의 서로 다른 영역을 통제한다. 뇌는 편재화된 기관으로 대뇌편재화는 한쪽 손이나 신체의 한쪽 부분을 다른 쪽보다 선호해서 사용하는 것도 포함한다. 이런 대뇌편재화는 태아기 때 시작되고 출생 시에도 진행되고 있다. 그렇다고 하여 좌반구와 우반구가 각기 독립적이라는 것은 아니다. 뇌는 출생 시에 완전히 분화되지 않으며, 아동기 전반에 걸쳐 한쪽 대뇌반구

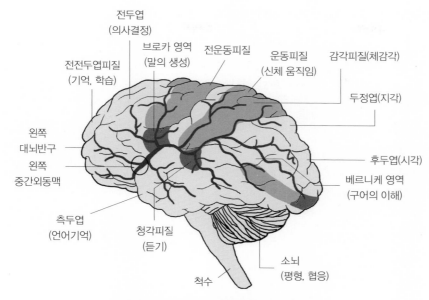

전두엽
(의사결정)

브로카 영역
(말의 생성)

전운동피질

전전두엽피질
(기억, 학습)

운동피질
(신체 움직임)

감각피질(체감각)

두정엽(지각)

왼쪽
대뇌반구

왼쪽
중간외동맥

후두엽(시각)

베르니케 영역
(구어의 이해)

측두엽
(언어기억)

청각피질
(듣기)

소뇌
(평형, 협응)

척수

[그림 2-4] 대뇌 피질의 측면도와 통제기능

에 점점 더 의존해서 특정 기능을 수행하게 된다. 특히 미성숙한 뇌는 완전히 분화되지 않아서 외상으로 인한 뇌손상이 일어났을 때 기능하지 않는 신경회로가 죽어 버린 부분의 기능을 대신하면서 빠른 회복을 보인다. 뇌손상의 시기가 청소년이거나 성인의 경우라면 그 회복 시간은 어린 아동에 회복만큼 빠르지 못할 가능성이 높다.

청소년 시기의 뇌는 계속되는 상부 뇌중후의 수초화 현상으로 인해 초등학교 아동보다 정보를 빨리 처리하는 모습을 보여 준다. 수초화란 뇌세포가 증식·성장함에 따라 뉴런들이 밀랍으로 된 수초막으로 둘러싸이는 과정으로, 신경충격 전달을 촉진하는 과정이다. 이것은 연대적 순서를 따라 이뤄지는데, 순서는 그 밖의 신경계의 성숙과 일치한다. 출생 시나 출생 후 처음 몇 년 동안 수초화가 매우 급속하게 진행되기는 하지만, 뇌의 일부 영역들은 십대 중반에서 후반 또는 성인기 초기가 되어야 완전히 수초화된다. 특히 망상체,

전두엽 피질은 사춘기가 되어야 완전히 수초화된다.

뇌 분화와 성장의 이해를 위한 용어

• 뇌량: 뇌의 두 반구를 연결하는 신경섬유 다발로 한쪽 반구에서 다른 쪽 반구로 정보를 전달한다.
• 좌반구: 신체의 오른쪽 부분을 통제한다. 말하기, 듣기, 언어 기억, 의사결정, 언어 처리, 긍정적인 감정의 표현을 담당하는 중추가 있다.
• 우반구: 신체의 왼쪽 부분을 통제한다. 시공간 정보, 음악과 같은 비언어적 소리, 촉각의 처리, 부정적 감정의 표현을 담당하는 중추가 있다.

이러한 상부 뇌중추의 수초화 과정을 통하여 아동은 점점 주의 폭이 증가하고 이전보다 빠른 정보처리 능력을 가지게 된다. 사춘기 이후까지 최소한 어느 정도의 가소성이 유지되며 적어도 20세까지는 전략 짜기와 같은 높은 수준의 인지활동을 포함하는 전전두엽 피질 내의 신경회로가 재구조화된다. 뇌부피는 청소년기 초기부터 중기까지 증가하고 청소년기 후기 동안에는 감소하는데, 이는 사춘기의 신경회로 재구조화에서 시냅스 가지치기를 하기 때문이다. 십대의 인지적 향상의 일부는 이들의 뇌가 재구조화 · 분화 과정을 거친 후에야 가능해진다.

3) 운동발달

(1) 영아기의 운동발달

영아기의 운동발달은 대근육과 소근육 기능이 발달하며 아기에게 필요한 탐색과 자유를 가능케 한다. 영아는 생후 1개월쯤이 되면 이행발달의 첫 번째 이정표에 도달하기에 충분한 정도로 뇌와 목 근육이 성숙해진다. 이 시기의 운동발달 수준은 앉고 서고 정도이며, 첫 걸음마를 시작할 때 이러한 기능들이 측정된다.

운동발달은 생후 1년 동안 극적으로 변화하는데, 아기는 출생부터 잡기 반사를 가지고 태어나며 생후 2개월 무렵부터 반사적인 손바닥 잡기가 사라지고 전뻗기는 훨씬 줄어들면서 수의적인 뻗기의 동작을 하기 위한 단계를 시작한다. 3개월 이상이 되면 팔을 뻗는 도중 교정을 하는 새로운 능력을 보이며, 물체를 잡는 정확성이 향상된다. 뻗기는 단순히 '전개'되는 기술이 아니며 영아마다 서로 다른 방식으로 이 기능에 도달하게 되고, 이 중요한 기술을 개선시키기 위해 자신만의 독특한 경로를 사용하는 운동기술을 가진다.

약 4~5개월이 되었을 때 아기는 잘 앉을 수 있게 되고, 신체 중심선을 가로질러 안쪽으로 팔을 뻗을 수 있게 되면서 두 손으로 물체를 잡기 시작하는 등 손기술이 발달한다. 이와 더불어 탐색활동도 변화하기 시작한다. 4~6개월 시기에 손가락으로 만지작거리는 동작은 물체에 대한 정보를 얻는 주된 방법이다. 이 시기에 반사적 손바닥 잡기가 사라지고 손가락을 손바닥에 대고 눌러서 물건을 잡은 초기의 손기술인 척골잡기가 나타나게 된다.

이후 생애 첫해 후반기 무렵에 손가락으로 만지작거리는 기술이 좋아지게 되며, 물체 특성에 맞추어 모든 탐색적인 동작을 하는 데 훨씬 능숙해진다. 이 시기에 손가락으로 잡아 일어나는 것이 가능해진다. 손가락 잡기를 통해 영아는 물건을 들어 올리고 장난치는 데 더 능숙해진다.

16개월 정도부터는 크레파스로 낙서를 할 수 있게 되고, 24개월 정도에는 간단한 수평선이나 수직선을 따라할 수 있게 되며 5개 이상의 블록으로 된 탑을 쌓을 수 있다. 2~3세 정도에는 공을 잡고 던지거나 도구로 음식 자르기가 가능하다. 밑그림을 따라 선 안쪽으로 색칠하기는 잘 하지 못하지만, 이후 근육이 성숙함에 따라 시각정보를 행동 협응에 더 잘 사용하게 된다.

〈표 2-2〉 영아기 연령별 대근육 발달

연령	운동기술
2~3개월	• 앉은 자세로 끌어당길 때 조금의 머리 처짐이 있다. • 복위 시 전박으로 체중 지탱, 머리를 들고 있을 수 있다. • 도움받아 앉아 있을 때 조금의 머리 끄덕임이 있다. • 배 쪽에서 등 쪽으로 뒤집기가 가능하다. • 긴장성 경반사와 모로 반사가 점차 소실된다.
4~6개월	• 머리 처짐 없이 머리 가누기가 가능하다. • 복위 시 손으로 가슴과 배를 들어 올린다. • 도움받아 앉는다. • 등 쪽에서 배 쪽으로 뒤집기가 가능하다. • 도움받아 선 자세에서 체중을 지탱한다.
7~8개월	• 도움 없이 혼자 앉는다. • 도움받아 일어선다.
9~12개월	• 도움 없이 복위에서 앉고 일어선다. • 도움 없이 스스로 일어선다. • 배밀이, 기어 다니기, 걸음마로 움직인다. • 혼자 앉기를 시도한다.

출처: 김희순 외(2017), p. 146.

〈표 2-3〉 영아기 연령별 소근육 발달

연령	운동기술
2~3개월	• 중앙선을 지나 물건을 쫓는다. • 손을 펴서 잡는다. • 자신의 얼굴 앞으로 들어 손과 손가락을 본다. • 손을 입으로 가져간다. • 매달린 물건에 잠깐 손을 뻗친다.
4~5개월	• 잡을 물건에 손을 뻗친다. • 사물과 손을 번갈아 본다. • 물건을 입으로 가져간다. • 손 전체를 사용하여 물건을 잡는다. • 손과 발을 사용하여 활발하게 논다.

6~7개월	• 물건들을 조심스럽게 잡아 서로 소리를 낸다. • 자주 물건을 떨어 뜨린다. • 물건을 한 손에서 다른 손으로 옮긴다.
8~9개월	• 손가락으로 잡기 시작한다. • 의도적으로 물건을 놓는다. • 우세한 손의 사용이 시작된다.
10~12개월	• 진정한 손가락 잡기가 나타난다. • 손가락으로 음식을 스스로 먹을 수 있다. • 작은 물건을 상자 안에 넣을 수 있다. • 크레파스를 쥐고 표시할 수 있다. • 책장을 넘길 수 있다.

출처: 김희순 외(2017), p. 148.

초기운동발달은 사회적 상호작용을 가능하게 함으로써 가치가 있다. 영아가 신체 움직임을 잘 통제하게 되는 것은 다른 중요한 인지적·사회적 결과를 가져오기도 하며, 다양한 운동의 성취는 지각발달을 촉진할 수 있다. 기기나 걷기 같은 스스로 만들어 낸 움직임은 시각 흐름을 더 잘 인식하게 해 줌과 동시에 거리 관계를 이해하게 해 주며, 자세를 향상시키고, 더 효율적인 기거나 걷기로 발달한다. 인간발달은 총체적인 기획이고, 그렇기 때문에 운동기술의 변화는 발달의 다른 측면에 대한 분명한 시사를 한다.

(2) 유아기와 아동기의 운동발달

1~2세 정도의 걸음마기 아동은 자주 넘어지고 혹은 어떤 곳으로 급하게 가려 할 때 고정된 물체에 발이 걸려 넘어지곤 하지만, 아동이 성숙함에 따라 급속히 이행 운동 기술이 증가한다. 이후 눈-손 협응과 소근육에 대한 통제력이 좋아져 좀 더 정교하게 사용할 수 있어 3세 정도에는 셔츠의 단추를 채우고, 신발 끈 매기, 단순한 도안을 따라 그리는 것을 어려워하지만 시도를 하려 하며, 5세 정도가 되면 이러한 능력들 모두 달성할 수 있게 되고 가위를

〈표 2-4〉 유아기와 아동기의 대근육 · 소근육 발달

연령	대근육 · 소근육 발달
3세	걷기, 달리기, 뛰기를 안정적으로 할 수 있다. 세발자전거를 탈 수 있다. 아래 계단으로 뛰어 내릴 수 있다. 잠시 동안 한 발로 균형을 잡을 수 있다. 양발을 번갈아 가며 계단을 오를 수 있다. 9~10개의 블록을 쌓을 수 있다. 도형을 그리지는 못하나 동그라미로 사람을 그릴 수 있다. 동그라미를 따라 그릴 수 있으며, 다리를 만들 수 있다. 혼자서 옷을 갈아입을 수 있다.
4세	한발로 깡충깡충 뛸 수 있다. 양발을 번갈아 가며 계단을 오르내릴 수 있다. 앞발의 뒤꿈치와 뒷발의 엄지발이 닿도록 걸을 수 있다. 정글짐을 올라갈 수 있다. 양손으로 공을 잡을 수 있다. 가위를 상용하며 세 부분으로 된 도형을 그릴 수 있다. 신발 끈을 맬 수 있으나 묶지는 못할 수 있다. 네모, 십자가, 다이아몬드 모양을 따라 그릴 수 있다. 손사용이 잦아진다.
5세	양발을 번갈아 깡충깡충 뛸 수 있고, 줄넘기를 할 수 있다. 30m의 높이에서 양발로 착지할 수 있다. 스케이트와 수영을 시작할 수 있고, 공 던지기와 받기를 잘한다. 보조 바퀴와 함께 자전거를 탈 수 있다. 달릴 때 팔과 다리가 균형을 이루며, 오르기에 능숙하다. 발뒤꿈치에서 발끝으로 뒤로 걸을 수 있고 발끝으로 달릴 수 있다. 신발 끈을 매고 묶을 수 있으며, 가위로 자르는 기술이 발달한다. 연필 사용이 능숙하다. 네모와 세모를 그릴 수 있으며, 사람을 여섯 부분으로 그릴 수 있다.
6~7세	글을 쓸 수 있다. 젓가락, 숟가락, 칼 등을 사용할 수 있다. 두 발 자전거를 탈 수 있다. 종이를 자르고 붙이고 접을 수 있다. 운동화 끈을 묶을 수 있다. 공을 던질 수 있다. 마름모꼴을 그릴 수 있다. 똑바로 그은 선을 따라 걸을 수 있다.
8~9세	눈과 손의 협응이 발달한다. 움직임이 안정적이다. 집단 스포츠를 즐긴다. 몸이 유연해진다. 가사도구를 사용할 수 있다. 혼자서 옷을 잘 입을 수 있다. 3차원의 도형을 그릴 수 있다.
10~12세	눈과 순의 협응이 잘 발달한다. 미세운동 기술이 잘 발달한다. 큰 운동기술이 빠르게 성장한다. 한 발로 약 15초 정도 균형을 잡을 수 있다. 날아오는 공을 잡을 수 있다. 요리와 바느질을 할 수 있다.

출처: 김희순 외(2017), p. 206.

사용할 줄 알게 된다. 가위로 직선 자르기가 가능하며, 크레용으로 글자와 숫자를 쓸 수 있게 된다. 학령기가 되면서 대근육 활동(예: 빨리 달리기, 높이 뛰기, 멀리 공 던지기 등)이 증진되며 활동량이 다양해지고, 8~9세부터 가정용 도구 사용, 손-눈 협응이 필요한 카드, 놀이나 전자게임 조작에도 능숙해진다. 청소년기에는 어깨, 팔, 몸통, 다리의 움직임을 협응시켜 세련되고 능률적인 운동기술을 사용한다. 여아와 남아는 사춘기가 되기 전까지는 신체적인 능력이 거의 같으나, 사춘기 남아는 대근육 활동 검사에서 계속해서 점수가 증가하고 여아는 변함이 없거나 감소한다.

2. 심리사회적 발달

에릭슨(Erikson)은 인간이 태어나 자라고 배우고, 이후 기여하게 될 그들의 사회 환경에 대한 기본 틀을 제공했다. 에릭슨의 심리사회이론은 자기(self)의 출현, 정체성(identity)의 추구, 개인과 타인과의 관련성, 삶 전반에 대한 문화의 역할을 강조하는데, 이 이론에 따르면 인간은 성장과정에서 특별한 목표, 관심, 성과, 위험성들과 연관하게 되며 각 발달단계에서 발달상의 위기에 직면하게 된다. 각각의 위기는 심각한 상황을 수용하고, 어려운 상황들 사이에서의 균형감을 찾을 수 있도록 건강하고 생산적인 자세들로 해결할 수 있게 된다. 에릭슨의 심리사회적 발달이론 8단계를 정리하면 〈표 2-5〉와 같다.

〈표 2-5〉 에릭슨의 심리사회적 발달단계

	단계	연령	중요 사건	설명
1	기본적 신뢰감 대 불신감	출생~ 18개월	음식 섭취	첫 사회적 관계인 어머니와의 상호 작용이 중요하다. 유아는 양육자와 의 첫 애정, 신뢰 관계를 형성해야 하거나 불신의 감정을 발전시킨다.
2	자율성 대 수치심/의심	18개월 ~3세	배변 훈련	아동의 에너지는 걷기, 잡기, 괄약근 조절 등을 포함한 신체적 능력을 키 우는 것으로 향한다. 아이는 조절을 배우고 잘 조절되지 않았을 때는 수 치심과 의구심을 배우게 된다. 자신 의 의지를 표출하는 자기통제가 중 요하다.
3	주도성 대 죄의식	3~6세	독립성	아동은 더욱 주장이 강해지고 더 많 은 자주성을 가지려고 한다. 대범하 고 경쟁적이며 호기심 많은 행동을 보이므로 부모는 자기주도적인 활 동에 적절히 반응해야 한다. 너무 강 압적인 대응을 받게 되면 죄의식을 가지게 될 수도 있다.
4	근면성 대 열등감	6~12세	학교	아동은 새로운 기능학습의 요구들 을 잘 수용하거나 혹은 열등감, 실 패, 무능함을 느낄 위험에 처하기도 한다. 이 시기엔 교사의 태도가 중요 하다.
5	자아정체감 대 역할혼돈	사춘기	동료/친구 관계	십대의 청소년은 직업, 성 역할, 정 치, 종교에서의 정체성을 확립해야 만 한다.
6	친밀감 대 고립감	초기 성인기	사랑 관계	타인과의 관계에서 친밀감이나 고 립감을 발견하는 것이 중요하다. 이 때 부모로부터 독립하여 책임감 있 는 성인으로서 기능하기 시작한다.

| 7 | 생산성 대 침체감 | 중기 성인기 | 양육/멘토링 | 각각의 성인은 만족을 위한 방법을 찾아야만 하며, 다음 세대를 부양해야 한다. 사회에 의미 있는 기여를 하는 시기이다. |
| 8 | 자아통합 대 절망감 | 후기 성인기 | 자신의 삶에 대한 성찰과 수용 | 자신을 보다 심화시켜 가는 시기이다. 자신의 삶을 평가하여 인생의 성공과 실패를 수용하고 적응하는 것이 중요하다. |

1) 출생~18개월: 기본적 신뢰감 대 불신감

에릭슨은 출생에서 18개월까지 유아기의 기본적인 갈등은 신뢰(trust)와 불신(mistrust) 사이의 것으로 보았다. 유아는 음식이나 보호에 대한 욕구가 양육자로부터 안정적이고 민감하게 충족되면 신뢰감을 발달시킨다. 생후 첫해 유아는 주변 세계로부터 자신이 분리되어 있다는 것을 배우기 시작하는데, 이런 인식은 신뢰감 형성에 중요한 영향을 미친다. 유아는 세상이 자신의 통제를 벗어난다는 것을 믿어야 한다. 안정된 애착은 유아의 신뢰감을 키워주고 언제 불신이 적절한지를 배우도록 돕는다.

2) 18개월~3세: 자율성 대 수치심/의심

18개월에서 3세인 아동은 이 시기에 밥을 먹거나, 화장실에 가거나, 옷을 입는 등 자기돌봄(self care)에 대한 책임감을 인식하게 되는 자기조절(self-control), 자신감(self-confidence)의 초기 경험을 하게 된다. 이 시기의 경험은 아동이 자율성(autonomy) 대 수치심(shame)/의심(doubt)을 겪게 되는데, 부모는 아동의 안전에 주의하며 자율성을 인정해 주어야 한다. 만약 부모가 아동에게 기본적인 운동이나 인지능력을 키우도록 돕지 않는다면, 아동은 수치

심을 느끼거나 세상을 살아갈 자신의 능력에 의구심을 가질 수도 있다. 에릭
슨은 이 단계에 많은 의심을 경험한 아동은 삶에서 자신의 능력에 대한 신뢰
가 부족하게 된다고 믿었다. 물론, 당면한 상황이 너무 위험하거나 어렵거나
할 경우 약간의 의구심, 자신 없음은 필요하며, 여기서도 균형이 중요하다.

3) 3~6세: 주도성 대 죄의식

3~6세의 시기는 일을 시작하는 자율성, 계획함(planning) 그리고 실행하기
위해 도전하는 시기이다. 이 시기의 도전은 행동에 대한 열망과 모든 충동이
실행될 수 있는 것은 아니라는 것에 대한 이해 사이의 균형을 유지하는 것이
다. 성인은 이 시기의 아동의 성장을 방해하지 않으면서 통제해야 하기에 양
육에 좀 더 신중을 기해야 한다. 이 시기는 주도성(initiative) 대 죄의식(sense
of guilt)을 경험하는 시기로 만약 아동이 스스로 하는 것이 허락되지 않는다
면 죄의식이 증가할 수 있고, 아동은 자신이 원하는 것을 하는 것이 항상 잘
못된 것이라는 믿음을 가질 수도 있다.

4) 6~12세: 근면성 대 열등감

학령기에 접어들며, 이 시기의 아동은 유치원이나 학교에 들어가게 된다.
6~12세에 대부분의 아동은 인지적 발달이 빠르게 진행되며 더 많은 정보를
더욱 빠르게 습득하고 기억력이 폭발적으로 증가한다. 아동은 전조작적 사
고에서 보다 견고한 사고체계로 이동해 간다. 이런 내적 변화들과 함께 아동
은 학교라는 새로운 물리적·사회적 세상 속에 들어가게 되며 대부분의 시간
을 보내게 된다. 아동은 이제 친숙하지 않은 학교나 환경에서 새로운 성인을
신뢰하는 것을 배워야만 하고, 더욱 복잡한 환경에서 자율적으로 행동해야만

하며, 새로운 규칙들에 맞추는 여러 가지 행동을 해야 한다. 에릭슨은 이 시기를 근면성(industry) 대 열등감(inferiority)의 단계라고 부르고 있다. 아동은 인내심과 학업 완성의 기쁨 사이의 관련성을 알기 시작하며, 집, 이웃, 학교 사회 사이의 이동 능력과 학업, 집단 활동, 친구들과 지내는 능력이 더욱 능숙해진다. 반면 이런 도전에서의 어려움은 열등감을 가져올 수도 있다. 아동은 새로운 기술을 숙달해야만 하고, 새로운 목표를 위해 나가야 하고, 동시에 타인과 비교되며, 실패의 위험을 가지게 된다. 초기의 기술과 개념, 초기의 성과들은 이후의 그들의 학교 생활이나 다른 환경에서의 실패나 성취에 대한 길을 만들어 준다.

주도성과 근면성을 고취하는 방법

• 아동이 선택하고 행동하게 하도록 응원한다.
  – 아동이 행동이나 게임을 선택할 수 있을 때 자유로운 선택을 할 시간을 가진다.
  – 아동이 무언가를 하고 있을 때 가능한 한 방해하지 않는다.
  – 아동의 활동을 제안할 때, 아동과 의견을 나누고 함께 방안을 생각해 보도록 한다.
  – "지금 쿠키를 먹을 수 없어."라고 말하기보다는 "점심시간 이후나 낮잠 시간 이후에 쿠키를 먹는 게 어떨까?"와 같이 긍정적인 선택 방안을 제시한다.

• 아동 개개인이 성공을 경험할 기회를 갖도록 한다.
  – 아동의 능력에 맞추어 천천히 단계별로 가르친다.
  – 집단놀이에서 아동 간의 능력 차이가 클 때는 경쟁적인 게임은 피한다.

• 다양한 역할의 가상 활동을 장려한다.
  – 아동이 좋아하는 이야기들에 나오는 의상이나 소도구를 준비한다.
  – 아동이 좋아하는 캐릭터의 새로운 모험을 만들어 내거나, 이야기대로 행동해 보도록 장려한다.

-집단놀이시 한 아동이 좋아하는 역할을 독점하지 않도록 아동들의 역동을 살펴
본다.

• 사건이나 실수들에 관대하라. 특히 아동이 스스로 무언가를 하려고 시도할 때는 관
대해야 한다.
-물을 흘리지 않을 만한 컵과 물을 따르기 쉬운 주전자를 이용한다.
-결과가 만족스럽지 않다고 해도, 시도를 인정한다.
-혹시 실수가 있더라도 치우는 법, 고치는 법, 다시 하는 법을 제시해 준다.
-만약 아동이 심하게 이상하거나 수용이 어려운 방식으로 계속 행동한다면, 다른 전
문가의 지침을 구한다.

• 아동에게 맞는 현실적인 목표를 세우고, 그를 향해 노력할 기회를 갖도록 해야 한다.
-짧은 과제들로 시작하라. 그러고 나서 더 긴 것으로 나간다. 진전이 있도록, 표시항
목들을 세우고 관찰한다.
-아동이 합리적인 목표를 세우도록 지도한다. 목표를 적고, 그 목표의 진전에 대한
일기를 쓰도록 한다.

• 아동이 자신의 독립심과 책임감을 보여 줄 기회를 주도록 한다.
-정당한 실수에 관대한 태도를 보인다.

• 아동의 의욕상실에 대해 도움을 준다.
-아동의 진전 사항을 보여 주는 차트나 표를 이용한다.
-가장 많이 향상된 것, 가장 도움을 주는 것, 가장 열심히 한 것에 대해 상을 준다.

출처: Woolfolk (2012).

5) 사춘기: 자아정체감 대 역할혼돈

사춘기로 접어들면서 청소년은 사회적 경쟁과 행동에 대한 더 많은 제약이

있음을 알게 된다. 청소년 시기는 스스로 결정을 하고 싶어 하고 독립을 바란다. 하지만 실제로는 규칙, 훈련, 과제들에 직면하고 이에 갈등하는 시기이다. 이 시기에는 급격한 신체적 변화가 생기고 추상적 사고와 타인에 대한 관점의 이해와 관련된 능력을 발전시키게 되어 몸과 마음의 성장을 경험하며, 성인기를 위한 확고한 바탕을 제공할 정체성(identity)을 확립하는 중요 주제를 직면해야만 한다. 청소년기에는 '나는 누구인가?'와 같은 새로운 문제에 대한 답을 얻기 위한 의식적인 노력이 시작된다.

이 갈등은 자아정체감(identity) 대 역할혼돈(role confusion) 단계에 해당한다. 자아정체감은 개인의 자기개념 내의 동기, 능력, 신념, 역사의 체계를 의미하며 이를 바탕으로 신중한 선택, 결정, 특히 일, 가치, 이데올로기, 사람들에 대한 행동, 사고에 대한 선택과 결정을 포함한다. 이런 모든 측면과 선택을 통합하는 데 실패하거나 선택할 수 없다면 역할혼돈이 생기게 된다.

〈표 2-6〉 연령별 심리사회 발달특징

연령	심리사회적 발달특징
3세	부모를 만족시키길 바라며 부모의 바람을 따른다. 가족관계의 성 역할에 대해 이해한다. 혼자서 먹을 수 있으며, 작은 도움으로 옷을 입을 수 있다. 집중력이 증가하고 식사 준비도 도울 수 있다. 분노발작, 거절증, 의식적인 행동이 줄어들지만 대처행동으로 퇴행, 부정, 투사, 전치, 공격 합리화, 순응 등이 나온다. 활발한 상상력을 펼치며, 상상계의 친구가 있을수 있다.
4세	부모나 형제에게 자신의 공격성과 욕구불만을 표출한다. '된다'와 '안 된다'의 구분이 필요하다. 형제에 대한 경쟁이 증폭한다. 집에서 도망칠 수 있다. 간단한 심부름을 할 수 있다. 옷 입기와 밥 먹기를 혼자 할 수 있다. 이기적이고 참을성이 없으며 공격적이다. 감정기복이 생긴다. 다른 사람을 즐겁게 하기 위해 연극을 보여 주기도 한다. 다른 사람에게 가족 이야기를 말한다. 신체통합, 동물, 어두움에 대한 두려움을 나타낸다. 놀이와 환상세계를 펼친다.

5세	부모와 잘 어울린다. 유치원에 가기 시작하면서 부모에게 확신과 안전을 찾는다. 부모의 생각과 원칙에 대해 질문을 한다. 스포츠, 요리, 쇼핑, 일하기 등과 같은 활동을 즐긴다. 덜 공격적이다. 다른 사람을 만족시키기 바라며 안정적이다. 규칙에 따라 행동한다. 책임감과 신뢰성이 생긴다. 공포가 적어진다. 올바른 예의를 갖춘 행동을 한다. 자신의 감정을 표현하며 일시적인 퇴행이 올 수 있다. 불이행을 나타내거나 일정하지 않은 제한에 대한 혼동을 표현한다.
6~7세	혼자 목욕하고 옷을 입거나 머리를 빗을 수 있다. 같은 성별의 또래 친구들과 놀이를 즐기며 분담하고 협동한다. 동생에 대한 질투가 있을 수 있다. 칭찬과 인정을 필요로 한다. 기분 변동이 적다. 가사를 돕거나 학교활동이나 지역활동에 참여한다. 말을 집중해서 듣는다. 독립적이 되려고 시도한다. 조용한 놀이로 시간을 보내기도 한다.
8~9세	경쟁적인 게임이나 스포츠를 즐긴다. 심부름을 혼자 할 수 있으며, 사회적으로 올바르게 행동하려 한다. 신중해지며, 다른 사람에게 비판도 한다. 어른을 공경한다. 다른 사람과 자신을 비교한다. 규칙을 중요시하며 믿음직스럽고 책임감이 생긴다. 친한 친구가 중요하게 된다. 다른 사람에게 관대하고 수용적이다.
10~12세	사회적 능력이 발달된다. 자기훈육을 한다. 쉽게 만족하며 순종적이다. 가장 친한 친구가 생긴다. 다정하고 예민하다. 부모를 존경한다. 자발적이며 독립적이다. 짧은 시간 동안 혼자 집에 있을 수 있다. 가족에 대한 관심이 증가한다.
청소년기	자아정체감이 형성되는 시기이며, 다른 사람과 친밀감을 형성하게 된다. 점점 심오하고 깊은 생각이 가능하며, 자신이 누구인가 정의하는 것에서 좀 더 차별화된 방법으로 증명하기 시작한다. 청소년의 주체적 상태에서 중요한 결정 요소는 그들이 노출되어 있는 양육환경으로 이 시기의 환경은 더욱 중요하다. 〈이 시기의 필요한 환경〉 • 긍정적인 역할 모델을 제공 • 주위의 세상에 대한 의망의 인식과 목적 그리고 자신의 결정을 세우는 노력 장려 • 안전한 환경 조성 • 특별한 감정을 찾고 발전시키는 것을 보조 • 자신에 대한 결정에 대해 지도해 주며 가족의 의사결정에 참여하도록 허락 • 자신의 힘으로 생각하고 문제를 해결하도록 장려하며 그것을 통해 배울 수 있게 도움 • 자신의 진로에 대해 탐구할 수 있는 기회를 제공

출처: 김희순 외(2017), pp.207, 229, 253.

자기개념

자기개념(self-concept)은 일반적으로 자신에 대한 스스로의 생각, 감정, 행동, 지각, 신념을 말한다. 자기개념을 우리 자신이 스스로에 대해 설명하는 시도이며, 자신에 대한 감정, 신념을 도식화하기 위한 것으로 볼 수 있다. 이 자기개념은 영구적이거나 통합적이거나 불변하는 것이 아니며, 상황에 따라 변하고 삶의 여러 측면에서도 다르게 나타날 수 있다. 또한 각기 다른 상황에서의 지속적인 자기평가를 통해 발달한다. 아동·청소년은 지속적으로 자신에게 질문하거나('내가 어떻게 하고 있는가?') 자신에게 중요한 사람들(초기에는 부모, 다른 가족 구성원 그리고 이후에는 친구, 학급 동료, 교사)의 언어적·비언어적 반응을 기준으로 평가한다.

어린 아동은 자신에 대해 긍정적·낙관적인 경향이 있지만 성숙함에 따라서 점차 현실적이 된다. 성장과정에서 많은 아동은 자신의 능력에 대해 정확한 판단을 하지 못한다. 그러므로 부모나 환경의 평가나 칭찬 등은 그들의 자기개념에 지대한 영향을 미친다. 몇몇 학생은 '무능력에 대한 오해(illusions of incompetence)'로 고통받기도 한다. 이러한 환경에 있는 아동은 심각하게 자신의 능력을 과소평가하며 성장하게 되고, 이것은 자신에 대한 부정적인 이미지를 형성하는 데 영향을 미친다. 청소년기가 되면서 더욱 자기 의식적(self conscious)이게 되며, 이 시기의 자기개념은 신체적 외형과 사회적 수용 그리고 학교에서의 성과에 연관된다. 그래서 이 시기는 지나치게 어려운 동시에 중요한 시기이다.

출처: Woolfolk (2012).

3. 인지적 발달

아동발달 연구자 중 가장 저명한 학자인 장 피아제(Jean Piaget)는 그의 세 자녀를 주의 깊게 관찰함으로써 아동발달 연구의 초석을 마련하였다. 피아제는 지적 성장에 대한 인지발달이론을 체계화하였으며, 그의 주장은 여전히 영향력 있게 받아들여지고 있다.

〈표 2-7〉 피아제의 인지도식과 성장

도식과정	개념	정의	예
시작 ↓ 종결	평형	도식과 경험 간의 조화	날아다니는 것은 모두 새라고 생각한다.
	동화	기존의 도식에 근거하여 새로운 경험을 해석함으로써 그것에 적응하려는 시도	비행기도 새라고 부른다.
	조절	생소한 경험을 더 잘 설명하고자 기존의 도식을 수정	깃털이 없다. 저게 뭐지?
	조직화	기존의 도식들을 새롭고 더욱 복잡한 구조로 재정리(목적: 주변 환경의 요구에 부합하는 적응을 촉진)	날아다니는 대상에 두 개의 하위 범주(새와 비행기)로 위계적 도식 형성

출처: Shaffer & Kipp (2014), p. 226.

피아제는 인지는 정신구조 또는 도식(정신체계)의 정교화와 변형을 통해 발달한다고 하였다. 여기서 도식이란 생각 또는 행동의 패턴으로 인간이 성장하면서 자신의 세계를 해석하며 쌓은 지속적인 기초 지식으로, 현실에 대한 표상과 자신의 경험을 해석하고 조직화하는 수단이다. 인지적 발달은 이 도식 또는 구조의 발달로 새로운 경험을 정기적으로 탐색하고 동화시키며 이 경험에 인지적 구조를 조절시키고 새로 알게 된 지식을 새롭고 더욱 복잡한 도식으로 조직화하는 적극적인 과정이라고 할 수 있다. 피아제는 자신의 인지성장 이론에서 그 과정을 〈표 2-7〉과 같이 설명하며, 여기서 동화와 조절은 인지적 성장의 촉진을 위해 작용하는 것으로 이 두 가지가 항상 동등하게 발생하는 것은 아니지만 기존의 도식과 일치되지 않는 경험을 동화시키다 보면 결국 인지적 갈등이 발생되어 조절이 촉진된다고 보고 있다.

또한 피아제는 모든 아동은 정확히 같은 순서대로 인지발달단계를 거치며, 각 단계는 이전의 단계에서의 성취를 바탕으로 진전되기 때문에 어느 한 단계도 뛰어넘을 수 없지만 다음 단계로 이동하는 연령에는 개인차가 존재한다고 하였다. 피아제의 인지발달단계는 다음과 같다.

〈표 2-8〉 피아제의 인지발달단계

발단단계	표준 연령	인지 수준
감각 운동기	출생~2세	주변 환경에 따라 행동하고 주변 환경을 알아가도록 하는 행동 도식을 형성한다. 이때 대상 영속성 개념이 획득된다.
전조작기	2~7세	상징놀이, 표상적 통찰 등 상징적 수준에서 사고하지만 아직 인지적 조작은 사용할 수 없다.
구체적 조작기	7~11세	대상과 경험에 대해 보다 논리적으로 사고하여 인지적 조작들을 습득한다.
형식적 조작기	11세 이후	추상적인 개념이나 가설적인 사건에 대해 보다 합리적이고 체계적으로 사고한다.

1) 출생~2세: 감각 운동기

감각 운동기는 첫 인지단계로 출생부터 2세 정도까지의 기간이며, 이때 영아가 감각 입력과 운동능력을 통합하여 주변 환경에 따라 행동하고 주변 환경을 알아가도록 하는 행동 도식을 형성하는 시기이다.

이때 일어나는 문제해결 능력, 모방, 대상 영속성의 발달과정을 각각 정리하면 〈표 2-9〉, 〈표 2-10〉, 〈표 2-11〉과 같다.

〈표 2-9〉 감각 운동기의 인지 발달 1: 문제해결 능력의 발달

하위 단계	문제해결 능력 또는 흥미로운 결과의 산출 방식
반사활동 (출생~1개월)	• 선천적 반사활동을 한다(인지 성장의 출발). • 새로운 물체를 반사 도식에 동화시키고 이를 새로운 대상에 조절한다. 예: 젖을 빠는 것처럼 담요나 장난감을 빠는 행동
1차 순환반응 (1~4개월)	• 우연히 반복의 가치를 발견하여 최초로 나타나는 운동 습관이 생긴다. • 자신의 신체에 국한된 흥미로운 행동을 반복한다. 예: 손가락 빨기나 웃기

2차 순환반응 (4~8개월)	• 우연히 외부 대상에 대해 발견한 흥미로운 행동을 반복한다. 예: 모빌 치기, 장남감 오리가 꽥 소리가 나게 하기
2차 순환반응의 협응 (8~12개월)	• 최초로 의도가 있는 계획적인 반응이 나타난다(목표 지향적 행동). • 단순한 문제해결을 위해 행동을 조합한다. 예: 장난감을 꺼내기 위해 쿠션을 들어 올려 장난감을 집기
3차 순환반응 (12~18개월)	• 적극적으로 실험해 보는 시행착오적인 탐색 도식이 나타난다. • 문제해결이나 흥미로운 결과 산출을 위해 새로운 방법을 모색 한다. • 손짓으로 자신을 표현한다. • 반복되는 경험, 노력과 실수로 배운다. 예: 어떤 결과가 나오는지 고무 오리를 밟거나 던져 보기
정신적 조합을 통한 새로운 방법의 발명 (18~24개월)	• 행동 도식을 내면화하여 정신적 상징 또는 심상을 구성하여 문 제를 해결함에 따라 최초의 통찰을 보여 준다. • 자기중심적인 말과 놀이를 한다.

출처: Shaffer & Kipp (2014), p. 228.

⟨표 2-10⟩ 감각 운동기의 인지 발달 2: 모방의 발달

하위단계	모방
반사활동 (출생~1개월)	• 일부 운동 반응을 반사적으로 모방한다. • 단순한 움직임인 혀 내밀기, 머리 운동, 입술이나 손바닥 을 벌렸다 닫았다 하는 행위는 선천적인 반사행동이다.
1차 순환반응(1~4개월)	• 주변 사람이 모방한 자신의 행동을 반복한다.
2차 순환반응(4~8개월)	
2차 순환반응의 협응 (8~12개월)	• 새로운 반응을 점차적으로 모방한다. • 아주 단순한 움직임을 보고 약간의 시간이 흐른 후 지연 모방한다.
3차 순환반응 (12~18개월)	• 새로운 반응을 체계적으로 모방한다. • 아주 단순한 움직임을 보고 긴 시간이 흐른 후 지연 모 방한다.
정신적 조합을 통한 새로운 방법의 발명(18~24개월)	• 복잡한 연속 행동을 지연 모방한다.

출처: Shaffer & Kipp (2014), p. 228.

〈표 2-11〉 감각 운동기의 인지 발달 3: 대상 영속성의 발달

하위 단계	대상 영속성
반사활동 (출생~1개월)	• 움직이는 대상을 추적하지만 시야에서 사라지면 관심을 잃는다.
1차 순환반응(1~4개월)	• 대상이 사라진 곳을 열심히 바라본다.
2차 순환반응(4~8개월)	• 부분적으로 가려진 대상을 탐색한다.
2차 순환반응의 협응 (8~12개월)	• 대상개념이 출현한다는 분명한 신호가 나타난다. • 이동되지 않은 숨겨진 대상을 탐색하고 찾아낸다. • A-not-B 오류(8~12개월 영아의 숨겨진 대상을 마지막으로 본 장소가 아니라 예전에 찾았던 장소에서 찾는 경향)를 보인다.
3차 순환반응 (12~18개월)	• 영아가 보는 앞에서 숨긴 장소를 변경한 대상을 탐색하여 찾아낸다.
정신적 조합을 통한 새로운 방법의 발명(18~24개월)	• 대상 개념이 완전해진다. • 영아가 보지 않는 상태에서 숨긴 대상을 탐색하여 찾아낸다.

출처: Shaffer & Kipp (2014), p. 228.

감각 운동기에서 주목할 만한 성과는 대상 영속성의 발달이다. 대상 영속성은 대상이 더는 보이지 않거나 다른 감각을 통해 탐지할 수 없을 때에도 그 대상이 계속해서 존재한다는 개념이다. 영아의 대상 개념은 생후 8개월에서 12개월에 분명하게 나타난다. 그렇다고 해도 대상 영속성은 영아에 따라 10개월이 되어도 불완전한 형태를 보이곤 한다. 생후 12~18개월이 되면 대상 영속성은 많이 향상되고 24개월에 이르러 완전한 이해를 보인다.

2) 2~7세: 전조작기

2세에서 7세에 이르는 기간으로 이 시기의 아동은 인지능력, 이해력에 많은 변화가 생기며, 주변에 일어나는 현상에 대해 배우기 시작한다. 아동이 새

로운 경험을 하고 개선된 행동을 하며 변화에 대해 정신적으로 다룰수 있게 됨에 따라 도식이 바뀌게 된다. 전조작기에 아동은 과거의 경험을 바탕으로 자신의 인식에 따른 정신 작용을 한다. 아동은 자신의 관점으로 모든 일을 이해하고 다른 사람은 다른 관점을 가지고 있다고 생각하지 못하는 자기중심적 태도를 보이기도 한다. 또한 서로 관련 없는 것끼리 연관지어 추리하는 비약적 추리도 나타나며, 물체도 사람과 같이 살아있다고 믿는 물활론의 이해 수준을 보인다.

〈표 2-12〉 전조작기의 인지발달

연령	인지발달
3세	집중력은 아직 짧으나 증가한다. 관찰과 모방을 통하여 배운다. 자기중심적이며 물체도 살아있다고 생각한다. 시간에 대한 개념이 생기기 시작한다. 주변 환경에 대한 질문을 한다. 신체적 손상에 대한 공포가 구체화된다. 상상력이 풍부해지며 색깔과 숫자를 인식하기 시작한다.
4세	자기중심적인 성향이 줄어들고 사회적 인식이 생긴다. 간단한 유추를 한다. 비슷한 범주의 물건을 구분하며 가족과 잘 떨어져 있을 수 있다. 일을 시작하지만 끝내지 못할 수 있다.
5세 이후	부모의 생각이나 사상을 다른 사람과 비교하여 질문한다. 사회에 대한 법칙 등을 배운다. 다른 관점에 대해 보기 시작하지만 차이점을 이해하기보다는 묵인한다. 세상에 대한 사실적 정보에 호기심이 생긴다. 현실적인 감각을 보인다. 유사점에 따라 물건을 구분한다. 성격이 드러난다.

출처: 김희순 외(2017), p. 206.

3) 7~11세: 구체적 조작기

7세 무렵부터 아동은 자기중심적 관점에서 개방되고 융통성 있는 관점으로 변하게 된다. 아동은 또래 친구나 성인의 생각을 배우면서 다른 사람의 관점에서 보기 시작한다. 추상적 사고가 발달되어 있지 않기에 현재 시간의 틀 안에서 구체적 사고가 제한된다. 이 시기에 아동은 비슷한 특성끼리 집단으로 모으는 능력인 분류(예: 개, 고양이, 말을 분류해 집단으로 모은다)와 모양의 변화가 양의 변화가 아님을 이해하는 보존(숫자, 무게, 부피, 양에 대한 보존 개념), 그리고 행동이 반대로 이루어질 수 있다고 이해하는 가역의 개념을 발달시킨다. 또한 이 시기에는 아동 간의 개인적인 차이, 즉 수평적 격차[1]가 발생하기 시작한다.

〈표 2-13〉 구체적 조작기의 인지발달

연령	인지발달
7세	시간을 말하는 것을 배운다. 읽는 것을 배운다. 외울수 있다. 오른쪽 왼쪽과 오른손 왼손을 이해한다. 돈에 대한 가치를 안다. 마술과 환상에 홍미를 가진다. 일반적인 사물의 사용법을 안다. 숫자에 대한 개념을 이해한다. 집중력이 증가한다. 단어과 철자법 게임을 즐긴다. 세 가지 명령을 따른다. 돕는 것을 좋아한다. 구체적이고 물활론적인 사고를 갖는다. 사려가 깊다.
8~9세	시간에 대한 개념을 이해한다. 날짜와 달을 안다. 물건을 모으고 분류한다. 읽는 능력이 발달된다. 분수(수학)에 대해 배운다. 공간, 원인, 결과, 대화에 대해 이해한다. 물건의 유사점과 차이점을 말할 수 있다. 숫자 20부터 거꾸로 셀 수 있다. 음악에 대해 홍미를 보인다. 거스름돈을 계산할 수 있다. 집안일을 돕는다. 성공과 실패에 대해 비판적이다. 경험으로 배운다. 시간을 잘 지킨다. 단순한 활동을 즉홍적으로 할 수 있다. 물활론적인 사고가 줄어든다.
10~12세	추상적인 사고능력이 발달한다. 이야기를 쓸 수 있다. 그림을 자세하게 그린다. 죽음을 되돌릴 수 없다는 것을 안다. 더욱 현실적이게 된다. 읽기에 재미를 붙이고 잘 읽는다. 미래에 대해 알고 싶어 한다. 암기를 즐기고 사실을 확인하려 한다. 토론을 즐긴다. 다른 사람에게 미치는 영향에 대해 인식하지 못한다. 형식적인 조작기가 시작된다.

출처: 김희순 외(2017), p. 229.

---

1) 수평적 격차: 피아제의 용어로 아동의 인지적 발달이 고르지 않음을 나타낸다. 같은 정신적 조작을 요구하는 과제 간에도 아동의 성공 시기는 다를 수 있다.

〈표 2-14〉 전조작기와 구체적 조작기의 인지발달 비교

개념	전조작기	구체적 조작기
자기 중심성	타인도 자신과 동일한 시각을 갖는 다고 생각한다.	때때로 자기중심적인 반응을 보이지만 타인의 다양한 시각에 대해 잘 알고 있다.
물활론	스스로 움직이는 친숙하지 않은 물체는 생명체적인 특징을 갖고 있다고 생각한다.	무생물에 대해 생명체적인 특징을 부여하지 않는다.
인과관계	두 개의 연달아 일어나는 사건에 인과관계가 있다고 생각한다.	인과관계 법칙에 대해 보다 잘 이해한다.
지각 중심의 사고/ 중심화	문제에 대한 답변을 찾을 때 지각적 외양을 근거로 판단하고 상황의 단일한 측면만 본다.	문제에 대한 답변을 찾을 때 현혹적 외양은 무시하고 상황의 하나 이상의 측면을 본다.
비가역성/ 가역성	물체나 상황이 변화되지 전의 상태가 어땠는지 거꾸로 돌려 생각지 못한다.	자신이 목격한 변화를 정신적으로 무효화하여 전후 상태를 비교하고 상황이 어떻게 변화했는지 판단한다.
논리적 사고에 대한 검사 성취도	-자기중심성, 지각 중심의 사고 및 중심화로 인해 보존 과제에 실패한다. -물체를 범주화하는 데 어려움이 있다. -높이, 길이와 같은 양적 차원에 따라 물체를 정신적으로 배열하는 능력의 결여되어 있다.	-자기중심성이 약화되고, 가역적인 인지적 조작을 습득하게 됨에 따라 보존 과제를 수행한다. -물체를 여러 차원에서 정확하게 범주화한다. -물체를 양적 차원에서 정신적으로 배열한다. -외양보다는 논리를 바탕으로 결론을 내린다.

출처: Shaffer & Kipp (2014), p. 245.

4) 12세 이후: 형식적 조작기

12세 이후로서 이 시기부터는 가설에 의한 연역적 추론, 즉 일반적인 것에서 특수한 것을 추론해 내는 것이 가능하며, 가설이 설정되고 이를 실험을 통해 체계적으로 검증하는 과정에서 이용되는 사고인 귀납적 추론이 가능한 시

기이다. 이러한 형식적 사고는 자신의 삶에서 무엇을 할 수 있는가에 대해 생각할 수 있으며 안정된 정체성을 형성하는 데 도움이 되고, 타인의 심리적 견해와 그들의 행동과 원인을 잘 이해하거나 어려운 개인적 의사결정이 가능하다. 또한 여러 행동 대안을 비교할 수 있으며, 자신과 타인에게 미칠 결과를 미리 고려할 수 있게 된다. 하지만 이 시기부터 세상의 모든 점에 대한 의문을 품기 시작하면서 세상에 대한 논리적인 모순과 경험을 많이 발견하여 혼란, 불안, 증오 등을 느끼게 되어, 여러 갈등의 요인이 생기기도 한다. 그러므로 지적 도구를 갖춘 자기중심성이 부활되는 시기라고도 할 수 있다.

이러한 형식적 조작기가 누구에게나 다 일어난다고 보는 피아제는 구체적 조작기에서 형식적 조작기로의 이행은 아주 서서히 일어나지만 15~18세가 되면 대부분 형식적 조작기의 특징을 보이고 모든 성인이 형식적 조작 수준의 추론이 가능하다고 주장한다.

병원아동생활전문가 | **제3장**

소아질환에 대한 이해

현대 의학의 발달로 인해 많은 질병이 치료되고 있으며 이로 인한 사망률이 현저하게 감소되고 있으나, 성장과정에 따른 불의의 사고나 전염성 질병 또는 유전으로 인한 질병 등 여러 원인으로 인하여 치료받고 있는 아동은 꾸준히 존재하고 있다. 이는 아동의 건강과 복지를 위협하고, 아동은 물론 그 부모와 지역사회 성인의 삶의 질에도 영향을 미치게 된다. 병원아동생활전문가는 이러한 아동이 겪게 되는 질환을 이해하며 그로 인한 손상에 대한 관심과 이해를 바탕으로 이를 효과적으로 예방하고 대처하여야 한다.

이 장에서는 아동의 발달단계에 따라 쉽게 걸릴 수 있는 질환을 영아기, 유아기, 학령기로 나누어 살펴보고, 그 밖의 전반적인 소아질병에 대해서 살펴보고자 한다.

1. 영아기 질환

1) 구토

젖을 넘기거나 토하는 것은 영아기에서 흔히 나타나는 증상이다. 구토를 예방하기 위해서는 수유 후에 상체를 높이고 오른쪽으로 눕혀 두거나 수유 후 트림을 잘 시켜 주어야 한다. 수유 후에 흔들거나 많이 움직이지 않고 얌전히 다루는 것이 중요하다. 구토를 할 때는 머리를 오른쪽으로 돌려 토물이 기도로 넘어가지 않게 해 주어야 한다. 하지만 영아가 지속적으로 구토를 하거나 담즙이 함유된 녹색구토물이 발견되거나 혈액이 섞인 구토를 하는 경우에는 병원으로 즉시 가야 한다.

2) 황달

간 기능의 미숙으로 인해 영아는 생후 2~3일부터 15일 정도까지 황달을 보일 수 있다. 일반적으로 황달기는 생후 5일 정도부터 서서히 사라진다. 황달은 눈의 흰자위가 노랗게 되며, 얼굴, 가슴, 배, 다리 순으로 진행되었다가 사라진다. 황달인지 아닌지 구분하기 위해서는 피부를 손가락으로 눌렀다 떼었을 때 피부가 노랗게 오랫동안 지속되는지를 확인하는 방법이 있다.

3) 급성위장염

급성위장염의 원인은 여러 가지가 있는데, 감염이 되었을 때나 영아가 정서적 불쾌감으로 인하여 위장장애가 생기는 경우 또는 음식 알레르기, 고혈당, 항생제의 장기 사용, 바이러스, 박테리아 등이 원인이 될 수 있다. 증상으로는 설사, 구토, 복통, 탈수, 전해질의 불균형, 영양장애 등이 있을 수 있다. 탈수가 된 경우에는 천문/대천문이 함몰되거나 피부 탄력성이 저하되고 창백해지며 차고 건조하게 된다. 또한 입술과 혀가 마르고 소변량이 감소되며 농축된 소변을 보며, 무기력하거나 과민한 증상이 나타난다. 이런 증상이 오래 가면 체중이 감소하게 된다. 이런 경우 영아를 격리시키고, 양육자는 청결을 위하여 수시로 손을 씻고 배설물을 위생적으로 관리하여 더 이상 감염되지 않게 조심해야 한다. 필요시 항생제 치료를 해야 하며, 규칙적으로 섭취량과 배설량, 체중을 확인하여 증상이 어떻게 변하는지를 관찰하고, 수분전해질을 보충해 주며 탈수가 오지 않도록 조심해야 한다. 이 증상이 심하면 당분간 금식을 해야 할 수도 있다. 증상이 호전되면 맑은 액체부터 먹기 시작하며 당분간 채소, 생과일, 유제품 등은 설사를 유발하므로 피하도록 한다.

4) 요로감염

요로감염은 요도, 방광 등 신장부 · 위상부 · 요로계의 감염으로 대장균이 가장 많은 원인이 된다. 증상은 발열, 오한, 빈뇨, 배뇨 시 통증, 혈뇨, 옆구리 통증 등이 수반된다. 이때 항생제를 투여하고 기저귀를 자주 갈아 주고 면 팬티를 착용시켜 주어야 한다. 이 감염은 여아에게 많고 2개월에서 2세까지 자주 발생되므로 여아 회음부의 위생교육(앞에서 뒤로 닦도록)이 필요하다. 이 시기에는 충분한 수분 섭취를 시켜 주어야 한다.

5) 기저귀 발진

기저귀 발진의 원인은 기저귀 및 대소변에 의한 피부 마찰과 습기가 원인이 된다. 기저귀 발진은 그 자체로도 문제가 되지만 몹시 가렵고 통증까지 있어 영아가 잠을 못 자거나 식욕을 잃을 수 있으며, 길게는 1개월 이상 지속될 수 있기 때문에 무엇보다 예방이 가장 중요하다. 기저귀 발진 예방법으로는 기저귀를 수시로 확인하고 자주 갈아 주며 영아의 피부를 깨끗이 씻겨 주는 것 등이 있다.

기저귀 발진 시 엉덩이 닦는 법

엉덩이를 닦아 줄 때에는 물을 사용하는 것이 좋다. 물 티슈는 피부 자극이 크므로 피하는 게 좋다. 매번 비누칠할 필요는 없으며, 너무 세게 문지르는 것도 좋지 않다. 엉덩이와 항문 사이를 조심스럽고 꼼꼼하게 닦아 준다. 영아의 엉덩이를 깨끗하게 씻겼다면 물기가 남지 않도록 면수건으로 잘 닦고 말린 후 로션을 발라 주고 잠시 공기 중에 노출시켜 벗겨 놓은 엉덩이가 보송보송해졌을 때 기저귀를 채우도록 한다. 파우더는 젖은 피부에 바르면 안 되는데, 땀구멍을 막아 각종 피부 문제를 야기할 수 있기 때문이다.

기저귀를 채울 때는 기저귀의 종류보다는 갈아 주는 시간이 중요하다. 가급적 덜 채우거나 열어 두어 습하지 않게 도와준다. 영아의 피부를 보호하기 위해서 처방된 연고를 발라 준다.

6) 기관지염

기관지염의 원인은 바이러스로서 증상은 흔히 콧물과 미열의 감기 증세로 시작해서 급격하게 진행된다. 질병이 진행되면 기침이 심해지고 호흡곤란, 호흡잡음, 흉부의 이상 움직임 등이 나타난다. 이때는 영아를 안정시키고 충분한 휴식을 취하게 하며 호흡을 편안하게 하기 위해 반좌위나 좌위를 취해 주어야 한다. 1일 2~3L의 수분을 공급하여 탈수를 방지하고, 객담을 묽게 하여 쉽게 배출되도록 한다. 회복기 동안에는 다른 감염에 노출되지 않도록 주의하고 따뜻하게 옷을 입히며, 가습기를 제공하여 높은 습도를 유지해 준다. 담배 연기나 공기가 안 좋은 곳은 피하도록 한다.

7) 발열

발열은 급성질환이 있거나 급성질환이 임박함을 나타내는 가장 중요한 징후 중 하나로 다른 영아기 질환과 마찬가지로 감염을 수반한다. 발열의 원인은 고온에 오래 노출되었거나, 감염, 기타 비감염성 질환 등이며, 소수 영아의 경우 열로 인해 발작 가능성이 있으므로 열이 날 때 주의 깊게 간호해 주어야 한다.

열이 있는 것 같으면 체온을 측정하고, 고온이 측정되면 영아의 옷을 벗긴다. 만약 옷을 벗는 것을 싫어한다면 얇은 옷이나 속옷을 입게 한다. 미온수에 적신 수건으로 영아를 닦아 주고, 의식이 있다면 구강으로 물을 주거나 얼음을 물고 있게 한다. 이러한 조치는 탈수 예방보다는 안정시키기 위함이다. 체온이 39℃ 이상이거나 불쾌감을 느낄 경우 해열 진통제를 준다. 설명서에 표시되어 있는 용량에 맞게 해열제를 준 후 1~2시간 후에도 체온이 40℃ 이상이면 미지근한 물이 있는 욕조에 들어가게 한다. 이때 물의 높이는 영아가 앉았을 때 배꼽 높이가 적정하며 영아가 참을 수 있을 때까지 젖은 수건으로 몸을 살살 문질러 주며 물의 온도를 유지한다. 이후 편안한 옷을 입히고 시원한 물을 먹인 후 시원한 방에서 쉬게 한다. 열이 날 경우 하지 말아야 할 처치는 다음과 같다.

• 체온을 떨어뜨리기 위해서 얼음물이나 알코올로 몸을 문지르지 않는다.

- 열이 날 때 담요로 싸지 않는다.
- 수면이 중요하기 때문에 약을 주거나 체온을 재기 위해 잠을 자는 영아를 깨우지 않는다.
- 영아를 찬물에 담그거나 얼음물에 담근 수건으로 덮지 않는다. 저체온을 야기할 수 있다.

체온 측정법

• 수온체온계
-체온계를 털어 눈금이 35도 이하로 내려가 있는지를 확인한다.
-측정 부위(구강, 겨드랑이, 항문)에 삽입한다.
-2~3분 후 조심스럽게 뺀다.
-수은주가 있는 숫자까지 읽어 준다.

• 전자체온계
-on/off 버튼을 누른다.
-측정 준비 신호(L)를 확인한다.
-구강 내 또는 겨드랑이에 삽입한다.
-구강 내 측정 시 혀 밑에 온도계의 측정 부분을 넣고 입은 다물고 코로 숨을 쉰 상태로 측정한다.
-겨드랑이 측정 시 팔을 들고 측정 부분을 겨드랑이 가운데로 삽입한다.
-측정 완료 시엔 신호음이 들린다.

8) 경련

경련은 영아의 몸이 멈출 수 없이 흔들리고 눈이 뒤로 넘어가며 입에서 거품이 나고 대소변의 실금이 있으며 의식이 상실되는 증상을 보인다. 대부분의 경련은 5~10분 이내에 멈춘다. 보통의 경련은 고열이 주원인이기 때문에 그리 심각하게 볼 필요는 없으며, 오래 지연되지 않은 발작은 뇌 손상을 야기하지 않으므로 보호자는 침착하게 대처하면 된다. 필요하다면 안전한 장소로 이동시키고, 억지로 경련을 멈추게 하거나 입을 강제로 열어 혀를 잡으려고 시도하지 않아야 한다. 이때 목과 허리 부분의 옷을 느슨하게 해 주며, 구토를 할 경우 질식되는 것을 막기 위해 옆으로 눕힌다. 이후 경련이 멈추고 고열이 나는 것 같으면 고열을 위한 처치를 하여 준다. 경련이 처음 일어났거나 경련이 멈춘 후에 다시 시작 된 경우 의사에게 진찰을 받아야 한다.

9) 영아의 돌연사증후군

12개월 미만의 영아가 자는 동안에 갑자기 사망하는 현상으로 사망 당시의 상황 및 현장조사 또는 병력 검토, 부검 등 철저한 사후검사에도 불구하고 사망의 원인을 찾을 수 없는 경우를 말한다. 주요 발생 시기는 대개 생후 2~3주 신생아부터 2~4개월 영아에게서 가장 많이 발생하며, 대부분 생후 1~6개월에 발생한다. 원인은 산모의 임신과 관련된 요인과 영아의 요인 등으로 볼 수 있는데, 임신과 관련된 요인은 저체중아(출생 시 체중 2.5kg)나 미숙아(임신 기간 37주 이전에 태어난 아기)로 출산한 경우나 산모의 연령이 어리거나 임신 중 산모의 흡연 또는 다태 임신인 경우이다. 영아의 요인으로는 수면 자세로 인한 사망 등이 있다.

영아돌연사증후군 캠페인 효과

• 영국에서 1991년, 미국에서 1994년에 영아돌연사증후군(Sudden Infant Death Syndrome: SIDS) 캠페인을 시작하였으며 그 영향으로 이후 각각 발생률이 75%, 44%가 감소하였다. 노르웨이에서는 90% 감소되었다.

• 최근의 발생 양상은 주로 경제적으로 어려운 가정이나 같은 침대에서 자는 경우 발생된다.

• 일본의 'Back to Sleep' 캠페인은 금연, 모유 수유 권장 등의 내용으로 1996년부터 지속적으로 시행하였으며, 그 결과 2001년에 50% 수준으로 감소되었다.

영아돌연사증후군 예방 매뉴얼

1. 아기를 재울 때는 천장을 보고 바로 눕힌다. 옆으로 눕히거나 엎드려서 재우면 영아돌연사증후군의 위험성이 높아진다.

2. 아기를 단단한 바닥에 눕힌다.

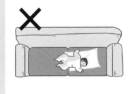

3. 머리와 얼굴을 덮지 않으며 목과 팔 부위에 구멍이 뚫린 안전한 덮개를 사용한다.

4. 천장을 보고 눕히며 아기가 자고 있는 주변에 위험한 물건을 치운다.

5. 아기가 자고 있는 동안 너무 덥지 않게 한다(권장 실내온도: 22~23도).

6. 아기 주변에서는 흡연을 금한다.

7. 성인과 같은 침대를 사용하거나 바로 옆에서 자는 것을 금한다.

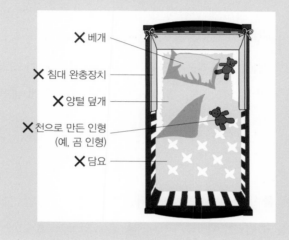

2. 유아기 질환

1) 안전사고로 인한 질환

유아기에 들어서면서 운동력이 급격하게 증가하는 동시에 주변 환경에 대한 호기심과 탐구력 증가로 인해 신체활동이 많아지고 도전하려는 움직임이 강해진다. 하지만 이 시기 아동은 아직 신체기능의 발달이 미숙하고 판단 능력과 자기 조절 및 상황의 인식 능력이 부족하기 때문에 안전에 대한 사고에 많이 취약하다. 안전사고는 다음과 같다.

(1) 낙상

낙상은 3개월 이후부터 어느 곳(예: 침대, 보행기, 그네, 의자, 쇼핑카트, 계단 등)에서나 일어날 수 있는 사고이다.

(2) 화상

유아기에는 피부 자극에 민감하며 열 감지 능력이 완전히 발달하지 않아 쉽게 뜨거운 것에 손을 댈 수 있다. 그러므로 아동 주변에 뜨거운 것들이나 화상을 입을 만한 것들(예: 뜨거운 물, 과도한 태양열, 전선, 전기소켓, 난방기구, 담배, 촛불, 향불, 가열식 가습기, 전기밥솥 등)은 치우거나 그에 대한 안전장치가 필요하다.

(3) 익사

익사는 깊은 물이 아닌 몇 인치 안 되는 물에서도 발생할 수 있기에 이 시기의 아동이 물 주변(예: 목욕통, 수영장, 화장실, 양동이, 호수)에 있을 때 항상 주의해 지켜보아야 한다.

(4) 이물질 흡인

이 시기에 아동은 움직이면서 잡히는 물건(예: 작은 구슬, 음식물 조각, 인형의 눈과 코, 단추, 모빌, 인공 젖꼭지, 아기 파우더 등)을 입이나 코 등의 구멍에 넣기가 쉽다. 이때 기도 내 이물 흡인으로 치명적인 손상을 입을 수 있다.

(5) 중독

중독은 아동이 독성이 있는 물질(예: 핸드백 안의 연고, 크림, 기름, 관상용 식물, 단추 크기의 건전지, 세제, 음료수 병에 보관된 독성 액체 등)을 입에 넣어 발생하는 것으로 1~2세 정도 발생 빈도가 높다.

(6) 질식

입과 코가 막히거나 가슴에 압박이 가해지거나 갇혀서 공기 부족으로 발생하는 사고이다. 풍선, 비닐백, 담요나 시트, 가구, 전선, 턱받이 끈, 보행기 끈 등이 원인일 수 있다.

이와 같은 안전사고는 가정 내에서 2/3 정도가 발생되는 만큼 가정 안에서도 아동 주변에 안전한 장치를 하거나 위험 물건을 치우며 성인이 아동을 주의 깊게 돌보고 있어야 하는 등 예방이 가장 중요하다.

2) 찢어진 상처

(1) 자상

예리하고 가는 물건에 찔린 좁고 깊은 상처로 상처 부위를 보기 힘들고 즉시 출혈이 되지 않으므로 소독이나 상처 부위를 깨끗하게 하기 힘들다. 우선 상처 부위를 노출해 깨끗이 씻어야 하며, 이물질이 깊게 박혔다면 억지로 빼내려 하지 말고 응급실로 가서 의료진의 도움을 받아야 한다. 파상풍으로 번질 위험이 크므로 파상풍 예방 조치를 하여야 한다.

(2) 열상

예리한 물체에 의해 조직이 절개된 상태로 일반적으로 출혈이 심하다. 출혈이 심하게 나면 우선 상처 부위에 거즈를 대고 압박하여 출혈열을 멈추게 해야 하며, 상처 정도가 심하면 봉합해야 한다.

◆ **처치/관리법** ◆

- 손을 비누로 깨끗이 씻는다.
- 출혈 시 직접 압박법으로 지혈을 한다.
- 지혈되면 상처를 깨끗이 씻어 먼지나 이물질이 없게 한다.
- 이물질을 제거할 때는 소독된 집게만을 사용해야 한다.
- 비누로 씻은 뒤 상처를 물로 헹궈 낸다.
- 소독된 마른 거즈나 천으로 물기를 닦아 낸다.
- 상처 부위를 멸균된 거즈로 덮어 준다.

3) 타박상

폐쇄성 손상으로 피부에 둔한 흉기 등으로 외상을 받은 상태를 말한다. 상처 부위는 멍, 통증, 종창 등이 일어난다. 이때 상처 부위를 심장보다 높이 들어 주고 혈액 순환 상태를 자주 점검하는 것이 중요하다.

◆ **처치/관리법** ◆

- 가능한 한 빨리 찬물이나 얼음으로 찜질을 한다.
- 팔이나 다리 등 상처 부위를 심장의 위치보다 높게 한다.
- 24시간 후부터는 상처에 더운물 찜질을 한다.
- 멍든 부위가 심하거나 통증이 심할 때는 병원을 방문한다.

4) 화상

아동이 화상을 입은 경우 성인에 비해 체중 당 체표 면적이 넓어 적은 범위의 화상도 쉽게 쇼크에 빠질수 있다. 또한 감염에 대한 방어능력이 성인보다

약해 2차 감염이 쉽게 일어나며, 화상 치료과정에서 공포나 아픔으로 인해 비협조적이어서 치료가 힘들 수 있다.

　1도 화상은 피부 표피층에 화상을 입은 경우로 통증, 발적, 부종 등이 일어난다. 2도 화상은 표피 및 진피가 손상된 경우로 더 심한 통증이 일어나고 발적, 부종, 물집이 생길 수 있다. 3도 화상은 피부의 모든 층이 파괴되어 진피는 물론 근육, 뼈 등 여러 조직까지 파괴된다. 이때 피부가 갈색이나 검은색으로 변하게 되며 신경이 손상됨으로써 무감각하여 통증을 느끼지 못할 수도 있다.

◆ **처치/관리법** ◆

- 죽은 피부를 제거하거나 물집을 터뜨리지 않는다.
- 균이 닿지 않게 주의한다.
- 수분, 전해질 균형을 유지시킨다.

---

5) 호흡기 질환

(1) 급성세기관지염

　급성세기관지염(Acute Bronchiolitis)은 2세 이하 아동에게 많이 일어나며 겨울부터 초봄에 많이 발생한다. 증상은 호흡곤란, 식욕부진, 기침, 빈 호흡, 늑골 함몰, 천명 등이며 2~3일 이내에 삼출성 기침을 한다. 원인균으로는 호흡기세포융합바이러스(RSV)가 50% 정도의 원인을 차지하며, 파라인플르엔자 아데노바이러스(Parainfluenza Adenovirus)도 원인이 될 수 있다.

┌─◆ 처치/관리법 ◆──────────────────────────────
│
│ • 리바비린[Ribavirin, 비라졸(Virazole)] 분무 투여한다.
│
│ • 스테로이드(Steroid)를 투여한다.
│
│ • 기관지확장제(Bronchodilator)를 투여한다.
│
│ • 산소를 공급한다.
│
│ • 비강인두 흡입한다.
│
│ • 적절한 수분을 공급한다.
│
└──

(2) 유행성 인플루엔자

유행성 인플루엔자(Influenxa)는 잠복기가 1~3일 정도이며 원인은 바이러스 A형, B형, C형이다. 몸이 약한 열성기일 때 전염되며, 전파 양식은 공기 비말 전파, 직접 접촉 등이다. 임상 증세는 호흡기 증상, 오한, 고열, 근육통, 기침 등이며, 감염이 심하면 호흡장애를 초래한다.

┌─◆ 처치/관리법 ◆──────────────────────────────
│
│ • 침상에서 안정을 취하게 (반 좌위나 좌위) 한다.
│
│ • 수분을 섭취(탈수예방, 객담을 묽게 함)시킨다.
│
│ • 2차 감염을 예방하기 위해 항생제를 투여한다.
│
│ • 해열제(소아에게는 아스피린을 주지 않음)나 진통제를 투여한다.
│
│ • 소화되기 쉬운 열량이 높은 음식을 제공한다.
│
│ • 회복기에 감염에의 노출을 피하게 한다.
│
│ • 따뜻한 옷을 입히고 찬 공기나 담배 연기 등 안 좋은 공기를 피하게 한다.
│
└──

호흡기 바이러스 질환 예방법

- 유아를 만지기 전에 손을 깨끗이 씻는다.
- 감기에 걸린 사람과 유아가 접촉하지 않도록 한다.
- 유아가 사람이 많은 환경에 노출되지 않도록 한다.
- 유아의 장난감이나 이불은 자주 세척한다.
- 유아가 있는 곳에서 담배를 피지 않는다.
- 인공 젖꼭지, 식기, 수건, 칫솔 등은 자주 닦고 소독해 준다.
- 가족 모두 개인 컵과 식기를 사용해 위생에 철저히 신경 쓴다.
- 호흡기 바이러스 의심 증상이 있는 경우 즉시 의사의 진료를 받는다.

6) 위장관 장애

(1) 탈수

유아기에 대체로 흔한 장애로 총 배설량이 총 섭취량을 초과할 때 발생한다. 구토나 설사가 있을 때 흔히 발생하며, 특히 유아는 몸의 크기에 비하여 수분 섭취 및 배설량이 더 많으며 체표 면적이 넓어 불감성 손실이 많다(성인에 비해 신생아는 2.5배, 미숙아는 5배).

탈수 증상은 경증인 경우 체중 감소(5%)와 약간의 갈증이 일어난다. 중등경증인 경우 체중감소(10%), 맥박 증가, 점막 건조가 일어나며, 중증인 경우 체중감소(15%), 빈맥, 혈압 하강, 갈증이 심함, 대천문 함몰이 된다.

◆ 처치/관리법 ◆

- 탈수로 진행될 수 있는 증상을 관찰한다.
- 섭취량과 배설량을 정확히 측정한다.
- 수액 치료와 적절한 식이요법을 수행한다.

(2) 설사

설사는 감염, 바이러스로 인해 발병되며, 음식 알레르기, 고당질·고지방·고섬유식·과식에 따른 장 흡수 저하로 인한 것이며, 이외에도 항생제 장기 사용으로 정상 장내 상주균이 파괴된 경우나 간, 췌장, 갑상선 장애 시 또는 중금속 중독(납, 수은 등) 등도 그 원인이 된다. 증상으로 탈수, 전해질 불균형, 영양장애 등이 나타난다. 설사는 급성과 만성으로 나뉘는데, 급성 설사는 갑자기 변의 점도가 변하고 횟수 증가, 위장관 내 감염에 의한 것이며, 만성 설사는 14일 이상 변의 수분 함량과 횟수 증가, 흡수 장애, 염증성 장질환, 면역결핍증, 알레르기, 유당불내증이 원인이 된다.

◆ 처치/관리법 ◆

- 심한 탈수와 구토의 경우 비경구적 수액요법을 실시한다.
- 박테리아성 설사 시 항생제를 투여한다.
- 장 휴식을 취하게 한다.
- 원인균 판명될 때까지 격리 조치시킨다.
- 탈수 증상을 사정한다.
- 설사 심하면 금식하고 증상 호전 시 맑은 액체로 식이를 시작한다.
- 채소, 과일 섭취는 설사를 유발하므로 피한다(과일 주스나 탄산음료 섭취 금지).

---

(3) 식중독

식중독은 세균 자체에 의한 감염이나 세균에서 생산된 독소에 의해 증상을 일으키는 세균성 식중독, 자연계에 존재하는 동물성 혹은 식물성 독소에 의한 자연독 식중독, 그리고 인공적인 화학물에 의해 증상을 일으키는 화학성 식중독 등이 있다. 장염은 보통 바이러스가 원인이 된다. 증상은 일반적으로 음식물 섭취 후 72시간 이내에 구토, 설사, 복통, 발열 등의 증상을 나타낸다.

우리나라에서의 식중독균은 살모넬라 식중독, 비브리오 식중독, 포도상구균 순으로 서식한다.

① 황색 포도상구균

황색 포도상구균은 80℃에서 30분간 가열하면 사멸되지만, 황색 포도상구균에 의해 생산된 장 독소(Enterotoxin)는 100℃에서 30분간 가열해도 파괴되지 않는다. 손이나 코 점막 혹은 상처에 있던 세균에 의해 음식물이 오염되거나 여름철과 같은 적절한 기온과 습도에서 세균이 자라나 감염을 일으킬 정도로 그 수가 늘어나게 되면 식중독을 일으키게 된다. 오염된 음식물을 섭취한 지 2~4시간 후에 증상이 급격히 나타났다가 빨리 좋아지는 특징이 있다.

② 살모넬라균

살모넬라균은 열에 약하여 저온 살균(62~65℃에서 30분 가열)으로도 충분히 사멸된다. 2차 오염이 없다면 살모넬라균에 의한 식중독은 발생하지 않는다. 그러나 가열이 충분치 못하였거나 조리 식품의 2차 오염 때문에 발병한다.

③ 비브리오균

장염 비브리오균은 수온이 20℃가 넘는 환경에서 왕성히 증식하나 저온에서는 활동이 둔화되어 5℃ 이하에서 거의 증식이 불가능하다. 열에 약하여 60℃에서 15분, 100℃에서는 수분 내로 사멸된다. 장염 비브리오균은 바닷물에 분포하고 있기 때문에 해산 어패류가 오염원이며 음식물을 섭취한 지 12~24시간 후에 복통과 함께 심한 설사를 일으킨다.

④ 콜레라균

환자의 대변을 통해 재감염이 가능하다.

⑤ O-157 균

전염력 강하고 단기간에 사망에 이를 수도 있다.

◆ 처치/관리법 ◆

• 구토나 설사로 인한 체내 수분 손실과 전해질을 보급한다.
• 수액 공급 등의 대증요법이 주요 치료법이다.
• 극히 일부의 경우 항생제 사용을 고려한다.
• 음식물을 조리하거나 보관·저장해야 할 때는 반드시 손을 씻은 후 작업한다.
• 가열 조리식품은 중심부 온도를 75℃ 이상으로 1분 이상 가열하여 익혀 섭취한다.
• 어패류의 경우는 85℃에서 1분 이상 가열한다.

(4) 로타 바이러스성 장염

대변이나 입으로 감염되는 것이 주요 전파 경로이며, 약 24~72시간의 잠복기를 가진다. 구토와 발열, 피가 섞이지 않은 물설사를 초래하여 탈수증을 일으킬 수 있는 질병으로, 주로 영유아나 아동에게서 발생한다. 환자의 30%는 39℃를 넘는 발열을 보이고 일반적으로 증상은 4~6일간 지속되는데, 영유아는 탈수가 매우 심해지면 사망할 수도 있어 유의해야 한다. 바이러스는 감염 후 임상증상이 나타나기 전부터 증상이 없어진 후 10일까지 감염된 사람의 대변에 존재한다. 그러므로 감염된 사람이 증상을 보이지 않더라도 이 기간에 손과 입을 통해 쉽게 전파될 수 있기 때문에 화장실에서 변을 본 후 또는 아이의 기저귀를 교환한 후 손을 씻어 위생에 주의 해야 한다. 로타 바이러스 백신으로는 로타릭스와 로타텍이 시판되고 있다.

◆ 처치/관리법 ◆

- 경구나 정맥을 통해 충분한 양의 수액을 보충한다.
- 개인 위생에 주의를 기울이도록 권장한다.
- 영유아와 설사 환자가 접촉하지 않도록 주의한다.

(5) 장중첩증

아동기 장 폐쇄의 가장 흔한 원인으로 3개월~2세의 남아(2배)에서 호발한다. 예후는 좋은 상태이고, 주로 건강했던 아동에게 흔히 발생된다. 병태생리는 회맹부에 호발되어 회장이 상행성 결장이나 맹장으로 함입 이후 내장의 상위는 하위로 중첩, 장간막은 장의 관강으로 들어가 장폐쇄가 발생 되며 24시간 후 감돈(incarceration)이 발생한다. 증상이 주기적이며, 심한 급성 복통(다리를 차거나 복부를 위로 끌어당기는 움직임), 복부팽만, 초반 담즙, 구토를 유발하며 우하부(Right Lower Quadrant: RLQ)에서 소시지 모양 덩어리가 촉진되고 '건포도 젤리' 모양의 혈액과 점액 섞인 변이 나오며 이는 보통 복통 시작 12시간 후 일어난다. 심한 경우 쇼크도 발생하여 괴사 시 발열, 복부팽만, 빈맥 등이 야기된다.

◆ 처치/관리법 ◆

- 수액과 전해질 교정, 비위감 삽입을 통한 감압, 항생제 치료를 한다.
- 식염수, 공기, 바륨 관장(Barium enema)에 의해 정복한다.
- 초음파 촬영(장중첩증의 진단)을 한다.
- 장폐색이 2일 이상 지속될 시 수술해야 한다.
- 통증 양상을 사정하고, 장음을 자주 청진해야 한다.
- 직장 체온 대신 액와 체온 측정(연동운동 자극 피함)을 한다.

(6) 급성 충수돌기염

충수돌기의 염증으로 유아기 복부 수술을 요하는 가장 흔한 질환이다. 조기 진단이 지연되는 경우가 있어 주의해야 한다. 원인은 굳은 대변 찌꺼기, 이물질, 기생충 등에 의한 충수돌기 내강의 폐쇄, 혈액에서 발생한 염증 변화, 장간염, 협착꼬임 등에 의해 유발되며, 병태생리는 점막에 염증과 궤양 발생-장관 팽창-혈액 공급장애-통증 유발 순으로 진행된다. 증상은 미열, 배꼽 주위나 우하부 맥버니점(Mcburney's point)의 통증, 오심, 구토, 식욕부진, 변비, 설사, 빈호흡, 빈맥, 안면홍조, 불안 등이다. 복부 촉진이나 백혈구 수치 증가로 진단이 가능하다.

◆ **처치/관리법** ◆

- 충수절제술을 하여야 한다.
- 통증 정도를 사정하고 적절한 안위를 제공한다.
- 수술 전 완화제나 관장, 열 적용은 위험하다.
- 수술 전 금식, 수액요법, 체온 38.8도 이하를 유지시킨다.
- 항생제로 복막염을 예방시키고, 필요시 진통제나 진정제를 투여한다.
- 수술 후 연동운동이 돌아올 때까지 금식시키고, 비위관으로 감압한다.
- 복막염 증상 여부를 관찰하여 조기 이상이 있는지 살핀다.

(7) 급성 위장염

급성 위장염은 위장점막의 염증인 질환이다. 원인은 바이러스, 박테리아, 기생충 등 다양한 병원균에 의해 생기며, 증상은 오심, 구토, 발열, 두통, 전해질 불균형 등이다. 대부분 위장염은 질병이 계속되기보다는 어느 정도는 스스로 좋아지지만 증상이 심해지거나 연장될 경우 심한 탈수로 사망할 수 있다. 특히 유치원이나 학교에 다니는 아동은 위장염에 민감하다. 진단과정에서 아동이 최근 감염성 원인균에 노출되었는지 그 영향력이나 오염된 음식물과 물의 노출 정도, 애완동물에 대한 노출 그리고 학교나 유치원의 출석 등으로 인한 아동의 수화 상태 등을 통해 원인균을 확인한다.

◆ **처치/관리법** ◆

- 손 위생을 철저히 한다.
- 음식 준비 영역과 아동의 환경을 깨끗이 한다.
- 아동이 5% 정도 체중이 감소되거나 고열의 증상이 보인다면 병원을 방문한다.
- 탈수되지 않도록 관리한다.

7) 식품 알레르기

식품 알레르기는 특정 식품에 특이 반응을 보이는 것으로서 증상은 과민증, 성장장애, 복통, 구토, 경련, 설사, 기침, 천명음, 비염, 폐 침윤물, 두드러기, 발진, 아토피성 피부염 등이다.

◆ **처치/관리법** ◆

- 아나필락시스 반응(호흡곤란, 천명음, 청색증 등)을 관찰하며, 의료진의 도움을 받는다.
- 반응하는 식품에 대한 정확한 정보를 알아 주의한다.

8) 전염성 질환

아동이 전염성 질환이 보이는 것 같을 때는 최근에 감염원에 노출된 적이 있는지, 발열이나 발진과 같은 전구 증상이 있었는지, 예방 접종을 하였는지, 이전 병력이 있는지 고려해야 한다. 만약 전염성 질환이 확실하다면 다른 사람에게 전염되지 않도록 조심시키며, 이후 합병증이 발생하지 않도록 예방하고 아동의 신체적 힘듦과 불편감을 최소화할 수 있도록 도우며 정서적 지지를 해줘야 한다.

(1) 수두

수두(chickenpox)의 원인은 바이러스(varicella-zoster virus)이며, 잠복기는 10~21일이고 전염기간은 발진 1~2일 전부터 발진 5~6일 후까지이다. 전파 양식은 공기 전염, 직·간접적 접촉에 인한 것이며 증상은 전신권태감, 발열, 식욕부진, 두통 등이고 발진은 처음에는 반점으로 시작하여 구진, 수포, 농포, 가피 순서로 변화하거나 동시에 여러 형태로 나타날 수 있다. 수포는 가슴, 배, 몸통 부위에 나타나 얼굴, 어깨로 퍼지며, 맨 나중에 사지로 번진다. 이때 피부 가려움증으로 아동이 괴로워할 수 있다. 합병증으로는 혈소판 감소증, 관절염, 뇌염, 신장염, 라이증후군(Reye's syndrome)이 있다. 능동면역으로는 수두 예방접종(Varicella)이 있고, 수동면역의 방법은 없는 상태이다.

◆ 처치/관리법 ◆

- 격리시킨다.
- 항히스타민제, 항소양제, 해열 진통 소염제를 투여한다.
- 손톱은 짧게 깎아 준다.
- 필요시 진정제를 사용한다.
- 청결을 유지시킨다.
- 수액을 공급한다.
- 가려움 완화를 돕는다.

(2) 홍역

홍역(measles)의 잠복기는 8~12일이고 바이러스로 인한 전염이다. 전염 기간은 발진 전 7일부터 발진 후 5일까지이다. 전파 양식은 접촉으로 인한 감염, 비말 감염, 오염된 먼지를 통한 감염 등이다. 임상 증상은 전구기, 급성기, 회복기로 나눠진다. 전구기는 전염력이 가장 강한 시기로 결막염, 콧물, 마른기침, 선명증, 비울혈, 코플릭 반점(koplik spot), 고열, 임파선 비대 등의 증상이 나타난다. 코플릭 반점은 진단적 가치가 있는 것으로 첫째 아랫니 맞은 편 구강 점막에 충혈된 반점으로 나타난다. 급성기에는 발진(선홍색의 작은 반점으로 귀 뒤, 이마, 뺨, 사지로 진행하며 5일간 지속됨)이 일어난다. 회복기에 들어서면 발진은 10~15일 지속 후 갈색으로 변하며 5~6일 후 인설된다. 합병증으로는 중이염, 폐렴, 기관지염, 신장염, 뇌염 등이 일어날 수 있으며, 능동면역제로는 독성이 약한 생백신이 있고 수동면역제로는 면역글로불린(Ig)이 있다.

◆ 처치/관리법 ◆

- 발열 시 수분을 충분히 공급한다.
- 침상에서 안정을 취하게 한다.
- 희미한 조명을 유지해 주고, 색안경을 착용하게 한다.
- 실내 습도를 적절히 유지한다.
- 눈을 만지지 않도록 주의한다.
- 가려움 완화를 돕는다.

---

(3) 볼거리

볼거리(mumps)의 잠복기는 16~18일 정도이며 바이러스로 인해 감염된다. 전염 기간은 타액선의 종창이 나타나기 1~6일 전부터 종창이 사라질 때까지이다. 증상은 전구기에는 연하곤란, 두통, 발열, 권태감이 나타나고, 급성기에는 타액선 침범, 종창과 동통, 연하곤란의 증상이 나타난다. 합병증으로는 수막뇌염, 고환, 낭소염 등이 걸릴 수 있으며, 능동면역으로는 혼합백신(MMR), 볼거리생백 등이 있고, 수동면역은 없다.

◆ **처치/관리법** ◆

- 종창과 동통 완화를 위해 온습포와 냉습포를 처치한다.
- 유동식 섭취하게 하며, 신 음식을 삼가시킨다.
- 침상에서 안정을 취하게 한다.
- 고환을 지탱시켜 준다(고환염이 있을 경우).

(4) 풍진

풍진(rubella)의 잠복기는 14~21일 정도이며 원인균은 파라마이소바이러스(Paramyxovirus)이다. 전염 기간은 발진이 나타나기 7일 전~8일 후이며, 전파 양식은 직접 전파, 공기 감염 등이다. 산모가 이완되면 태아도 감염이 될 수 있다. 임상 증상은 전구기에는 임파절증, 미열, 식욕부진, 결막염, 콧물, 인후통 등이 나타나고, 급성기에는 발진이 나타나는데 처음에는 얼굴과 머리 선에서 시작하여 사지, 몸통으로 옮겨 가고 3일 후면 소실된다. 이 외에 임파선에 부종이 생긴다. 능동면역으로는 풍진생백신, 혼합백신(MMR)이 있으며, 수동면역으로는 면역글로불린(Ig)이 있다.

◆ **처치/관리법** ◆

- 침상에서 안정을 취하게 해 준다.
- 필요시 아세타미노펜(acetaminophen)을 투여한다.
- 공공장소를 피한다.

(5) 척수형 소아마비

척수형 소아마비(Poliomyelitis)의 잠복기는 3~6일이며 원인은 폴리오바이러스(poliovirus)이다. 전염 기간은 인후로 인한 전염은 1주 정도이고, 대변으로 인한 전염은 3~4주 정도이다. 전파 양식은 인후나 배설물에 의한 구강으로 감염이 된다. 증상은 부전형인 경우 발열, 불안, 인후통, 두통, 구토, 변비, 복통 등이다. 비마비형은 부전형의 증상이 더 심하며 오심, 목과 몸통 및 사지의 근육이 강직되고 등과 다리의 통증을 호소하며, 마비형은 비마비형 증상을 동반하며 골격근과 두개근이 허약해지고 장과 방광근, 호흡근부전이 마비된다. 능동면역으로는 주사(IPV)를 통해 제공되는 불활성화 폴리오바이러스와 구강(OPV)을 통해 제공되는 약화된 폴리오바이러스이다.

◆ **처치/관리법** ◆

- 부모와 환아의 정신적 지지를 해 준다.
- 절대 안정시킨다.
- 무릎 받침, 발판을 준비한다.
- 베개 없는 탄탄한 침대에 눕힌다.
- 체위 변경과 바른 자세를 유지시킨다.
- 충분한 수분 섭취를 시킨다.
- 근육통을 경감시키기 위해 온습포를 처치한다.
- 호흡 곤란 시 산소를 공급한다.
- 장기간의 재활이 필요하다.

(6) 뇌염

뇌염(encephalitis)의 잠복기는 1~3일이며 원인은 바이러스성 뇌염으로 인한 것이지만 급성으로 감염되며 납중독 또한 원인이 된다. 다른 전염성 질환(홍역, 볼거리, 풍진, 백일해)을 앓고 난 후 합병증으로 인한 발병도 그 원인 중

하나이다. 신생아의 경우 대장균, 그룹 B 연쇄상구균이 흔하다. 드물게는 살모넬라, 시겔라, 클로스트리다움, 임균 등이 원인균으로 가능하다. 전염 기간은 유형에 따라 다르며, 전파 양식은 들새에서 모기로, 진드기에서 사람의 순서로 전염된다. 임상 증상은 구토, 발열, 경부강직, 경련, 혼수 등이며, 가벼운 상태일 때 증상은 두통, 경부강직, 발열, 섬망이고, 심한 경우의 증상은 경련, 혼수, 마비, 과민, 근육 연축 및 경련, 비정상적인 안구 운동 등이다. 합병증은 행동과 신경학적 장애가 유발될 수 있으며 지능발달이 지연된다. 침범된 병원체의 유형에 따라 면역체가 다르다. 바이러스성 뇌염은 모기와 진드기로 인한 것이니 박멸로 예방이 가능하며, 사람에서 사람으로는 전염되지 않는다.

◆ 처치/관리법 ◆

- 영양 공급을 해 준다.
- 경련 완화를 돕는다.
- 산소 흡입을 돕는다.
- 구강 위생을 돕는다.
- 피부 간호에 유의한다.
- 도뇨 및 관장을 한다.
- 2차 감염을 예방하기 위해 광범위 항생제를 투여한다.
- 긴 회복기가 요구됨을 인지해야 한다.

---

(7) 전염성홍반

전염성홍반의 잠복기는 4~14일이며 원인은 휴먼 파보바이러스(Human Parvovirus)이다. 전염 기간은 불확실하다. 사람이 유일한 숙주로 사람에게 전염되며 비말감염이나 혈액을 통해 감염된다. 임상 증세는 뺨에 진한 홍반 증상이 나타나다가 1~4일 후에 사라진다. 2일 후 사지에 붉은 반점이 나타나며 몸과 엉덩이로 퍼진다. 발진은 3~6일 이내에 가라앉지만 햇빛, 열, 추위에 자극되면 1~3주간 지속된다. 면역은 없다.

◆ **처치/관리법** ◆

- 대증요법과 지지를 해 준다.

(8) 디프테리아

디프테리아(diphtheriae)의 잠복기는 1~6일 정도이며 원인균은 디프테리아균(corynebacterium diphtheria)이다. 전염 기간은 발병 몇 시간 전부터 호흡기 계통에서 병원체가 없어질 때까지이다. 전파 양식은 공기, 직접 접촉, 매개물을 통해서이다. 증상은 식욕부진, 권태감, 미열, 인두염, 편도염, 코/인두, 편도, 후두 및 그 주위 조직에 위막 형성, 쉰 목소리, 거친 숨소리, 개 짖는 듯한 기침소리, 권태감, 발열 등이며 가장 무서운 합병증은 심근염과 신경염인데 이는 치명적일 수 있다.

◆ **처치/관리법** ◆

- 항독소, 페니실린을 병행하여 14일간 투여한다.
- 기도를 유지시킨다.
- 고열량의 유동식이나 연식을 공급한다.
- 목소리, 교액반사(gag reflex), 호흡음을 관찰한다.
- 절대 안정과 과로를 예방한다.
- 산소를 공급한다.
- 인후 청결을 위해 양치질이나 구강 간호시킨다.

(9) 백일해

백일해(pertussis)의 잠복기는 7~10일이며 원인은 보스텔라충류(bordtella pertussis)이다. 전염 기간은 발병으로부터 4~6주 정도이며, 전파 양식은 직접 접촉 또는 공기 전염을 통해서이다. 초기 카타르기에는 1~2주 동안 콧물, 결막염, 눈물, 경한 기침, 미열 등의 증상이 나타나며, 경해기에는 4~6주 동안 경련성 해소 발작과 호흡 곤란 및 발열, 기침 후 구토, 임파절 부종 등이 일어난다. 회복기는 1~2주간이며, 그 후 기침이 여러 달 지속될 수 있다. 합병증으로 심근염, 기관지 폐렴, 신장의 퇴행성 변화가 일어날 수 있다. 능동면역으로는 혼합백신(DTaP)이 있으며, 수동면역은 면역된 모체로부터 태반을 통해 면역될 수 있다.

◆ **처치/관리법** ◆

- 격리시킨다.
- 환자와 접촉 시에는 에리트로마이신(Erythromycin)을 투여한다.
- 수분 섭취와 습기를 제공한다.
- 필요시 산소와 해열제를 제공한다.
- 진정제를 투여한다.

---

(10) 성홍열

성홍열의 잠복기는 1~7일이며 원인균은 베타용혈성연쇄구균(Group A β-hemolytic streptococci)이다. 전염 기간은 치료를 할 경우 1~2일 정도이다. 전파 양식은 비말감염이나 직·간접적으로 환자 또는 보균자와의 접촉으로 인해 전파된다. 증세는 고열, 복통, 구토, 인후통, 두통, 권태감, 발열, 빈맥, 발진, 갈증, 구토, 임파선염, 섬망 상태, 인후 충혈과 혀가 붉은 딸기 모양으로 변하는 딸기혀 증상이 나타난다. 붉은 구진상의 사포 같은 발진이 12~48시간 내에 나타나며, 중이염, 유양돌기염 및 뇌막염 증상이 보인다. 합병증으로는 폐렴, 사구체신염, 류마티스열 등이 있다. 면역체는 현재 연구 중에 있다.

◆ **처치/관리법** ◆

- 페니실린(Penicilline G)이 우선 추천되지만 경구용 아목시실린을 투여할 수 있다.
- 최근 에리스로마이신(erythromycin)에 대한 내성균주가 증가하는 추세이다.
- 절대 안정을 취한다.
- 인후통 경감을 위한 약물과 간호를 한다.
- 습도를 제공한다.
- 통증 시 경부 임파선에 온습포 및 냉습포를 적용한다.

---

(11) 결핵

결핵의 원인은 결핵균(mycobacterium tuberculosis)에 인한 것으로 비말, 우유, 태반을 통한 감염이 그 원인이다. 병력, 가족력, 결핵피부검사(tuberculin skin test), X-선 촬영(X-ray), 세균검사 등을 통하여 진단이 가능하다. 증상은 발열과 피로, 식욕부진, 체중 감소, 식은땀, 기침, 동통, 죄는 듯한 느낌, 객혈 등이 수반된다. 결핵균이 뼈, 신장, 뇌막장 등에 이동할 수 있어 주의가 필요하다.

◆ **처치/관리법** ◆

- 적절한 영양(단백질, 칼슘)을 공급한다.
- 휴식과 안정을 취한다.
- 활동성 결핵이 조정될 때까지 격리시킨다.
- 마스크 착용과 적절한 손 씻기를 시행한다.
- 감염을 예방한다.
- 꾸준한 약물을 복용시킨다.
- 환자와 접촉을 차단한다.

- 우유를 소독한다.
- 정기적인 결핵검사와 X−선 촬영을 시킨다.
- B.C.G 접종한다.

(12) 파상풍

파상풍의 잠복기는 3~21일 정도이며, 원인은 파상풍균(Clostridium tetani)이다. 사람끼리는 전염이 안 되고, 균이 흙 속에 존재하며 상처를 통해 감염된다. 임상 증상은 근육경직, 근육경련, 과민, 경련, 두통, 아관긴급, 냉소증, 조그마한 자극에도 발생되는 경련, 청색증 등이며 심하면 질식도 일으킨다. 파상풍은 예방이 중요하며, 상처가 났을 때 긴급 처치가 신속히 되어야 한다.

◆ 처치/관리법 ◆

- 병원에서 상처 소독과 죽은 조직 및 이물질 제거를 받는다.
- 항생제를 투여한다.
- 파상풍 면역 글로블린을 제공한다.

(13) 콜레라

콜레라의 잠복기는 6시간~2일이며 원인균은 콜레라 바이러스이다. 전염기간은 알려져 있지 않으며, 전파 양식은 오염된 식수, 음식물, 어패류 등을 통한 전염이다. 만약 단체식에서 오염된 음식이 제공된 경우 집단으로 질병이 발생될 수 있다. 증상은 단순한 설사로 발현되다가 이후 무통성의 과다한 수양성 설사를 하며 점점 자주 쌀뜨물과 같은 설사를 한다. 배꼽 주위의 경련, 구토가 일어나며, 탈수와 전해질 불균형이 생기고, 심한 경우 발작과 혼수상태가 일어나기도 한다. 합병증으로는 급성신부전, 심부정맥, 저칼륨혈증 등이 있다. 끓인 물을 섭취하며, 조개류는 완전히 익혀 먹고, 예방접종 등

사전예방을 하여야 한다.

◆ **처치/관리법** ◆

- 탈수 상태를 파악한다.
- 수분전해질을 보충한다.
- 요비중, 섭취량과 배설량 및 피부 탄력성을 점검한다.
- 칼륨 및 에너지 함량이 높은 음식을 권장한다.

(14) 세균성 이질

이질의 잠복기는 1~3일이며 원인균은 이질균(Shigella)이다. 2~3세에 많이 발병되며, 더운 계절에 흔하게 일어난다. 분뇨나 구강 경로를 통해 사람에서 사람으로 전파되며, 수인성 및 식품 매개성 질환으로 발생된다. 증상은 심한 복통, 고열, 구토, 식욕 저하, 긴박감 및 배변 시 통증이 일어나며, 복부팽만, 장음의 항진, 설사, 점액 및 혈액성 대변, 경련, 두통, 기면, 혼동 등이다. 합병증으로는 탈수, 급성 신부전이 있으며, 심한 경우 사망에 이를 수 있다. 예방은 모유 수유 시 위생적으로 해야 하며, 항상 손을 씻어 예방해야 한다.

◆ **처치/관리법** ◆

- 수분 전해질 상태를 관찰(체중, 요비중, 섭취량과 배설량, 피부 탄력성)한다.
- 수분 전해질을 보충한다.
- 항생제를 사용한다.
- 죽 등의 유동식을 제공한다.
- 손 씻기와 분비물 처리 시 위생을 점검한다.
- 회음부 간호를 한다.

(15) 가와사키병

가와사키병(Kawasaki Disease: KD)은 주로 5세 이하의 소아에서 발생하는 자가 면역성 질환이며, 전신을 다양한 형태로 침범하는 원인 불명의 급성열 성혈관염이다. 자연경과 과정을 거치며 치료하지 않으면 20%가 심장 후유증 으로 진행된다. 면역 반응이나 유전적 소인을 원인으로 추정하고 있지만 정 확한 원인은 확인이 안 되고 있다. 병의 진행 단계는 급성기, 아급성기, 회복 기로 보는데, 급성기에는 단백뇨, 백혈구 증가 등 임상 증상 중 기준 증상이 나타난다. 치료과정에서 고용량 아스피린 투여 시 독성(이명, 두통, 어지러움) 이 일어날 수 있으니 그에 대한 사전 교육이 필요하며, 아동이 퇴원 후에 감 마글로불린 투여 후 3개월 간 예방 접종을 하지 않는 등의 교육이 필요하다.

증상의 진단 방법으로는 다음 6가지 중 5가지 증상이 있을 시 진단된다.

① 5일 이상 고열과 소양증
② 삼출물을 동반하지 않는 양측 안구의 결막 충혈
③ 구강 점막의 변화: 홍반, 입술이 마르고 갈라짐, 구강인두 출혈, 딸기 모
  양의 혀

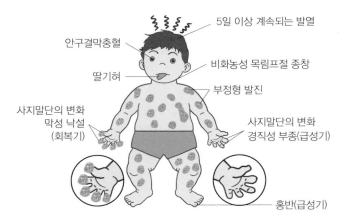

[그림 3-1] 가와사키병 증상

④ 사지 말단의 변화: 손발 부종, 손바닥 발바닥의 홍반, 손발톱 주위의 상
 피 박리

⑤ 부정형 발진

⑥ 경부 림프선 종창: 1.5cm 이상

◆ 처치/관리법 ◆

- 아스피린을 투여한다(열과 염증 완화/위장 자극 감소 위해 식후 투여).
- 고용량의 감마글로불린을 정맥 주입한다.
- 심장의 합병증을 가능한 최소화시킨다.
- 급성기에는 면역글로불린의 다량 요법과 아스피린을 투여한다.
- 아동의 휴식 시간을 방해하지 않는다.
- 급성기 동안에는 필요시에 투여하기보다는 정규적으로 진통제를 투여한다.
- 눈과 관련된 안위를 제공한다.
- 냉찜질을 해 주어 불편감을 완화시킨다.
- 눈을 비비지 않게 한다.
- 결막을 진정시키기 위해 인공 눈물을 점안한다.
- 심박출량 유지를 위해 매 시간마다 활력 징후와 혈압을 측정한다.
- 부정맥을 관찰 · 보고한다.
- 심근염의 증상, 빈맥 흉통을 사정한다.
- 호흡곤란, 비익호흡, 청색증, 기좌호흡, 악설음, 습기찬 호흡, 경정맥 확장, 부
 종 등을 감시한다.
- 섭취량과 배설량을 측정하고, 경구 및 비경구적으로 수분을 투여한다.
- 구강 점막 보호를 위해서 찬 음료수를 제공한다.
- 연식 유동식을 제공한다.
- 매 4시간마다 구강 간호를 실시하고, 부드러운 칫솔을 사용하게 한다.
- 건조하고 갈라진 입술에 바셀린을 바른다.
- 구강의 감염 증상을 자주 관찰한다.
- 시원한 옷감, 자극적이지 않은 로션, 부드럽고 헐렁한 복장 등은 피부의 불편감
 을 해소하는 데 도움이 된다.

- 비누는 피부를 건조하게 하고 피부 낙설을 초래하므로 사용하지 않는다.
- 연식, 유동식을 제공한다.
- 부드러운 시트를 사용한다.
- 피부 완화제를 발라 준다.
- 피부가 벗겨지지 않게 보호하고, 감염의 증상을 관찰한다.
- 수분의 균형을 유지하기 위해서 체온을 8시간마다 측정하며, 열이 있는 경우에는 시간마다 측정한다. 38.3℃ 이상인 경우 통 목욕이나 스펀지 목욕을 실시하고, 해열제에 반응하지 않으면 냉 담요를 사용한다.
- 아동이 깨어 있는 동안 매 시간 맑은 유동식을 제공한다.
- 영양 결핍을 예방하기 위해 고기와 간식의 섭취를 격려한다.
- 피부 긴장도, 체중, 소변 배설량, 눈물의 유무, 요비중의 수분 상태를 관찰한다.
- 탈수증인 경우 매 시간 부위를 관찰한다.

(16) 그 밖의 전염성 질환

- 돌발진(roseola): 일반적으로 2세 정도 이하의 어린아이에게 나타나는 질병으로 갑작스러운 고열로 시작되며 발진이 있으나 가려움 없이 1~2일 지속된다. 잠복기는 5~15일이며, 원인은 바이러스로 추정되며, 전염 기간은 알려진 것이 없다. 전파 양식은 비말 감염으로 추정된다. 임상 증상은 고열, 발진, 중이염, 임파선증이며, 해열제나 항경련제로 치료한다. 면역제는 없는 상황이다.
- 농가진: 주로 황색포도상구균에 의해 생기는 화농성 피부병으로 고름집이 생기다가 딱지가 앉는다. 항생제 연고나 항생제를 투여하는 치료 방법을 사용하며, 감염 경로는 자가 감염과 접촉 감염이다.
- 봉와직염: 국소 봉와직염이 흔하며 모기, 벌레, 찔린 상처 등을 통해 연쇄상구균이 감염되는 것으로 국소홍반, 부종, 단단한 침윤, 압통, 열 등의 증상이 나타난다. 이 때 항생제 투여와 온습포를 제공하며 치료한다.

3. 학령기 질환

건강보험심사평가원(2017)의 조사 결과, 초등학생부터 고학년까지 아동·청소년이 가장 많이 걸리는 질병은 폐렴과 위장염으로 나타났다. 이 질병의 10개 중 7개가 폐렴이나 인플루엔자, 기관지염 등 호흡기 질환으로 나타났으며, '골절'은 과격한 활동이 많아지기 시작하는 초등학교 5학년 이후부터 급격히 증가한다고 보고되었다(건강보험심사평가원, 2017). 분석 결과, 입원환자 다빈도 5대 질병은 위장염, 결장염, 폐렴, 인플루엔자, 급성 충수염, 급성 기관지염 순이었고, 외래 다빈도 질병은 급성 기관지염, 치아 발육기 치아돋이 장애, 혈관운동성 알레르기성 비염, 치아우식, 급성 편도염 순으로 나타났다. 중·고등학교 때 증가하는 골절은 고등학생부터 감소하는 경향을 보였으며, 흉막에 공기가 차는 기흉은 고등학생 연령기에서 급격히 증가함을 보였다. 학령기에 자주 발생하는 질환인 호흡기질환을 중심으로 살펴보면 다음과 같다.

1) 급성 구강염

급성 구강염은 잇몸 주변에 물집과 궤양이 생기는 증상으로 경우에 따라서는 입몸이나 입술 주의에 수포가 여러 개 모여 나며 고열이나 통증이 매우 심해 밥을 먹기도 힘들게 되는 질병이다. 이는 바이러스, 곰팡이균이 원인으로 감염의 확산을 방지하고 처방된 국소 약물로 도포하여 주며 자가 감염 순환을 예방시킨다. 니스타틴연고(4회/일)와 항생제를 투여한다.

2) 급성 비인두염

소아의 가장 흔한 질환인 상기도염과 동일한 용어이다. 증상은 열, 식욕감소, 재채기, 오한근육통, 분비물, 설사 등이며, 원인균으로는 리노바이러스 (Rhinovirus)가 1/3 정도로 가장 흔하다. 해열제인 아세타아미노펜, 이브프로펜과 점비액(nasal drop)인 에피네프린이나 생리 식염수 등을 투여하면 도움이 된다. 경구용 항울혈제 등도 사용하나, 이는 성인에 비해 효과가 적으며 급성기에만 사용된다. 이 밖에 항히스타민제도 사용 가능한데, 이는 점막 건조 및 섬모 운동 장애 초래로 급성 증상 치료에 국한 되어 활용된다. 점액용해제, 진해제도 사용할 수 있지만, 임상적 효능이 미미한 상태이다.

3) 급성 인두염

급성 인두염은 발열, 전신권태, 식욕부진, 인후통, 연하곤란, 두통, 구토 등의 증상이 나타나며, 원인균은 세균, 바이러스, 곰팡이균이며, 치료약으로는 세균 감염일 경우 페니실린계열을 최소 10일 정도 투여하거나 항생제를 사용한다.

◆ **처치/관리법** ◆

- 진통해열제를 투여한다.
- 목에 냉 · 온 요법을 실시한다.
- 가글이나 수증기를 흡입한다.
- 24시간 항생제를 복용시킨다.
- 칫솔을 새것으로 대치한다.
- 주사 부위 압통으로 인하여 다리를 절뚝거릴 수 있다는 것을 부모에게 알려 주

어야 한다.
• 급성사구체신염, 류미티스열의 위험이 없는지 합병증을 관찰한다.

4) 편도선염

편도선염의 원인은 세균 및 바이러스이며, 증상으로는 열, 심한 인후통, 호흡곤란, 중이염이 자주 발생한다. 페니실린 등 항생제를 투약하여 치료한다.

◆ 처치/관리법 ◆

• 급성 편도선염은 일주일 정도 항생제 치료와 증상 완화 치료를 한다.
• 자주 편도선염에 걸리는 경우에는 편도 절제술과 아데노이드 절제술을 고려한다.
• 3세 이전의 수술에 대해서는 신중하게 판단을 요한다.
• 진통 해열제를 투여한다.
• 유동식 식단을 제공한다.

5) 부비동염

코의 분비물과 잦은 기침, 얼굴 통증, 열, 누런 콧물 등이 10~30일 정도로 지속적으로 계속된다. 아목시실린이나 오구멘틴 등의 항생제를 투여한다.

6) 폐렴

폐렴은 세균에 의해 세기관지 이하 부위의 폐조직에 염증 반응을 일으키는 질환이다. 폐렴이 걸리면 고열, 기침, 빈호흡, 호흡음, 흉통, 식욕부진, 구토, 설사, 복통 등의 증상이 나타난다.

정상 폐포

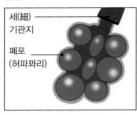

세(細)
기관지

폐포
(허파꽈리)

폐포 속이 깨끗해 혈액 속
이산화탄소와 산소 교환이 잘 됨

코·입·병원균(세균·바이러스 등) 침투

기관지
기관지 섬모를
망가뜨림

폐
병원균이
폐까지 들어옴

폐렴 폐포

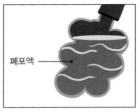

폐포액

−병원균이 염증반응을 일으켜 고
름 등 분비물이 차오름
−혈액 속 이산화탄소와 산소 교환
이 안 돼 호흡곤란

[그림 3-2] 폐렴이 생기는 과정

◆ 처치/관리법 ◆

- 항바이러스제를 투여한다.
- 기관지 확장제를 사용한다.
- 접촉을 격리한다.
- 해열제, 산소를 투여한다.
- 흉부 물리 치료를 하고, 체위를 배액한다.
- 수분 공급을 한다.
- 기침이 멎지 않을 때 아동을 세워 앉히고 등을 쓸어 주어 기침의 완화를 돕는다.
- 물은 숟가락에 소량으로 떠먹여 기침 유발을 줄여 준다.
- 증상을 유심히 관찰하며, 열이 날 때 수분 손실로 인한 탈수 현상 예방을 위해
  충분한 수분을 공급한다.
- 미지근한 물을 거즈나 수건에 적셔 피부를 골고루 문질러 준다.
- 가래 배출을 힘들어할 때 손바닥을 컵 모양으로 하여 두들겨 주는 방법을 활용
  한다.

흉부 타진법

- 손의 자세는 손가락을 컵 모양으로 만들고 엄지손가락을 모은다.
- 치료 동안 손목, 팔, 어깨 관절을 이완 상태로 유지하면서 손의 컵 모양을 유지한다.
- 타진 시 소리는 마주칠 때 가벼운 소리처럼 공동 소리가 나게 해야 한다.
- 타진 속도는 분당 100~480회로 다양하게 할 수 있다.
- 힘의 크기는 일정해야 하고 과도해서는 안 된다.
- 아동이 편안하게 느끼는 정도의 적절한 힘의 양이 제공되어야 한다.

네블라이저(nebulizer) 사용 시 유의사항

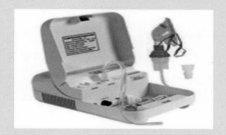

- 네블라이저는 흡입(에어졸)요법에 사용되는 장치로, 흡입용 약액을 넣어 약액과 공기(空氣)를 충돌시켜서 안개현상으로 만드는 분무구를 갖춘 유리제 또는 플라스틱제의 용기이다.
- 똑바로 앉은 자세에서 정상 호흡을 하며 네블라이저도 기울이지 않고 세운다.
- 짧은 시간에 사용을 마치는 것이 좋다.
- 대개 10분 이내로 실시한다.
- 치료 종료 시점에는 탁탁 튀기는 소리가 나고, 1분 정도 후에 마친다.
- 세척은 사용할 때마다 적어도 하루 한 번은 따뜻한 물에 담가 닦고 잘 말려야 한다.
- 세척 후에는 약물이 없는 상태로 잠시 작동시키도록 한다.

7) 인플루엔자

인플루엔자 또는 유행성감기는 인프루엔자 바이러스로 인한 질병으로 보통 독감이라고 부르기도 한다. 일반적인 증상은 오한, 발열, 인후염, 근육통, 기침, 무력감 등이다. 합병증은 폐렴이나 라이증후군 등과 같은 치명적인 합병증을 종종 일으킨다. 감염자의 기침이나 재채기를 통하여 공기 중으로 감염된다.

◆ 처치/관리법 ◆

• 진통해열제를 투약한다.
• 충분한 휴식을 취한다.
• 비타민 A, C, E 등을 섭취한다.
• 발열과 근육통 완화제를 활용한다.
• 플루 증상을 보이는 아동·청소년은 아스피린을 투여하면 안 된다. 이는 라이증후군을 초래할 가능성이 있다.

 1. 기침과 재채기를 할 때는 티슈로 입과 코를 가리고 하세요.

 2. 티슈가 없다면 소매로 가리고 하세요.

 3. 가급적이면 마스크를 착용해 주세요.

 4. 흐르는 따뜻한 물에 비누로 손을 씻으세요.

 5. 알코올이 함유된 손 소독제를 이용하세요.

[그림 3-3] 손 씻기 습관 및 호흡기 에티켓

4. 장기적 치료를 요하는 소아질환

지금까지 살펴본 발달 연령별 발병할 수 있는 질환 외에도 일반적으로 소아에게 발병하며 장기간 치료를 받아야 하는 질병이 다양하다. 많은 아동이 이러한 병으로 오랜 기간 치료와 투병의 과정을 견디고 있다. 아동실태조사에 따르면, 한 달 동안 질병이나 손상으로 아동(3세 이상)이 거의 하루 종일 집이나 병원에 누워서 보내야 했던 와병 일수에 대한 설문에서 약 3.6%의 아동이 그런 경험이 있었다고 응답하였으며 월평균 와병 일수는 4.0일(표준편차 4.2) 정도라고 보고하였다. 연령별로는 6~8세 아동들의 와병 일수가 가장 높다고 나왔다. 아동이 앓고 있는 주요 질병으로는 알레르기성 질환, 천식 등 환경성 질환이 많은 것으로 나타났다. 연령별로 자세히 살펴보면, 0~2세에서는 알레르기성 질환이나 만성 기관지염 등이, 3~5세에서는 알레르기성 질환, 천식, 만성중이염이, 그리고 6~8세에서는 암, 폐결핵, 만성중이염과 같은 만성질환이 있는 것으로 응답했다. 9~11세의 경우도 알레르기성 질환과 천식이 주요 질병으로 나타났고, 12~17세에서는 알레르기성 질환, 천식, 우울장애 등의 질병이 있는 것으로 나타났다(김미숙 외, 2013). 이렇게 각 연령별 아동이 앓고 있는 질병은 다양하고 오랜 기간 치료를 요하는 것들로 나타났다. 여기서는 장기적 치료를 요하는 소아질환에 대해 살펴보고자 한다.

1) 아토피성 피부염

아토피성 피부염은 만성적으로 재발하며 심한 가려움증이 동반되는 피부 습진 질환이며, 천식, 알레르기 비염, 만성 두드러기와 함께 대표되는 알레르기 질환의 하나라고 볼 수 있다. 이러한 알레르기 질환 중 아토피성 피부염은 가장 어린 나이에 발생하는 질환이다. 어린 시절 아토피성 피부염이 있는 경우 향후 나이가 들어감에 따라 천식이나 알레르기 비염이 발생할 가능성이 2~3배 높다. 중증도가 심할수록 향후 천식이나 알레르기 비염이 생길 가능성이 높기 때문에 이에 대한 적절한 치료와 예방이 매우 중요하다. 보통 태열이라고 부르는 영아기 습진도 아토피성 피부염의 시작으로 볼 수 있고 나이가 들면서 점점 빈도는 줄어들지만 소아, 청소년, 성인에 이르기까지 호전 악화를 보이며, 만성적인 경과를 보이기도 한다. 1970년대까지는 6세 이하 소아의 3%에서만 앓고 있다고 보고되었지만 최근에는 소아의 20%, 성인에서도 1~3%가 이 질환이 발생하는 것으로 나타나 아토피성 피부염이 최근 증가 추세에 있음을 알 수 있다. 아토피성 피부염 환자의 70~80%가 가족력이 있는데, 원인은 유전적인 부분이 많다. 부모 중 한쪽이 이 질병이 있는 경우 자녀에게 일어날 확률이 50%이고, 부모 두 명이 모두 있으면 75%가 이 질환이 나타난다고 보고되었다.[1]

아토피성 피부염은 환자의 유전적인 요인과 환경적인 요인, 환자의 면역학적 이상과 피부 보호막의 이상 등 여러 원인이 복합적으로 작용하는 것으로 알려져 있으며, 최근 들어 농촌의 도시화, 산업화, 핵가족화로 인한 인스턴트 식품 섭취의 증가, 실내외 공해에 의한 알레르기 물질의 증가 등이 아토피성 피부염 발병과 밀접한 관련이 있기에 환경 요인의 중요성이 더욱 강조되고 있다.

아토피성 피부염의 가장 큰 특징은 심한 가려움증과 외부의 자극 혹은 알레르기 유발 물질에 매우 민감하게 반응한다는 것이다. 가려움증은 보통 저녁에 심해지고, 이때 피부를 긁음으로써 피부의 습진성 변화가 발생하고 습진이 심해지면 다시 가려움증이 더욱 심해지는 악순환을 반복하게 된다. 아

---

1) 서울아산병원 홈페이지.

토피성 피부염은 연령에 따라 특징적으로 나타나는데 생후 2세까지의 유아기에서는 주로 머리, 얼굴, 몸통, 팔다리에 퍼지는 붉고 습하고 기름지고 딱지를 형성하는 급성기 습진으로 나타나지만, 이후 사춘기 이전까지 아동에게서는 이마, 눈 주위, 귀 주위, 사지의 접히는 부위에 피부가 두꺼워지고 건조해지는 습진이 나타나며, 이후 사춘기와 성인기에서는 피부 건조, 손발·유두 습진, 태선화 등의 분포를 보인다. 아토피는 특정 검사를 통해 한 번에 진단하는 병이 아니고 환자가 가지고 있는 특징적인 증상을 토대로 진단하게 되는데, 주 진단 기준은 가려움증, 연령에 따라 특징적인 피부염의 모양 및 부위, 가족력 등이다. 이 기준을 확인하여 주 진단 기준 3개 중 2개 이상일 경우 아토피성 피부염으로 진단하며, 그 밖에 혈액검사, 피부단자검사, 음식물 알레르기 검사 등이나 다른 보조 검사도 필요에 따라 시행하여 진단하게 된다.

아토피성 피부염의 치료 원칙은 증상의 발현과 악화를 예방하기 위해 원인과 유발인자를 제거하고 적절한 목욕 및 보습제 사용으로 피부를 튼튼하고 청결하게 유지하는 것이다. 2차 피부감염증을 예방하기 위해 필요한 경우 국소 스테로이드제, 국소 칼시뉴린억제제, 항히스타민제, 면역조절제, 항바이러스제 등을 적절하게 사용할 수 있다. 하지만 이러한 치료는 반드시 전문의사와 상담하여 진행해야 한다. 아토피성 피부염 발생의 예방과 관련하여 현재까지 잘 밝혀진 것은 간접흡연에 노출되지 않도록 하는 것과 모유 수유 등이다. 그러나 모유 수유 기간 동안 자녀의 아토피성 피부염 예방을 목적으로 수유모의 식사를 제한할 필요는 없다. 또한 임신 기간 중에도 태반을 통하여 태아에게 식품이 전달되어 감작이 가능하나 이러한 반응은 정상적인 면역반응으로서 이후의 발병과 반드시 연관되는 것은 아니기 때문에 임신 중 알레르기를 예방하기 위한 식품의 제한은 권장되지 않는다.

◆ 처치/관리법 ◆

• 1단계

─병변의 상태에 따라 약물을 사용하지 않고 단순히 원인 식품을 제거해 주거나 적당한 샤워(미지근한 물/향과 색이 없고 약산성이면서, 보습 효과가 있는 비누나 세정제 사용)로 피부 감염을 막아 주고 피부 자극을 피해 주면서 욕조 목욕과 보습제를 사용하여 피부가 건조해지는 것을 막아 준다.

─보습제를 수시로 발라 촉촉한 상태를 유지해 준다. 건조한 만큼 가려워지고 긁을수록 나빠지기 때문에 보습은 아토피성 피부염 치료에 매우 중요한 부분이다.

─적절한 온도와 습도를 유지하여 준다. 덥거나 습한 환경은 피부 위생 관리가 어려울뿐더러 집먼지 진드기가 잘 번식한다. 그러나 너무 건조한 환경 또한 피부의 건조함을 악화시킬 수 있으므로 적절한 온도와 습도(40~50%)를 맞추어 유지하도록 한다.

─집먼지 진드기를 관리한다.

─새집증후군과 공기오염을 관리한다.

─영유아에서의 아토피성 피부염의 주된 유발 및 악화 인자는 바로 식품이므로 병원에서 알레르기 검사를 통해 원인이 되는 식품이 확인된 경우에는 해당 음식을 철저히 제한하는 항원 회피 식이를 해야 한다.

• 2단계

─피부에 자극이 되어 가려움을 유발시키는 히스타민의 분비를 억제하는 항히스타민제, 그리고 세균 감염에 의해 염증이 심해지는 경우 의사의 처방에 따라 경구용 항생제 및 국소 항진균제를 복용할 수 있다.

─염증 치료를 위한 소염제, 즉 스테로이드 연고 사용법을 제대로 알고 정확한 방법으로 사용한다.

2) 알레르기성 비염

아동의 20~40%에서 알레르기성 비염을 앓고 있는 것으로 조사될 정도로 알레르기 비염은 아토피 질환 중 가장 흔한 질환이다. 알레르기성 비염은 콧물, 재채기, 코 막힘과 가려움증이 주로 나타나는 코 안의 염증 질환으로 원인 물질은 집 먼지 진드기, 꽃가루, 동물의 털, 곰팡이 등이 될 수 있다. 이러한 물질이 코 안에 닿게 되면 코 점막 아래의 혈관이나 분비샘을 자극하여 콧물이 많이 나오게 되며, 신경반사로 코가 가렵고 재채기가 나게 되고 코 안의 점막이 부어서 코가 막히게 되는 증상이 보인다. 대개 이러한 증상은 자고 일어나서 아침에 심하고 오후에는 약간 좋아지는 경향이 있다. 알레르기성 비염 아동에게서는 코에서 나타나는 증상과 더불어 눈에 눈물이 나거나 가려움증이 반복적으로 나타나는 알레르기성 결막염이 있는 경우가 흔하며 자주 코를 만지고 씰룩거려서 콧등에 주름이 지거나 코피가 자주 난다. 또한 코의 혈관에 혈액 순환이 잘 안 되어 눈 밑이 거무스름하게 되고 이외에 찬 공기, 자극적인 냄새 등도 코 안을 자극하여 증상을 심하게 한다. 알레르기성 비염 아동은 기관지천식, 알레르기성 결막염, 아토피성 피부염 등과 같은 다른 아토피 질환을 같이 가지고 있거나 순차적으로 나타나기도 한다.

알레르기성 비염은 어느 나이부터 나타날 수 있지만 대개는 아토피성 피부염이나 기관지천식보다 늦게 시작되는 경향이 있다. 알레르기성 비염은 치료를 받아도 잘 낫지 않고 증상이 감기와 비슷하며 기온이 갑자기 바뀌거나 먼지 등을 들이마셨을 때 재채기, 콧물 등의 증상을 나타내기 때문에 항상 감기에 걸려 있는 것처럼 보인다.

◆ 처치/관리법 ◆

- 급성 증상의 치료와 장기적인 알레르기 관리가 병행되어야 한다.
- 원인 항원과 자극 물질에 노출되지 않도록 한다(집먼지 진드기를 없애고, 가루와 같은 원인 물질에 노출을 삼가한다. 애완동물의 털에 민감한 사람은 애완동물을 키우지 않는다).
- 항히스타민제제, 충혈제거제, 비만세포 안정제, 류코트리엔 길항제 등의 경구 투여제와 속에 뿌리는 비강 내 국소 스테로이드제를 적용법에 맞게 사용한다(하루 1~2회 규칙적으로 써야 하고, 코가 막힐 때만 뿌리면 효과가 떨어짐).
- 원인 항원을 낮은 농도에서 점차적으로 양을 늘리면서 피하주사를 사용하여 인체 외부에 항원이 유입되어도 알레르기 반응이 일어나지 않도록 하는 탈감작 방법을 실시한다.

---

3) 심혈관, 혈액, 면역기계 질환

(1) 선천성/후천성 심장질환

유전적 · 환경적 요인이며 산모가 임신 기간 중 풍진, 알코올 중독 등에 걸린 경우나 다른 선천성 기형이 있는 경우에 발생한다. 증상은 심장 크기 증가, 호흡곤란, 청색증, 성장 지연, 반복되는 호흡기 감염, 심잡음, 적혈구 증가 등이다.

◆ 처치/관리법 ◆

- 선천성 심장질환: 각 원인에 따라 수술이 필요하며, 장기간 치료와 관리가 필요하다.
- 후천성 심장질환
  - 세균성 심내막염
    4주간 적합한 고용량 항생제를 투여한다.

세균감염 위험 치료 전후 예방적 항생제 치료를 한다.

입원 치료한다.

생체 부작용과 색전증 증상을 관찰한다.

－류머티스 열

연쇄상구균 완전 제거하여 증상을 완화시킨다.

일차 약으로 페니실린(Penicillin), 에리트로마이신(erythromycin)을 투여한다.

관절염 조절 위해 살리실산(salicylate)을 사용한다.

침상 안정, 정서적 지지를 해 준다.

예방적 항생제 요법을 실시하며 5년 동안 추후 관리가 필요하다.

(2) 빈혈

원인은 적혈구 구성요소의 생성장애 등으로 인한 것이며, 영양 부족, 용혈, 골수 억제 등으로 적혈구의 파괴가 증가되며 출혈 손상으로 인해 혈소판 부족, 혈액 응고 인자 부족이 일어난다. 빈혈의 종류는 소구성, 정구성, 대구성이 있으며, 일반적 증상으로는 근력 약화, 피로감, 가쁜 호흡, 창백한 피부 등으로 나타나며 두통, 어지럼증, 집중장애, 무관심, 우울증이나 심한 경우 쇼크가 발생될 수 있다. 혈색소, 적혈구 용적률, 골수 천자, 잠혈 검사로 진단이 가능하며, 합병증으로는 감염, 부종 등이 있다.

혈색소의 주재료인 철분의 부족으로 발생하는 철결핍성 빈혈과 비타민 B12나 엽산의 결핍에서 발생되는 거대적아구성 빈혈, 만성질환에 의한 염증물질 과다로 인하여 철분이 충분하지만 조혈이 안 되는 급만성 염증으로 인한 빈혈, 낫 모양 적혈구를 가진 유전자 돌연변이 현상으로 인한 겸상적혈구 빈혈 등이 있다. 영아나 성장기 아동에게 심각한 철결핍성 빈혈이 있으면 신체적 발달이 지연될 수 있고, 주의력 저하, 학습능력의 저하 등의 정신적·신경학적 기능 발달에 장애가 생길 수 있다.

빈혈 아동에게는 구강 철분 보충제를 식간에 오렌지 주스와 함께 복용시키고 비타민C, 철분 흡수에 도움을 주어야 한다.

◆ **처치/관리법** ◆

- 빈혈의 원인을 파악하고 교정한다.
- 부족한 성분 보충, 수혈, 산소요법, 침상 안정 등이 필요하다.
- 감염에 약하므로 심하면 격리 입원하거나 철분 섭취를 지원한다.

(3) 천식

천식은 특정 자극소(유발인자)가 기도에 염증을 일으켜 일시적으로 좁아지게 하여 결국에는 호흡곤란을 유발하는 재발성 염증성 폐장애로 소아기, 특히 생후 첫 5년 내에 가장 일반적으로 시작된다. 일부는 성인이 되어서도 천식이 계속되기도 한다. 천식은 미국 내에서 6백만 명이 넘는 소아들에게 가장 흔한 소아기 만성 질환 중 하나이다. 천식의 원인은 유전적인 것이 많다. 천식을 앓는 아동은 다른 아동보다 특정 유발인자에 자극을 잘 받는데 이는 가족력에서 그 원인을 찾을 수 있다. 한쪽 부모에게 천식이 있는 소아는 천식이 생길 위험이 25%정도이며, 양쪽 부모 모두 천식이 있는 경우 그 위험은 50%로 증가된다. 유발 요인으로는 임신 중 산모의 흡연이나 어린 나이의 산모, 산모의 영양 부족 및 모유 수유 부족, 조산 및 출생 시 저체중 등의 유전 및 산전 요인이 있고 바이러스성 감염, 연기, 향수, 화분, 곰팡이, 먼지 진드기 등과 같은 알레르기 항원 노출 등이 있다. 증상은 쌕쌕거림, 기침, 숨 가쁨, 흉부 압박 및 호흡 곤란 등이며, 진단은 소아의 반복적인 쌕쌕임의 횟수, 천식 가족력, 폐기능을 측정하는 검사 결과 등을 통하여 진단된다. 천식 증상은 대부분 유발 인자를 피하면 예방할 수 있기에 잘 예방 치료하면 많은 소아가 성장함에 따라 천식이 없어진다. 하지만 소아 4명 중 1명이 계속하여 천식 발

작을 경험하며 천식 증상이 해결된 후 나중에 다시 재발하기도 하고 중증의
천식을 앓는 소아는 성인이 되어서까지 천식을 앓을 수 있다.

◆ 처치/관리법 ◆

- 천식의 원인이 되는 요인(특히 깃털 베개, 카펫과 양탄자, 커튼, 천을 씌운 가구, 봉제 완구, 애완동물 등)을 멀리한다.
- 먼지 진드기와 알레르기 항원의 다른 잠재적 출처를 살핀다.
- 합성 섬유 베개와 불침투성 매트리스 커버를 사용한다.
- 침대 시트, 베갯잇, 담요를 뜨거운 물에 세탁한다.
- 곰팡이를 줄이기 위해 지하실이나 통풍이 잘 안 되고 습한 방에는 제습기를 사용한다.
- 먼지, 진드기, 알레르기 항원을 줄이기 위해 스팀을 사용하여 집안을 청소한다.
- 바퀴벌레의 노출을 없애기 위해 집안 청소를 잘 하고 해충을 박멸한다.
- 가정에서 흡연을 금지한다.
- 강한 냄새, 자극적인 연무, 추운 온도, 높은 습도와 같은 다른 유발 인자들을 통제한다.
- 신체 활동, 운동 및 스포츠 참여를 유지하고, 필요한 경우 운동하기 직전에 천식약을 사용한다.
- 특정 알레르기 항원을 피할 수 없는 경우 알레르기 주사를 통해 아동의 과민성을 제거한다(천식 증상이 24개월 후에 크게 완화되지 않을 경우, 주사는 일반적으로 중단하지만 증상이 완화되면 주사는 3년 이상 계속 투여해야 한다. 그러나 주사를 계속하는 최적의 기간은 알려지지 않고 있다).
- 급성 발작의 경우에 기관지 확장제와 때때로 코르티코스테로이드를 투여한다(의사의 지시 필요함).
- 만성 천식의 경우에 흡입 코르티코스테로이드(간혹 기관지 확장제와 병용), 루코트리엔 조절제 또는 크로몰린을 투여한다.

만성 천식 부모와 아동은 발작의 중증도를 결정하는 방법, 약물과 최대 유량계를 사용하는 시기, 의사에게 연락해야 하는 시기 및 병원에 가야 하는 시기에 대해 알아두어야 하며 부모와 의사는 학교 보건 교사나 아동을 돌봐주는 사람들에게 아동의 질환에 대한 설명과 사용하고 있는 약물에 대해 알려주어야 한다. 일부 아동은 필요에 따라 학교에서 흡입기 사용을 허용받아 사용할 수 있어야 하며, 필요시 학교 간호사가 감독해 주어야 한다.

계량 흡입기 이용 방법

- 캡을 제거한 후 흡입기를 흔들고 스페이서를 적용한다.
- 1~2초 동안 숨을 내쉰다.
- 흡입기를 입에 대거나 입에서 1~2인치 떨어뜨린 상태에서 뜨거운 국물을 홀짝거리는 것처럼 천천히 숨을 들이쉬기 시작한다.
- 숨을 들이쉬기 시작하면서 흡입기 상단을 누른다.
- 폐가 가득찰 때까지 서서히 들이 쉰다. 이는 약 5~6초 정도 소요된다.
- 약 10초간(또는 최대한 오래) 숨을 멈춘다.
- 숨을 내쉬고 두 번째 복용량이 필요한 경우 1분 후 다시 반복한다.
  경우에 따라 영유아는 영아 크기의 마스크가 부착된 흡입기와 스페이서를 사용하기도 하며, 흡입기를 사용할 수 없는 아동은 가정에서 분무기(압축 공기를 이용하여 약물의 분무를 생성하는 작은 장치)에 연결된 마스크를 통해 흡입 약물을 투여받을 수 있다.
- 염증 중지를 위해 아동 · 청소년은 스페이서나 밸브형 보존 용기가 달린 계량 흡입기를 사용한다. 스페이서는 약물의 폐 전달을 최적화하고 부작용 발생 가능성을 최소화한다.

출처: healthwise.org

4) 소아암

소아암은 소아에게 생기는 악성종양으로 크게 혈액암과 고형종양으로 나눈다. 혈액암은 몸속의 혈액세포에 암이 생겨 증식을 하는 질환이며 백혈병이 여기에 포함된다. 고형종양은 몸속의 세포 중 일부가 악성 변화를 일으켜 몸속에 덩어리를 만드는 질환이다. 고형종양은 생기는 위치 혹은 조직의 형태 및 특성에 따라 종류가 나뉘는데, 소아에게 흔히 발견되는 고형종양에는 뇌종양, 신경모세포종, 빌름스종양(wilms tumor), 망막모세포종, 간모세포종, 골육종, 연부조직육종 등이 있다. 소아암의 발생은 5세 미만의 소아와 청소년기에서 정점을 보이는데, 1세 미만에서 잘 발생하는 종양은 신경모세포종, 빌름스종양, 망막모세포종 등이며 2~5세에서는 급성림프모구백혈병, 비호지킨림프종(non-Hodgkin's lymphoma), 신경아교종 등이 그리고 청소년기에는 골종양, 연부조직육종, 호지킨병,생식세포종양 등이 잘 발생한다. 소아암의 원인은 확실치 않으나 유전적 요인과 환경적 요인이 함께 작용하는 것으로 보고 있다.

환경적 요인으로는 방사선에 노출이 많은 경우, 특정한 약물을 장기간 사용한 경우, 혹은 여러 종류의 바이러스 감염[엡스타인바 바이러스(Epstein-Barr

〈표 3-1〉 소아암 분류에 따른 주요 증상

종류	부위	주요 증상
백혈병	혈액	복통, 출혈, 타박상, 식욕부진, 열, 간비대, 관절통, 감염, 권태감, 피로, 홍분, 창백, 점상출혈, 비장비대, 보행 거부, 체중 감소, 절름거림, 멍 등
뇌종양	뇌척수	인지발달장애, 식욕부진, 운동실조, 균형장애, 성격변화, 서투른 행동, 보행장애, 졸음, 기면, 두통, 체중 증가 지연, 성장 지연, 권태감, 혼미, 사시, 시야 변화, 구토, 쇠약, 고혈압, 시력 감퇴, 근육 쇠약 등
호지킨림프종	림프절	열, 식은땀, 체중 감소, 비장비대, 간비대, 가려움증, 기면, 권태, 식욕부진 등
비호지킨림프종	림프 조직	복부팽만, 식욕부진, 덩어리 통증, 복수, 오한, 기침, 설사, 호흡곤란, 코피, 열, 뇌신경 마비, 비염, 구토, 호흡음 이상, 천명 등
신경모세포종	신경절, 복부, 흉부	복부에 만져지는 커다란 종괴, 발열, 설사, 안면창백, 구토, 빈혈, 피하결절, 간종대, 방광과 항문의 팔약근 기능장애, 보행장애, 고혈압, 식욕부진, 피로, 뼈의 통증, 소화장애, 감염, 음식물을 삼키기 곤란함, 안구돌출, 체중 감소, 간비대, 눈꺼풀이 처짐, 호흡곤란 등
빌름스종양	콩팥	복부 덩어리, 빈혈, 식욕부진, 열, 혈뇨, 고혈압, 기면, 복부팽만, 복통, 변비 등
횡문근육종	근육, 복부, 얼굴	만성 중이염, 삼키기 어려움, 배뇨장애, 귀 통증, 코피, 위장관 막힘, 안구돌출, 쉰 목소리, 혈뇨, 요로폐쇄, 청각 상실 등
골종양	뼈, 연골, 관절	뼈의 통증, 병리적 골절 쇠약, 체중 감소, 식욕부진 등
유잉육종 (Ewing Sarcoma)	대퇴, 다리뼈, 팔뼈	통증, 열, 압통, 종창 등
망막모세포종	망막	시력 제한, 상실, 사시 등

출처: 세브란스 어린이 병원(http://sev.iseverance.com/children/health_info).

Virus), B형 및 C형 간염 바이러스 등]이 암의 발생과 연관이 있는 것으로 알려져 있으나 성인에 비해 소아암은 환경적 요인이 크지 않다. 완치율은 소아암의 종류에 따라 다양하지만, 최근 들어 소아암의 치료 성적이 크게 향상되어 대부분의 소아암의 생존율은 70~80%라고 보고되며, 특히 소아림프모구백혈병의 경우 치료 성적이 매우 좋아 완치율이 80~90%, 급성 골수성 백혈병은 약 70%의 완치율을 보인다. 예후가 좋지 않은 종양은 뇌간신경아교종(Brainstem glioma)과 비정형 유기형/간상 종양(Atypical teratoid rhabdoid tumor) 등이며 이 경우에는 낮은 예후를 보인다.

우리나라의 경우 15세 미만의 소아암 발생 빈도를 살펴보면, 2002년 한 해 동안 1,188명이 소아암을 진단받았고 그중 백혈병이 약 1/3 정도로 가장 큰 비율을 차지하였으며, 그다음으로 중추신경계 종양(뇌종양), 악성림프종, 생식기종양, 교감신경계 종양(주로 신경모세포종), 연조직 육종, 골종양(뼈에서 생기는 암), 악성 신종양(콩팥에서 생기는 암, 주로 빌름스종양), 암종 및 상피성 종양, 악성 간종양(주로 간모세포종), 망막모세포종 순으로 나타났다.

특히 백혈병은 혈액 생산조직의 암으로 소아암 중 가장 빈도가 높으며, 2~6세가 가장 많고 남자가 여자보다 많으며 5년 정도의 생존율이 가장 많다 (탁역란 외, 2003). 급성 림프구성과 급성 비림프구성으로 구분되는데 병태 생리와 증상은 조혈 조직에 미성숙한 백혈구가 악성으로 증식되는 것으로 백혈병 세포는 종양과 같은 신생물의 속성으로 인한 것이다. 항암제나 보조요법 (골수이식)으로 치료를 한다.

◆ 처치/관리법 ◆

- 진단과 치료과정을 알려 주고 준비시킨다.
- 통증 완화를 위해 마취제와 진통제의 효과적 사용이 필요하다.
- 골수억제 합병증을 예방하기 위해 감염 예방, 출혈 예방이 중요하다.

- 항암제 투여 시 침윤 징후(통증, 부종, 도관 부위 홍조 등)를 관찰한다.
- 과민증을 관찰한다.
- 약물독성의 문제점을 관리한다.
  - 오심과 구토(투약 시행 전 항구토제 복용) 또는 거식증(식욕부진)이 일어날 가능성에 대해 사전에 대비한다.
  - 부드럽고 촉촉한 음식을 제공한다.
  - 점막궤양(부드러운 칫솔이나 식염수함수)을 확인한다
  - 탈모증의 경우 부드러운 모자나 스카프, 가발을 사용한다.
  - 달덩이 얼굴의 경우 이후 원상 복구됨을 알려 준다.
  - 가족과 협조하여 신체 간호와 정서적 간호를 제공한다.

5) 소아당뇨

소아당뇨는 인슐린의 전체적 혹은 부분적 결핍에 의한 대사질환으로 아동기에 나타나는 가장 흔한 내분비 장애이다. 원인불명이며, 유전, 자가면역질환, 바이러스 등으로 인한 감염이다.

병태생리는 우선 췌장에 바이러스가 감염되고 베타 세포가 파괴된 후 인슐린 결핍과 혈당이 증가되는 과정이며, 진단방법은 증상과 함께 공복 시 혈당 126mg/dL 이상 이거나 평상시 혈당 200mg/dL 이상임을 측정하는 방법을 사용한다.

인슐린 의존형이라고 불리는 제1형 당뇨병은 인슐린을 생산하는 췌장의 베타세포가 파괴되어 발생되며 주로 어린 나이에 발병한다. 이 질환을 가진 아동은 평생 외부 인슐린에 의존하여야 한다. 전체 당뇨병의 약 2% 정도를 차지하는 희귀질환이다. 다뇨, 다음, 다갈, 다식, 탈수, 야뇨증의 증상이 나타나며, 허약, 불안, 피로, 건조한 피부, 식욕부진, 체중 감소, 복부 불편감, 감기 등 감염에 주의하여야 한다. 당뇨병성 케톤산증, 고삼투압성 비케톤성 혼수,

유산산증, 저혈당 등의 급성 대사성 합병증과 만성적으로 초래되는 혈관 관련 및 복합적인 합병증에 쉽게 노출된다. 그렇기 때문에 인슐린 투여 없이는 모든 섭식활동이 제한된다.

제2형 당뇨병은 인슐린 사용이 부적절하거나 상대적 인슐린이 부족한 경우로 발병은 상당히 느리고 완만하며 중년 이후에 많이 발병하는 것이 특징이다. 발병해도 장기간 자각 증상이 없어 알아차리지 못하거나 조기에 진단을 받아도 자각 증상이 없어 치료를 중단하는 경우가 많기 때문에 합병증이 발생해 중증화되는 경우가 있다.

◆ 처치/관리법 ◆

- 인슐린 요법[1일 2회 피하(팔의 윗부분, 허벅지, 엉덩이, 복부 등)주사]을 실시한다.
- 균형잡힌 식사를 한다.
- 저혈당증 관리(꿀이나 설탕 같은 단당류)가 필요하다.
- 심한 저혈당 시 글루카곤을 근육이나 피하에 투여한다.
- 가족과 환아에게 당뇨 지식 교육을 실시한다.
- 인슐린 투약으로 피하주사 시 지방 위축 예방을 위해 주사 부위를 회전하며 주사한다.
- 혈당을 측정한다.
- 합병증 교육이 필요하다.
- 고혈당 위험을 인지한다. 인슐린 투여 부족(과식)이나 질병 혹은 스트레스 시 인슐린 요구량이 증가하여 고혈당 위험이 있으므로 투여량을 늘려야 한다.
- 당뇨성 케톤산증(구토, 탈수, 혈중 케톤 증가, 케톤뇨, 혼수, 호흡 시 아세톤 냄새)이 일어날 때 인슐린과 전해질을 공급해야 한다.
- 고혈당으로 인해 백혈구 식균 작용 저하로 감염에 취약해짐으로 감염 예방 필요성을 인지한다.
- 감염 시 혈당 측정이 중요하다.

6) 뇌전증

타당한 이유가 없는 만성적 발작장애로 '간질'이라 불려 왔다. 간질 자체가 잘못된 용어는 아니지만 사회적 편견이 있고, 사회적 낙인의 위험이 있어 뇌전증이라는 용어로 변경되었다. 뇌전증이란 단일한 뇌전증 발작을 유발할 수 있는 원인 인자, 즉 전해질 불균형 그리고 산-염기 이상, 요독증, 알코올 금단현상, 심한 수면박탈 상태 등을 말하며, 발작을 초래할 수 있는 신체적 이상이 없음에도 불구하고 뇌전증 발작이 반복적으로(24시간 이상의 간격을 두고 2회 이상) 발생하는 것이다. 뇌전증 발작이 1회 정도만 발생하였다고 하더라도 뇌 영상검사(뇌 MRI 등)에서 뇌전증을 일으킬 수 있는 병리적 변화가 존재하면 뇌전증으로 본다.

연령층에 따라서 원인도 각기 다르게 보고 있다. 신생아 및 영아는 주로 뇌의 발달이상, 두개 내 외상, 출혈, 무산소증, 선천성 장애 등이 원인이 되며, 영아 후기 아동에서는 초기에 급성 열성경련, 중추신경계의 급성감염을 앓았던 경우가 원인이 된다.

부분발작은 단순부분발작과 복합부분발작, 부분발작에서 기인하는 이차성 전신발작으로 분류된다. 단순부분발작은 의식 변화가 없으며 감각증상이 동반되고, 다른 신체 부위로 진행이 있을 수 있다. 복합부분발작은 자신이 이러한 행동을 했다는 사실을 기억하지 못하는 1분 이상 발작 후 졸음이 오거나 공포, 분노 등의 감정장애가 나타난다. 드물게는 비우성반구에서 발생하는 발작의 경우 자동증(입맛을 다시거나 방 안을 돌아다니는 목적 없는 행동을 하지만 의식이 유지되고 기억하는 경우)도 있을 수 있다. 발작 초기에는 단순부분발작이나 복합부분발작의 형태를 보이지만 신경세포의 과활동성이 대뇌 전반적으로 퍼지면서 전신발작이 나타나는 이차성 전신발작은 일반적으로 가장 흔하게 관찰되는 뇌전증 발작 형태이다.

전신발작에는 전조 증상 없이 의식만 잠깐 소실된 상태에서 비경련성 발작, 즉 멍한표정, 무반응, 눈 깜박거림을 보이는 소발작이 포함되는데, 특히 이런 소발작은 주로 소아에서 발생한다. 정상적으로 행동하던 환아는 아무런 경고나 전조 증상 없이 갑자기 하던 행동을 멈추거나 멍하게 바라보는 모습을 보이며 간혹 고개를 푹 수그리기도 한다. 대개 5~10초 이내에 종료되며 길어도 수십 초를 넘기지 않는다. 전신발작에는 사지나 몸통 근육의 갑작스런 불수의적 수축을 보이는 근육간대경련발작, 1~3분 동안 경련이 일어나며 발작 후 의식소실이 있는 가장 일반적인 전신강직간대발작, 순간적 근력소실과 순간적으로 머리를 숙이는 행동이나 힘이 빠지면서 넘어지는 무긴장발작 등이 있다.

◆ **처치/관리법** ◆

- 항경련제를 투여한다. 이때 혈액검사, 뇨분석, 간기능 검사 병행가 병행된다.
- 주위를 치우고 머리를 옆으로 돌려야 한다. 이는 분비물이 기도로 흡인되지 않도록 하기 위함이다.
- 페니토인(Phenytoin) 투여 시 부작용을 관찰한다. 예를 들어, 잇몸 비후, 운동실조, 오심 등이 있는지 확인한다.
- 비타민 D와 엽산이 결핍될 수 있으므로 충분히 섭취하도록 교육한다.
- 정확한 시간에 투여해야 한다. 특히 페니토인은 우유와 함께 복용해선 안 됨을 교육한다.
- 정서적 지지가 중요하다.

7) 두부손상 및 골절

(1) 두부손상

기계적 힘에 의한 손상으로 두피, 두개골, 뇌막, 뇌가 포함되는 병리학적 과정이다. 아동의 주요 사망 원인이면서, 낙상, 자동차 사고, 자전거 사고 등이 주요 원인이다. 아동은 상대적으로 머리가 크고 근골격 지지가 불충분하여 사고 시 가속/감속으로 인해 쉽게 손상이 된다. 일차적 두부손상은 외상을 입을 때 발생되며, 이차적으로 저산소성 뇌손상 및 감염이 일어난다. 약한 손상인 경우 의식 상실, 일시적 혼돈, 졸음, 무관심, 흥분, 창백, 구토 등이 일어나며, 이후 손상이 진행 중인 경우 징후로는 정신 상태 변화, 초조, 활력 징후의 심한 변화가 일어난다. 심한 손상을 입은 경우 두개내압 상승 징후, 망막출혈, 마비, 체온 상승이 일어난다. 초기 사정 방법은 기도와 호흡순환, 쇼크에 대한 평가, 의식수준 평가, 빛에 대한 반응과 동공 대칭, 발작 등을 살펴보며, 특수 검사방법은 CT, MRI 등이 있다.

◆ 처치/관리법 ◆

- 의식을 잃지 않은 경우 검사 후 손상이 없으면 집에서 관찰한다.
- 의식을 잃은 경우 상태가 안정되고 신경학적 징후가 감소될 때까지 입원한다.
- 불안정한 두통, 발작에 대해 진정제나 진통제를 투여한다.
- 골절, 손상 시 수술적 치료를 요할 수 있다.
- 반복적인 신경학적 사정과 평가(합병증 예방)를 한다.
- 가족의 지지와 정보 제공 및 정서적 지지를 한다.
- 영구적 뇌손상 아동의 재활 및 관리(나머지 능력 최대화하기 위한 적절한 중재)를 한다.

(2) 골절

아동은 움직임이 증가하는 시기이므로 골절은 흔히 발생되며 성장판, 골단 부위 손상이 호발된다. 이때 성장판이 인대보다 약하므로 골절 시 인대 파열 전에 골단 분리가 먼저 발생될수 있다. 아동은 골막이 성인보다 두껍고 강하며 골격이 유연성 있어 골절융합이 빠르나 구부리거나 뒤틀리는 골절이 발생될 수 있다. 골절은 뼈에 가해진 외부의 강한 힘에 의해 부러져 뼈의 연속성이 부분적 혹은 완전히 단절된 것이다. 심하게 붓고 심한 통증이 오고 이후 무감각이나 저림 증상 등이 있을 수 있다. 심하면 쇼크까지 일어날 수 있다. 골절은 폐쇄골절과 개방골절로 구분되며, 폐쇄골절은 손상 뼈의 주위에 피부가 찢어지지 않은 골절을 말한다. 개방골절은 골절로 피부 표면이 상처가 나거나 깨진 뼈가 피부를 뚫은 경우의 골절로 심한 외부 출혈뿐 아니라 세균이 살과 깨진 뼈로 들어갈 수 있기 때문에 감염의 위험이 심각하다.

◆ 처치/관리법 ◆

- 응급처치 RICE 요법
  - R(Rest, 쉬기): 다친 곳을 움직이지 않게 한다.
  - I(Ice, 얼음): 얼음이나 찬 것을 대 준다.
  - C(Compression, 압박): 다친 곳을 압박 붕대로 감아 준다.
  - E(Elevation, 올리기): 다친 곳을 올려 준다.
- 출혈 시 압박법으로 처치한다. 이때 깨끗한 붕대를 사용한다. 석고붕대는 골격 고정을 위해 사용하는 것으로 안쪽이 마를 때까지 다른 것으로 덮지 않으며 건조 시 드라이어나 히터 등의 사용을 금지한다.
- 석고붕대 제거 시 학령전기 아동은 신체 일부가 잘려 나갈지도 모른다는 두려움을 느끼므로 사전에 잘 설명해 주어야 한다.
- 제거 후 피부 표면이 벗겨진 피부와 지방 분비물로 굳어져 있을 수 있으므로 억지로 제거하지 말고 올리브 기름이나 로션을 사용하여 편안함을 느끼도록 한다.
- 골절 아동의 이동 시에는 뼈가 재선열되도록 주변 근육의 경련을 감소시키고 뼈끝의 재정렬을 위해 골절 부위를 움직이지 않게 한다.

- 부종, 감각의 변화 및 통증 완화 정도를 확인한다.
- 칼슘이 풍부한 음식을 제공한다.
- 섭취량과 배설량을 확인한다.
- 경축, 뼈의 감염 등 합병증을 관찰한다.

8) 척추 만곡증

척추 만곡증은 척추후만증, 척추전만증, 척추측만증 등으로 나눌수 있으며, 척추측만증은 가장 흔한 척추 기형으로 척추가 10도 이상 만곡된 것이다. 선천적으로 혹은 영아기나 아동기 동안 발전되며 성장이 빠른 14세 이전 여아에게 호발된다. 이때 치료되지 않으면 내부 장기 압박과 내장의 위치 이동이 초래되어 심폐 기능과 소화기계 기능(폐활량, 심박출량 감소)이나 호흡 기능에 영향을 미칠 수 있다.

◆ 처치/관리법 ◆

- 지속적 관찰이 필요하다.
- 보조기와 운동요법으로 만곡의 진행을 늦출 수 있다.
- 보조기를 착용한다.
- 교정은 20~45도일 때 사용한다.
- 특히 50도 이상이거나 성장이 완료되어 유연성이 없는 경우 진행되는 마비성, 선천적 만곡, 심한 균형 이상이 있을 수 있다.
- 통증이 있을 경우는 보조 치료가 어려우며 수술적 치료가 필요하다.
- 조기 발견이 중요하다.
- 가족과 환아에게 정서적 지지가 필요하다.
- 환아의 자기신체상에 대한 지지가 필요하다.
- 보조기 착용 교육을 통하여 운동과 목욕 외에는 언제나 착용하도록 권장한다.
- 재착용 전에는 피부를 완전히 건조해야 하는 등 피부 손상 예방에 힘써야 한다.
- 척추와 복부 근육의 위축 예방을 위하여 꾸준한 운동을 격려한다.

9) 뇌막염

중추신경계의 급성 염증으로 세균성 혹은 무균성이 있으며 아동의 사망까지 초래할 정도의 질병이다. 대부분 바이러스가 원인이며 홍역, 귀밑샘염, 백혈병의 이차적 속발질환이다. 병태 생리는 비인두 등의 신체 다른 부위가 감염되어 병원균이 혈관 주위를 침범하고 뇌척수액으로 들어가 지주막하 공간을 통해 퍼지는 과정이며, 생후 3개월 이하 환아인 경우 구토, 설사, 기면, 울음 등의 증상이 나타나고 후기 증상으로 천문의 팽창, 정서적 불안, 무호흡, 청색증, 경련, 목의 경직 등이 일어난다. 3세 이하 환아인 경우에는 두통, 목의 경직, 케르니그 징후(Kernig sign) 양성, 브루진스키 징후(Brudzinski sign) 양성, 경련, 오한, 구토, 불안, 광선 공포증, 혼수, 무감각 등이 일어난다. 진단은 뇌를 감싸고 있는 경막과 뇌 사이의 공간인 거미막 밑 공간에 있는 뇌척수액을 뽑거나 그곳에 약을 투여하기 위하여 시행하는 검사법인 요추천자, 혈액배양검사, 혈청검사, 소변검사 등으로 가능하다.

◆ 처치/관리법 ◆

- 전염 가능성이 있으므로 격리시켜야 하고 정맥 항생요법을 사용한다.
- 활력 증상, 의식 수준과 신경학적 증상을 사정하고, 천문을 관찰하고 두위를 측정한다.
- 자극을 줄이기 위해 조용하고 약간 어두운 환경을 제공한다.
- 침대 머리를 약간 상승시켜 유지한다.
- 영아인 경우 안거나 이동시킬 때에는 특히 목을 잘 지지하도록 한다.
- 발열과 통증 조절에 주의한다.
- 합병증을 관찰한다.

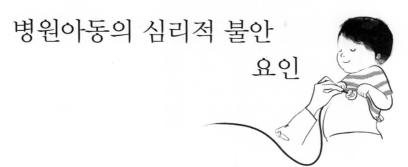

병원아동생활전문가 | **제4장**

병원아동의 심리적 불안 요인

병원에 온 아이들

수아(3세)는 엘리베이터로 향하는 복도를 걸어 가는 아버지를 따라가며 아주 슬프게 울고 있다. 아버지는 수아를 집으로 데려가기 위해 오후에 다시 올 거라고 달래 보려 하지만 이 약속은 별 효과가 없어 보인다. 아버지와 함께 엘리베이터를 타려 떼쓰는 수아를 간호사 한 명이 말려야 했고, 문이 닫히자 수아는 발작적으로 아버지를 불러 댔고 이후로도 몇 분간 실랑이는 지속되었다.

제민(4세)은 놀이실 구석에 시무룩하게 앉아서 다른 아이들이 가까운 탁자 위에 있는 의사들의 장비에 관심을 보이는 모습을 지켜보고 있다. 그러다 갑자기 작은 나무 자동차를 집어서 아이들을 향해 던졌다. 장난감 자동차는 바닥에 떨어져 망가졌고, 놀란 아이들을 밀치면서 제민이는 놀이실 문으로 달려 나갔다.

호성(15세)은 응급맹장수술로 금요일 밤 늦게 병원에 도착했다. 수술을 받고 이틀이 지나자 호성의 기분은 자기가 틀어놓은 라디오의 높은 볼륨만큼이나 아주 좋아 보였다. 상처 부위에 감염이 있음에도 불구하고 말이다. 하지만 시간이 지나도 감염은 없어지지 않았고, 전보다 더 심해졌다. 호성은 거의 3주간 격리실에 머물러야 했다. 이 기간 동안 호성은 의료진과 농담도 거의 하지 않았고 가끔씩만 라디오를 듣거나 잡지를 읽거나 하였고 아침에 조금씩 늦게 일어나기 시작했으며, 입원 기간이 끝나갈 무렵에는 병실의 커튼을 내려 어둡게 하고 그냥 조용히 앉아서 대부분의 시간을 보냈다.

병원에 오는 많은 아동 역시 이 사례들과 같은 감정을 경험하며 행동한다. 모든 아동이 안정적이고 익숙한 가정을 떠나 가족과 친구들과의 헤어짐을 견뎌야 하며, 낯선 이들의 손에서 행해지는 여러 가지의 고통스러운 절차를 겪어야 한다. 그리고 그 과정에서 식사, 학교, 놀이와 같은 일상의 모든 것을 포기한다. 입원하는 아동의 많은 수가 심리적 불안으로 고통받으며, 어떤 아동은 입원의 트라우마에 쉽게 영향을 받는다. 병원아동의 대부분은 이런 공통된 경험을 갖게 되며, 그 밖에 가정 상황, 이전의 경험, 아동발달 정도, 개인이 가진 특성 등 개인 차이로 인하여 치료과정에서 각기 다른 반응을 하기도 한다.

매년 병원에 오는 수천 명의 아동은 각기 병원이나 질병에 대한 자신만의 공포와 불안한 상상들을 경험하게 된다. 이것은 아동에게 너무 공포스러운 상황이다. 어떤 아동은 부모로부터의 버려짐을 두려워하고, 또 어떤 아동은 질병으로 인한 신체적 제약들에 대해 혹은 죽음에 대한 많은 걱정에 휩싸이기도 한다. 마음속에 숨겨진 이런 오해들은 때로는 너무 심각해서 의학적 처치를 방해한다. 예를 들어, 어떤 아동은 '마취'를 정상적인 무의식이 아닌 죽음이 내포된 의미라고 생각하고 잠들지 않기 위해서 필사적으로 싸워 치료에 방해가 되게 하며, 또 어떤 아동의 환상은 심각한 공포에 압도되어 모든 처치의 과정에 이상한 방식으로 대응하게 만든다.

앞의 사례 속 수아나 제민이처럼 병원아동생활전문가나 다른 병원 의료진들이 쉽게 접하는 아동들의 반응은 지나치게 감정적인 것과 예민함에 관련되어 있다. 이들은 분노하며 울거나, 다른 아동과 싸우거나, 주변에 해를 입히거나, 의료 처치에 거세게 저항한다. 이러한 예민한 반응들은 최소한 소아과 의료진들의 주의와 관심을 끌어 낼 수는 있다. 반면에 호성이처럼 관심을 보이지 않으면 알 수 없는 경우도 많다. 조용하지만 우울하고 눈에 잘 안 보이는 행동과 상황에 의료진들이 쉽게 문제를 알아차리기란 쉽지 않다. 하지만 이러한 심리적 변화는 아동의 감정이나 정서 그리고 이후의 발달에도 영향을 주기 때문에 미묘하고 점진적인 변화들과 특징들을 조기 발견하는 것은 중요하다. 이를 위해 지속적이고 주의 깊은 관찰이 필요하다.

아동은 연령에 따라, 아동과 부모가 제공받은 정보의 양에 따라, 그리고 아동과 부모가 함께 보낸 시간에 따라 받는 영향이 달라지며 이에 보여 주는 반응과 행동은 울음, 위축된 모습, 퇴행 행동, 공격 행동 등과 같은 다양한 반응과 행동으로 표현된다.

입원 스트레스로 인한 반응은 다음과 같은 행동들을 야기할 수 있다.

- 적극적 반응
  - 울기
  - 약이나 치료에 대한 저항
  - 소리 지르기
  - 자기 파괴적 행동
  - 징징거리기
  - 주변 파괴적 행동
  - 부모에게 매달리기
  - 주변인과의 싸움

• 수동적 반응
  -지나친 수면
  -의사소통의 감소: 사람들과 상호작용으로부터 움츠리는 행동
  -활동성 감소: 이전에 즐기던 활동을 멈추는 행동
  -식사 감소

• 신체적 반응
  -습관, 기능의 변화
  -일상적 생활패턴에 변화
  -틱(tic)
  -수면 패턴의 변화: 밤에 반복적으로 깸
  -입원으로 인한 압박으로 덜 확립되어 있던 기능들을 잊어버림(예: 이전
    에 보행이 가능했던 아동이 걷지 않거나, 화장실 훈련이 되어 있던 아동이 다
    시 바지에 배설하는 것 등의 퇴행행동)
  -폭식 또는 음식에 대한 거부
  -병원, 주사, 죽음에 대한 공포의 표출
  -사람의 몸에 대한 많은 관심
  -강박적인 행동의 표출

  이러한 행동들은 입원 중에 혹은 퇴원 후 집에서도 나타날 수 있는데, 예를
들어 병원에 있을 때 수면장애가 있을 수도 있고, 아니면 퇴원하여 집으로 돌
아가서 이 문제가 나타날 수도 있다.
  하지만 병원에 온 모든 아동이 이런 증상을 보이는 것은 아니다. 병원아동
생활전문가는 병원에서도 새로운 친구를 사귀거나 스스로 밤을 잘 보내며 부
모를 안심시키는 아동들을 종종 만나기도 한다. 하지만 이러한 아동들도 더

민감한 보호를 받게 된다면, 병원생활에 호전적이고 잘 적응할 것이라는 기대를 높일 수 있다. 더불어 병원아동생활 프로그램이 성공적으로 이루어질 때 아동이 입원으로 인해 생길 수 있는 잠재적인 부작용을 긍정적인 성장의 경험으로 바꿀 수 있다. 이것은 오래 전 여러 연구를 통해 증명되었는데, 그 중의 몇몇 연구를 살펴보면 다음과 같다.

푸르그 등(Prugh et al., 1953)은 입원아동 분야 연구에서 아동들이 입원으로 인한 심리적 불안을 겪을 수 있는 실제적인 아동의 비율을 보여 주었다. 이 연구에서는 100명의 아동을 통상적인 조치를 받은 통제집단과 심리적 지원, 즉 부모의 잦은 방문과 특별한 놀이 프로그램을 경험한 실험집단으로 나누어 연구하였다. 그 결과 통제집단의 92%, 실험집단의 68%가 병원환경에서 스트레스와 직면하게 된다는 것을 보여 주었으며, 퇴원 후 3개월 동안 통제집단의 58%가 '중간 정도의 불안반응'이 지속되었고, 실험집단의 44%가 그러하였다. 정서적 지원을 받은 실험집단의 아동은 입원 당시의 영향과 퇴원 후의 영향 면에서 정서적 불안도가 의미 있게 낮은 점수를 보였지만, 이러한 지원을 받지 못한 통제 집단 모두 충격적인 숫자의 심리적 불안이 지속됨을 밝혔다. 또 다른 연구로는 더글라스(Douglas, 1975)의 연구를 들 수 있다. 이 연구는 26년간 영국에서 태어난 아동들을 대상으로 이들의 입원 반응, 학교 수행 등의 정보를 일정한 간격을 두고 조사해 연구한 것으로, 그의 연구 목적은 어린 시절의 입원이 행동과 사춘기의 학습에 방해를 가져오는지에 대한 여부를 확인하고 이들의 상관관계들에 대한 것이었다. 연구 시작 대상은 5세 이전에 일주일 이상 반복적 입원(특히 생후 6개월에서 4세 사이)을 한 아동들로 이들 중 초기에 입원 경험이 있는 아동들은 교실 밖에서 더 많은 어려움이 있을 가능성, 비행의 가능성, 불안정한 직업 패턴의 가능성이 그렇지 않은 아이들보다 높게 나타남을 보여 주었다. 이러한 연구들은 반복된 입원이 퇴원 이후의 불안과 의미 있게 연관된다는 것을 증명하였지만, 1주에서 1개월 사이의 기간 동안 입원과의 연관성을 밝히는 것에서는 부족함이 있었다. 하지만 이들의 연구는 입원의 영향이 장기적일 가능성이 있음을 보여 주었으며, 아동을 위한 병원 환경의 변화가 필요하다는 것을 증거하고 있다.

이 외에도 유사한 결과를 보여 주는 연구들이 있는데, 병원아동 가족에 대한 지원 정보를 제공하는 것이 입원아동의 어머니들에게 영향을 미치는가에 대한 스키퍼와 레오나드의 연구(Skipper & Leonard, 1968)가 그중의 하나이다. 첫 번째로, 어머니를 대상으로 한 실험에서 연구자들은 통제집단(어머니들이 일반적인 병원 정보를 제공받은)의 36%가 퇴원 후 첫 주에 비정상적인 공포감을 경험했고, 46%는 평소보다 더 많이 울었으며, 68%는 보통 때와 비교하여 더 많은 수면장애를 경험했다고 밝혔다. 반면 사전에 치료에 관한 자세한 정보와 교육을 받은 실험집단 어머님들에게선, 20%가 비정상적인 공포감을, 18%가 평소보다 많은 울음을, 14% 정도만이 평소와 다른 수면장애를 보였다. 연구자들은 두 번째 실험을 같은 방식으로 병원아동에게 실행하였는데, 이것의 결과도 통제집단의 아동들 중 50%가 비정상적인 공포감을, 57%가 울음의 증가를, 79%가 더 심한 수면장애를 보였으나, 실험집단에서는 비정상적 공포감을 보인 아동이 없었고, 더 많이 운 아동은 25%, 수면장애가 증가한 아동은 25% 정도로만 나타났다. 또한 이 연구에서는 입원 아동들이 퇴원 후 직면하게 되는 문제들의 파급성에도 주목하였는데, '일반적인 정보'만 제공된 통제집단의 아동들은 퇴원 후의 불안이 상대적으로 놀랄 만큼 높다는 것을 알 수 있었다.

비록 오래 전 연구들이지만, 병원생활 동안 아동은 여러 심리적 영향을 받으며 그것이 어떻게 다루어지느냐에 따라 그 결과가 달라진다는 것을 밝혀낸 중요한 연구들임을 알 수 있다. 병원생활이 아동에게 심리적 영향을 미치는 주요 요인들로는 아동의 나이, 부모와의 관계, 이전의 경험들, 환경의 낯섦의 정도, 부모와 가족으로부터 이별, 행동상의 제약, 병원 내의 조건이나 고려

정도 등을 들 수 있다. 버논 등(Vernon et al., 1965)은 문헌연구를 통해 병원아동에게 심리적 영향을 미치는 결정 요인들을 네 가지로 나누어 언급하였다. 즉, 낯선 병원 환경, 부모와의 이별, 아동의 연령, 입원 전의 성격적 특성 등이다. 이 중 입원 전 성격적 특성부분은 실제로 입원 전 실생활에서 부적응이 있는 경우에 입원 기간 중과 입원 이후의 시간에 더욱 그 특성 증세가 잦아지며 더욱 심해진 불안이 높아질 수 있다는 가설을 제한적으로 뒷받침하고 있다. 하지만 입원 전 성격적 특성 요인은 개개인의 문제마다 각기 다를 수 있고 병원아동생활전문가가 다룰 수 있는 영역이 아니기에 여기서는 다루지 않는다. 이 장에서는 병원아동의 심리적 불안 요인들을 낯선 병원환경 요인, 부모와의 이별 요인 그리고 아동의 연령별 심리정서 요인으로 한정하여 살펴보고자 한다.

1. 낯선 병원환경

병원에 들어선 아동은 많은 낯선 환경을 접하게 된다. 크고 복잡하게 연결된 건물을 보게 되며, 수많은 낯선 소리와 처음 맡아 보는 냄새에 둘러싸이고, 무서운 기계들을 보게 된다. 수십 명의 낯선 사람이 스쳐 지나가는 것을 본 아동은 당황하게 된다. 그들에게 이런 엄청나게 무섭고 새로운 경험들은 이전의 친근한 환경과는 극명하게 다르게 느껴진다. 치료과정에 들어가면 아동은 여러 가지 검사, 즉 바이탈사인 체크, 혈액검사, 드레싱 교체 등 낯선 절차에 직면하게 된다.

아동에게 이러한 낯선 환경과 절차에 대한 생경함을 줄이는 방법 중의 하나는 아동의 연령과 이해력에 맞게 체계적으로 새로운 환경 요인들을 설명하고 소개하는 심리적 준비 프로그램을 제공하는 것이 가장 도움이 될 것이다.

아동은 자신이 익숙하고 잘 알고 이해하고 있는 것들보다 모호하고 불분명한 공격이 더 불안하다고 느끼며, 예상한 상황보다 예상치 못했던 것에 더욱 불안해한다. 이러한 아동을 돕기 위하여 부모가 매일 방문하는 것이나 환자가 스스로 다닐 수 있게 돕는 것, 또는 특별 놀이프로그램을 포함한 입원 아동 보호를 위한 종합 프로그램, 잠재적 트라우마 진단이나 치료의 과정을 지원하기 위한 심리적 준비 프로그램 등이 필요할 것이다.

울퍼와 비진테이너(Wolfer & Visintainer, 1975)는 입원 전 심리적 준비가 퇴원 후와 입원 당시의 아동 불안을 줄이는 효과적인 수단이 된다는 증거들을 찾아내었다. 이들의 연구에서 통제집단에는 일반적인 돌봄을 제공하였고, 실험집단에는 입원 수속 시 혈액검사 이전이나 수술 전후와 같은 중요 시기에 특별한 병원생활 프로그램(기본적인 정보, 기대감, 역할 구별, 치료과정에 대한 예행 연습, 아동의 발달 수준에 따라 치료 도구를 놀이로 활용하여 안내하는 프로그램, 연령이 좀 더 높은 아동에게는 직접적인 언어적 상호작용을 통한 안내)을 지원하였다. 이 과정에서 실험집단의 아동들은 통제집단의 아동들보다 훨씬 덜 불안해하고, 더 협조적이었으며, 현저하게 수분 섭취 하락률이 낮고, 첫 배뇨 시간이 더 짧고, 퇴원 후 조정 점수도 낮음을 보였다.

이러한 연구를 바탕으로 볼 때 병원 환경을 덜 낯설게 돕는 방법 중 하나는 낯선 병원환경을 변화시키는 것임을 알 수 있다. 아동에게 친숙한 장난감들을 가져올 수 있게 하고, 자기 파자마를 입게 하고, 자주 놀 수 있게 하거나, 의료적 관계자들의 지침과 보호를 갖춘 부모와 형제자매를 방문하게 하는 것, 각 연령에 적합한 자극을 줄 수 있는 프로그램을 실행하는 것 등은 병원과 가정 사이의 차이를 최소화하게 하여 병원생활을 낯설지 않게 만들기 위한 방법들이다. 병원아동생활전문가는 이러한 것들에 대한 여러 가지 방법을 생각하고 활용해야 할 것이다.

병원 환경의 전형적인 특징 중 하나는 병원 내에 아동을 위한 긍정적 자극이 극도로 부족하다는 것이다. 아기 환자는 칙칙한 병실 침대에서 여러 날 동안 가만히 누워서 우유를 먹고 기저귀를 갈고 치료를 받으며 지낸다. 취학 전 연령의 유아는 놀이 기회를 갖지 못한 채 작은 방에 부자연스럽게 갇혀 있게 된다. 영유아 및 아동이 오랜 기간 동안 따뜻한 관계적 자극이 없는 채로 지내게 된다면 이들은 인지적 · 신체적 · 정서적 · 사회적 발달에서 심각한 지체를 보이게 된다.

스카, 사라파택과 윌리암스(Scarr, Salapatak & Williams, 1973)의 연구에서는 병원에 있는 동안 출산 시 저체중이었던 유아들 중 통제집단의 유아들은 '기본적인 소아과 돌봄'을 받고, 실험집단의 유아들은 '체계적인 시각, 촉각, 근육 및 감각 자극 프로그램'을 받았을 경우 4주 후 유아 검사에서 실험집단이 통제집단보다 겨우 3주가 지난 시점에서도 발달상 훨씬 앞서고 있다는 것을 보여 주었다. 이 실험 이후 사회복지사의 가정 방문과 자극 기술에 대한 보호자 교육이 퇴원 후에도 지속되었는데, 일 년 후에 실험집단은 통제집단보다 훨씬 높은 발달 상태를 보였으며, 이 실험집단의 유아들은 발달상 거의 정상 수준을 보였음이 밝혀졌다. 이 연구를 통하여 병원을 덜 낯설게 하고 가정과 비슷한 안정감을 주기 위해 실행할 수 있는 많은 시도 중에 부모와 아동들 사이의 접촉을 최대화하는 것이 가장 중요한 방법임이 증명되었다. 그러므로 부모-자녀 관계 향상 프로그램이나 놀이 시간 제공 등은 아동의 병원생활에서 중요하고 필수적이다.

2. 부모와의 이별

병원아동들의 이별 반응

범수(3세)는 탈장 수술로 입원하였다. 범수가 있던 작은 지역병원은 시설 특성상 모든 수술 환자인 성인과 아동이 같은 곳에 있었고, 병문안은 아침과 저녁에 단 몇 시간만 가능하였다. 아동을 보호하는 데 익숙하지 않았던 간호사들은 자주 엄마를 찾으며 우는 범수를 퉁명스럽게 대했다. 집으로 돌아왔을 때 범수는 잠드는 데 아주 힘이 들었고, 잠이 든다 하더라도 악몽 때문에 자주 깨곤 하였다. 퇴원 이후 범수는 수개월 동안 지속적으로 입원에 의한 영향을 나타내었는데, 그중 하나는 식당에서 종업원이 다가오면 통제할 수 없을 만큼 소리를 지르는 행동이었다. 범수에게 종업원의 흰색 유니폼은 병원의 간호사에 대한 기억을 선명하게 떠올리게 했기 때문이다.

태우(20개월)는 요관재 삽입 수술의 기간이 연장되면서 입원하게 되었다. 태우의 부모는 병원에서 차로 3시간 이상이 걸리는 먼 거리에서 농장을 운영하고 있었고, 농장의 일 때문에 병원에 자주 올 수도 없었다. 태우는 퇴원 후 집으로 돌아갔지만, 입원 전 만큼 부모를 가깝게 느끼지 않는 것 같았다.

수현(16세)은 심장 수술 후 집으로 돌아온 후 잠깐 동안은 아주 멋지게 잘 회복한 것으로 보였다. 하지만 퇴원 후 수현이 친구들과 이전처럼 교류하지 않게 되자 부모는 그때서야 걱정을 하게 되었다.

도훈(1세)은 상기도 감염으로 생후 5개월 무렵에 거의 한 달을 병원에서 보냈다. 집으로 돌아간 후에 도훈의 어머니는 도훈이가 입원 이전에 비해 장난감과 주변에 덜 반응하고 있다는 사실을 발견하게 되었다.

입원한 어린아이에게 명백하게 보이는 또 하나의 큰 불안 요인은 부모와 떨어질 때 느끼는 공포이다. 이들이 느끼는 버려짐과 무기력함은 다른 모든 필요를 압도하는 것이다. 특히 4세 이하 영유아의 이별 위기에 대한 즉각적인 반응은 너무나 분명하다. 특별히 입원 중인 아동이 받는 이별의 영향에 대한 연구로는 버튼(Burton, 1975)의 연구가 있다. 버튼(1975)은 이별에 대한 어린 아동의 반응을 특징짓는 세 단계를 다음과 같이 설명하였다.

1) 저항단계

처음에 나타나는 저항단계는 몇 시간에서 일주일 혹은 그 이상 지속될 수 있다. 이 극심한 고통의 시간에 아이는 부모가 돌아오기를 간절히 바라면서 울고 소리 지르고 버둥거린다. 아이는 제공되는 대체품들을 거부하는 경향을 보일 수 있으며, 어떤 아이는 간호사에게 필사적으로 매달려 있기도 한다.

2) 절망단계

저항의 기간에 부모가 돌아오지 않으면 아이는 절망단계로 들어선다. 이 단계의 대표적 특징은 '무력감의 증가'이다. 아이는 조용해지고 위축되며 아주 가끔 울기도 한다. 이 단계는 외견상 문제가 없어 보이지만 이때의 고요함은 격렬했던 저항 끝에 이어지는 것으로 이 상태를 고통이 감소된 것 혹은 적응을 잘한 것으로 잘못 판단하는 오류를 범하기도 한다.

3) 분리단계

만약 부모가 아직도 돌아오지 않았다면 아이는 마지막 단계에 이르게 된다. 성인이 볼 때 이 단계에서 아이가 병원생활에 적응하고 회복하고 있는 것으로 볼 수 있다. 아이는 다시 활동적이고 주변에 관심을 보이므로 이것이 긍정적인 신호로 보일 수도 있지만, 부모가 돌아왔을 때 그 문제가 드러나게 된다. 분리단계에 들어선 아이는 부모-자녀 사이의 일반적이고 정상적인 강한 애착 행동이나 반응 대신 무관심으로 부모를 대하게 되는데, 이러한 무관심은 아이가 이별의 고통을 대처하는 메커니즘이다. 부모와의 이별이 길어지면서 입원 중이던 아이는 임시로 매달리던 간호사에게 보호를 받게 되지만 일정 기간이 지나면 아이는 해당 간호사와도 헤어지게 된다. 이것은 다시 전에 경험했던 부모의 상실과 같은 경험의 반복이며, 이로 인하여 아이는 상실에 대처하는 방어 메커니즘인 분리를 사용하게 되는 것이다. 애착이론을 강조하는 볼비(Bowlby, 1960)는 "신뢰와 애정을 주었던 어머니라는 대상을 잃게 되는 상황은 아이에게 심한 불안을 경험하게 만들며, 이러한 불안 후에 만나는 대상에게 아이는 점차적으로 애정을 덜 주게 되며 시간이 지나면서 점차 누구에게도 자신을 의지하는 모험을 하지 않게 될 것이다."라고 하였다. 이것은 아이와 부모 사이의 미래 관계에 심각한 손상을 주고 타인을 사랑하는 관계에서 자신을 헌신하는 능력에 부정적인 영향을 끼칠 수 있다.

저항 · 절망 · 분리 단계를 알아챌 수 있는 아동의 행동에 대한 다양한 함의

• 조용하던 아이가 부모의 방문 시기에 그들에게 분노할 때 부모의 방문이 불편하다는 것을 보여 주는 것일 수 있다. 실제로 그 아이는 위축되고 무감각해 가는 절망의 단계에 있을 가능성이 아주 높다. 단순한 표면의 강한 슬픔과 감추어져 있던 분노의 표현이다. 아이의 저항은 사실상 아이가 부모와 아직은 분리단계가 아니라는 긍정적이고 안정적인 표시이다.

• 아이가 부모의 방문보다 당시 보이는 것들에만 관심이 있을 때 긴 시간의 이별 후

에 입원한 아이를 방문하는 부모는 자신들의 등장보다 가져온 꾸러미에만 관심을 보이는 아이를 보고 당황스러워할 수 있다. 장남감, 사탕, 음식 등에 집착하는 아이는 분리단계에 있는 것일 수 있다. 긴 이별로 인해 부모나 다른 성인에 의해 자신의 감정적 욕구가 채워지지 않은 아이는 점점 자기중심화되어 가고 무언가에 대한 집착의 경향을 보이게 된다.

• 아이가 병원생활에서의 이별로 인한 힘든 시간이 지난 후에 여러 병실을 돌아다니면서, 낯선 이들에게 인사하고 언제나 열정적으로 친구들과 잘 지낸다면 어느 정도 병원에 만족스럽게 적응을 해 나간다고 여길 수 있다. 하지만 이 행동들은 분리의 단계에 들어가 있는 것일 수도 있다. 이런 사회성은 피상적이고 정리되지 않은 것으로, 입원 중에 사회성이 높아 보이는 아이는 일반적인 어린아이가 부모와의 애착이나 부모와의 안정감을 강력하게 요구하는 것과는 다르게 거리낌없이 누구든 상관없는 듯이, 자신에게 오고 가도록 내버려 두는 것임을 알 수 있다.

• 의료진은 퇴원 수속을 마치고 집으로 돌아가기 위해 부모가 기다리고 있음에도 불구하고 자신을 돌봐주던 간호사에게 매달린 채 병원을 떠나지 않으려 하는 아이를 종종 목격한다. 이러한 경우도 분리단계의 특성이라고 볼 수 있다. 이들은 부모에게 불명확한 감정을 가지고 있는 것으로 자신이 부모와 이별하는 동안 엄청난 실망감을 느꼈다는 것을 적극적으로 표현하는 것이다.

장기 입원의 경험이 퇴원 후 아동에게 어떤 영향을 끼치게 되는가에 대해 버논 등(Vernon et al., 1966)은 연구하였다. 이 연구에서 퇴원 후 아동들이 보이는 반응은 '아기처럼 굴고, 끊임없이 요구하는 행동으로 부모에게 크게 의지하는' 모습이 몇 개월 동안 계속되는 것이 발견되었다. 불안정한 식사, 수면, 배변 패턴도 보였지만 이것은 3개월이 지나면서 잦아들었다. 하지만 계속 반복적으로 나타나는 불안 요소들, 즉 부모와의 이별에 대한 공포, 부모가 다시 자신을 떠날 수 있다는 고통과 관계된 행동들은 지속적으로 보였다. 분

리의 영향은 퇴원 후 2~3주에서 수개월이 지나면서 사라지게 되지만 입원
시 아무리 짧은 분리라도 불안에 영향력을 미친다는 분명한 사실이 연구에서
입증되었다. 그러므로 병원아동생활전문가는 입원한 아동의 돌봄에 관계하
는 인력들에게 '이별이 주는 영향력'에 대한 진지한 관심을 가져야 한다. 물론
입원 시의 분리로 인해 정신질환적이거나 애정 결핍적인 특징을 갖게 되는
아동은 거의 없지만, 어떤 아동은 분리의 경험으로 인해 성격발달상 심각하
거나 또는 덜 심각한 해를 입게 되기도 한다.

짧은 기간의 입원 아동은 저항과 절망단계 정도에만 머무르게 되고 이 두
단계의 영향은 아주 빠르게 일상적 복귀가 가능하다. 하지만 분리의 단계에
이르게 되는 아동은 이별로 인한 장기간의 문제로 고통받을 수 있다. 병원아
동생활전문가와 돌봄에 관계하는 인력은 이러한 분리의 영향력에 대해 예측
할 수 있어야 한다.

3. 아동의 연령별 심리정서적 요인

아동의 심리적 불안 정도를 결정하는 중요한 마지막 요인은 연령이다.
이 취약성은 일반적으로 입원 시 아동의 연령에 따라 다를 수 있다. 버논 등
(Vernon et al., 1966)은 입원의 어려움에 가장 취약한 아이는 생후 약 7개월에
서 3세, 4세에 해당하는 유아라는 사실에 동의하고 있다. 아동 연령단계에 따
른 심리정서 요인들을 살펴보면 다음과 같다.

1) 영아

예전에는 일반적으로 7개월 이하의 영아는 입원의 부정적인 심리적 영향

에 있어서 면역이 있다고 여겨져 왔다. 영아들은 이후 연령의 아이들에 비해 부모와 낯선 사람을 쉽게 구별하지 못하고, 주 양육자가 사라지는 것에 덜 방해를 받으므로 분리의 영향력에 있어 덜 취약하다고 보았다. 케넬 등(Kennell et al., 1979)의 연구에 따르면, 입원초기를 비교해 볼 때 29주 이상의 영아들은 그 이하의 영아들보다 더 많이 울고, 더 많은 식사장애를 보이며, 장난감에 덜 반응하고, 관찰자들에 대하여 더 부정적인 반응을 보인다고 하였다. 더 어린 영아들이 의료적 처치에 앞선 접종에 상대적으로 덜 반응하는 것은 이들이 이전에 받은 접종에 대한 기억이 없다는 것을 나타내는 것으로 7개월 이전에 입원하는 영아는 이후의 심리적 불안의 원인이 될 수 있는 경험을 거의 기억하지 못한다고 가정해 왔다. 이런 주장에 대한 이론적 근거를 더해 이 시기의 영아의 기억능력은 덜 발달되어 있고, 경험을 기억하지 않을 것이며, 부모와 부모를 대신하는 사람들을 즉각적으로 구별하지 않아서 분리의 문제를 잊게 된다고 생각해 왔다.

하지만 이후 연구들은 영아가 이전에 알려졌던 것보다 훨씬 큰 능력을 소유한다고 밝혔다. 이것은 애착형성 능력이다. 이 시기 아기들은 인간의 얼굴을 응시하는 감각이 잘 발달되어 있고, 자신의 주요 양육자의 목소리에 독특한 반응을 보이는데, 이러한 능력은 아기와 부모 사이의 초기접촉이 감정적 연결과 애착을 형성하는 데 매우 중요한 기능을 한다. 케넬 등(Kennell et al., 1979)은 어머니와 첫째 아이 사이의 초기 접촉의 영향에 대한 연구를 하였다. 통제집단에서는 어머니들과 영아기 자녀들은 병원 내에서 정한 대로 제한적인 접촉을 하였고, 실험집단의 어머니들은 자녀들과 하루의 두 시간씩을 함께 보내고, 이후로 계속 추가적인 시간을 함께 보냈다. 실험 첫 해의 첫 달에 실험집단의 어머니들은 통제집단보다 자녀와 더 친밀한 관계를 보여 주었고, 2년차에는 실험집단은 통제집단보다 자녀에게 많은 질문을 하였고, 명령은 덜하였다. 5년차에는 실험집단의 아동이 통제집단보다 상당히 높은 IQ, 더 나은 언어의 능숙함을 보였다. 이를 미루어 보아 아이는 신생아 시기부터 부모에게 특별하게 반응하는 능력을 가지고 있으며, 부모와 자녀 사이의 초기 접촉이 아동의 이후 삶에 중요한 의미가 있다는 것을 알 수 있게 되었다.

따라서 부모는 목욕, 식사, 옷 갈아입히기, 놀이 등을 함께하며 가능한 한 많은 시간을 자신의 자녀들과 보낼 수 있도록 지원받아야 한다. 만약 이런 접촉을 제한하는 병원 내의 규율이 존재하거나 혹은 병원의 인력이 이런 중요성을 인식하지 못한다면 병원아동생활전문가는 접촉의 가치에 대한 정보를 제공해야 하며, 방해 요인을 줄이기 위한 노력을 해야 한다. 또한 아이의 이런 민감한 능력은 부모의 걱정을 인식하여 더욱 불안을 일으킬 수 있기에 영아기 자녀를 둔 부모에 대한 서비스도 강조되어야 한다.

이것을 증명하는 연구로 캠벨(Cambell, 1957)의 연구를 들 수 있다. 그는 6개월과 그 이하 아기들을 두 집단으로 나누어 접종 전에 어머니와 함께 지내게 한 후 한 집단의 어머니들에게는 '겁이 나는 안내'를 받게 하고, 다른 어머니들에게는 '공포감이 덜한 안내'를 받게 하였다. '겁이 나는 안내'를 받은 어머니들은 아주 많이 긴장하게 되었고 그 결과 이 집단의 47% 아기들은 접종 시에 울음을 터뜨렸으나, 다른 집단에서는 9% 아기들만 울음 터뜨림을 보였다. 이는 관계자들이 부모의 걱정을 덜어 주고 불필요한 불안을 주지 않는 정보를 제공하고 일관성 있는 지원을 제공해야 함의 중요성을 보여 주는 것이다.

이 외에 병원생활을 하게 되는 영아에게도 아기가 가진 능력과 기능을 발달시키고 연습할 기회가 주어져야 한다는 취지에서 병원아동생활전문가는 아기의 발달을 최대한 조력할 수 있게 여러 자극프로그램을 고안하고 실행해야만 한다. 아무런 자극이 없는 환경에 놓여 있는 아기들은 어떤 발달적인 도전도 찾을 수 없기 때문이다.

2) 7개월~4세 유아

입원의 트라우마에 대하여 좀 더 성장한 유아의 반응은 보통 즉각적이다. 부모와의 이별은 이 연령의 유아에게 큰 어려움일 수 있으며, 이들은 부모의 지원과 돌봄이 사라지면서 큰 상실의 고통을 느끼며 이것을 분다거나, 소리 지르는 등의 방법으로 표현한다. 병원아동생활전문가는 이 시기 유아의 발달단계 이해를 바탕으로 다음의 역할을 수행해야 한다.

- 병원아동의 돌봄에 부모 참여를 최대한 지원한다.
- 부모에게 아동발달 및 병원 생활에 관한 최대한의 정보와 지원을 추구 한다.
- 유아에게 발달연령에 적합한 자극을 제공한다.

프루그 등(Prugh et al., 1953)은 7개월에서 4세의 유아가 병원 생활에 가장 취약하다고 하였다. 이 시기 유아는 부모와의 이별을 인지하긴 하지만, 입원에 의한 이별의 필요성에 대한 설명을 완전하게 받아들일 수 없다. 이들은 부모가 곧 다시 돌아올 것이라는 사실을 이해할 수도 있지만, 시간 개념이 부족하고, 여러가지 불안한 상황을 자신만의 많은 상상으로 키워나가 스스로 공포스러운 상황에 빠지게 된다. 이 시기의 유아는 발달적으로 마법이 가득한 신비한 상상의 세계 속에 살고 있으며, 자신의 환상으로부터 현실을 구분해 내는 능력이 극히 제한적이다. 그러므로 어떤 유아는 병원을 벌 받는 곳으로 받아들이기도 한다. 플로랜스 에릭슨(Florence Erikson, 1958)은 4세 유아들과의 놀이면접을 통해 주사나 항문 체온과 같은 공격적인 과정을 자신에 대해 적대적인 행동이 실행되고 있다고 해석하는 경향이 있다는 사실을 밝혔다. 이들은 부모와의 분리가 부모가 자신을 향한 사랑이 사라졌다거나 부모로부터 버려졌다는 것으로 생각하고 있다는 것이다. 또한 이 시기 유아의 언어능력은 급속도로 발달하는데, 비록 제한적이긴 하지만 자기 주변에서 성인들이 말하는 많은 것을 이해할 수 있게 된다. 그렇게 받아들여진 많은 정보는 성인들이 알아채지 못한 채 유아들의 눈으로 외곡되게 해석될 수 있다. 모든 사건의 중심을 자신이라고 생각하는 이 시기의 유아는 부모와의 이별과 고통스러운 치료과정에 이르는 모든 것에 자신이 사건의 중심이라고 느낄 수 있으며 고통과 분리가 수반되는 입원과 같은 중요한 일은 자신이 받아야 하는 벌과 같이 여길 수 있다. 이런 생각은 강력한 심리적 불안을 가져다주게 된다.

또한 입원으로 인해 보행, 혼자 먹기, 배변훈련 등의 기술 등 새로 익히게 된 기술들을 잠시 동안 유보해야만 하는 상황이 발생하게 된다. 이러한 상황은 적극적으로 움직이고 성장하고 싶은 욕구가 강한 유아에게 큰 스트레스가 되며, 이로 인해 유아는 퇴보에 저항적 행동을 하고, 병원에서 매우 다루기 어려운 환자가 된다. 그렇지 않은 다른 성향의 유아는 반대로 무기력한 상태가 되어 간다. 하지만 병원아동생활전문가의 노력으로 이러한 문제들을 완화시킬 수 있다. 페트릴로와 샌거(Petrillo & Sanger, 1980)는 『입원아동의 감정돌봄(Emotional Care of Hospitalized Children)』에서 걸음마기와 4세 시기의 병원생활에 대해 의료진들이 다음의 요구를 이해할 때 충격적인 사고가 덜하다고 주장한다.

- 어머니와 자녀 관계의 연속성
- 익숙한 일상과 일과의 포함(단, 이런 것들이 의학적 목표와 상충하지 않을 때)
- 구조와 한계 설정
- 완전한 습득과 통제

이처럼 병원아동생활전문가는 부모-자녀 간 상호관계 지원을 통해 이 시

기의 유아의 놀이 상황을 능숙하게 지도함으로써 위에 언급된 원칙들을 지켜
나가도록 해야 할 것이다. 집에서 가지고 놀던 친숙한 장난감과 놀이가 병원
에서의 놀이 프로그램의 일부가 되게 하여 병원과 집 사이에 다리가 놓일 수
있게 하거나 호기심이 많은 유아를 위해 놀이에서 새로운 환경을 탐험하는
자율성을 존중하고, 제한적인 언어능력을 가지고 있는 유아의 의사소통의 수
단으로 놀이를 활용하도록 도와주어야 한다. 물론 병원이라는 제한된 생활
이기 때문에 지켜져야 할 사항은 있어야 하고, 안전에 대한 주의는 반드시 주
어져야 할 것이다. 병원아동생활전문가는 이러한 사실에 민감해야 하며, 유
아가 표현적인 놀이를 할 기회를 가질 수 있게 돕고 놀이를 통해 그들이 전하
는 메시지에 주의를 기울여야 한다. 이 시기의 유아는 성장에 있어 효과적인
준비가 활성화될 수 있는 출발점에 있다. 이때 안정된 부모의 지원과 돌봄이
가장 중요하다. 그러므로 부모가 유아에게 자신의 불안을 전달하는 것을 최
소화하기 위하여 병원아동생활전문가의 부모를 위한 정서적·정보적 지원
또한 중요한 부분이다.

이러한 지원 과정에 유아를 참여시키는 것도 바람직하다. 이러한 환경에
서 유아는 많은 것을 이해할 수 있고, 안정감을 얻을 수 있을 것이다. 이때 유
아가 원한다면 자신을 치료하는 데 사용된 기구들을 살펴보고 다뤄 보는 것
이 적절한 수준에서 허락될 필요도 있다. 이 시기의 유아와 부모를 위한 병원
아동생활전문가의 역할을 살펴보면 다음과 같다.

- 병원아동 돌봄에 부모의 참여를 최대한으로 지원한다.
- 놀이 프로그램을 실행한다.
- 집에서 하던 친숙한 놀이를 포함시킨다.
- 새로운 놀이를 소개한다.
- 유아의 자기 표현과 탐험을 허용한다.

- 적절한 제한을 설정하고 설명한다.
- 유아의 수술과 처치과정에 대해 부모에게 준비의 과정을 갖는다. 이때 유아도 함께 참여할 수 있도록 돕는다.

3) 5~7세 아동

5~7세 아동에게 부모는 여전히 중요한 사람이며, 부모로부터의 분리는 크나큰 고통이다. 아동에게 상상의 세계는 여전히 존재하고 있으며, 거세와 절단의 공포가 흔히 나타난다. 입원이 벌받는 것이라는 생각은 의학 장비나 치료과정에 대한 오해를 가져오게 한다. 이전 시기와 마찬가지로 이 시기 아동의 부모에게도 가능한 한 많은 시간을 자녀와 함께 보내 줄 것을 장려하고, 돌봄에 함께 참여할 수 있도록 해야 한다. 학령 전기의 아동에 대한 병원아동생활전문가의 놀이 프로그램에는 표현적이고 드라마틱한 형식으로 진행되는 병원놀이가 포함되어야 한다. 이것을 통해 아동에게 흔하게 퍼져 있는 오해들을 들여다보기 위한 전문적인 관찰이 이루어져야 한다. 이들은 자신의 독립을 시험하기 시작하며 또래 관계가 점점 중요한 시기에 있다. 또래와 놀이를 맞춰 가며 상호관계하는 기술을 학습하게 되므로 또래와 함께하는 공간에서 놀이할 기회를 제공해 주어야 할 것이다.

이 시기 아동에게도 병원생활을 위한 준비는 필수적이다. 치료과정에 대해 안심할 수 있도록 눈높이에 맞추어 설명을 잘 해 주어야 하며, 이러한 설명은 치료과정에서 느끼게 될 감각적인 정보들(맛, 냄새, 보고 듣고 느끼는 것)을 강조하는 것이어야 한다. 추상적인 설명은 이 시기의 인지적 능력을 넘어서는 것이므로 정보 제공은 구체적으로 아동이 다루고 만져 볼 수 있는 소품, 모형, 그림으로 제시되어야 한다. 부모도 치료에 방해가 되지 않는 선에서 준비과정에 참여해야 한다. 만약 방해가 된다면 부모의 준비 시간을 따로 가져야 할 필요도 있다. 따라서 학령 전기의 유아에 대한 병원아동생활전문가의 다음과 같은 역할을 수행해야 한다.

- 부모—자녀의 상호작용을 지원한다.
- 또래와의 상호작용을 허용하고, 표현적인 놀이와 병원놀이 및 의학적인 놀이 프로그램을 기획 · 구성한다.
- 유아와 부모에 대한 병원생활을 위한 사전 준비작업을 진행한다.

4) 8~13세 아동

입원에 대한 부정적 반응은 취학 이후에 감소한다는 사실에 대부분의 연구자들은 동의한다. 카소위츠(Kassowitz, 1958)와 레비(Levy, 1960)는 3~4세 이후 접종 이전, 접종 시기, 접종 이후의 시기에 따라 불안이 감소한다고 하였으며 버넷 등(Barnett et al., 1970)은 입원 기간 동안의 심리적 불안의 징후는 취학 이후 시기의 아동들 사이에서는 상대적으로 흔하지 않은 것이라고 결론지었다. 푸르그 등(Prugh et al., 1953)은 연령이 높은 아동이 입원으로 인한 불안에 덜 취약하다는 사실을 그의 연구에 언급하였다. 이후에 호웰스와 레잉(Howells & Layng, 1956)과 레비(Levy, 1960), 제임스(James, 1960)의 연구들도 이를 증명하였다. 이처럼 아동은 학령 전기의 유아에 비해 입원할 때 이전 경험을 통해 분리에 좀 더 잘 대처할 수 있고, 다른 환아들과 관계를 맺는 데 좀 더 수월하며 현실을 인식하는 능력도 훨씬 개선됨을 보여 준다. 하지만 상상의 세계가 완전히 사라진 것은 아니며, 입원에 가장 취약한 시기인 입학 시기도 이 기간에 있다.

이 시기의 아동은 사교적이며 의료진 및 다른 환자들과 관계를 발전시킬 수 있으므로 부모가 입원실에 함께 있어야 할 필요성이 없어진 것은 아니지만 부모와의 이별은 점점 수월해진다. 아동은 추론능력이 빠르게 성장하고 이전과는 다르게 현실과 상상을 구분할 수 있게 되지만, 주관적인 오해 등에 휩싸일 수 있다. 병원아동생활전문가는 놀이시간 안에 이루어지는 대화 내용을 통해 이 부분에 주의를 기울여야 한다. 이들의 주된 걱정은 마취에 대한 공포이다. 걸음마기와 학령 전기를 지나 드디어 자신의 감정과 신체 기능들을 통제할 수 있게 된 아동은 이러한 통제력을 자신이 잃게 될까 봐 많은 걱정을 하게 된다. 마취는 자신이 지금껏 노력해 온 통제가 너무도 무력하게 사라지는 것이기에 심하게 거부하며 두려워하는 것이다. 죽음에 대한 공포 또한 마찬가지이다. 그러므로 이 시기의 아동에게 모든 수술과 절차에 대해 안심할 수 있게 설명하고 이해시켜 줄 필요가 있으며, 부모도 이 과정에 포함되어야 한다. 이들에게 설명을 위해 주어지는 의학 재료들은 이전보다 훨씬 정교한 것일 수 있다. 학령기 아동을 돕기 위해 병원아동생활전문가는 다음과 같은 역할을 수행해야 한다.

- 부모-자녀의 관계를 장려한다.
- 병원놀이 및 의학적 놀이를 포함하는 다양한 놀이활동을 기획한다.
- 아동과 부모에 대한 병원생활의 준비과정을 돕는다.
- 학교 수업과 같은 일상적인 활동과 생활 유지에 힘쓴다.

5) 사춘기

성인의 권위로부터의 독립을 위한 싸움을 하는 이 시기의 아동·청소년에게 입원은 또 다시 성인에게 의지해야 하는 상황이 되어버리는 것으로 스트레스의 원인이 된다. 또한 또래집단의 영향이 큰 시기에 또래와의 활동으로부터 소외되고, 친구들과는 전혀 다른 상황에 놓여 있게 되는 것 그리고 의료적 상황이 자신의 외모를 어떻게 변화시킬지 모른다는 것과 성적인 발달측면에 대한 걱정 등은 심각한 스트레스를 유발할 수 있다.

앞서 걸음마기 유아가 입원으로 인한 불안으로 가장 고통받는 것으로 설명하였지만, 사실 다른 연령대의 아동 모두 분명하게 각자 해당하는 시기의 특징적인 걱정을 가지고 있다. 그러므로 병원아동생활전문가는 각 연령집단에게 필요한 노력에 대한 안내를 다룰 수 있어야 한다. 그럼에도 사춘기 아동·청소년은 병원에서 종종 간과될 수 있다. 이들은 소아과에 배치되지만, 때로는 성인 병실에 배치될 수도 있고, 병원 내 통계에서 자주 생략되기도 한다. 사춘기 아동·청소년에게 가장 바람직한 배치는 이 시기 아동·청소년의 특별한 요구에 적합한 독립된 단위에 배치하는 것이다. 이런 것이 되지 않을 때에는 의료진들이 반드시 이들에 대해 필요한 방식으로 그들의 특별한 요구들을 잘 숙지해야 하며 진심으로 이해하고 있어야 한다. 다른 연령의 아동들과 마찬가지로, 사춘기 아동·청소년은 다양한 발달과업을 수행하기 위해 노력한다. 영유아는 부모와 다른 성인을 구별하는 법을 배워 가지만, 사춘기 아동·청소년은 부모로부터의 독립을 성취하기 위해 노력한다. 학령 전기 아동은 또래와의 놀이를 배우지만, 사춘기 아동·청소년은 성적 관계에 대한 탐험을 시작한다. 이들은 자아를 향한 탐색을 하고 미래의 계획을 고민한다. 하지만 성인으로부터의 독립이 증가하는 이 시기에 입원은 이들에게 수동적이고 명령에 따라야 하는 의존의 시기로 되돌아가도록 요구된다. 미래에 대한 계획이 수술을 하거나 심각한 질병으로 인해 잠시 연기되어야만 한다. 자신의 병이 앞으로의 성적 역할과 관계에 어떤 영향을 미치게 될지에 관한 의문이 자주 떠오르게 된다. 또한 또래집단과의 동일시가 중요한 시기에 입원한 이들은 불행하게도 친구들과 다른 상황에 놓이게 되므로 자신의 발달상의 과업을 성취하는 데 있어서 상당히 많은 어려움을 가질 수 있다.

호프만, 베커와 가브리엘(Hofman, Becker, & Gabriel, 1976)은 대략 14세에

서 17세, 18세에 이르는 시기를 '사춘기 중기'로 보고 있다. 이 시기에는 생물학적 성숙이 이루어지고, 성적 역할에 대한 걱정이 극심해지며 자신의 신체상, 자아존중감이 또래집단으로 이어지게 되고, 해방의 욕구 또한 높아진다. 이 시기의 성공적인 항해는 건강한 아동·청소년에게도 충분히 어려운 과업이다. 하물며, 이 시기의 질병과 입원은 독립을 위한 투쟁에 직접적으로 영향을 주게 되고, 성적 기능에 대한 의구심을 불러오게 하고, 또래들과 중요한 접촉을 제한하게 만든다. 이러한 점들은 사춘기 아동·청소년을 매우 불안하게 한다. 호프만 등(1976)은 사춘기 초기와 후기의 아동·청소년은 중기의 아동·청소년에 비해 입원 스트레스를 적게 받는다고 하였다. 사춘기 초기의 아동·청소년은 아직 극심한 독립의 욕구에 이르지 않았고, 입원 시기에 요구되는 의존에 대해 덜 걱정하는 시기이다. 그리고 사춘기 후기의 아동·청소년은 성 문제, 독립 욕구와 같은 사춘기 중기 시기의 문제점들을 어느 정도 스스로 극복해 나갈 수 있게 되고 부모와의 관계도 개선되어 가는 시기이며 질병과 입원이 잠재적으로 경력과 삶의 계획을 위험에 빠뜨릴 수 있지만 입원은 견딜 만한 것이라는 점을 곧 알게 된다. 하지만 사춘기 중기의 시기는 다르다. 그러므로 다른 시기보다 더 주의 깊은 관심이 필요할 것이다.

　병원아동생활전문가는 사춘기 아동·청소년의 독특한 상황을 이해하고 그에 따르는 서비스를 제공해야 한다. 앞서 제안한 것처럼, 가능하다면 사춘기 아동·청소년을 위한 독립된 단위로 분류하여 도와야 할 것이다. 10대들이 모여서 이야기하고, 책을 읽고, 악기를 연주하고 음악을 즐기며, 포켓볼을 하고, 간식을 준비하고 공예 작업들을 할 수 있는 이들만을 위한 공간을 제공해 줄 필요가 있다. 입원 중인 사춘기 아동·청소년 간의 집단 상호작용을 증진시키기 위한 방법들을 고안하고, 정기적으로 짜인 토론집단과 같은 방법들을 고민하고 채택하며 운영해야 할 것이다. 또한 병원 밖의 또래집단들과 관계를 유지하기 위해, 친구들의 자유방문 등 필요한 특권도 때에 따라 적절한 제공해 주어야 할 것이다. 사춘기 아동·청소년의 빠르게 변화하는 신체에 대한 걱정을 고려해야만 하며, 이들의 프라이버시를 최대한으로 보장해 주어야 하기 때문에 병원아동생활전문가는 다른 관계자들의 인식 개선을 위한 교육 프로그램을 계획해야 하고, 적절한 변화를 위한 변호자로서 역할을 해야 한다.

병원아동생활전문가의 기초기술

1. 병원아동생활전문가의 자세

앞의 병원아동생활전문가의 역할에서도 언급하였듯이, 병원아동생활전문가는 아동의 병원생활과 그들의 안녕을 성취할 수 있는 돌봄의 전문적 서비스를 제공한다. 이에 효과적인 조력을 위해서는 자신의 역할을 이해하고 현명한 직업군으로서 임해야 하는 남다른 자세가 필요하다. 그러므로 병원아동생활전문가는 아동의 병원생활을 지원하고자 하는 다양한 전문지식 이외에 정신건강, 아동발달, 인간적 성숙도, 대인관계에 있어서의 인간관, 아동을 대하는 태도 등의 소양을 갖추어야 한다. 그 이유는 전문가로서의 활동 시에 아동에 대한 관심과 정성, 문제해결 능력, 현실성, 자기조절 능력, 용기와 도전의식 등 삶에 대한 자세와 역량이 조력 활동 실무에 그대로 투영될 것이기 때문이다.

로저스(Rosers, 1961)가 제안한 상담자의 기본적 태도 및 자세에 대한 조건은 오늘날 상담 영역을 넘어서 인간을 대하는 자세에서 널리 수용되고 있다. 상처받기 쉽고 심리적으로 불안한 상태인 병원아동과 그 가족에게 심리적 접촉을 경험하는 것이 중요한 병원아동생활전문가에게 로저스가 제안한 세 가지 필요충분 조건인 진실성 혹은 일치성, 무조건적인 긍정적 존중 그리고 공감적 이해는 효과적인 병원아동생활전문가가 되기 위한 중요한 태도일 것이다. 여기서는 병원아동생활전문가의 중요한 자세가 되는 이 마법의 세 가지 원소에 대해 알아본다.

1) 진실성 혹은 일치성

병원아동생활전문가에게 필요한 자세는 거짓 없고 순수하고 진실한 모습이다. 진실성(genuineness)은 '투명성' '진심' '자기일치' '진솔성' 등으로 다양하게 표현할 수 있다. 이는 자기 자신의 있는 그대로의 모습을 소중히 여긴다는 의미를 담고 있으며, 자신을 숨기거나 필요 이상으로 잘 보이려고 하는 것이 아니라 있는 그대로의 모습을 보이면서 어떤 틀에 구속받지 않는 태도를 의미한다. 자신의 있는 모습 그대로를 대한다는 것은 어떠한 결함이 없이 완벽해야 함을 의미하는 것이 아니다. 불완전함이나 결점을 포함하여 있는 그대로의 자신을 인정하고 표현하는 것을 의미한다. 부끄럽다는 생각이 들어도 그런 자신을 그래도 있을 수 있게 하는 것이 진실성의 핵심이라 하겠다.

바람직한 인간의 모습은 이상과 현실 사이에서 한편으로는 이상을 향해 노력하기도 하고, 한편으로는 실현 가능성이 적어 이상을 낮추고 현실에 맞추는 모습이라 하겠다. 어쩌면 로저스의 자기 일치는 일치하지 않는 것을 있는 그대로 인정하면서 받아들이는 현실적인 우리의 모습을 의미할 수도 있겠다. 즉, 자기 일치는 이상과 현실이 완전히 일치하는 것을 의미하는 것이 아니라 한편으로 현실의 자기가 이상에 가까워지도록 노력함과 동시에 다른 한 편으로는 이상을 현실로 낮추는 노력도 함께 이야기하는 모습이다. 이런 과 정을 하나씩 실천하는 것이 바람직한 모습이며 '진실성'이다.

전문가의 인간으로서 훌륭한 면은 자신이 되고 싶어도 될 수 없고, 하고 싶 어도 할 수 없을 때 그것을 솔직히 인정하면서 자신을 비난하지 않고 그런 자 신을 수용하고 한편으로는 해야 하는 일에 몰입하는 전문가로서의 역할을 실 천하는 모습이라 하겠다.

병원아동생활전문가의 '진실성'은 자신의 이상과 현실적 모습의 불일치는 인정하고 수용하는 것이며, 동시에 자기 일치를 위한 점진적인 노력을 하는 자신의 모습인 것이다.

2) 무조건적인 긍정적 존중

로저스(1961)는 전문가가 자세한 진단명을 붙여 아동을 하나의 대상으로 다룸으로써 거리를 두는 일이 없어야 한다고 강조하면서 상대방에 대한 진정 한 긍정적 존중 및 수용이 가능하려면 다음과 같은 기본적인 인간관 및 마음 자세가 필요하다고 하였다.

첫째, 상대방을 독자적인 생각이나 감정을 가진 자이며 자신과는 다른 한 인간으로서 인정하는 자세이다. 병원아동생활전문가는 활동 중에 만나는 아 동과 그 가족과 다양한 관계의 질과 양을 형성하게 될 것이다. 이때 상대 아 동과 부모와의 관계 속에서의 진정한 수용은 관계의 큰 밑거름이 될 것이다.

둘째, 상대방이 다양한 단점이나 결점이 있더라도 성장 가능성을 가진 인 간으로서 인정하는 자세이다. 병원아동이 표현하는 자신의 생각과 감정, 요 구를 보다 자유롭게 표현할 수 있도록 돕고, 어떠한 부정적 감정이나 요구를 내보일지라도 놀라거나 비하하는 것이 아니라 열린 마음과 유연한 대처로 받아들이는 것이다.

셋째, 상대방의 모습에 대한 선악의 판단이나 평가를 하지 않으며, 있는 그대로 인정하는 자세이다. 그러므로 자신의 이야기보다는 병원아동 및 그 가족의 이야기에 주의를 기울여 경청해야 할 것이다.

3) 공감적 이해

로저스는 상대방에 대한 공감적 이해가 그의 자기 이해를 돕고 성장을 촉진시키는 데 효과적이라고 보았다. 공감과 이해를 받는 과정에서 상대방은 자신을 소중하게 여기면서 자신감을 갖게 되기 때문이다. 그러므로 이 자세로 병원아동을 대한다면 이들은 앞으로의 생활에 적응을 하기 위한 용기를 낼 수 있게 될 것이다. 공감은 상대방의 기분을 실감하면서 자신의 내면세계에서 상대방의 기분을 이해하면서도 너무 몰입되거나 함몰되지 않고 흡수되지 않는 상태를 말한다. 로저스는 공감적 이해과정이 곧 치료의 과정이라고 하였다. 육체적·심리적 어려움을 가진 병원아동과 그 가족은 무엇보다 자신의 상황과 어려움을 이해해 주길 바라는 마음이 간절할 것이다. 병원아동생활전문가가 실천하는 공감은 아동과 가족의 이야기에 대한 경청뿐만이 아니라 세심한 관찰이 요구된다. 하지만 열심히 경청과 관찰을 한다 하더라도 그의 여러 가지 감정과 생각을 완전히 이해하는 것을 불가능하다. 공감적 이해란 경청과 관찰을 하는 과정에서 이해할 수 있는 부분과 이해할 수 없는 부분을 명확히 하고 상대방의 보충적 설명을 통하여 공감적 이해 부분을 확장시키고자 하는 자세라고 말할 수 있다.

이 밖에 병원아동생활전문가는 앞에서 언급한 로저스의 진실성 혹은 일치성, 무조건적 긍정적 존중, 공감적 이해의 자세를 기초로 함과 동시에, 이후 자신의 개인적 동기를 점검하고 아동을 돕고자 하는 순수한 관심을 유지할 수 있어야 한다. 한 아동의 성장과 발달, 관심과 그 아동에게 도움이 되고자 하는 열정 없이는 병원아동생활전문가로서 역할하는 것은 쉽지 않다. 그러므로 병원아동생활전문가가 되고자 하는 동기에는 어떤 부분이 존재하는지 살펴야 한다. 자신의 개인적 욕구를 가지고 이후 삶에서 온전히 활동하면서 자신을 성장시키기 위함인지, 타인에 대한 통제감, 필요한 존재임을 인정받기 위해서, 혹은 자신의 조절력을 잃지 않으면서 타인과 친밀한 관계를 경험하기 위해서, 다른 사람의 삶에 깊이 관여하면서 아동발달 및 건강, 간호, 돌봄에 대해 많이 알고 있는 전문가로서 존경받고 싶은 욕구가 있는 것은 아닌지 충분히 검토하면서 자기 점검을 할 필요가 있다.

브릴(Brill, 1997)은 휴먼 서비스에 종사하는 전문가의 신체적·정신적·사회적·지적·영적 욕구를 강조하면서 다음과 같은 질문에 답해 보도록 권하고 있다.

휴먼 서비스 종사자의 자세 향상을 위한 질문

- 나는 나 자신에 대해 어떻게 생각하고 느끼고 있는가?
- 나는 나 자신의 기본적인 욕구(예: 신체적·정신적·사회적·지적·영적 욕구)를 어떻게 다루고 있는가?
- 나의 가치관은 어떤 것이 있는가?
- 나의 가치관은 나의 행동 및 타인과의 관계를 어떻게 규정하고 있는가?
- 나는 내가 살고 있는 사회와 직장과 어떻게 관계하고 있는가?
- 나의 생활양식은 어떠한가?
- 나의 기본적인 철학관은 무엇인가?
- 나는 내가 상대하는 사람들에게 나 자신을 어떻게 보여 주고 있는가?

출처: Brill (1997).

2. 병원아동생활전문가의 관계기술

1) 예비단계

　병원아동생활전문가의 실천영역에 있어 첫 만남은 병원아동과 그 가족, 병원아동생활전문가 모두에게 다양한 감정과 반응을 가져온다. 병원아동과 그 가족은 누군가의 도움을 요청한다는 측면에서 양가적인 감정이 있으며 어디서부터 이야기를 꺼내야 할지 혼돈을 경험한다. 이들은 병원생활 전반에 걸친 희망을 가지면서도 실질적인 도움을 받을 수 있을지, 자신들의 상황과 문제를 이해받고 수용받을 수 있을지 많은 의문 속에서 병원아동생활전문가를 만나게 된다. 병원아동생활전문가에게도 첫 만남은 병원아동과 가족에게 좋은 인상을 주어야 한다는 부담과 동시에 이 만남이 이후 관계 형성과 문제해결 서비스 효과에 영향을 줄 수 있기에 주의를 기울여야 한다.

　병원아동생활전문가는 자신의 첫 만남에 대한 불안을 수용하면서 신체적·심리적 조건을 형성하는 예비단계에서 활동 영역과 상담 공간, 환경 등을 안내하고 병원아동과 그 가족에게 환영의 첫 인상을 심어 주어야 한다. 성공적인 첫 만남은 조기종결과 중도이탈을 예방할 수 있는 기회를 부여하며, 소극적이고 참여 의지가 약한 아동에게도 함께하는 참여 동기를 강화시킬 수 있기에 첫만남은 아주 중요한 시간이라 하겠다.

2) 만남의 시작

　시작단계에서 병원아동생활전문가는 자기소개, 첫 만남의 목적 설명, 병원아동의 역할 설명, 피드백 요청하기의 과업들을 수행한다. 먼저 자기소개로 자신의 성명, 소속기관, 직위 같은 것을 간략히 소개하고, 흔하지 않지만 학력이나 자격증 소지 여부를 궁금해하는 가족에게는 솔직하게 답하는 것이 좋다. 병원아동생활서비스를 이용하는 병원아동과 가족 입장에서는 상대가 전문가로서의 자격을 갖추었는지, 신뢰할 수 있는 사람인지 확인하려는 의도로 물어볼 수 있음을 인지하고 있어야 한다.

소개를 마치면 병원아동과 가족 호칭에 대한 정리가 필요하다. 보통의 경우 '○○ 어머니' '○○ 아버지'가 일반적이지만 "제가 ○○ 어머니라고 불러도 될까요?" "나이를 볼 때 ○○라고 불러 보아도 될 것 같은데 너는 어떠니?" "어떻게 불러줬으면 좋겠어? 네가 원하는 대로 불러줄 수 있어." "저는 ○○ 선생님으로 불러 주시면 됩니다." 등의 소소한 확인 작업이 필요하다. 특히 아동을 접할 때는 발달적 측면과 교육적 측면을 고려하여 높임말을 사용할 필요도 있다. "○○ 어린이, 이 종이를 옆으로 좀 놔 줄래요?"라는 어감을 사용하면 자연스럽게 예의범절을 배울 수 있게 도울 수 있다.

자연스러운 인사 과정을 마치면 면담의 목적을 설명해야 한다. 이때 어려운 전문 용어나 현학적 표현은 피하는 것이 좋다. "오늘은 ○○ 아동의 병원생활에 있어 저희가 제공하는 서비스에 대해서 설명하고자 합니다." "병원생활에서 가장 힘든 부분이 무엇인지 알아보고자 합니다. 무엇이 가장 힘드시고, 걱정되시는지, 어떤 도움을 추가로 원하시는지 하나씩 말씀해 주시면 됩니다. 함께 해결방안을 모색해 보도록 하지요."와 같이 이야기하면 된다.

그리고 첫 만남의 진행과정에서 규칙 등의 설명이 필요하다. 예를 들어, 서비스를 위한 시간 약속을 꼭 해 줄 것과 꼭 지킬 것, 약속 취소의 경우 24시간 이전에 사전통보, 합의된 서비스 사용료의 납부, 병원아동의 상황 변화를 알려 주기, 특히 문제 상황에 진전이 있거나 변화가 있을 때 함께 논의하기 등을 안내해야 한다.

만약 병원아동생활전문가가 소속된 단체나 기관이 있다면 기관의 정책과 윤리적 요소를 설명할 의무가 있으며 이 부분도 첫 만남에서 실행되어야 한다. 기관에 대한 간략한 소개와 기관의 수혜 자격과 요건, 기간, 절차, 후속조치 등 병원아동의 가족이 이해할 수 있는 수준으로 충분히 설명하고 이를 이해했는지 피드백을 받아야 한다.

병원아동 및 그 가족과의 대화는 비공식적인 대화로 시작하는 것이 관계를 보다 유연하고 부드럽게 만들 수 있다. 날씨, 병원 주변의 시설이나 교통, 집과의 거리 등 비공식적인 대화를 얼마나 오래 할 것인가는 상황에 따라 다를 수 있겠지만 지나치게 길게 하는 것은 시간을 낭비하는 것처럼 보일 수 있으니 적절한 배분이 필요하다. 이러한 비공식적인 대화를 가볍게 생각할 수 없는 것은 어떤 방식으로 아동을 돌보고 대화하고 나누게 될지에 대한 인상을 가늠하게 하기 때문이다. 첫인상에서 받은 느낌을 중요하게 여기는 내담자일 경우엔 초반 몇 분간의 상호작용으로 그 사람에 대한 인상을 그대로 갖게 되기도 하므로 정성과 주의를 기울여야 한다.

3) 관계기초 기술

병원아동생활전문가가 병원아동의 생활을 지원하고 가족과 관계하기 위한 기초기술들로 의사소통의 기본자세와 태도, 언어적 · 비언어적 의사소통기술, 질문기술, 라포, 공감, 경청, 명도화와 요약, 침묵 다루기 등을 살펴본다.

(1) 의사소통의 기본자세와 태도

병원아동생활전문가의 의사소통 기술은 병원아동과 가족 외의 의사, 간호사, 관련 전문가들과의 정확한 의사소통도 고려해야 한다. 의사소통의 목적은 자신의 생각과 감정을 타인에게 정확히 전달하고 타인이 표현하는 생각과 감정을 명확히 받아들이는 과정이다. 의사소통이 효과적이려면 다음과 같은 몇 가지의 준비가 필요하다(Scheafor, Horejsi, & Horejsi, 1997).

- 사람은 주변의 사건, 정보를 나름대로의 방식으로 받아들이는 경향이 있으므로 모든 의사소통에는 어느 정도의 오해가 있을 수 있음을 예상하고 이를 최소화할 수 있도록 조치를 준비한다.
- 듣는 사람이 이해하기 쉽도록 자신의 생각을 가다듬어 효율적으로 표현하고자 하는 의지를 가져야 한다.
- 다른 사람의 말을 왜곡하지 않고 듣기 위해서 자신의 방어기제를 낮추려는 의지를 가져야 한다.
- 말하는 사람의 말을 주의 깊게 들으려 해야 한다.
- 자신의 생각, 느낌, 행동에 대해 책임지려는 의지가 분명해야 한다.
- 상대방을 이해하고 이를 위한 시간이 필요함을 알고, 충분한 시간을 확보하고자 하는 노력이 있어야 한다.

의사소통의 행위는 말하는 사람과 듣는 사람이 있으며, 이 둘의 입장도 다를 수 있다. 그러므로 청자와 화자 각자의 입장에서 어떠한 태도를 가지고 있어야 효과적인 의사소통을 할 수 있을지 생각해 볼 필요가 있다.

청자의 태도는 다음과 같다.

- 메시지를 전하려는 사람의 말을 끊지 않으며 편하게 말할 수 있도록 해 준다.
- 상대방의 말을 듣고 싶어한다는 표현을 언어적 · 비언어적으로 전달해 준다.
- 상대방의 말 중에서 이해가 되지 않는 부분은 질문을 해야 한다. 어림짐작하지 않도록 하며, 메시지가 불분명할 때는 반드시 확인해야 한다.

- 감정은 충분히 자제해야 한다. 대화가 공격이나 논쟁이 되지 않도록 해야 한다.

화자의 태도는 다음과 같다.

- 분명하며 단순한 언어로 또렷이 전달하면서 말의 속도가 적당해야 한다.
- 언어적 표현과 비언어적 표현이 일치하도록 적절한 눈맞춤과 자연스러운 몸동작과 자세, 표정에 유의하여야 한다.
- 전달해야 하는 내용이 많다면 여러 부분으로 나누어 설명한다.
- 자신의 말을 어떻게 전달할 것인지 미리 계획한다.
- 의사소통의 목적을 분명히 설명한다.
- 상대방의 비언어적인 소통에 주목하면서 대화한다.
- 자신이 말한 부분이 정확히 전달되었는지 상대방에게 질문하고 확인한다.
- 질문에는 분명하게 답한다.

물론 개인적 대화와 전문가로서의 대화는 분명 차이가 있다. 하지만 전문가로서 의사소통의 기본 자세와 태도는 기본적으로 갖추어져야 할 것이다.

(2) 언어적 · 비언어적 의사소통 기술

의사소통 기술에는 언어적 의사소통과 비언어적 의사소통이 모두 포함된다. 언어적 의사소통은 구어체와 문어체로 구분할 수 있으며, 같은 단어라 할지라도 여러 가지 의미로 해석이 가능할 것이다. 역사적 상황에 따라 다른 의미도 있고, 최근 줄임말들의 사용량 증가로 인한 시대적 · 상황적 맥락 속에서의 민감함과 이해능력도 갖추어야 할 것이다. 비언어적 의사소통은 특히 언어적 표현이 제한되어 있는 아동의 경우에 매우 중요한 의사소통 창구가 되어 준다. 비언어적 의사소통은 주로 감정적인 면들이 많이 표현되는 경우이기도 하다. 목소리의 높낮이, 얼굴표정, 침묵, 신체 자세와 움직임 정도, 신체적 접촉, 외모, 청결 정도, 신체에서 나는 소리, 물리적 환경 등이 포함된다.

병원아동생활전문가의 비언어적 행동은 돌봄을 받는 아동과 가족에게는 특별한 영향을 주게 되는데, 이는 돌봄과정에 있어서 효과를 촉진할 수도 있지만 반면에 손상시키는 부분도 있을 수 있다.

〈표 5-1〉 비언어적 행동의 효과

비언어적 행동	긍정적 효과	부정적 효과
자세	이완된 자세 약간 앞으로 숙여서 집중하는 느낌	구부정하거나 경직된 자세 팔과 다리를 꼬는 자세 뒤로 젖혀진 자세
시선 처리	규칙적으로 유지	초조, 산만, 결여된 시선 접촉
반응 시간	즉각적 반응	서두르고 급한 듯 보임
얼굴표정	감정과 일치된 표정, 적절한 미소	감정과 불일치된 표정
동작	언어적 표현은 강화하는 동작	언어적 표현과 관련 없는 산만함
목소리 크기	명확하게 잘 들림	너무 작거나 너무 큼
목소리 속도	평균적이거나 조금은 느린 정도 대화하는 사람과 비슷한 속도	서두르거나 너무 느림
에너지 수준	장시간의 관계 속에서도 유지	졸리거나 지침

병원아동생활전문가는 면담과정에서 다양한 비언어적 의사소통의 이해를 위해 오감을 활용할 수 있어야 하며, 언어적 표현 가운데에서도 적절한 단어 선택과 유머, 아동의 언어와 최신 유행어 등의 활용을 할 수 있는 유연성과 활용 능력이 필요할 것이다.

(3) 질문 기술

대면관계에 있어서 질문은 중요한 기술 중 하나이다. 질문은 병원아동이 말하는 내용이나 생각, 감정에 귀를 기울이고 이들의 중요성을 이해하기 위한 적절한 질문을 통하여 표현할 수 있게 돕는다. 어느 하나의 특정 질문 방법이 어떤 아동과 가족에게 가장 효율적이라고 말할 수는 없을 것이다. 병원아동생활전문가는 생활서비스의 회차, 질문의 맥락, 병원아동의 개인적인 요구 등의 다양한 요소를 고려하여 그 상황에 맞는 질문기법을 찾아야 한다.

질문은 자료를 수집하기 위한 중요한 수단이 된다. 병원아동의 생활과 상태, 지원을 위해서는 경청만으로 충분한 정보를 가지지 못할 수 있고 이해할 수 없는 경우도 있을 것이다. 질문은 공감의 중요한 부속물로서 병원아동의 감정을 탐색하고 명료화할 수 있게 도와준다. 질문하는 동안 병원아동생활전문가는 적극적인 경청을 통하여 병원아동의 답변과 가족의 언어를 명확하게 이해하고 자신이 이해한 것에 대하여 피드백해야 한다.

질문기술에는 개방질문과 폐쇄질문이 있다. 먼저, 개방질문은 병원아동과 가족에서 선택의 자유를 주고 자신의 생각이나 감정을 자유롭게 표현할 수 있게 하는 열린 질문을 말한다. 이것은 자율적으로 충분하게 말할 수 있도록 도우며, 많은 정보를 수집할 수 있는 장점이 있다. 개방질문은 사용에 따라 막연할 가능성이 있으므로 구체적인 질문으로 좁혀 가면서 구체적인 정보를 탐색해야 한다. 관계 초기에는 이러한 개방질문을 많이 사용하는 것이 좋다. 하지만 익숙하지 않은 아동에게는 오히려 위협이 되거나 불안감을 야기할 수 있고, 답을 해야 한다는 압박감으로 인해 자신의 생각이나 감정을 충분히 언어적으로 표현하지 못할 수도 있으며, 추측하여 대충 대답할 가능성도 있으므로 주의해야 한다. 그리고 질문하기 전에 비밀보장과 같은 안내를 통하여 병원아동이나 가족이 안심할 수 있도록 독려하는 것도 중요하다. 다음으로, 폐쇄질문은 '예/아니요'로 대답할 수 있거나 혹은 이름, 주소, 나이 등과 같은 아주 간략한 답을 할 수 있는 질문을 말한다. 이 질문기술은 제한된 상황이나 사실, 자세한 정보를 얻고자 하거나 신속한 정보를 얻으려 할 때 유용하다. 속도를 빨리 하고자 할 때나 빠뜨린 내용이 있는지 검토하고자 할 때 사용된다. 이 기법의 단점은 집중해서 질문하고 답해야 하기에 쉽게 지치거나 문제에 대한 다양한 탐색 기회가 줄어들게 된다. 폐쇄질문은 병원아동이 당황스러운 상황이나 초점이 없을 경우, 말의 초점과 방향으로 안내하기 위한 구조화로 요긴하게 사용될 수 있다. 그러나 제한된 범위 내에서 응답한다는 점에서 그 한계가 있으며, 분위기가 딱딱해지거나 취조의 느낌을 줄 수 있으므로 조심스럽게 사용해야 한다.

질문기술은 유도질문을 사용하여 일정 방향으로 응답을 유도한다거나 '왜'라는 질문을 사용함에 있어 책임을 추궁하거나 몰아세우는 인상을 줄 수 있으므로 사용의 주의가 요구된다. 중첩된 여러 질문의 사용도 삼가야 한다. 말이 길어지거나 여러 가지의 내용이 한 질문에 섞여 있으면 혼돈을 주게 되고 대답하기 편한 질문에 우선적으로 답하게 되므로 병원아동생활전문가가 원하는 답 가운데에서 일부분만 얻는 것이 된다. 그리고 질문기술을 사용함에 있어서 대명사의 잦은 사용이나 상황에서 벗어난 산만한 질문, 추상적인 모호한 질문의 사용 역시 주의해야 한다.

(4) 라포

병원아동 및 그 가족과의 관계에서 치료적 동맹관계 및 라포(rapport)가 형성되지 못했다면 서비스 지원의 기본 틀을 갖추지 못한 상태라고 할 수 있다. 라포는 조화로운 상태, 호환성 및 공감대를 의미하는 것으로 병원아동과 병원아동생활전문가 상호 간의 이해와 치료적 동맹관계를 형성할 수 있도록 도와준다. 라포는 자발적인 상호작용이면서 상호 간의 이해를 바탕으로 하며, 특정 시점에서 특정한 상호작용의 질을 설명해 준다. 라포의 형성은 병원아동생활전문가의 개인성 및 전문성에 신뢰감을 갖는 데에서 시작한다. 아마도 병원아동은 자신의 병원생활을 돌봐줄 것에 대한 요청에 두려움과 불안감이 있을 수 있으며 무엇을 해야 할지 모르는 경우가 많으므로 병원아동과 가족이 편안한 상태가 될 수 있도록 도와야 한다. 병원아동은 종종 자신의 병원치료와 적응에 있어 저항감을 가질 수 있으므로 병원아동생활전문가에게 신뢰를 갖고 자신의 어려운 상황을 말할 수 있도록 도와야 한다. 특히 비자발적인 병원아동과의 관계 형성에 있어 병원아동생활전문가의 인내심이 요구되며, 병원아동에 대한 개방적인 태도와 상황에 대한 이해, 아동 정서에 대한 수용 등에 대한 전문가 자신의 부단한 노력이 동원되어야 한다.

(5) 공감

공감은 병원아동이 느끼고 있는 고통이나 아픔, 기쁨이나 슬픔을 함께 느낄 수 있는 감성적인 능력이다. 즉, 아동의 입장이 되어서 그의 내면에 일어나고 있는 다양한 움직임에 감정이입하여 아동이 느끼는 감정, 사고, 행동, 동기와 같은 경험을 민감하고 주의깊게 이해하는 과정이다. 공감은 아동이 표현한 것을 정확하기 이해했음을 아동이 알도록 하는 일차적인 공감, 그리고 아동이 표현한 것뿐 아니라 표현하지 않고 암시적인 것에 대하여서도 언급하는 상위 차원의 공감이 있다. 공감이 효과적으로 활용되는가 아닌가는 병원아동생활전문가의 기술과 그 대상인 아동이나 가족의 상태에 달려 있다.

슐만(Shulman, 1984)은 공감과 관련된 기술을 크게 다음과 같이 세 가지로 구분하고 있다.

첫째, 상대방의 감정에 도달하는 것으로 공감하고자 하는 상대방의 입장에서 감정을 경험해 보는 것이다. 둘째, 상대방의 감정을 이해했음을 보여 주는 것으로 그의 말이나 몸짓, 표현과 같은 것을 같은 방법을 통해 보여 주는 것이다. 셋째, 상대방이 자신의 감정을 표현하기에 스스로의 감정을 충분히 이해하지 못하거나 특정감정을 언어적으로 정교하게 표현하지 못할 때 상대방의 감정을 헤아려 언어로 표현해 주는 것이다. 특히 병원아동 가운데 언어적 표현이 원활하지 못할 경우라면 이는 더욱 필요한 부분이다.

여기서 강조하는 공감이란 병원아동생활전문가가 병원아동이나 가족의 감정을 완벽하게 공감해야 한다거나 공감한다고 상대의 감정 등을 기계적인 것처럼 표현하거나 따라하는 기술적인 것을 의미하는 것이 아니다. 염려나 걱정하는 태도가 아닌 진실하고 인간된 모습으로 관심과 온화함, 신뢰와 존경을 보여 주는 태도를 말하는 것이다. 삶의 어려운 시기에 있는 병원아동과 가족의 감정과 사고, 경험을 이해하는 것은 결코 쉬운 일이 아니다. 그러므로 이러한 공감적 태도를 갖추기 위해서 병원아동생활전문가는 자신에 대한 이해와 성찰, 더불어 경험적 직관을 겸비하도록 노력해야 할 것이다.

(6) 경청

경청은 상대방의 말을 주의깊게 듣는 것뿐만 아니라 비언어적 행위나 자세를 관찰하고 자유롭게 표현할 수 있도록 적극적으로 격려하며 서로 간의 소통 내용을 기억하는 것 모두를 포함하고 있다. 여기서 적극적인 경청(active listening)은 상대방의 의사소통 내용을 정확히 받아들이고 이해하고 있다는 것을 지속적으로 전달해 줌으로써 표현한 사람이 자신이 이해받고 있다는 생각을 할 수 있도록 해야 한다. 일종의 피드백이라고도 할 수 있겠다.

세퍼 등(Scheafor et al., 1997)은 적극적인 경청을 다음의 다섯 가지로 제시하였다. 첫째, 상대방이 표면적으로 나타내는 언어뿐만 아니라 이면에 담긴 감정까지도 섬세하게 살펴야 한다. 둘째, 명확하고 분명한 어조, 침착하며 흥미를 보이는 어조를 구사해야 한다. 셋째, 관심을 가지고 이야기를 잘 듣고 있다는 행동을 적절히 보여 주어야 한다. 얼굴 표정이나 눈빛, 고개를 끄덕여 주는 행동이 도움이 된다. 넷째, 상대방이 표현한 것 중에서 불분명하거나 추가적인 정보가 필요하다면 적절한 질문을 통하여 보다 명확하게 해야 한다. 다섯째, 무엇을 주장하거나 조언, 의견을 제시하기 위한 언어보다는 상대방을 더 잘 이해하기 위한 말을 해야 한다.

트레비틱(Trevithick, 2000)은 사회복지 현장의 전문가에게 필요한 보다 자세한 경청기술에 대한 기본 기술을 다음과 같이 제시하였다.

- 가급적이면 최대한 개방적이고 직관적이며 공감하며 자기인식을 하도록 한다.
- 적절한 눈맞춤을 유지한다.
- 개방적이고 주의를 기울이는 몸자세를 취한다.
- 비언어적인 의사소통 방법에 주의를 기울이고 이 의미를 파악한다.
- 의사소통으로 침묵을 허용할 수 있으며 이를 활용할 수 있도록 한다.
- 너무 멀지 않고도 가깝지 않은 적절한 신체적 거리 유지에 유의한다.
- 의사소통에서 주요한 단서를 파악하고 이를 확인한다.
- 자신이 보일 수 있는 산만한 행동이나 매너리즘에 빠진 행동이 있다면 이를 인식하여야 한다.
- 모호하고 혼돈스러운 언급에 주의한다.
- 자신의 시대에 맞는 적절한 언어를 활용할 수 있어야 한다.
- 면담 장소와 일반적인 환경, 병원과 같은 물리적 환경의 중요성을 인식한다.
- 간섭받거나 산만해질 가능성을 최소화한다.
- 의사소통이 되지 않는 분위기에 민감해야 한다.
- 면담에서 정서적인 내용을 경청하면서 이에 대한 이해를 위한 적절한 질문을 활용한다.
- 가능할 때마다 피드백을 제공한다.

- 민감한 문제나 고통스러운 주제와 관련하여서는 목소리 톤에 주의를 기울이고 빠른 판단이나 평가를 내리는 것은 피해야 한다.
- 도움이 될 만한 이론들을 숙지하고 적절한 시점에서 이해를 돕기 위하여 이해 가능한 언어를 사용하여 설명한다.
- 최대한 자연스럽고 자발적이면서 편안한 자세로 임한다.

경청은 자신을 잘 통제하고 조절할 수 있어야 가능하다. 돕고자 하는 마음이 앞서서 병원아동 및 가족의 말과 상황을 명확히 알기도 전에 성급한 판단이나 조언, 경험, 감정, 의견 등을 제공한다면 관계의 질에 영향을 주게 된다. 경청을 위해서는 일체의 판단을 멈추고 충고의 충동을 참아내야 하며, 돌보고자 하는 아동과 가족의 말을 끝까지 인내심을 가지고 들어야 한다. 또한 경청은 잘 듣고자 하는 분위기 조성 이후 상대방의 말을 듣고 관찰·격려하고, 기억하는 과정을 거쳐 반영을 취함으로써 주기적으로 피드백해 주는 것이 중요하다.

에반스(Evans, 1998; 성숙진 역, 2000에서 재인용)는 적극적 경청 중에서 반영하는 것을 강조하면서 이것을 구체적으로 설명하고 있다.

먼저, 내용을 반영하는 것이 있는데 이것은 병원아동의 의사표현이나 정보에 대한 이해를 전달하기 위한 감정이입 방법으로 아동이 말한 내용을 부연하고 다시 아동에게 전달하는 것을 의미한다. 이것은 아동의 표현 속에 담긴 생각이나 말에 의미를 덧붙이거나 바꾸지 않고 재진술하는 것이지만 말을 그대로 따라하는 것은 아니다. 반영은 병원아동생활전문가가 아동의 이야기를 잘 듣고 있음을 보여 주는 것이고, 서로 간의 신뢰관계에 도움이 되며, 아동의 의사표현을 잘 이해했는지 점검하는 계기가 된다. 이것을 통해 아동과 가족은 그들의 생각을 구체화시켜 볼 수 있는 기회를 갖게 된다. 다음은 감정을 반영하는 것으로 아동이 표현한 감정을 이해하고 있음을 보여 주는 것이다. 이때는 아동의 이야기에서 정서적 부분과 더불어 비언어적인 부분, 즉 아동의 자세, 어조, 말의 속도, 태도 등에 주의를 기울여야 한다. 감정을 적절히 반영하려면 감정과 관련된 광범위한 단어를 사용해 주어야 하며 되도록 아동의 감정 모두에 대하여 파악하도록 노력하여야 한다. 특히 감정을 반영할 때에는 적절한 표현 방식으로 감정을 명확하고도 간결하게 요약하고 혼재된 감정을 반영해 주며, 현재의 감정에 초점을 두면서 폭넓은 표현 방식을 사용하여야 한다. 감정을 반영하는 경청기술은 면담의 진도에 속도감을 늦추기도 하며, 아동에 따라서는 자신의 상황을 이야기하는 것이 무척 힘들 수 있기 때문에 적절한 조절이 필요하다. 앞에서 설명한 내용적 반영과 감정적 반영이 적절히 조화를 이룰 때 가장 이상적이라 할 수 있다.

이때 반영을 너무 단순하고 획일적으로 사용한다면 아동이 자신의 언어를 따라한다고만 생각하거나 자신을 흉내낸다고 생각하여 전문성에 대한 결여를 지적할 수도 있다. 이에 자신의 경청과 반영 패턴을 살펴보는 것이 필요하다. 이 외에도 병원아동생활전문가는 자신의 언어 패턴을 살펴보며 자신도 모르게 사용하는 문구들을 알아차려야 한다. 예를 들어, '사실은……' '제 생각에는……' '제 말은……' 등등 서두 문구에 자주 반복적으로 사용하는 것이 무엇인지 검토하여야 한다. 병원아동과 가족과의 관계 속에서 반복적인 용어들이 사용되면 자신의 감정과 의미를 반영해 주고 있다기보다는 기계적 반응으로 오해할 수 있기 때문이다. 또한 반영에 집중한 나머지 본인의 생각과 다음 질문에 집중하여 경청하지 못하고 급하게 해석하거나 조언하려는 시도를 할 수도 있다. 반드시 병원아동과 가족의 중심으로 따라가는 관계여야 하며 병원아동생활전문가의 전문적 판단에 초점을 맞춰서 유도하는 오류에 빠지지 않도록 주의해야 한다. 적극적 경청을 위해서는 돌보는 과정의 흐름 속에서 적절한 시기와 기회를 포착하여 집중하면서 진행하여야 한다.

(7) 명료화와 요약

먼저, 명료화 기술은 병원아동과 가족이 그들의 표현을 분명하게 할 수 있도록 격려함과 동시에 병원아동생활전문가가 그들이 말한 내용을 잘 이해하고 있는가를 확인하기 위한 질문을 말한다.

명료화는 혼돈스럽거나 모호한 내용들을 정리하면서 들은 바를 명확하게 이해하고 있음을 확인하기 위한 것으로 돌봄과정에서 가장 중요한 문제나 어려움을 파악하고 확인하는 과정에서 주로 사용된다. 또한 병원아동 가족과 병원아동생활전문가 사이에서 가지는 기대와 조건들을 확인하기 위해서 활용되기도 한다.

명료화를 위해서 먼저 상대방의 언어적 · 비언어적 메시지 내용을 파악하여 모호하거나 혼돈되는 메시지가 있는 지 확인한 후 명료화를 위한 문장을 만들어서 이를 상대방에게 언어적으로 전달하고 이후 반응을 잘 듣고 관찰하여 명료화의 효과를 평가해야 할 것이다. 유의할 점은 명료화가 상대방을 이해하는 것보다는 도전하는 것으로 오해를 살 수 있으므로 충분한 공감적 이해가 선행되어야 할 것이다.

다음으로, 요약 기술은 아동과 가족이 말한 내용과 이면의 감정을 전체적으로 정리하는 것으로서 이를 통해 병원아동생활전문가가 아동의 언어적 표현과 비언어적인 행동을 주의 깊게 살피고 있고 감정의 섬세함도 이해하고 있음을 보여 주는 것이다. 요약 기술을 활용할 때에는 먼저 상대방의 메시지에 집중하여 이를 마음 속으로 되뇌어 보고 상대가 반복하는 언어적 표현의 명백한 유형과 주제 요소들을 파악한 후 이를 기술하기 위한 단어들을 선택하고 상대가 말한 여러 요소를 묶어 적절한 문장으로 만들어 언어적으로 전달하여야 한다.

(8) 침묵 다루기

면담과 돌봄과정에서 침묵의 발생은 긴장을 유발하게 된다. 이 침묵은 병원아동이 쉬는 시간이나 간호의 시간을 말하는 것이 아니라 정서적 지원과 병원아동돌봄에 필요한 면담과정에서 발생하는 경우를 말한다. 일반적으로 오고가는 언어적 상호작용에서 침묵이 흐르면 오해가 생기기도 한다. 의사전달 생각이 없다고도 여길 수 있고 침묵을 빨리 깨뜨려 어색함을 줄이고 싶다는 생각이 들 수도 있다. 침묵이 지속되면 이 면담은 성공하지 못한 것이라 여겨지거나 병원아동생활전문가 스스로 의사소통 기술이 부족하고 효과적으로 돌봄을 못하고 있다고도 여길 수 있다. 특히 경험이 적을 경우라면 이러한 침묵은 매우 거북하여 가급적 빨리 그 상황을 벗어나기 위하여 화제를 바꾸거나 회피하려고 어울리지 않는 말을 하게 될 수도 있다. 만약 간단한 침묵의 경우라면 병원아동생활전문가는 조용히 인내를 갖고 조심스럽게 침묵을 유지하는 것이 좋지만, 침묵이 길어진다면 적절하게 대응할 필요도 있다. 긴 침묵의 이유는 다양할 것이다. 병원아동과 가족이 답하기 어려운 질문에 대하여 답을 발견하지 못했을 수 있으며, 답하기에 감정이 북받쳐오르거나 면담 상황에 대한 불만이 있어 저항하고 있을 수도 있다. 트레비틱(2000)은 침묵 중에는 '생산적인 침묵(creative silence)'이 있다고 하면서 이 기간은 개인과 그를 둘러싼 환경에 대하여 의미 있고 중요한 정보를 전달하는 비언어적인 기간이라고 하였다. 반면에 '문제성 침묵(trouble silence)'은 불안과 초조함, 혼돈 상태에 빠져 있는 것을 의미하거나 중요한 정보를 알리지 않고 숨기려는 것일 수 있다.

다음은 병원아동생활전문가가 생각할 수 있는 침묵의 의미들이다.

첫째, 병원아동과 가족은 생각하고 있는 것이다. 어떤 사람은 계속 이야기하면서 숨을 고르기 위해서 잠시 중단할 수 있지만, 또 어떤 사람은 생각하는 시간을 갖기 위해서 말을 중단하기도 한다. 아동과 가족에게는 생각할 시간이 필요할 수 있다. 이때 눈맞춤과 개방적인 자세를 유지하면서 비언어적으로 관심을 보여 주면서 "괜찮습니다. 기다리겠습니다."라고 하고 경청하고 있음을 알려야 한다.

둘째, 병원아동과 가족은 무슨 말을 어떻게 해야 할지 몰라서 혼란스러운 상태이다. 때로는 질문이 불명확하고 면담의 초점이 모호하여 어떻게 답변해야 할지 알지 못하는 경우도 있다. 혼란에 빠져 입을 다물고 있는데 침묵을 허용한다는 것은 긴장과 불안을 증가시키는 역효과를 가져온다. 이때는 침묵을 중단시키고 의미와 방향, 기대를 명확하게 하여야 한다. "지금 무척 혼란스러운 모양이지요." "마지막 질문이 혼란스럽게 만든거 같아요. 제가 생각해도 좀 어려웠던거 같아요. 다시 질문할게요." "조금 천천히 할까요. 혼란스러워하는 부분이 어떤 건지 제가 알 수 있도록 좀 도와주세요." 등으로 표현하면서 도울 수 있다. 또한 아동은 자신의 생각을 표현하는 데 어려움이 상당히 있을 수 있다. 때로는 가만히 있는 것이 충분할 수 있으며, 짧은 단어나 문구로 자신을 적절히 표현하고자 애쓸 것이다. 이런 경우에는 시험적으로 병원아동생활전문가가 아이디어를 제시하거나 감정을 표현하도록 도울 수도 있을 것이다. 만남 초기에는 이러한 상황이 충분히 있을 수 있으므로 시간을 가지고 관계 형성에 유의하여야 한다.

셋째, 병원아동과 가족은 고통스러운 감정을 가지고 있다. 병원아동을 돌보기 위해서는 질병과 치료과정에 있어 강렬한 감정이나 기억들을 자극할 수도 있다. 자신의 상황에 직면하는 것에 대하여 불쾌함이 증폭될 수도 있으므로 침묵은 소통을 더 진행해 나갈지 또는 그만하고 싶은지를 결정하는 기회가 된다. 특히 돌봄 상황에서 불편함이 증가될 때 아동이 화를 내거나 분노하면서 침묵을 선택하기도 한다. 아동에게 공감하면서 침묵의 상황이 스스로 감정을 처리할 시간을 제공한다는 점도 인지해야 한다.

넷째, 병원아동과 가족은 신뢰관계를 갖는 데 시간이 필요하다. 신뢰관계가 형성되기 전에 사적인 정보를 드러내는 것에 대하여 꺼릴 수 있다. 침묵을 통하여 사적인 문제를 통제하고 있으며 자신을 보호하려고 할 수 있다. 특히 부모와 떨어져 아동의 돌봄이 전문가에게 맡겨진 상황이라면 자신의 뜻과 상관없는 새로운 관계가 생긴 것에 대한 적대감 표출을 위해서 침묵을 사용할 수 있다. 아동의 경우라면 "낯선 사람처럼 보일 수도 있겠구나. 감정을 나누는 것이 쉽지 않다는 것을 잘 알고 있단다. 너도 날 잘 모르고, 내가 어떻게 너와 함께 할지에 대해서도 잘 모를 거야. 하지만 나는 분명히 너에게 관심이 있고 잘 듣고, 어떤 것이라도 돕고 싶어."라고 말할 수 있다. 또한 아동에게 보조를 맞추어 신뢰가 발달할 때까지 아동의 관심 분야에 대하여 나누는 과정도 도움이 될 수 있다.

다섯째, 침묵이 아동과 가족의 일상적인 소통방식일 수도 있다. 기질적으로 조용한 아동이거나 보호자일 경우라면 길게 설명하는 것이 어렵고, 동시적인 응답에도 익숙하지 않고 평상시에도 자신의 생각을 표현하지 않는 사람일 수 있다. 이때는 병원아동생활전문가가 자신의 기대를 조정하고 아동과 가족의 침묵을 서둘러 끝내고자 하는 유혹을 피하면서 버텨내는 작업이 필요하다. 특히 이런 아동이라면 놀이나 미술, 음악과 같은 매체활동에 대하여 더 많이 반응을 보일 수 있다.

침묵은 다양한 이유로 나타날 수 있다. 분명 침묵의 발생은 무언의 의사소통이기 때문에 이것을 통해 전달하고자 하는 내용이 무엇인지 이해하려는 노력은 필요하다. 무척 힘들 수 있지만 병원아동생활전문가는 이 과정에서 서두르지 않으면서 편안하게 들을 준비가 되어 있음을 안내하고 적당한 시간을 기다려야 한다.

3. 병원아동생활전문가의 아동에 대한 자세

병원아동생활전문가의 기본적인 자세는 모든 인간은 자기실현(self actualization) 경향이 있으며, 이 과정에서 내적 긴장이 증가하더라도 자기실현을 위하여 고통을 감내하고 노력하며, 이를 촉진하는 심리적 분위기와 존경과 신뢰의 분위기만 제공되면 성장하고 개발될 수 있으며, 긍정적이고 건설적인 방향으로 발달한다는 것을 믿는 자세이다. 그러므로 병원아동생활전문가는 병원아동을 위한 지원도 이러한 자세를 바탕으로 하여야 한다. 아동은 자기실현이라는 인간의 기본적 행동 동기를 가지고 있으며 스스로 자신이 되는 과정을 보내고 있다는 것을 잊지 말아야 할 것이다. 아동은 그들 개인의 독특한 특성들과 잠재력을 발달시켜 가는 과정에 있고 자기실현은 완전한 최종의 상태를 말하는 것이 아니라 지속적인 과정이다. 이 과정에서 경험이나 학습에 의해 도움을 받을 수도 있고 또는 방해될 수도 있다. 하지만 자신의 성장과 성숙을 향한 능력이 있으며, 건설적인 방향으로의 자기 안내 능력이 있다. 그러므로 아동은 성인의 부속물이 아니며 무한한 잠재력을 지닌 인간으로 보아야 하며, 이들의 성장을 위하여 자유로운 활동과 생각을 펼 수 있는 안전한 환경을 마련해 줘야 한다. 아동은 조건 없이 있는 그대로 수용하고 존중하는 무조건적인 긍정적 존중을 주고 받을 때 충분히 기능하는 인간으로 성장 발달해 갈 수 있다. 병원아동생활전문가는 이것을 인지하고 아동과 환경의 상호작용에 초점을 맞춰 성숙과정을 촉진하는 '충분히 좋은 환경'을 제공하도록 노력하여야 할 것이다. 충분한 환경과 수용되는 관계가 주어지면 아동은 자신의 감정을 있는 그대로 자유롭게 각성하고 그것에 대하여 자유롭게 대처해 갈 수 있는 사람, 즉 심리적으로 자유로운 사람으로 성장할수 있다. 그러한 아동은 새로운 경험에 대하여 방어적이지 않고 세상을 긍정적으로 바라보며 개방적인 삶의 순간 순간마다 내가 어떤 존재이고 무엇을 할 것 인가를 발견할 수 있고 그 삶에 충실하게 생각하고 적응할 것이다 . 이것은 병원아동이 자신의 질병과 싸우며 이겨 낼 수 있는 내적 강인함을 만들어 줄 것이며, 치료과정은 물론 이후 성장에도 도움이 될 수 있을 것이다.

아동에게 제공하는 '수용'

아동은 그들의 경험 세계를 이해해 주고 '수용'해 주는 관계를 경험하지 못한다면 세상을 탐색할 수도 없고 경계를 시험해 볼 수도 없으며, 살아가면서 놀랍고 두려운 부분을 접하게 될 때 함께 나눌 수가 없다.

- 수용은 아동에 대한 순수하고 성실한 관심, 아동의 권리에 대한 예민성, 그리고 아동 스스로 책임질 능력이 있다는 신념에서 나온다.
- 관계 안에서 수용적 분위기를 경험한 아동은 적절감과 독립심을 성취하면서 타 인에게 지지를 구하는 방법을 배우게 된다.
- 수용은 되도록이면 아동에게 조언을 하거나 제안, 설명, 질문을 하지 않고 아동의 행동, 감정, 사고를 방해하지 않는 것을 뜻한다.
- 수용된다는 사실이 전달되면 아동은 자신의 사고와 감정을 탐색하게 되고 수용 이 촉진되며 그것을 표현할 수 있게 된다. 이후 보다 구체적인 방식으로 긍정적 정서와 부정적 정서를 표현함으로써 감정을 충분히 통합하고 다룰 수 있게 된다.

그러므로 병원아동생활전문가는 아동을 판단하지 않고 아동의 관점에서 진심으로 아동의 감정을 이해하는 것이 필요하다. 병원아동생활전문가가 개인적 경험과 기대를 얼마나 버릴 수 있는가에 따라 또한 아동의 개별성을 얼마나 이해하는가에 따라 민감 하게 이해할 수 있는 정도가 달라진다.

"나는 여기에 있어.": 어느 것도 나를 혼란시키지 못할 것이며 신체적 · 정신적 · 정 서적으로 완전히 여기에 있을 것이다.

"나는 너의 말을 듣고 있어.": 나는 귀와 눈으로 알 수 있는 것이 아니더라도 아동에 관한 모든 것을 주의 깊게 들을 것이다.

"나는 이해하고 있어.": 나는 아동이 지금 말하는 것, 느끼는 것, 경험하고 있는 것에 대해 이해하고 있음을 알린다.

"나는 신경 쓰고 있어.": 나는 아동에게 신경 쓰고 보살펴 주고 있다는 것을 알린다.

출처: O'connor & Braverman, 1997; 송영혜 외 역, 2011에서 재인용)

병원아동생활전문가의 활용기법

1. 놀이를 통한 접근

> 보수를 받기 위해 꽃(조화)을 만드는 어떤 사람은 '일하고 있는' 것이고,
> 힘겹게 등산을 하고 있는 사람은 '놀이' 하고 있는 것이다.
>
> −마크 트웨인(Mark Twain)

1) 놀이란

인간에게 있어 놀이란 자연스러우며 자발적인 행동이다. 하지만 놀이의 정의를 내리는 것은 그리 쉽지만은 않다. 마크 트웨인의 말처럼, 어떤 놀이는 많은 집중력, 신체적 소진 그리고 심지어 고통이 수반되기도 하기에 단순히 보는 것만으로 그 행동이 그 사람에게 놀이인지 아닌지 판단할 수는 없다. 놀

이 행위는 항상 자발적·주체적이며 활동을 하는 사람이 자유롭게 선택하고, 즐거움을 얻을 수 있어야 한다. 이러한 것이 충족될 때 우리는 그 행위를 놀이라고 말할 수 있을 것이다.

가비(Garvey, 1977)는 이런 놀이의 특징들을 다음과 같이 구분하였다. 이 특징들은 병원아동에게 놀이가 왜 중요한 활동으로 고려되어야 하는지에 대한 답변도 될 수 있을 것이다.

(1) 놀이는 즐겁다

놀이는 즐겁고 신나는 것이다. 심지어 웃음소리가 나지 않아도, 놀이하는 사람에게는 긍정적인 가치가 있다. 병원에서도 이러한 놀이의 가치를 발견할 수 있다. 놀이를 실행하는 소아과 병실에서 어떤 아기가 음악이 나오는 모빌을 건들자 킥킥거리는 반응을 보이고, 옆 침대에 있는 유아는 어머니와 함께 즐거운 '까꿍' 놀이를 하고 있다. 자원봉사 레크리에이션 시간 동안 아이들은 자원봉사자가 둥둥거리며 치는 북 소리를 따라 '깡총깡총' 뛰거나 힘차게 행진한다. 그것을 바라보는 아이들도 웃고 있다. 이들의 미소와 웃음은 놀이 안에서 그들의 즐거움을 드러내는 것이다. 심지어 즐거움과 재미가 분명하게 보이지 않는 경우에도, 아이들은 놀이 활동을 통해 즐거움을 얻는다. 놀이방 싱크대 앞에서 놀이 접시 더미를 열심히 뒤지다 잠시 찾던 것을 멈추고, 지워지지 않은 얼룩을 발견하고 닦기 시작하는 아이도, 마치 구조물에서 안전 점검하는 엔지니어처럼 조사를 실시하고 있는 심각한 표정의 아이도, 모두 웃음이 보이지는 않지만 자신이 하는 활동에 깊이 몰입해 있다. 그들은 자신이 자유롭게 선택한 활동을 통해 즐거움을 얻고 있는 것이다.

(2) 놀이는 외적인 목표가 없다

실용주의 관점에서 볼 때 놀이는 본래적으로 비생산적인 것이지만, 놀이의 동기는 다른 어떤 목적보다 중요하고 본질적이다. 아이들은 놀이 그 자체에 참여하는 것이며, 어떤 외적인 목표를 얻고자 하지 않는다. 앞서 마크 트웨인이 말한 꽃을 만드는 일에서, 꽃을 만드는 과정 중에 즐거움을 얻을 수도 있을 것이다. 하지만 이 활동은 놀이의 영역과는 구별된다. 왜냐하면 이 꽃은 돈을 벌고자 하는 외적 목적을 향해 행해진 것이기 때문이다. 설거지놀이를 하는 아이는 그 활동에서 많은 노력을 다하고 있지만 이것은 여전히 아이의 놀이 경험에 속해 있다. 무심히 성인의 흉내를 내면서 비누거품을 만지고 스펀지를 짜면서 물속에서 손을 움직이며 첨벙거리는 과정은 즐거운 일이기 때문이다. 이 아이의 행동이 부모가 놀이방을 청소하려는 목표로 인해 유도된 것이라면, 놀이의 분위기는 완전히 사라지게 될 것이다. 그러므로 놀이는 어떤 특정 목표에 기여하는 노력보다는 수단으로서의 즐거움이 더 크다고 할 수 있다.

(3) 놀이는 자발적이고 즉흥적이다

놀이는 의무적인 것이 아니라 활동하는 사람이 자유롭게 선택하는 것이다. 누구도 놀이를 강요할 수 없다. 아이들은 자신이 원할 때, 원하는 곳에서 놀이를 선택한다. 주의 깊은 성인이 아이의 흥미와 필요를 이해하면서 아이를 위해 잠재적인 놀잇감을 만들어 놓을 수도 있다. 예를 들어, 놀이방을 아이들이 좋아할 만한 장난감으로 채우고 놀이를 유도할 수 있게 배치해 놓는 것처럼 말이다. 하지만 놀이에 대한 초대를 수락하거나 거절하는 것은 아이이다. 병원아동생활전문가가 의학 놀이를 통해 자신이 받게 되는 의료 행위나 수용 정도에 대하여 병원아동이 알게 하고, 의학 장비를 소개하여 입원 중인 많은 아동에게 그들에게 사용될 의학 기구들을 만져 보고 작동할 기회를 준다면, 어떤 아동은 바로 수락하여 놀이에 참여할 수 있다. 하지만 그런 준비에도 불구하고 또 어떤 아이는 공포나 두려움으로 인해 뒤로 물러설 수도 있다. 그렇

다면 그것은 더 이상 그 아동에게는 놀이가 아니다. 이러한 경우에 병원아동
생활전문가는 다른 접근을 시도해 보아야 한다. 그리고 다음 기회에 그 기구
들을 다시 소개할 수 있어야 한다. 어떤 노력도 아동의 참여를 강요해서는 안
된다.

(4) 놀이는 적극적인 참여를 포함한다

아동이 놀이 실행에 적극적으로 포함되어야 한다는 것은 아주 분명하다.
수동적으로 앉아서 TV를 응시하며 마술쇼를 바라보거나 공연을 일방적으로
관람하는 아이는 놀이를 하는 것이 아니다. 앞에서 이야기한 놀이의 예들은
대부분 아동의 적극적인 신체적 참여를 포함한다. 달리기, 행진하기, 집짓기,
설거지하기, 휠체어 조작하기 등은 모두 놀이를 경험하기 위해 아동이 적극
적으로 신체를 이용해야 하는 것들이다. 적극적인 참여를 요구하는 놀이 영
역은 아동이 자주 수동적이어야 하는 병원 환경에서 특히 더 중요하다. 놀이
를 통해서 아동은 환경에 익숙해질 수 있고, 심지어 병원처럼 낯선 곳에서도
놀이는 충분히 그런 역할을 할 수 있다.

병원아동 중 몇몇은 놀이에 신체적으로 적극적인 참여를 하는 것이 어려울
수 있다. 마비가 있거나, 침대에 묶여 있거나, 깁스 중이거나, 혹은 다른 방해
요인들이 아동이 놀이 활동에 신체적으로 참여하는 정도를 다르게 만들 수
있다. 하지만 이런 제약들이 아동의 놀이에 참여하고자 하는 욕구와 필요를
감소시키지는 않는다. 사실상 움직일 수 없는 아동은 놀이를 더 많이 원할 것
이다. 아동은 자신의 능력의 한계까지 놀이에 신체적으로 참여하는 것이 허
락되어야 한다. 이러한 경우 병원아동생활전문가는 아동의 상태에 적합한
활동을 찾아 주고 활용할 수 있게 조력해야 한다. 아동의 장애가 원하는 활동
에 신체적으로 참여하는 것을 불가능하게 한다면, 병원아동생활전문가는 아
동의 지시에 따라 신체 활동을 대신 진행해 주어야 한다.

(5) 놀이는 상징적이며 은유적이다

놀이는 내적 세계를 상징적으로 표현하게 하며, 정서적으로 중요한 경험은 놀이를 통해 의미 있게 표현된다. 아동은 상징적 표현을 통해 내적 탐구에 몰두함으로써 배우려는 기회를 제공해 실생활에서 다룰 수 없는 일을 실제로 다룰 수 있도록 변화시킨다. 상상놀이를 통해 우리가 상상하지 못한 풍요로운 세계를 아동은 놀이에서 만들어 가며 이를 통해 실제 생활에서 적응하기 어렵고 상처받은 자신의 상처나 충족되지 못한 욕구들을 보상받을 수 있다. 이러한 건강한 놀이를 통하여 아동은 즐겁고 행복한 감정을 느끼며, 신뢰가 형성되어 세상에 대한 긍정적인 생각을 가지게 된다.

(6) 놀이는 의사소통의 도구가 된다

언어적 표현이 미숙한 아동은 언어보다 놀이를 통하여 좀 더 편안할 수 있으므로 언어로 의사소통하는 것보다 자신이 창조한 자발적인 놀이를 통해 좀 더 직접적이고 자신있게 표현하게 된다. 아동이 자신의 경험과 감정을 '놀이로 표현하는 것'이 가장 자연스러운 역동이며, 이를 통해 아동은 자기 치유의 과정을 가진다. 아동은 지시받지 않고 자유롭게 놀 때 독립적인 사고와 행동을 표현하며 감정과 태도를 개방하여 힘들었던 점을 풀어 놓게 된다. 위협적으로 강요받은 감정과 태도 또는 그러한 환경에서 아동은 자신의 감정을 언어로 표현하기 어렵기 때문에 놀잇감을 통해 안전하게 감정과 욕구, 사고, 때로는 무의식적 소망이나 갈등도 여과 없이 표현하게 된다.

(7) 놀이는 놀이가 아닌 것들에 대해 어떤 체계적인 연관성을 가진다.

영아가 모빌을 치는 것은 근육 발달상 통제를 배우는 것이고, 원인을 예측하고, 결과에 영향을 주는 것을 확인하는 것이다. 네 살 된 유아는 설거지 놀이를 통하여 성인 역할을 경험하며, 북소리를 따라 걸어가는 유아는 놀이를 통한 신체활동과 리듬에 맞춰 즐거움을 선택한 것이며, 또래와 어떻게 함께 하는지를 배우고 있는 중이다.

이처럼 놀이는 즐거움을 추구하는 것이고, 자유롭게 선택하는 것인 동시에 그 과정 속에서 아동은 학습하고 성장하고, 새로운 기술을 배우며, 새로운 경험들을 실험하게 된다. 세상을 많이 접해 보지 못한 아동은 무언가 시도해 보려고 하고 그 과정을 통해 성취감과 조절감을 얻게 된다. 이러한 욕구는 아동의 능력을 개발시키고 유능한 존재로 만들게 된다. 아동은 놀이 활동을 통하여 자신의 능력을 새롭게 발견하고 그로 인해 아동의 자아존중감이 발달하게 된다. 또한 그들의 발달단계에서의 문제점을 극복할 수 있게 되며, 자신의 문제를 해결하는 방법과 기술을 터득한다. 이때 성인은 아동이 자신만의 자유로운 생각으로 표현해 놓은 작품을 평가하거나 비난하지 않아야 하며, 간섭하지 않고 아동의 놀이를 승인하여 아동이 놀이에 열중하게 도와주는 것이 중요하다. 그런 아동의 욕구를 도와주는 노력은 아동이 탐색하는 것을 배우게 하며 결과적으로 새로운 것의 발견을 돕고 해결해 나가는 과정에서 스스로 최선을 다하도록 하는 것이다.

이러한 놀이의 과정은 아동이 성장하면서 만나게 되는 많은 장애물에 대하여 체험해 보는 것을 돕고 그에 대한 두려움을 감소시키며 효과적으로 대처하는 방법을 배울 수 있는 경험을 제공하는 것이다.

2) 발달단계에 따른 놀이의 변화

아동은 발달단계에 따라 신체적 · 지적 · 사회적 · 정서적으로 많은 성장을 한다. 이에 따라 놀이 활동 또한 변화해야 하며 이를 통해 아동이 새로운 능력을 시험하고 발견하도록 한다. 또한 이런 능력들을 완벽하게 하고 다른 기술들로 나갈 수 있도록 돕게 된다. 사실상 어떤 놀이건 간에 발달단계에서 성장을 위한 기술을 연마하기 위해 연습으로 활용될 수 있다. 예를 들어, 학교 운동장에서 하는 단순한 술래잡기 게임은 여러 방면에서 아동의 발달능력을 키워 준다. 신체적으로는 술래의 잡기를 피하기 위해 빠르고 민첩해야 하며, 빠르게 멈추었다가, 다시 움직이기 위해서는 많은 다른 신체의 움직임이 동시에 사용되어야 한다. 인지적으로도 아동은 술래에게 잡히지 않기 위해서 그리고 술래에게 잡힌 다른 친구들을 구하기 위해서 전략을 세워야만 한다. 또한 사회성 영역에서 아동은 중요한 집단 상호작용 기술을 배우게 된다. 게임을 시작하기 위해서 한 아동은 다른 아동에게 접근해야 하고, 규칙을 따르고, 게임을 조정해야 한다. 이처럼 놀이는 전반적인 발달에 영향을 미치는 것이다. 병원아동생활전문가는 병원 생활의 엄격함에 대처하는 데 중요한 도구가 되는 놀이를 적절히 사용할 수 있도록 돕고 모든 아동의 성장을 효과적으로 향상시키기 위해 무엇보다 아동의 각 발달 영역에서 놀이의 중요성을 알고 있어야 한다. 이를 좀 더 명확하게 각 단계별로 살펴보면 다음과 같다.

(1) 놀이와 신체적 발달

갓 태어난 신생아는 앉거나 기거나 설 수 없다. 하지만 생후 1년이 지나면서 영아는 이런 모든 능력을 발전시킨다. 생물학적 성숙은 다양하고 놀라운 기능을 보유하게 한다. 움켜쥐고, 앉고, 기고, 설 수 있도록 충분하게 발달한다. 이때 놀이는 신체를 훈련시키고 발달을 용이하게 하는 데 필요한 동기를 부여한다. 아이가 딸랑이 같은 관심을 끄는 물체에 손을 대보려 할 때 팔을 마구 움직이며 흔든다. 그러면서 아이는 끊임없이 자신이 흥미를 느끼는 물체를 잡으려고 반복적으로 움직인다. 그리고는 결국 물체를 잡고 난 뒤 이에 안도하며 다른 연습을 시도한다. 잡는 능력은 더 많은 놀이 기회를 만들고, 이후의 발달단계들에 대한 방법을 연습하면서 자신의 주변 환경을 통제하는 능력을 증가시킨다. 아이가 계속해서 새로운 신체 기술을 습득해 가는 과정에서, 놀이 경험은 동기유발과 연습을 가능하게 한다. 걷기를 배우는 아이는 박수로 신호를 보내는 아빠에게로 가는 놀이를 한다. 높은 곳에 오르는 기술은 좁은 미끄럼틀이나 계단 오르기에서의 놀이로 키워지며, 잡기놀이와 동물 흉내 내기는 달리기와 기어 다니기, 뛰어 오르기를 연습할 수 있는 기회를 제공한다.

놀이를 통한 많은 근육 활동이 증가하면서 아이는 세련되고 더욱 정교한 기술들을 얻어 내기 시작한다. 이때 놀이는 성장과 발전을 보이게 하면서 신체적 활동을 더욱 장려하게 된다. 공을 쥐는 법을 배운 아이는 공을 던지기 위해 연습하기 시작한다. 반복적인 노력으로 결국 아이는 정확하게 볼을 던지는 것이 가능해진다. 필기구를 쥐는 서툰 시도들은 낙서를 만들고, 이 또한 결국 알아볼 수 있는 그림을 그리게 되고, 글을 쓰게 된다. 아이는 계속 커 가면서 예술적인 놀이와 신체 운동, 그 밖의 다른 활동들을 계속하여 민첩성과 조정력을 키우게 되며, 마침내 바늘에 실을 꿰는 것 같이 아주 정교한 움직임을 능숙하게 통제하는 활동이나 골프 공을 정확하게 치기 위해서 힘과 다양한 근육들을 조정하는 부분까지 가능하게 된다.

물론 아이는 신체를 발달시키려는 목적으로 놀이를 하지는 않는다. 오히려 놀이가 가진 순수한 즐거움 때문에 끊임없이 반복하고 기술을 익히고, 이것은 생물학적 성숙으로 완성된 새로운 기술들로 발견되고 정교해진다.

(2) 놀이와 인지적 발달

장 피아제(Piaget, 1962)에 따르면, 아동은 자신의 행동과 탐험을 통해 주변의 세계에 대해 배운다. 즉, 아동은 놀이과정에서 지속적으로 참여하고, 이해하고, 새로운 정보들을 만난다. 공을 알고 있는 아동이 어느 날 동그란 풍선을 처음 가지고 논다면 아동은 풍선이 어떤 특성들을 가지는지를 놀면서 배우게 된다. 아동은 풍선이 무게가 가볍고, 꾹 눌러지며, 더 세게 누르면 터질

지도 모른다는 것도 배운다. 물컹거리는 느낌이 있고, 떨어뜨리면 땅 위에서 가볍게 떠오른다는 것을 놀이과정에서 배운다. 이후에 아동은 다른 모양의 공을 볼 때 이것을 면밀히 살피고, 이것도 역시 풍선인지 아니면 다른 것인지 알게 된다. 아이는 이 새로운 형태의 풍선이라는 개념을 공의 개념 속으로 흡수하였으며, 공에 대해 가졌던 기존의 사고방법을 변화시켜야만 한다. 즉, 모든 둥근 것이 다 같은 것이 아니라는 것을 알게 된다. 이렇게 어떤 문제가 예전의 생각으로 적용하여 해결이 안 되면 기존의 패턴을 바꾸어 더 많은 정보의 흡수를 가능하도록 변화하는 과정을 조절(accommodation)이라고 한다. 풍선을 알게 된 이 아이가 어느 날 공원에서 그런 모양의 철사를 뿌옇고 반짝이는 용액에 담근 후 원형의 철사를 공기 중에 흔들어 '동그란 풍선'을 만드는 모습을 본다고 생각해 보자. 이것은 이 아이에게 또 다른 놀랍고 신기한 사건이 된다. 많은 투명한 풍선이 떠다니며 아이를 향해 날아오고, 아이는 지금까지 익숙했던 방법으로 그것들을 가지고 놀고 싶어 하지만 손을 대면 이 풍선들은 사라져 버린다. 어린 탐정은 이것에 대한 실마리를 찾고자 하지만 실패한다. 자신이 알고 있는 풍선은 터질 때 '펑!' 소리가 났는데 이것은 그 신호가 없다. 또한 터진 후 흔히 보이는 쪼글쪼글해진 고무 조각도 보이지 않는다. 자신이 아는 풍선은 이렇게 가볍게 손을 대서 터지진 않았는데 이것은 손만 내밀어도 없어진다. 믿을 수 없는 이 아이는 다시 한 번 시험해 보지만 결과는 같다. 이런 사건들은 지금까지 가지고 있던 풍선에 대한 자신의 생각과 맞지 않고, 아이는 또 다른 조절과정을 만든다. '어떤 둥글고 반짝이는, 땅 위에 가볍게 떠 있는 물체는 풍선이 아니다.'는 정리를 한다. 그리고는 곧 이 새로운 물체들을 가지고 새로운 놀이 방법을 발전시킨다. 터뜨리고, 하늘 높이 불어 올리며, 비눗방울을 소매 끝으로 잡는 법을 터득한다.

우리는 이러한 정보의 흡수와 수용의 과정을 성인이 될 때까지 계속 반복하며, 이를 통하여 지적 성장을 이룬다. 하지만 성인이 사물의 조작보다는 추상적인 면에서 지적 성장을 이룬다면, 아직 추상적인 사고가 불가능한 아동은 새로운 정보를 흡수하기 위해서, 그리고 이전의 패턴에서 조절하려는 필요를 발견하기 위해서 직접적인 행동에 의지한다. 즉, 이런 이해과정은 놀이를 통해 가능한 것이다. 피아제는 각기 다른 특징을 갖는 놀이 활동과 함께 인간의 지적 성장의 분명한 단계들을 다음과 같이 서술하였다.

① 감각 운동기(0~2세)

이 단계는 아이가 태어난 후 2세 때까지 지속된다. 이 기간에 아이는 태어났을 때 가지고 있던 반사 반응 구조만 우세한 단계에서 점차 사물을 정교하게 조작해 가는 것으로 이동해 간다. 이때의 자극은 감각이고 반응은 운동이다. 아이의 행동은 자극에 대한 반응으로 나타나는 것이다. 아이는 지속적인 놀이와 관찰을 통해 사물의 움직임을 발견하게 되고, 존재하고 있는 사물과 심지어 자신의 시야 밖에 있는 것들과 함께 사물에 대한 자신의 행동과 영향 사이의 연관성에 주목하게 된다. 이 시기의 놀이는 대략 신체의 많은 움직임을 탐험하는 것으로 구성되고, 아이가 기쁨을 느끼는 행동들을 반복하는 것으로 구성된다. 감각 운동기에 획득하게 되는 중요한 능력 중의 하나가 대상영속성이다. 눈 앞에 물체가 보이지 않거나 소리가 들리지 않더라도 그 물체가 계속 존재한다는 것을 아는 것이다. 피아제는 감각 운동기의 하위 단계별로 대상영속성의 개념발달을 설명하고 있는데, 이때 놀이의 활용은 중요하다.

- 1단계: 신생아는 움직이는 물체가 보이면 눈으로 그 물체를 쫓아가다가 그 물체가 사라지면 더 이상 그 물체에 관심을 보이지 않는다.
- 2단계: 아이의 눈앞에서 장난감 강아지 인형이 천천히 왔다 갔다 움직이면 눈을 움직여 그 인형을 쫓는다. 그러다가 인형이 아이가 바라보는 중에 사라지면 바로 직전에 머물렀던 지점을 잠시 보다가 이내 고개를 돌

린다.

- 3단계: 눈과 손의 협응이 이루어져 물체가 부분적으로 눈에 보이는 경우에는 잡으려고 애쓰지만, 물체가 사라지는 과정을 보았음에도 불구하고 완전히 사라진 경우에는 찾으려 하지 않는다. 장난감이 담요로 반쯤 가려지면 아이는 잘 찾아내지만, 완전 덮어놓으면 찾지 않는다.

- 4단계: 시야에서 사라진 물체를 적극적으로 찾으려고 한다. 하지만 아이가 볼 수 있게 하고 처음 감춘 장소에서 다른 장소로 장난감을 옮겨도 처음 감춰진 장소에서 장난감을 찾으려고 한다.

- 5단계: 아이가 보는 자리에서 장난감을 빠르게 여기저기로 옮기면서 숨겨도 금세 찾을 수 있다. 보이는 곳으로의 이동은 아직 이해하는 수준이 아니다.

- 6단계: 대상영속성의 개념이 완전하게 발달한다. 장난감을 숨기는 장면을 보지 못해도 장난감을 찾을 수 있다.

② 전조작기(2~7세)

이 시기는 대략적으로 2세에서 7세까지 아우른다. 이 단계에서는 논리적인 조작이 가능하지 않기 때문에 전조작기라고 부른다. 이전 시기의 유아는 사물의 움직임의 개념을 발전시켰고, 이제는 사물 움직임에 대한 개념과 붙잡는 더 큰 능력 그리고 상징의 사용이 증가하면서 사건들의 이미지를 기억해 낼 수 있게 된다. 이미지 사고와 언어를 통해 아이는 사물을 표현하고 주변 세계와의 관계를 표현한다. 이 시기의 아이는 상당히 자기중심적이고, 자신이 아닌 타인의 관점으로 세계를 보는 것이 불가능하다. 전조작기에 해당하는 3~5세 유아는 죽음에 대해 이해도가 성인과 달라 죽으면 끝이라는 것을 이해하지 못하고, 죽었다가 다시 살아나거나 일종의 헤어지는 상태로 이해하며 5~9세가 되면 죽음을 인과 관계로 본다. 그들은 죽음을 나쁜 짓이나 사악한 일을 한 결과로 생각하는 것이다. 지나친 설명과 이해 강요는 아이에게 혼돈을 일으킬수도 있다.

이 시기의 놀이 중 가장 매혹적인 것은 가상놀이이다. 이들은 상징화로 채워지는데 '무엇인 척 하는' 놀이에 참여할 수 있다. 가상적인 사물이나 상황을 실제 사물이나 상황으로 상징화하는 가상놀이는 소꿉놀이, 병원놀이, 학교놀이 등을 통하여 나타나고, 유아기 동안 점점 더 빈번해지면서 연령이 증가할수록 점점 더 복잡해진다(Rubin, Maion, & Hornung, 1976). 이때 아이는 사물을 모방하고 사건을 재창조한다. 놀잇감은 다른 상징적인 것들로 변신할 수 있는데, 예를 들어 블럭 세트는 빌딩이나 자동차, 바위, 음식 혹은 아이가 원하는 모든 다른 어떤 것들로 의미지어지면서 놀 수 있다.

③ 구체적 조작기(7~11세)

이 단계는 대략 7세에서 11세에 이른다. 이 시기의 아동은 몇 살 아래의 아이가 가진 능력을 넘어서 정신적인 조작이 가능하다. 이들은 대화의 개념을 발전시키고, 길이, 모양 혹은 집단화 등의 변화에도 불구하고 액체와 고체의 특징(무게, 양, 개별 사물의 숫자)은 변하지 않고 그대로 있다는 것을 알게 된다. 예를 들어, 전조작기의 아동은 찰흙 덩어리를 굴려서 더 길쭉한 모양으로 만들면서 양이 증가한다고 말할 것이다. 하지만 구체적 조작기의 아동은 찰흙이 다시 원래 모양으로 돌아가는 것을 보면서 이런 생각을 뒤집을 수 있는 능력이 생기고 찰흙의 양은 그대로 남아 있게 된다는 것을 알 것이다. 이 단계의 아동은 점점 더 논리적으로 사고하게 된다. 단, 이때의 사고과정은 물리적으로 구체적인 영역에서만 가능하다. 구체적 조작기의 아동은 일련의 행동들의 의미를 이해하는 능력을 더욱 발전시킨다.

이 시기의 아동은 수술이나 처치의 준비, 과정에 수반되는 단계 모두를 포함해 완전하게 잘 이해할 수 있다. 이 단계의 아동은 순서에 따라 사물을 놓을 수 있는 능력이 생긴다. 예를 들어, 길이가 길어지는 순서로 막대기들을 정리할 수 있다. 논리적으로 생각하는 능력이 증가하면서 순서에 대한 새로운 능력이 생기고 아이들의 놀이에도 반영된다. 게임이나 다른 활동들이 잘 짜인 규정이나 규칙에 기반하게 되며, 비밀 클럽이 생기고, 팀이 형성되고, 집단 활동은 이전 시기보다 훨씬 경쟁적이게 된다. 이 시기에는 죽음에 대한 이해도가 높아져 9~10세 정도가 되면 죽음을 인생에 있어 피할 수 없고 불가피한 것으로 이해하게 되며, 질병이나 신체 기능에 영향을 주는 어떤 다른 환경의 결과로 이해하게 된다.

④ 형식적 조작기(12세 이후)

피아제의 지적 성장 마지막 단계는 12세 이후에 해당하며 이 시기는 성인과 비슷한 사고가 가능하다. 사고과정을 발달시키는 데 필요한 직접적인 행동들이 내면화된다. 형식적 조작기의 아동·청소년은 이제 추상적 사고가 가능하다. 물리적 행동에 의지하지 않고 개인의 머릿속에서 문제가 조직화될 수 있고, 가설들이 생성되며, 다양한 상황을 탐험할 수 있다. 예를 들어, 이 시기의 아동·청소년은 가파른 바위 끝을 오르고 싶어 할 수 있다. 이런 시도에 앞서 가능한 모든 방법을 미리 알아보고, 각각의 장점과 위험성도 찾아보고, 중간에 멈출 만한 곳과 바위의 경사면을 예측해 보고 막다른 길을 그려 보면서 필요 장비들을 결정하며, 마지막으로 모험을 시작하기 위한 적절한 시간을 고를 수 있다. 새로운 정보를 흡수하고 수용하여 만든 과거의 기억과 사고과정 속에서 자신이 경험한 놀이들은 논리 이전 단계의 사고들을 변화시켜 등반을 계획하는 데 필요한 추상적 사고로 발전되어 자신의 목적 달성에 많은 도움을 준다. 이 시기에 증가된 지적 능력은 이들의 여가 활동을 더욱 완전하게 할 수 있게 하여 전자, 음악, 예술, 기계 그리고 다른 높은 정도의 추상적 사고를 요구하는 활동 등에서 전문가가 될 수 있게 한다. 또한 새로운 지적 능력은 이전에 수용한 활동들을 더욱 강화하고 완벽하게 하는 데 사용된다. 새로운 기술의 융합을 통해 신체적 능력을 향상시키고, 결과를 예측하는 능력은 대부분의 목표에 이르게 된다.

피아제의 놀이 기능

피아제(Piaget, 1962)는 인간의 인지적 행동을 환경에 대한 순응으로 보았으며 이 순응은 동화와 조절이라는 두 가지의 보충적 과정을 통해 이루어진다고 했다. 엄격히 말해, 피아제는 놀이를 순수한 '동화과정'이라 생각했다. 즉, 아동은 관련된 상황과 재료들의 특성에 관계없이, 현실을 기존의 사고에 어울리게 변환시킨다는 것이다. 바퀴, 문, 운전기사가 없지만 아동은 나무 블록으로 자동차를 만들어 놀이에 활용한다. 이런 놀이는 보상 기능을 제공한다. 피아제는 자신의 딸이 갓난 아기들을 만져서는 안 된다고 주의를 받은 후에, 놀이에서 새로 태어난 아기를 안아 주는 척을 하며 노는 것을 보고 이 기능을 설명하였다. 아동의 이런 활동들은 아동이 과거의 경험을 다시 상기할 수 있게 하고 현실을 뛰어넘는 자아의 만족을 이루게 한다. 놀이는 아동이 속상했던 현실을 기분 좋은 상태로 만드는 것을 가능하게 한다는 것이다.

(3) 놀이와 사회적 발달

놀이는 사회적인 면에서도 아동의 발달에 중요한 역할을 한다. 처음 어린아이의 놀이는 혼자 하는 고립된 놀이부터 시작된다. 이때 아이는 자신 신체 주변의 것에 관심을 보이며 만져 보고 찌르고 느끼고 탐색하면서 그것에 집중한다. 초기의 타인과의 상호작용은 대개 다양한 형태의 놀이에 아이를 참여하게 이끄는 성인에게 한정된다. 이후 유아기부터 또래와의 상호작용이 시작되는데, 이 시기에 또래 사이의 놀이 상호작용의 기회가 주어지면 유아는 최소한의 언어 상호작용을 일으키며, 서로 가까운 위치에서 일상적인 놀이를 시작한다. 이 과정에서 놀이 활동은 제한된 상호작용의 자원이 되어 주고, 서로의 놀이에 대해 말하게 되며, 제한된 상호작용을 통하여 친구들 사이의 협력관계를 만들어 자신들의 놀이를 더 복잡한 형식으로 만들어 나아간다.

아동의 놀이 행동에 기반을 둔 사회적 참여에 대한 분류는 파튼(Parten, 1932)이 처음 제안하였고, 이것은 놀이 연구 분야에 여전히 널리 사용되고 있다. 파튼의 여섯 가지 범주는 제한된 상호작용을 통해 더욱 복잡한 협동놀이로 나아가는 것을 보여 준다. 파튼의 분류는 다음과 같다.

- **점령되지 않은 행동**: 이 행동을 보여 주는 아이는 놀이를 하고 있는 것으로 보이지 않을 수 있다. 대신 그들에게 흥미를 주는 것이 무엇이든 지켜본다. 흥미에 오래 집중하지 않으며, 곧 자신의 몸을 다른 방향으로 움직인다.
- **방관자 놀이**: 놀이 자체에 활발하게 참여하지는 않지만, 다른 이들의 놀이 활동에 관심을 집중하고 참여하는 사람들 가까이에 남아 있다. 방관자 놀이는 점령되지 않은 행동과는 다르다. 방관자는 주어진 시간에 가장 흥미로운 자극에 그냥 참여하기보다는 다른 이들의 특정 놀이를 세심하게 관찰하고 있다.
- **고독하고 독립적인 놀이**: 이 놀이를 하는 아이는 근처에 있는 다른 아이들과는 다른 놀잇감을 사용하여 혼자서 논다. 다른 아이들과 상호작용하기 위해 이 아이가 하는 노력은 없다. 파튼은 고독한 놀이는 '미성숙한 놀이 형식'이라고 하였다.
- **병렬적 놀이**: 이 놀이는 같은 공간에서 유사한 놀잇감으로 놀이하지만 독립된 방식으로 놀잇감을 사용하는 아이를 특징짓는 것이다. 옆의 아이의 놀이를 변화시키려는 어떤 시도도 하지 않는다. 파튼은 이들은 '다른 아이들과 같이 하기보다는 나란히 옆에서 놀이하는 아이'라고 하였다.
- **연합하는 놀이**: 연합하는 놀이를 하는 아이는 공통된 활동에 참여하면서

서로 상호작용한다. 놀잇감을 서로 교환할 수도 있고, 서로의 참여를 통제 · 제한하려는 시도가 있을 수 있지만 놀이가 조직화되지는 않는다. 이 집단은 공통된 목표를 공유하지 않는다. 이 놀이에 참여하는 아이는 각 개인의 흥미에 종속되지 않고, 각자가 원하는 대로 활동한다.

- **협력하거나 조직된 보충 놀이**: 이 놀이를 하는 아이는 미술작품을 만들거나, 형식이 있는 게임을 하거나, 상황을 이야기로 만드는 등 집단의 목표를 만들어 놀이 활동을 한다. 예를 들어, 놀이 안에서 아이들은 각자 의사가 되기도 하고 집이 되기도 하면서 다채로운 놀이를 할 수 있다. 놀이는 한 명 혹은 두 명의 아이들이 이끌게 되고 다양한 역할을 가지게 된다. 집단에 들어가는 것은 구성원들에 의해 통제된다. 이 놀이는 아이들이 초등학교에 입학하게 될 때부터 가능하며, 놀이 활동은 보통 최소 어느 정도의 여러 아이가 함께하는 놀이가 된다.

이후 파커(Parker, 1977)는 아동의 놀이를 사회성 발달의 측면에서 다음의 4단계로 나누어 설명하였다.

- **단독놀이(solitary play)**: 생후 1년 동안의 놀이로 아동은 옆 사람이나 주변인에게 관심이 없고 혼자서 하는 놀이를 즐긴다.
- **평행놀이(parallel play)**: 아동이 만 2세 정도가 되면 다른 아동 가까이로 놀잇감을 가져가서 놀지만 함께 어울리지 못하고 옆에서 따로 노는 모습을 보인다.
- **집단놀이(group play)**: 아동이 만 3~4세가 되면 또래 아이들과 어울려서 노는 것에 관심을 보인다. 적극적인 규칙을 지키거나 잘 어울리진 못하더라도 공동놀이에 관심을 보인다.
- **협동놀이(cooperative play)**: 만 5세 무렵의 아동은 조직화된 협동놀이를

할 수 있다. 또래 집단과 어울려 규칙을 지키려 하고 다른 아동과 힘을 합쳐서 지속적인 성취 놀이를 하게 된다.

이후 실체적인 조정의 발달단계로 이동하면서 아동의 놀이는 점차 복잡해지고 구조화되고, 규칙을 만드는 것에 집중하게 된다. 협력적인 놀이는 학령기 아동이 잠재적인 우정을 탐색하고 그 관계들을 굳건하게 할 수 있게 하는 수단이다. 학령기의 협력적인 놀이를 통해 발달하는 대인관계 기술은 아동이 사춘기로 접어들면서 더욱 중요해진다. 집단에 참여하는 것은 특히 또래들을 의식하는 이 시기에 소속감을 전달해 주는 아주 중요한 과정이다. 주어진 주제나 기술, 예를 들어 운동, 사진, 음악 등에 중점을 두는 여가 활동은 사춘기 아동 · 청소년이 자신의 흥미를 찾고, 가능한 미래의 직업 역할들을 탐색하는 데 도움을 준다. 그러므로 집단 활동은 정체성에 대한 질문과 씨름하는 사춘기 아동 · 청소년을 도울 수 있다. 또한 협력적인 상호작용은 생물학적 성숙의 문제들에 대처하고 이성 친구들과의 접촉 기회를 만들고 성적 역할에 따르는 새로운 행동들을 탐색하게 한다.

이처럼 어린 시절 타인과의 접촉에서부터 성인의 삶에 이르기까지 놀이경험은 사람들이 함께할 수 있게 하고, 즐거운 활동 속에서 타인과 어떻게 지내야 하는지를 배울 수 있게 한다. 이것은 놀이의 의식적인 목표는 아니지만, 아동이 놀이로 타인과 공감하고 즐거워질 때, 놀이로부터의 만족감이 고조될 때 나타나는 부가적인 산물이다.

병원아동생활전문가가 아동의 놀이발달을 알고 있는 것은 중요하다. 정서적으로 미숙한 아동은 훨씬 어린 나이 수준의 놀이에 머물러 있음을 감지할 수 있어야 한다. 만 7세의 아동이 여전히 방관자놀이나 병렬적놀이 수준에 있다면 일반적인 아동놀이 발달과 비교하여 그 수준을 평가할 수 있어야 한다.

(4) 놀이와 정서적 발달

이상적이고 걱정이 없는 어린 시절은 그 시절의 아픔, 어려움, 고민, 고통을 잊은 성인의 마음속에만 존재한다. 즉, 성장하는 동안, 공포, 환상, 불안한 감정은 누구에게나 존재하며 이것은 항상 아동과 함께한다. 변화에 직면할 때 아동은 그 자신과 주변 세계 속에서 내적 갈등을 가진다. 건강한 정서적 균형을 유지하면서 성장과 발달의 여러 측면을 종합하는 것은 힘겨운 과정일 수 있다. 하지만 놀이를 통해 정서적 갈등을 해결할 때 이 과정은 더 효과적일 수 있다. 안정된 환경과 신뢰적인 관계 안에서의 놀이는 아동이 성장과정에서 경험하는 현실 문제들을 더 잘 다루고 그것에 직면하여 해결할 수 있도록 돕는다. 이것은 놀이의 치료적 특징 중 하나로 아동에게 자기표현의 기회를 제공하고, 이전에 감춰져 있던 감정을 나타내고 어려운 상황들을 잘 대처할 수 있도록 한다. 놀이가 정서적인 측면에서 지원하는 부분은 다음과 같다.

① 자기표현

유아는 언어적 제약으로 자신의 감정이나 생각을 원활하게 전할 수 없으며, 공포, 약간의 불쾌감, 강한 미움과 같은 감정 사이의 차이점을 구별할 수 없다. 성인처럼 언어를 통해 자신을 잘 전달할 수 없는 유아는 놀이를 통해 그런 감정에 대한 소통을 할 수 있다.

기현 이야기

기현이는 단호한 표정으로 곰 인형을 놀이방 한쪽에 있는 의자에 혼자 두었다. 분명히 전에 그 곰이 잘못한 것에 불만이 있어 보였다. 간호사 한 명이 놀이방에 들어와 담당의사의 검진을 위해 기현이를 병실로 돌려보내려 하였다. 기현이는 곰 인형을 잡으며 주저하는 자세를 취했고 곰 인형을 놓치 않으려는 행동을 보였다. 이 행동으로 기현이가 공포감을 가지고 있고 그것을 행동으로 표현한다고 본 병원아동생활전문가는 놀이 안에서 기현이를 이해하고, 겁이 난 것 같음을 알아차리고 감정에 이름을 붙여 주었다. 그리고 간호사에게 기현이의 정서를 설명해 주었다. 이후 기현이에게 감정의 이름을 사용하여 소통하자 기현이는 그 상황을 더 잘 이해할 수 있게 되었으며 편안하게 치료를 받을 수 있었다. 이후 기현이는 약하긴 했지만 검사에 대한 자신의 감정을 놀이로 표현하며 그 상황에 대한 자기 감정을 표현하는 모습을 보여 주었다.

기현이의 예는 적절한 언어기술을 가진 아동에게도 마찬가지로 일어날 수 있다. 아동은 지나치게 공포스럽거나 사회적으로 수용이 어려운 사고와 감정에 대해 이야기하지 않으려 한다. 하지만 수용적이고 지지하는 성인이 있을 때, 놀이를 통해서 이런 감정이 표현될 수 있다.

아동의 놀이를 지속적으로 관찰하는 것은 아동의 생활 속 갈등의 원인들에 대한 실마리를 얻을 수 있으며, 놀이에 등장하는 주제의 빈도를 통해서도 아동 생활의 갈등 정도를 알 수 있다. 예를 들어, 부모로부터 병원에 남겨진 것에 대한 것에 갈등을 경험하는 아동은 놀이 매체와 다양한 놀이 상황에서 이에 대한 증거를 제시할 것이다. 놀이 안에서 가족 그림을 그리는 아동은 그 안에서 자기 자신의 생각을 투영하여 그릴 수도 있으며, 인형놀이를 하면서 가족 인형 중에서 나머지 사람들이 한 사람만 거부하는 식으로 놀이를 할 수도 있을 것이다. 놀이 안에서 아동은 자기가 버려졌던 것을 나타내고 간호사 인형에게 병실을 나가라고 명령하거나, 다른 환자들에게 겁을 준다거나, 병원에서 타인을 거부하는 상황을 만들 수 있다. 아동은 실제와 다르게 놀이 안에서 형세를 역전시키는 상황을 만들 수도 있다. 병원아동생활전문가는 이런 행동을 중요하게 여기며 더 면밀히 관찰하여 이후에 아동이 느끼는 공포와 아동이 반복적으로 나타내는 주제를 발견할 수도 있을 것이다. 이런 행동은 인형놀이와 이야기놀이와 같은 자기표현놀이에서 잘 나타날 수 있으며, 이 과정 안에서 자신이 당면한 문제들을 생각과 환경 그리고 특정짓는 인물과 장면들로 표현해 낼 수 있다. 이처럼 놀이 활동은 아동이 신체활동과 완성된 결과물을 통해 감정을 분출할 수 있게 도우며, 음악놀이를 하거나 다른 창조물들을 보는 것으로도 감정을 표현하고 드러낼 수 있게 돕는다.

② 숙달감

아동이 일상 생활에서 겪는 많은 갈등과 씁쓸한 감정은 성인이 점령한 이 세상에서 자신이 느끼는 난감함과 무력함에서 비롯한다. 성인은 아동에게 앞으로 언제, 어디든 갈 수 있다고 말하고, 더 나아가 주어진 환경 속에서 많은 매력적인 대상을 탐험할 수 있다고 말한다. 수동적인 위치에 있는 아동에게 이러한 말들은 아주 고통스럽게 느껴질 수 있다. 부모가 이혼을 하거나, 모르는 아이가 가족이 되기도 하고, 입원하게 되는 상황이 벌어지는 등 자신이 통제할 수 없는 충격적인 변화가 생길 때, 그리고 이것을 견디고 극복해야만 할 때 아동은 고통스럽기까지 하다. 놀이 상황에서 아동은 외관상 사소해 보이는 문제에서부터 큰 갈등까지 적절히 대처하는 데 필요한 힘을 얻을 수 있다. 이 안에서 아동은 수동적인 희생자가 되기보다는 사건을 적극적으로 대처하는 사람이 되며 자신의 세상을 지배한다. 자신이 싫어하는 어떤 음식을 꼭 먹어야만 하거나, 아직 이른 시간임에도 잠을 자야 하는 아동은 놀이에서 더 어린 동생에게 똑같은 명령을 하거나, 동물이나 인형을 괴롭히는 놀이를 한다. 무서운 사건에 직면한 아동이나 검사를 위한 실험을 해야 하는 아동은 다가 올 경험을 연습해 보는 것에 놀이를 사용할 수 있다. 취학 전의 아동은 가상의 교실을 만들기도 하고, 가상으로 학교에 가서 놀기도 하면서 다가올 활동을 연습하고 익숙해지려고 한다. 부모와의 이별을 두려워하는 아이들은 '까꿍'놀이나 '작별 인사'놀이로 공포에 대한 지배력을 가져 볼 수도 있다. 이런 활동을 통해 아동은 활동적인 역할을 수용하고, 편안한 분위기에서 이별을 시도하며, 다른 무기력한 상황에서의 통제력을 갖게 되기도 한다.

3) 병원아동을 위한 놀이의 역할

우리나라 병원에서 병원아동생활전문가 프로그램을 적극 도입하고 실행하는 것에 대한 가능성을 고려할 때, 병원 측에서는 "경영진에서 아동과 그냥 놀아 주기 위해 정규직 인원을 고용하는 것을 허락하지 않을 것 같다."라는 말들을 하곤 한다. 안타깝고 슬프지만, 병원 인력들 사이에선 이런 의견이 많은데 이것은 아동의 병원생활에서의 놀이가 갖는 중요한 역할을 심각하게 오해하고 있다는 것을 보여 주는 것이다. 앞서 언급한 병원의 책임자를 포함하여 많은 사람은 놀이 자체를 아동의 기분전환을 위해 좋은 것이지만 중요하게 다뤄질 것은 아니라고 생각하거나 유치하고 시시한 것으로 보는 경향이 있다. 이로 인해 병원아동생활 프로그램은 병원아동의 돌봄을 위하여 꼭 필요하고 중요한 부분으로 인식하기보다는 병실에 두는 TV나 병원 내의 기념품 가게 정도의 의미로만 여겨지기도 한다. 하지만 놀이를 보는 그런 시각, 다시 말해 놀이는 때로는 정신없고, 위험을 부르기도 하고, 비밀스럽게 모여 하던, 환상 같은, 그냥 흘려 보낼 수 있으며, 찰나적으로 신나고 즉흥적인 것이라고 생각한다면 놀이에서 진짜 중요한 것을 놓치는 것이다.

아동심리학자들은 아동의 일상생활에서 놀이가 갖는 중요성을 전하기 위한 다양한 시도를 하였다. 그들은 놀이를 성인의 직업과 비교되는 중요 활동이라 강조하면서 아동기의 '일'이라고 불렀다. 또 어떤 이들은 아동의 놀이와 아동 주변 세계 사이의 불가분의 관계를 강조하면서 놀이가 아동의 삶에 대한 응답이라고 하였다. 하틀리와 골든손(Hartley & Goldenson, 1963)은 "놀이는 아동의 삶에 대한 응답이며, 자신이 중요하고 성장하고 창조적인 개인이 되어 가면서 놀이는 그의 삶이 된다."라는 말을 하며 놀이의 필요성을 강조하였다.

　적절한 놀이의 기회를 빼앗긴 아동은 발달단계의 여러 측면에서 어려움을 경험하게 될 수도 있다. 신체적인 이유나 지적 발달의 이유로 그 연령대에 맞는 적절한 행동양식을 배워 가는 데 어려움이 있었던 유아들은 많은 사회적 상황에서 사람들과의 상호작용과 자극이 부족할 수 있다. 만약 이런 유아들에게 그들의 조건을 고려한 놀잇감들을 적절하게 구성하여 놀이를 매개로 한 상호작용을 제공하였다면, 그들은 발달단계에서 놓쳤던 그 시기에 가능한 성장을 도울 수 있었을 것이다. 나이트(Knight, no date)는 그의 연구에서 엘리베이터가 없는 아파트 3층 이상에 거주하는 5세 이하 유아들은 3층 이하에 사는 유아들보다 놀 수 있는 공간과 기회가 제한되며, 이들은 종종 놀이를 위해 1층으로 내려가려 하지 않고, 만약 놀이를 한다고 하더라도 밖으로 나가서는 놀지 않는다고 하였다. 그리고 밖에 나가서 하는 놀이를 덜 하게 되는 고층에 사는 유아들은 평균적으로 낮은 층에 사는 유아들에 비해 지적 성장이 1년 정도 뒤떨어진다는 것을 밝혔다. 이러한 환경의 자극 요인들이 아동의 정서적·신체적·지적 부분에서 영향을 미친다는 것은 다른 많은 학자 또한 논의하였다. 하지만 열악한 환경의 아동도 여러 재료를 활용할 수 있고, 사회적 지원이 제공된다면 그리고 상황의 열악함이 주는 영향력을 최소화한다면, 환경과 즉각적이고 활동적으로 탐험하고 상호작용할 수 있다는 것도 밝혀졌다.

　병원아동인 경우도 마찬가지이다. 놀이는 아동의 생활에 통합된 부분이며 놀이를 억압하는 것은 정상적인 성장과 발달을 심각하게 방해하기 때문에 병원아동도 놀이 활동을 가능하게 하는 많은 기회를 가져야 한다. 놀이를 하고자 하는 아동의 욕구와 충동은 아주 강력하다. 병원처럼 적당한 공간과 재료가 없는 상황에서도 아동은 놀이를 계속하기 위해 어떤 것이든 활용하고자 할 것이다. 수액, 형광등 스위치, 리모콘이 될지라도 주변에 있는 것들을 놀이에 적극 활용하고자 할 것이다. 병원은 아동을 돌봄에 있어 놀이에 대한 지칠 줄 모르는 아동의 열망을 좌절시키거나, 아동에게 덜 바람직하고 더 위험한 미디어를 이용하게 하기보다 병원아동생활 프로그램을 통해 놀이 활동이 용이하도록 지원해야 할 것이다.

병원아동에게 치료과정이나 입원은 놀이의 질을 심각하게 공격하고, 아동이 참여하게 되는 범위를 제한한다. 예를 들어, 침대에만 있어야 하는 아동, 수액을 연결하고 있는 아동, 그 밖에 다른 제약이 있는 아동은 신체 활동에 바로 쉽게 참여하기 어려울 수 있기 때문에 그 나이에 필요한 활동적이고 격렬한 활동은 어려울 수 있다. 이런 방해 요인들은 신체적인 발달 이외에 아동의 사회적 발달까지 위협하기도 한다. 고립된 병실에 한정된 아동 혹은 두 개의 수액을 맞는 아동은 입원하지 않는 아동보다 다양한 아동 사이를 움직이는 것이 어려울 것이 분명하다. 제약이 있지만 움직임이 가능한 아동도 때로는 다른 아동과 노는 것을 꺼리기도 한다. 자신의 상황이 다른 아동과 자신을 다르게 보이게 할까 봐 두렵기 때문이다. 또한 병원은 아동에게 잠재적으로 배움의 자극이 될 수 있는 곳이지만, 새로운 환경의 여러 면과 상호작용할 수 있게 되지 않는다면, 아동이 그런 이점을 얻기는 어렵다. 사실 입원은 아동의 지적 성장에 부정적인 영향을 가질 수도 있다. 그리고 정상적인 성장에서 누구나 겪을 수 있는 갈등이나 아픔, 이별도 낯선 것들을 다뤄야 하는 입원 중인 아동에게는 더욱 심하게 와 닿을 수 있다. 이런 복잡한 감정들을 감당해야 하는 병원아동에게 놀이 경험을 통해 감정의 표현을 돕고 이러한 과정을 극복해 나가는 것을 조력하는 것은 매우 중요하고 필수적이다.

병원에서 괴로운 치료과정을 계속 해야 하는 병원아동에게 놀이 활동은 아동이 수동적인 자세로 병원의 규범만 따르게 하기보다는 적극적인 참여자가 될 수 있는 기회를 제공한다. 예를 들어, 놀이실에서 자신이 원하는 방식으로 펀치백을 던지고, 주사기 모형을 다루고, 인형을 가지고 놀거나 다른 여러 기구를 조작하는 등 활동적인 역할을 할 수 있다면, 병원의 다른 공간에서는 거부당했던 에너지를 다시 찾을 수 있을 것이다.

또한 완전하고 사려 깊은 놀이 프로그램을 통해 입원이 아동의 발달에 미치는 부정적인 영향을 최소화할 수 있으며, 이는 발달상의 다른 여러 놀이 형식들과 연결되기도 한다. 예를 들어, 블럭 탑을 세우고 넘어뜨리는 것은 분노를 해소하는 최고의 방법이며, 이는 사물의 균형을 잡고 정확히 던지는 신체 기능을 연습하는 것에서도 실행되는 방법이다. 놀이를 통하여 주사기 다루는 법을 배우고, 자석을 가지고 노는 것을 통해서 섬세한 운동 능력을 연습할 수 있는 기회를 갖게 된다.

또한 놀이방은 아동이 입원해 있는 동안 학습을 증진하는 데 필요한 지적 자극을 제공한다. 주사기에 공포를 가지고 있는 아동이 주사기를 가지고 놀면서 주사기의 플런저를 누르면 공기가 주사기 끝으로 빠져나가는 것을 알게 될 것이며, 주사기 끝을 손가락으로 꽉 막으면 플런저를 누르기 어렵다는 것을 알게 될 수도 있다. 이러한 정서적·신체적·지적 활동이 또래 아동과 함께하면서 실행될 때 아동은 놀이과정을 통해 또래 의사소통, 협력과 같은 사회적 기술을 활용하게 되며 그에 따른 사회적 발달이 이뤄질 수 있다. 또한 다양한 놀이에 대한 타인의 반응을 알 수 있게 된다. 만약 놀이과정이 없다면 아동은 이런 중요한 경험을 할 수 없을 것이다. 카셀(Cassell, 1965)은 퍼펫을 이용한 역할놀이 활동이 치료과정 동안 심장 박동기를 장착한 아동의 정서적 불안을 줄였음을 연구에서 증명하였으며, 클랫워시(Clatworthy, 1981)는 매일 30분씩 놀이치료를 받은 아동은 불안의 수준이 그렇지 않은 아동들에 비해 현저히 낮아짐을 보고하였다. 이처럼 입원과 관련된 스트레스와 걱정에 대처하고, 정상적인 성장과 발달을 유지하는 데 놀이의 역할은 유용하다 할 수 있다.

(1) 병원생활의 적응을 위한 교육과 준비

입원 기간 동안 아동은 익숙했던 가정환경에서 벗어나 낯설고 새로운 환경의 어색함 속에 놓이게 된다. 그러므로 병원아동생활전문가와 병원 인력은 이러한 아동의 감정과 정서를 완화하기 위하여 아동을 위한 행사를 준비하고, 부모 참여를 장려하며, 병원 환경을 집과 유사하게 만들면서 그 낯섦을 줄일 수 있게 도와야 한다. 아동이 병원에 도착했을 때부터 놀이의 필요성이 등장한다. 놀이는 아동이 자기의 세계를 재구성하게 도우며, 환경에 익숙해질 수 있도록 해 주고, 무서운 것들에 대한 통제력을 생성하게 돕는다. 그리고 자신의 감정을 표현하고 싶어 하는 아동의 욕구를 해소시켜 준다. 그러므로 병원아동생활전문가와 병원 관계자들은 자신들의 기능을 실행함에 있어서, 아동에 대한 심리적 위험을 최소화하기 위해 놀이를 이용할 수 있다. 병원아동생활전문가는 아동이 새로운 환경에 익숙해지도록 여러 놀이 활동을 시도해야 한다. 놀잇감은 집에서 가져오는 익숙한 장난감과 게임들도 도움이 될 수도 있지만, 병원에서 이용 가능한 놀잇감들을 아동이 찾아 보게 하는 것도 좋은 방법이다. 아동은 자신의 장난감을 선반에 정리하고, 가방을 풀고, 놀이방에서 가져온 것들을 쌓아 둘 수도 있다. 아동은 종종 자신의 방을 가족, 친구, 집을 그린 것 등으로 꾸미기도 한다. 이런 과정은 병원에서 자신의 공간과 영역을 확보하는 것일 수도 있으며, 병원이 아닌 아동 자신의 세상을 떠올리고 유지하려는 것이기도 하다. 아동이 병원에서 놀이할 수 있다는 것을 발견하는 것은 그 자체로 그들을 안심하게 하며, 이것은 환경의 낯선 향기를 줄이고 아동이 다른 놀이와 관련된 대응 방식을 활성화하도록 한다. 그러므로 아동이 병원에 와서 처음으로 보는 것이 밝고 환영하는 분위기의 놀이방이면 아동의 병원생활의 안정에 많은 도움이 될 것이다.

변화된 많은 소아과 시설이 입원에 대해 그리고 입원 기간에 겪게 될 많은 과정에 대해 아동을 준비시키는 것의 중요성을 인식하고 있다. 아동을 위하여 준비한 프로그램은 설명서를 통해 정보를 제공하고 있긴 하지만 이러한 방법은 어린아이가 이해하기에 너무 어려운 방법이다. 그림이나 모형이 없는 설명은 아이에게는 아무 의미가 없을 것이고, 어린아이의 눈높이에서 자세히 설명해 주지 않는다면 이야기하는 내용들의 무서운 이미지만을 떠올리게 되는 역효과를 나을 수도 있다. 그러므로 놀이를 통해 그것에 대한 준비와 교육을 받고 그것을 스스로를 교육하고 이해하는 시도는 아동이 병원생활에 적응하고 안정감을 느끼는 데 많은 도움을 줄 것이다. 한 아이는 바늘이 없는 주사기를 들고 숙련된 과학자처럼 질감, 무게, 맛, 역학적 특징을 분석하고 놀면서 주사기를 무서운 괴물이 아니라고 확신하게 된다. 또 다른 아이는 아주 큰 흥미를 가지고 심각한 표정으로 혈압기의 고무 풍선을 계속 누르면서 혈압측정기를 부풀리고 있는 과정을 반복하며 놀이를 할 수 있다. 이 과정은 그 아동이 자신이 처치받는 준비와 교육을 스스로 하는 시간이 될 것이다.

이와 같이 병원아동생활전문가가 실시하는 어린 아동의 병원생활에 대한 적응과 준비과정은 다음과 같은 중요한 이점을 가지고 있다.

첫째, 의미 있는 형식을 통해 아동에게 정보를 전한다. 둘째, 준비는 아동이 특정 관심사에 집중할 수 있게 한다. 예를 들어, 어떤 아이는 놀이 안에서 인형에게 계속하여 관을 삽입할 수 있다. 이것은 아이가 이 처치과정에 대해 심하게 두려움을 느끼고 있다는 것을 알 수 있으며, 이때 병원아동생활전문가는 아동이 적극적인 활동자가 되도록 도와줌으로써 아이의 두려움을 구체적인 것으로 다룰 수 있어야 한다. 만약 그 아동이 적극적인 놀이 활동에 참여하지 않았다면 또는 관찰되지 않았다면 아동의 관 삽입에 대한 불안은 결코 감지되지 못했을 것이다. 셋째, 아동이 놀잇감을 가지고 놀이할 수 있게 하고 과정들을 실행할 수 있게 하여 가지고 있는 감춰진 오해를 쉽게 드러날 수 있게 한다. 예를 들어, 인형이 나쁜 아이라 이런 것이 필요하다고 말하면서 인형에게 수술 전 약물 주입을 하는 아이가 있다면 이는 주사의 목적에 대한 오해를 하고 있다는 것을 알 수 있다. 놀이관찰이 아니라면 이런 중요한 정보는 결코 밝혀질 수 없을지도 모른다.

(2) 공포에 대한 직면과 극복

병원에서 해야 하는 많은 치료과정에서 아동은 수동적인 존재이다. 다양한 검사, 처치, 주사를 위해 그들은 가만히 있어야만 한다. 종종 아동은 침대에 머물러 있거나 병실에만 있어야 하기도 하며, 무시무시한 병원 도구들이 자신에게 사용되는 것을 겪는다. 아주 심하게 아파서 인지하지 못하는 아동을 제외하곤 대부분의 아동은 이런 수동적인 역할을 받아들이기가 매우 공포스럽다. 수동적 상황이 만들어 내는 공포감과 좌절감은 놀이 활동을 통해서 완화될 수 있다. 놀이 안에서 아동은 더 이상 수동적이지 않으며 능동적인 활동자가 된다. 그들은 각종 인형들과 꼭두각시 인형을 조작하면서 이별에 대한 두려움을 극복해 낼 수 있으며, 소리를 내는 장난감을 끊임없이 끌고 다니는 아이는 이 놀이를 통해서 공포심을 다루고 있는 것일 수 있다. 어쩌면 자신이 장난감 줄을 당겨 장난감이 소리를 내고 줄을 놓으면 장난감이 멀어지는 것을 확인하며 아동은 스스로 안심할 수 있을 것이다.

입원 중인 아이가 겪는 많은 불안은 의학 기기와 처치의 두려움에서 오는 경우가 많다. 만약 기구에 대한 이해를 할 수 있게 그것을 자세히 살펴볼 시간이 있고 다른 이들에게 사용해 볼 수 있는 기회가 주어진다면 아동이 가지고 있는 기구에 대한 불안은 줄어들 수 있을 것이다. 어떤 아동은 일부 기구가 너무 무서워서 손을 댈 수도 없을 수 있다. 그렇다면 좀 더 쉽게 조작하고 다룰 수 있는 모형을 새로 만들어 아동이 안심하고 만져 볼 수 있게 도울 수도 있을 것이다. 아동이 특별하게 겁내는 과정을 놀이를 통해 해 보고 싶어 할 수 있으므로 작은 모형과 실제 기구들은 모두 아동의 놀이에 직접적으로 사용될 수 있어야 한다. 예를 들어, 한 아이는 앞으로 맞게 되는 주사를 머리

속에서 연습해 보고자 하여 자신을 꼬집을 때 소리를 지르게 되는 순간을 연습하기도 하며, 어떤 아이는 다음날 아침에 수술하러 갈 때 타게 될 엘리베이터까지 걸어가 보기도 한다. 이들은 이런 놀이들을 통해 스스로를 연습시키고 앞으로 일어날 무서운 일들을 정복해 보고자 하는 것이다. 평소에 아동은 일어났던 무서운 일들을, 자신에게 무서운 경험을 가하는 의사나 간호사로서의 역할을 하면서 이야기화할 수도 있다. 이런 반대의 역할을 통해 아동은 자신의 경험에서의 강력한 인물과 자신을 동일시하고, 자신이 희생자로 있던 상처가 된 상황을 없었던 일로 만들고자 하기도 한다.

현성 이야기

소아암을 앓고 있는 7세의 현성이는 병원 치료를 위해 오거나 투약과정에 대해 질문을 받으면 아기 말투로 답하곤 하였다. 현성이의 숨겨진 감정탐색을 위해서 병원아동생활전문가는 진저맨 인형을 활용하여 병원놀이를 해 보기로 제안하였다.

"현성아, 의사놀이 장난감 가지고 놀고 싶지 않니?" 현성이는 킥킥 대면서 웃기만 했다. "내가 이 환자를 데리고 왔어. 우리 실험실에 가서 놀까?" "좋아요."라고 답한 현성이는 선생님을 따라 놀이상담실로 들어왔다. 일단 방에 들어와서 매직으로 인형 위에 얼굴을 그려 놓고 인형 환자를 자기 이름을 그대로 명명하면서 "현성이에요."라고 하였다. 병원아동생활전문가는 주사기와 솜, 면봉 등을 현성에서 보여 주었다. 현성이는 "우선 환자는 몸을 둥그렇게 움츠려야 해요. 그래야 내가 등을 비누로 깨끗이 닦아 줄 수 있거든요. 그런 다음에 바늘이 어디 있더라?"이때 놀이에서 사용된 주사는 진짜 주사바늘을 보여 주고 사용하게 하였는데, 개인놀이시간이어서도 가능했지만, 무엇보다 현성이가 이미 치료과정을 잘 알고 있어서 큰 부담과 압도감 없이 놀이에 참여하였다. "아프겠지? 환자가 울 것 같아?"라고 묻자, 현성이는 "잠깐은 아픈데, 가만히 누워 있으면 괜찮아져요. 이제 반창고 붙이고 아주 오래 가만히 누워 있어야 해요."라고 했다. 현성이는 자신에게 일어날 수 있는 일들을 말해 주는 것 같았다. 전문가와 함께 연습하는 것은 안전하고 비위협적이였다. 이러한 행동과 침착함이 실제 상황에 당장 적용은 어렵더라도 일반화될 가능성은 높다. "치료는 어땠어?" "괜찮아요. 현성이 환자 분은 도와줄 필요도 없었어요." "왜 현성 환자는 주사와 약이 필요할까?" "백혈병을 없애서 다시 재발하지 못하게 하려고요. 현성이는 그냥 아무도 모르게 병이 걸렸대요. 현성이는 더 많은 주사를 맞아야 해요." 현성이는 역할놀이를 통해 상징적으로 보이는 두려움을 표현하였으며, 행동 통제를 위한 노력을 보여 주었다.

(3) 자기표현

입원 이후에 새롭고 무서운 것들을 경험하는 아동은 자신에게 일어난 사건들에 집중되는 완전히 새로운 감정들을 만나게 될 것이다. 놀이를 통해서 아동은 이러한 감정들을 표현할 기회를 갖게 된다. 놀잇감을 다루는 방법, 얼굴 표정, 드라마 형식 놀이의 내용들은 모두 감정을 표현하기 위한 수단으로 기능한다. 병원아동생활전문가는 의사소통을 용이하게 하는 메시지들에 민감해야 하고, 세심한 자세로 반응할 수 있어야 한다. 아동은 놀이를 통해 감정을 드러낸다. 자신을 관찰하는 사람이 없을 때도 그럴 수 있다. 보통 그러한 감정은 부적절한 방식으로, 다른 아동을 위협하거나 해를 끼치는 식으로 혹은 자신의 건강을 위험하게 하면서 드러날지도 모른다. 병원아동생활전문가는 아동의 감정의 원인을 이해하기 위해 애써야 한다. 놀이를 통해 표현된 병원아동의 감정 원인을 이해하는 과정은 다음의 예에서 살펴볼 수 있다.

영철 이야기

11살 영철이가 화가 나 있다는 것은 쉽게 알 수 있었다. 아이들은 의료진을 해치거나 죽이고 싶다는 자신만의 비밀을 표현하기 두려워하지만, 영철이는 자신의 계획을 아주 공개적으로 알리고 싶어 했다. 탈장 수술이 다음날 예정되어 있었지만, 의료진은 그 일정을 취소할 가능성에 대해 논의 중이었다. 영철이는 병실 한쪽 의자에 서서 혈액 샘플을 채취하려는 간호사에게 자신이 할 수 있는 모든 형태의 폭력을 행사하고 있었다. 이 꽤 큰 아이를 제압하기 위해 몇 명의 사람이 필요할 것이라 생각하면서 의료진은 병원아동생활전문가에게 도움을 요청하였다.

병원아동생활전문가는 영철이의 반응을 지켜보기 위해 주사기 놀이를 소개하기로 하였다. 영철이는 열정적으로 정제수를 어떻게 주사기 안으로 밀어 넣는지 배우고 싶어 했다. 한 인형을 환자로 정한 후 웃음과 함께 인형의 팔 위로 주사기를 들었다. "그럼 이제 이걸 뼈 속으로 찔러 넣어 볼까!"

병원아동생활전문가는 영철이가 주사기에 다치지 않게 조심스럽게 보호하며 인형에게 폭력적으로 주사기를 반복해 찔러 넣는 것을 그대로 두고 보았다. 영철이의 행동을 지켜 보면서 병원아동생활전문가는 영철이가 외래 환자용 대기실에서 X선 검사를 기다리며 시간을 보냈던 것을 떠올렸다. 그때 백혈병을 앓고 있던 한 아이가 골수 검사를 하고 있었는데 영철이는 이 아이가 소리지르며 힘들어 했던 처치과정에서 도와줄 수는 없었고, 자신이 경험하게 될 주사로 인한 소리일 거라고 생각하는 것은 아닌지 걱정스러웠다.

영철이에게 X선 검사를 하러 갔던 아침에 어떤 일이 있었는지 물었을 때, 그는 닫힌 문 너머에서 들리면 비명소리에 대해 이야기했다. 영철이는 안내 직원에게 왜 그 아이가 울고 있는지 물었고, 그 직원은 영철이에게 그 아이는 의사가 뼈 속에 주사기를 찔러 넣는 특수한 '뼈 검사'를 받고 있는 중이라고 말해 주었다. 혈액 검사에 대한 영철이의 불안의 근원이 밝혀졌을 때, 병원아동생활전문가는 영철이의 검사는 그때의 그 검사와 아주 다른 것이라는 사실을 알려 안심시키고, 검사에 대비해 준비시킬 수 있었다. 영철이는 놀이를 통해 그렇게 할 수 있었으며, 영철이보다 더 큰 환자가 영철이가 하게 될 비슷한 검사를 하는 과정을 지켜볼 수 있게 하였다.

(4) 퇴행 모니터링

병원아동생활전문가는 놀이 관찰을 통하여 아동이 발달 초기단계로 퇴행하고 있는지 살펴볼 수 있다. 입원의 스트레스에 대처하는 수단으로서 약간의 퇴행이 있을 수 있지만, 이는 바람직한 것은 아니다. 입원 면담 시에 또래

관계에 문제가 없다고 보고된 7세 아동이 입원 후 집단놀이에서 적응하지 못하며 혼자있거나, 독립적인 놀이에 많은 시간을 보내며 퇴행 행동을 하는 상황을 발견할 수 있다. 병원아동생활전문가는 이 아동이 이전과 어떤 변화를 가지고 있는지 살펴보며 집단 활동과 또래관계의 적응 수준으로 다시 돌아갈 수 있도록 지원하기 위한 활동을 만드는 데 집중해야 한다.

(5) 의사소통의 강화

모든 아동이 자신의 감정을 드러내고 싶어 하거나 자신의 느낌을 표현하고 싶어 하는 것은 아니다. 어떤 아동은 아주 부끄러워하고, 병원아동생활전문가나 다른 사람을 경계할 수도 있다. 하지만 이들도 놀이를 하고 싶은 충동을 가지고 있다. 병원아동생활전문가는 놀이 활동을 소개하고 아동이 원하는 것을 결정할 수 있게 하여 아동의 신뢰를 얻고 관계를 형성하여야 한다. 아동에게 특정 활동을 하도록 압력을 가하거나 아동이 준비되기 전에 관계를 부여하는 것은 아동을 더 물러서게 하고 역효과를 가져올 수도 있다. 이러한 성격의 아동에게는 놀이 활동의 세심한 사용을 통해 소통을 시작하게 돕는 것도 하나의 방법이다. 감정이나 걱정거리, 자신이 병원을 얼마나 싫어하는지에 대해 직접적으로 이야기하기보다는 퍼펫이나 꼭두각시 인형을 통해 표현하게 할 수도 있기 때문이다. 같은 방식으로, 병원아동생활전문가의 질문에 대답하기를 거부하는 아동은 전문가 대신 곰 인형의 입을 통해 질문하는 방법도 아동의 대답을 끌어 낼수 있는 방법이다. 미술활동 또한 의사소통을 강화하는 수단으로 사용된다. 만약 아동이 그림을 그리고 있다면, 병원아동생활전문가는 질문할 수 있다. 하지만 직접적으로 "이게 뭐예요?"라고 묻는 것은 아동이 그림에 부자연스럽게 그냥 하나의 이름만 붙이도록 강요하게 된다. 대신 "그림에 대해서 말해 줄래요?"라는 식의 직접적이지 않고 역할을 가장한 간접적인 질문으로 아동이 그림에 대하여 자유롭게 말할 수 있게 도울

수 있다. 이 과정을 통해 그림에 나타나는 아동의 무의식의 갈등에 대해서도
알 수 있게 된다.

예나 이야기

5세 예나는 추수감사절에 입원한 이후로 아주 협조적이었다. 예나는 의자에서 떨어
져 다리가 부러졌는데, 거의 3주 동안 침대에 묶여 있었다. 예나가 움직일 수 없는 것
에 대해 불평 없이 적응하는 것을 보고 의료진은 예나가 분노와 공포를 숨기고 있지
는 않은지 궁금해졌다.

놀이시간에 예나가 고무 찰흙으로 무언가를 만들기 시작해 마침내 사람 모양의 덩
어리를 만들었을 때 병원아동생활전문가는 그것에 대해 질문하였다. 예나는 칼을 쥐
고서 그것을 반으로 그었다. 그리고 "의사 선생님께서 그렇게 하라고 했어요."라고 말
했다. "오, 왜 그에게 그렇게 하라고 하셨어?" "의사선생님들은 잔인하고, 이 아이를
좋아하지 않아서예요."라고 예나가 답했다.

사람 모양의 형상을 잘게 조각낸 후 다시 한 덩어리로 뭉친 후 다시 양말 모양으로
보이는 것을 만들었다. 그러고는 다시 그것을 찰흙 칼로 부쉈다. "크리스마스예요. 의
사 선생님이 그걸 가져갈 거예요. 의사선생님들은 이 아이를 좋아하지 않아요." 그때
가 크리스마스 일주일 전이었고 예나는 연휴에 집으로 돌아가게 될 것이었지만, 의사
선생님이 가지 못하게 할지 모른다는 불안이 표현된 것이다. 예나의 이 놀이과정에서
두 가지 중요한 점을 볼 수 있는데, 하나는 예나는 의료진을 오랫동안 의심했으며 그
감정과 분노를 해소할 기회를 놀이를 통해 가졌다는 것이고, 다른 하나는 크리스마스
에 대한 자신의 걱정을 노출하였다는 것이다. 이것은 놀이를 통해 이해되었고 이후에
병원아동생활전문가의 도움으로 예나는 의료진으로부터 건강 상태가 호전되어 집으
로 돌아갈 수 있다는 소식을 듣고 안심할 수 있게 되었다.

4) 병원아동을 위한 놀이의 종류

병원아동은 아픈 동안 심리적 건강도 함께 취약한 상태에 있게 되며 불안이 심해진다. 이런 스트레스가 심한 시기의 갈등에 대처하기 위해서 아동에게 놀이 지원은 아주 중요하다. 특히 병원아동은 불안이나 공포의 상황에 더 쉽게 노출될 수 있으므로 병원에서의 놀이 형태는 좀 더 다른 부분들이 고려되어야 한다. 이를 자세히 살펴보면 다음과 같다.

(1) 신체적 발달 놀이

병원아동생활전문가는 아동의 발달수준과 의료 상황에 적합한 놀이 활동을 제공해야 한다. 예를 들어, 걸음마기의 아이가 수액을 맞고 있다는 것은 이 아이가 놀이방에서 걷거나 놀이하는 것이 허락되지 않는다는 것을 의미한다. 만약 의학적으로 허용 가능하다면, 아이는 놀이방을 탐험할 수 있지만 거의 지켜봐야만 할 것이다. 병원아동 프로그램의 활동은 아이의 신체능력에 따라 결정되어야 한다. 임시적 혹은 영구적 제약에도 불구하고 적절하게 결정된 활동이라면, 일반적으로 움직임과 기능적인 면을 필요로 하는 많은 활동들에 참여할 수 있다. 예를 들어, 아동은 침대나 휠체어에 앉아서 공 잡기 게임에 참여할 수 있다. 만약 아이가 볼을 쥐는 데 어려움이 있다면, 크기가 큰 공 혹은 다른 촉감의 공으로 대체할 수 있다. 볼을 잡기 위한 손가락 움직임에 어려움이 있는 아동에게는 벨크로 장갑을 제공할 수도 있다. 이와 같이 놀이 환경과 놀잇감들은 신체적 제약을 가진 아동이 참여할 수 있는 것으로 이뤄져야 하며, 놀이 공간은 휠체어나 침대에 있어야 하는 아동이 접근 가능해야 한다. 모래나 물이 있는 탁자와 미술 공간도 이들의 참여가 가능하도록 준비되어야 한다.

(2) 사회적 발달 놀이

병원아동이 놀이와 상호작용을 위해 모일 수 있는 적절하고 접근 가능한 공간이 확보되어야 한다. 사춘기 아동·청소년과 어린 영유아가 함께 있는 소아과 병동인 경우 연령 집단별로 다르게 분리된 공간을 필요로 할 것이다. 병원아동생활전문가는 병원아동의 사회적 교류를 장려해야 한다. 의학적으로 가능할 때, 아동은 개인 병실 혹은 놀이방에서 또래와 상호작용할 기회를 가져야 한다. 어린아이들을 위해서는 집단 게임이나 미술 프로젝트 등이 가능할 것이고, 연령이 높은 아동·청소년에게는 토론 집단과 같은 활동을 제공할 수 있을 것이다.

(3) 인지적 발달 놀이

모든 연령대를 위해 인지적 자극 활동을 제공해야 한다. 인지적 활동은 놀이방에만 한정될 필요는 없다. 병원을 돌아다니는 기자들이 만드는 병원 신문은 아동의 지적 발달단계를 자극하고 적극적으로 참여할 수 있도록 동기화할 수 있을 것이다. 병원 환경에 대한 직접적 탐험과정도 장려되어야 한다. 병원 장비에 대한 설명은 아동의 연령에 맞게 적절하게 실행되어야 하며, 안전한 기구들은 아동이 직접 다뤄 볼 수 있어야 한다. 어떠한 질문도 환영받아야 하며, 병원의 다른 흥미로운 곳들, 예를 들어 실험실, 세탁실, 조리실 등을 방문하는 것도 가능할 수 있어야 한다. 또한 병원아동생활전문가는 학교 프로그램과 협력하여 아동의 학교 생활이 적절하게 지속될 수 있게 도와야 한다.

(4) 정서적 발달 놀이

병원아동생활전문 놀이 프로그램 시간에는 인형, 꼭두각시 인형, 퍼펫, 미술 재료, 여러 가지 악기처럼 자기 표현에 도움이 되는 놀잇감들을 제공하고 개방적인 분위기를 만들어 주어야 한다. 판단하지 않고 수용하는 자세와 분위기가 주어질 때 아동은 자신을 힘들게 하는 감정들을 표현할 수 있다. 놀이 안에서 아동은 부모를 미워하거나 간호사를 죽이고 싶어 할 수도 있다. 하지만 병원아동생활전문가는 이러한 감정들이 수용되고 이해된다는 것을 아동에게 전달하고 소통해야 하며, 그런 감정이 이상한 것이 아니라는 것을 알려 주어 아동이 자신에 대한 죄의식을 갖지 않게 하며 스스로를 미워하고 억압하지 않게 도와야 한다. 만약 아동에게 "너는 그 간호사를 그렇게 미워하고 있는 것은 아니야."라고 하면서 일부러 그 감정에서 벗어나게 하게 하고자 성인이 생각하는 긍정적이라는 감정으로 유도한다면 아동이 자신의 생각이 수용 불가능하다는 것을 인지하고, 자신의 감정들을 억누르고 그런 생각을 하게 된 스스로를 비정상적이고 나쁘다고 느낄 것이다.

집단놀이의 예시

'또래관계증진 집단놀이 프로그램'에 참여한 3명의 아동들이 '영웅 만들기' 놀이에 집중하고 있었다.

이들의 책상에는 몇몇 영웅이 형태를 갖추어 가며 그 모습들을 드러내고 있었다. 병원아동생활전문가는 각 아동들에게 그 모습들이 만화책의 주인공 중 하나라면 누구에 해당하는지 질문하였다. 뇌수술로 붕대를 머리에 감고 있는 영수는 투명인간으로 만들 수 있는 영웅 캐릭터를 골랐고, 또래와 함께 길을 걷다가 6m 정도 높이에서 떨어져 상처를 입은 지민이는 무한한 길이로 몸을 늘일 수 있고, 원하는 곳에 닿을 때까지 몸을 늘일 수 있는 영웅을 선택하였다. 휠체어를 타고 있는 동건이는 날 수 있는 캐릭터를 골랐다. 각 아동들은 놀이에서 자신의 특별한 상황으로 인해 자신에게 중요한 특성을 가진 영웅을 선택했다는 것을 알 수 있다. 그저 재미를 위한 놀이처럼 보이지만, 놀이를 통하여 아동의 의학적 상황에 연결되는 자신의 관심사를 이야기할 수 있는 기회가 생겼다.

병원아동생활전문가는 이 놀이과정을 통해 이해되는 그들의 감정을 읽어 주며 비언어적인 것으로 표현된 감정들에 이름을 붙여 주거나, 표현한 생각들을 요약하고 아동의 감정을 반영해 주어 감정을 잘 표현할 수 있게 도와줄 수 있다. 예를 들어, 아동이 심하게 발을 구르고, 장난감을 발로 차고, 으르렁거리는 행동을 할 때, "무언가에 대해 화가 난 것 같구나!"라고 말해 주는 것이 필요하다. 아동의 감정을 표현하는 행동에 이름을 불러 주는 것은 그 행동을 일으키는 요인에 대해 집중하여 생각해 보도록 돕고, 자신의 감정을 언어로 표현할 수 있게 돕는다. 아동의 감정에 대해 질문을 해 보는 것도 도움이 된다. 만약 아동이 의사놀이를 하면서 인형에게 주사를 놓고 있는 중이라면, 병원아동생활전문가는 어린 의사에게 "환자가 주사 맞는 것에 대해 어떻게 느끼나요?"라고 질문해 볼 수 있다. 이를 통해 아동은 자신이 주사에 대해 느끼고 있는 것에 대해 더 많은 것을 드러낼 수 있을 것이다.

앞서 살펴본 병원아동의 놀이 활동을 신체적·사회적·인지적·정서적인 부분으로 분류한 것은 임의적인 것일 수 있다. 하지만 이러한 것들은 병원아동생활전문가가 관심을 기울여야 하는 부분들이며, 아동 성장의 다양한 측면들에 대한 분석을 위해 만들어지는 것임을 명심해야 한다. 아동의 신체적 활동을 연습시키는 짓은 아동의 인지적 성장에 더 많은 영향을 줄 수도 있음을 알아야 한다. 또한 이러한 놀이는 아동의 정서적 성장을 위한 기폭제가 될 수 있을 것이다.

(5) 병원 집단놀이

병원아동을 위한 집단놀이는 또래와의 상호작용 기회를 제공하여 사회적 고립감을 덜어 주며 집단 내 관계 형성과 신뢰 발달을 촉진한다. 집단놀이는 또래와 공감대가 형성되고 다른 구성원에 도움이 되는 새로운 역할을 시도하게 격려되어, 서로 지원하고 도울 수 있는 관계가 형성되면서 성취감, 자존감을 증진시키는 데도 도움이 된다. 또한 집단의 역동으로 자신과 반대되는 행동을 모방하고 증상의 완화를 도우며, 아동이 집단에 소속감을 느끼게 되면서 부모와 분리가 용이해진다.

① 치료적 집단놀이

치료적 집단놀이의 목표는 입원 동안 아동의 발달적 · 감정적 · 인지적 · 사회적 욕구를 다루는 것이다. 치료적 집단놀이는 병원에서 정해진 시간에 이루어지는 개방집단으로 이루어지는데, 다양한 연령과 다양한 질병을 진단받은 아동에게 개방된다. 따라서 의료적 상태에 집단 구성원이 자주 바뀌게 된다. 이런 개방 집단은 병원아동의 부모나 형제자매도 참여할 수 있는 특징이 있다.

치료적 집단놀이를 진행하기 위해서는 따뜻하고 안전하며 친숙한 곳, 휠체어나 침대 등이 들어올 수 있는 적당한 공간의 환경이 제공되어야 한다. 의료적 치료는 이루어지지 않으면서 놀이에 이용하기 위한 의료적 소품만이 허용되는 이러한 조건의 공간은 아동에게 안전감을 주고, 행동의 예측을 가능하게 하며 아동의 통제력을 높이고, 자유로운 표현 능력을 촉진할 수 있다. 실생활 장난감, 공격성 완화 장난감, 창의성 표현 장난감을 포함한 모든 연령과 발달 수준에 적절한 장난감을 보유하고 있어야 하며, 의료놀이 소품이 반드시 포함되어야 한다. 또한 모든 놀잇감은 병원의 감염 통제 기준에 따라 각 놀이 회기 후에 깨끗하게 소독해야 한다. 놀이실도 세심하게 정리되어야 하며, 병원 기준을 기초로 소독되어야 한다.

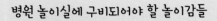

병원 놀이실에 구비되어야 할 놀이감들

의료적 인형, 솜, 알코올 등 소독용품, 혈압측정 도구, 산소농도계, 마취 마스크, 표본병, 약통, 구강 내 고정장치, 거즈, 청진기, 병원 ID 식별밴드, 주사기, 지혈대, 수액용 튜브와 비닐 주머니, 산소 마스크, 심전도 측정기, 채혈튜브, 약컵, 반창고, 붕대, 테이프와 가위, 수술모, 마스크, 장갑, 온도계, 구급차·헬리콥터·경찰차·소방차, 의료용 장난감 세트, 플레이 모빌과 같은 입원실과 수술환경, 동물인형, 환자를 돌보는 의료 행위를 연상시키는 인형

② 부모, 형제자매 참여 집단놀이

병원아동들의 부모에게서 나타나는 공통된 증상은 자신의 자녀를 의료진에게 의존해야 한다는 부모로서의 무기력감이다. 더불어 병원아동의 형제자매에게서 나타나는 공통된 증상으로는 죄책감, 두려움, 분노와 불안 등이 있다. 이는 자신이 건강하다는 것과 그들 자신이 형제자매가 앓고 있는 질병의 원인이 되는 행동을 했을지도 모른다는 죄책감, 자신의 건강에 대한 두려움, 형제자매가 죽을 수 있다는 두려움, 장기간 부모에게 떨어져 있다는 실망과 아픈 형제자매에 치우친 관심에 대한 분노, 병원 환경과 의료 치료에 대한 오해로 인한 불안감이라 하겠다.

이런 부정적 감정 속에 있는 형제자매가 병원 내 치료적 집단놀이에 함께 참여하는 것은 병원아동과의 관계 지속을 증진시키면서 아픈 형제자매가 갖는 독특한 문제와 정서를 인식하고 수용하는 데 도움을 줄 수 있다. 아픈 형제자매의 질병 경험에 대한 공감적 이해를 증가시키는 것은 조력자의 역할을 격려하는 기회를 마련하는 장점을 지닌다.

또한 아동이 집단놀이를 하는 동안 부모도 함께 참여하면서 놀이에 개입할 수 있는 기회를 제공받는다면, 병원아동생활전문가의 부모-자녀 놀이 관찰을 통하여 부모가 아동에게 제한을 설정하거나 감정을 인식하고 아동의 통제력 회복을 도울 수 있게 지원할 수 있다. 부모의 놀이참여는 부모-자녀 관계 강화와 더불어 아동의 정서와 행동을 부모가 이해할 수 있도록 하고 놀이실 밖에서도 부모가 배운 양육 기술을 활용할 수 있도록 하여 부모의 효능감 증가시키는 장점이 있다.

③ 비구조화 집단놀이

병원아동생활전문가는 예측되는 집단역동의 조사와 개별 아동의 욕구를 바탕으로 비구조적인 집단 활동을 계획할 수 있다. 이 집단은 개방형 구조로, 이 놀이실은 하고 싶은 것을 스스로 선택할 수 있는 곳이라고 소개해 주며 아동이 자유롭게 놀잇감을 선택하여 놀 수 있게 한다.

비구조화 집단놀이는 창의성과 통제에 대한 감정, 입원에 관련된 감정의 표현을 증진시키고, 참여아동이 자신의 감정과 경험을 수용받는 경험을 할 수 있으며, 전문가의 촉진적 반응을 통해 집단 응집력을 형성하고, 아동이 집단 구성원과 자신 사이의 공감대를 형성할 수 있도록 도울 수 있다.

④ 집단의료놀이

병원아동 가운데에는 병에 대해 심한 걱정을 가지고 있는 아동, 병과 치료 때문에 외로움을 느끼는 아동, 특정한 대처전략 없이 무기력한 아동이 눈에 띄는 경우가 있다. 전문가에 의해서 특별한 개입이 필요하다고 여겨지는 아동도 있을 수 있다. 이들을 지원하기 위해서는 특별한 집단의료놀이가 필요하다. 집단의료놀이는 의료적 행위의 목적과 계획에 대해 알려 주며 대처전략을 연습하기 위해 활용된다. 이때 아동이 표현할 수 있는 통로를 제공하고 잘못된 오해를 줄이고 대처와 질병에 관련된 이해를 도와줌으로써 의료적 처치과정에 효과적으로 참여하도록 지원할 수 있다.

아동에게는 언급된 의료용 도구들이 제공되며, 인형이나 도구들을 이용해 그것을 다루어 보고 경험하면서 정서적 안정감을 유지하고 아동의 잠재된 부정적 감정을 해소할 수 있다. 특히 의사나 간호사 역할을 하면서 감정 정화를 경험하고, 의학적 도구를 접하면서 그것들의 목적에 대한 이해를 얻을 수 있다. 아동은 이 과정을 통하여 자신의 생각이나 호기심을 나누며 정서적 오해가 감소되는 효과를 볼 수 있다.

아동 1: 나쁜 짓 하면 주사 맞으러 간다.

아동 2: 너는 나쁘니까 주사 안 놔 줄 거야.

전문가: 병원에선 의사 선생님이 너희 건강이 나아지는 데 도움이 될 것 같다고 생각할 때 주사를 놓는 거란다.

⑤ 외래 환자 아동의 집단놀이치료

병원 가는 것에 두려움이 있고 병원 가기 전 후 그리고 병원에 있는 동안에도 정서 및 행동에 어려움이 있다고 보고된 아동을 대상으로 한다. 이 방법은 외래진료 일정과 맞추어 집단놀이치료가 계획된다. 집단놀이치료는 아동의 개인적인 감정과 행동을 반영해 주며, 집단 구성원 간의 역동과 상호작용을 증진시킨다. 그리고 집단 구성원의 동일성을 촉진시켜 병원 상황에서 만나는 성인과 보호자와의 안전하고 신뢰적인 관계를 갖도록 돕는다.

외래 환자 아동의 집단놀이치료 목표는 외래 환자이면서 만성적인 질병이 있는 아동의 감정적인 문제를 다룬다. 특히 만성적인 질병, 지속적이고 심각한 암, 낭포성 섬유증, 천식, 적혈구성 빈혈, 에이즈, 화상이나 외상적인 상해의 지속적인 치료를 받아야 하는 아동이 그 대상이 된다. 놀이 시간은 한 달에 2회 정도의 모임을 계획해야 하며, 외래진료와 같은 날로 정하는 것이 효율적이다. 아동에게 '나는 그 무서운 방으로 가야 한다는 걸 알아. 하지만 거기 가면 놀이실에도 갈 수 있어.'라는 즐거움을 주어 장기적 치료활동에 활력을 줄 수 있어야 한다.

놀이의 주제는 통제감을 획득하거나 자유경험 놀이, 발달놀이, 양육놀이 등 다양하게 표현될 수 있다. 놀이실에서의 공격적 감정 완화의 기회는 놀이실 밖에서 자신의 분노를 통제할 수 있게 돕는다. 다른 집단 구성원의 행동을 통제하려고 하거나 한계를 시험할 수 있으며, 병원아동생활전문가나 다른 아동을 방해하거나 공격적인 놀이, 슈퍼맨 영웅놀이, 펀치백, 공룡이나 군인 피겨로 선과 악의 대립 구조 놀이 등으로 자신의 공격성을 안전하게 표출하면서 정서를 다룰 수 있는 자기조절력을 배울 수 있다. 또한 놀이실에서 자유를 느끼며 자신의 발달과업에 적절한 놀이 경험을 할 수도 있다. 양육놀이를 하면서 부모와 자녀역할을 바꾸기도 하고 자신을 어떻게 돌봐 달라고 말하기도 하며 부모의 과보호에 반응하는 모습을 보이기도 할 것이다.

외래 환자 아동의 집단놀이치료는 바쁜 일정으로 의료 약속을 지키지 못할 가능성이 있는 부모에게 아동 보호의 편리를 제공하고 병원아동생활전문가가 의료 팀과 가깝게 일할 수 있으므로 병원에 대한 심리사회적인 욕구와 의료적인 욕구의 통합에 대한 치료전략에 도움을 줄 수 있다. 분리가 어려운 아동에게 분리의 기회를 제공할 수 있으며, 성취감을 제공하는 장점이 있다.

이때 특별히 고려해야 할 점은 아동의 진단명과 대처, 병과 지지체계에 대한 이해를 하여야 한다는 것이다. 특히 에이즈와 같은 질병을 가지고 있는 아동 집단에 병에 대해 아는 아동과 그 병에 대해 모르는 아동을 같은 집단에 포함시켜서는 안 된다. 이때 자신의 병명과 그것에 대해 내포된 의미의 발견이 아직 준비가 되지 않은 아동은 혼란을 경험하기 때문이다. 그리고 집단 구성이 한 살 이상의 연령차가 나지 않도록 구조화해야 한다. 질병에 대해 아동이 갖게 되는 발달상 이해능력은 그들의 대처에 큰 영향을 미치기 때문이다. 외래 환자 아동의 집단놀이치료를 진행하는 병원아동생활전문가는 놀이 활

동에서 의학적 주제에 너무 몰입하는 것은 피하면서 폭넓은 시각을 유지해야
한다. 가장 중요한 것은 아동과의 관계이고 아동이 원하는 방향으로 치료가
진행되도록 아동을 정서적으로 수용해야 한다는 것이다.

2. 미술을 통한 접근

유아교육기관이나 학교 등에서 사용되는 용어로 '생활지도'가 있다. 이는
영유아, 아동 및 청소년의 발달과 적응을 돕기 위한 교육적 활동으로 교사만
의 활동으로 여겨 왔으나, 최근에는 생활지도의 영역이 확대되고 전문화되면
서 심리치료, 상담, 생활지도의 영역으로 일부 중복되어 사용되고 있기도 하
다. 서로가 공유되는 부분이 있기 때문이다. 그리고 이들 영역에서 빠지지 않
고 등장하는 것이 미술활동을 통한 접근이다. 우리는 어린 시절부터 적어도
한 번 이상은 미술활동을 통하여 스스로 창조성과 잠재력을 경험하곤 했다.
파블로 피카소는 "모든 아이는 본래 화가이다. 문제는 어떻게 하면 나이를 먹
어서도 화가로 남아 있는가 하는 것이다."라며 아동의 자연스러운 표현에 대
해 창조성을 언급하였고, "색깔은 마치 깃털과 같아서 감정의 변화를 따른
다."라고 하며 감정의 표현 중 하나가 색채임을 강조하였다. 그리고 우리는
성인이 되어 화가는 아니더라도 일상생활 속에서 미술활동이 주는 즐거움을
익히 경험하고 있다.

미술은 수세기 동안 자기표현 수단으로 사용되어 왔으며, 오랜 역사를 두
고 치유적 요소를 포함하고 있다. 미술활동이 심리치유와 만나 '미술치료'라
는 이름으로 심리상담 영역에서 자리잡고 있으며, 미술매체, 이미지, 창조적
작업과정, 미술작품에 대한 반응을 통하여 치유와 성장을 하는 심리상담 및
생활지도 영역에서도 널리 활용되기도 한다. 미술작품의 형성과정에서 개인

의 인지적 · 정서적 · 사회적 · 신체적 · 언어적 발달과 재활에 기여함으로써 재활교육 및 재활치료에서 중복되는 부분도 가지고 있기 때문에 병원아동생활전문가에게는 아동의 병원생활을 돕고 아동의 자기상실, 왜곡, 방어, 저항과 같은 상황에서 벗어나 명확하게 자신을 이해하고 사랑할 수 있도록 도울 수 있는 중요한 매체라 하겠다.

1) 미술이란

미술활동은 작업에 몰입하고 있는 개인의 느낌이나 사고, 문제점을 표현하게 할 뿐 아니라 정신적 어려움을 이겨 내고 회복하는 데 도움을 준다. 단순한 활동으로 진행되는 미술에서 병원아동생활전문가에게 병원아동의 병원생활지원을 목적으로 활용되는 매개체로서의 미술활동은 그 가치가 더욱 배가가 된다. 이때의 미술활동은 미술심리상담에 보다 가까울 것이다.

익히 잘 알고 있는 미술심리상담은 심리이론을 기초로 하고 있으며, 미술활동을 통하여 자아를 표현하게 하고, 자아의 수용 · 승화 · 통찰 과정을 통하여 개인의 갈등을 조정하고 심리적 어려움을 해소시키며 자아성장을 촉진하는 심리상담활동의 한 분야이다. 미술활동을 통하여 정서적 안정과 심리적 치유를 도울 수 있는 것은 미술활동이 인간의 심상을 시각화해 놓은 것이고 인간의 심상이 경험에 기반을 두고 표현된다는 점에서 미술활동이 자신을 드러내는 유용한 도구가 되기 때문이다. 특히 아동에게 있어 미술활동은 자신도 모르게 쌓은 경험과 말로 표현하기 어려운 생각이나 감정, 자신의 성격, 욕구, 소망을 은연중에 보여 주기 때문에 미술활동에서 아동의 내면을 예측할 수 있다. 이는 비언어적 의사소통 기법으로 반복 실행을 통하여 시각적 이미지가 구체화되고, 여기에 언어적 보완 작업을 통하여 자신을 표현하는 유용한 매체활동이라 하겠다.

와데슨(Wadeson, 2000)은 미술의 장점을 중심으로 미술심리상담의 가치를 다음과 같이 설명하고 있다.

• 미술은 심상의 표현이다.

심상이란 무엇인가? 우리는 이미지를 먼저 떠올리는 경험을 많이 한다. 말이란 형태를 취하기 전에 이미 이미지로 사고하게 된다. 심상의 형성은 삶의 초기 경험이 중요한 단서가 되어서 이후 성격 형성에도 주요한 역할을 한다. 꿈이나 환상, 경험이 말로 해석되기보다는 이미지로 그려지는 것이 수월하기 때문에 더 직접적인 표현이 가능하다. 이미지는 무엇을 느끼고 어떻게 반응하는지에 영향을 미친다. 미술매체를 통해 비언어적이며 감각적인 자료를 사용한다는 점에서 언어 상담을 보완하게 된다. 미술매체는 이런 심상을 표출시키는 일차적 자극으로서 창조적 과정으로 나아가게 한다.

• 미술은 방어를 완화시킨다.

말을 할 때는 생각이 많아지고 머릿속에 떠오르는 여러 가지 말을 골라서 표현하게 된다. 미술작업 과정에서는 아무리 선별하고 고른다고 할지라도 의도와는 다르게 표현될 가능성이 높으며 더 느슨하게 통제가 된다. 그러므로 무의식적인 자료들이 드러남과 예상치 않았던 인식으로 병원아동의 표현을 통해 스스로의 상황을 이해하고, 통찰·학습·성장의 기회로 삼을 수 있다.

• 구체물이 형성되며 대상화할 수 있다.

객체로 나타는 작품은 구체물로 보이며 만든 사람으로부터 떨어져 나와 객관화할 수 있는 대상이 된다. 눈으로 볼 수 있고 만질 수 있는 자료로 형성되면서 자신의 실존을 깨닫게 된다. 단 한 번의 작품으로도 자신의 감정을 느끼기도 하지만, 저항이 강한 병원아동의 작품활동은 알아차림에 더 오랜 시간이 거릴 수도 있다.

• 미술 자료는 영속성이 있어 회상의 기회를 마련한다.

미술작품은 보관이 가능하며 사진으로도 남길 수 있어 필요한 시기에 검토
가 가능하다. 자신이 만들어 낸 이전 작품을 보면서 감정을 회상하기도 하고
왜곡되는 기억을 예방할 수도 있다. 때로는 새로운 통찰이 일어나기도 한다.
그림이나 조소는 주관적 기억의 왜곡을 방지하며, 병원아동의 생활 속에서
나타난 작품 변화를 통해서 내면의 성장 과정을 한눈으로 이해할 수 있게 도
와준다.

• 미술표현은 공간성을 가진다.

언어는 한 번에 한 가지를 이야기하는 일차원적 의사소통 방식이다. 비언어
적인 미술표현은 상황과 사람, 장소 등 맥락을 통한 관계 특성이 표현되기에
자신의 소망, 미래에 대한 두려움과 기대, 과거의 경험 등 시간을 초월한 공간
성을 표현할 수 있다. 자신의 가족을 설명할 때도 부모와 자신과의 관계를 설
명할 수도 있으며, 형제자매 관계와 가족 내의 모든 관계를 설명할 수도 있다.
미술은 이것이 동시에 경험되고 있다. 병원아동이 설명하는 자신의 가족소개
는 그림으로 그리는 것과 동시에 가족 간의 가깝고 멀고, 결합되고 분리되고,
유사함과 차이점을 지니고, 특별한 특성을 지닌 내용을 이야기하게 되므로 병
원아동 개인과 가족, 하위집단의 성격을 함께 이해하기 수월해진다.

• 미술활동은 창조성과 더불어 신체적 에너지를 유발한다.

신체 에너지가 약화된 병원아동에게 미술활동의 작품을 감상하고 이야기
를 나누고 정리하는 시간을 함께하는 과정은 활기차고 생기넘치는 에너지를
줄 수 있으며 밝은 기운을 고양시킬 수 있다. 단순한 신체 에너지를 발산하는

운동이라기보다는 창조적인 작업을 통해 에너지를 활용하는 역할을 한다. 미술은 놀이이고, 음악과 함께 열정을 추가하고, 레크리에이션의 활동성을 더하여 아동의 창의성과 상상력을 함께 발현하는 장을 마련해 주는 것이다.

2) 미술의 필요성

아동의 미술활동은 아동의 마음을 드러내기도 하지만, 학대, 상실, 폭력, 재난, 오랜 병원생활로 인한 어려움 등의 정신적 외상들이 미술활동을 통해 표현됨으로써 아동이 지닌 긴장과 불안을 줄이는 데 도움이 된다. 표현되지 않는 고통스러운 경험은 해결되지 못하고 돌처럼 마음에 남아 깊이 억압되어 이후 아동의 행동을 지배하거나 훗날 문제행동으로 표현될 가능성이 있다. 즐겁고 자발적인 미술활동은 알아차리기 힘든 마음을 인식하는 데 유용하고, 내면세계를 조화롭게 이룰 수 있도록 도울 수 있다. 미술은 '놀이'이면서 그리거나 만드는 것 자체의 즐거움이 있으며, 이런 자유로운 표현을 통하여 안정감을 느끼게 한다.

단순하게 미술활동을 함께한다고 하여 아동의 정서가 표현되고 이완되며 저절로 조화와 적응에 성공한다는 것은 아니다. 미술의 치료적 효과를 위하여 병원아동을 도울 수 있는 심리이론, 발달이론과 기법들, 그림 · 조소 · 공예와 같은 미술창작 과정에 대한 다양한 지식이 선행되어야 하고, 아동과의 치료적 동맹 관계 속에서 정서적 안정과 치료적 변화를 위한 병원아동생활전문가의 전문적 개입이 필요하다. 미술을 통한 병원아동생활전문가의 접근은 미술이 지니고 있는 치료적 속성을 아동의 정서 및 생활안정에 활용하는 것이다. 미술이 지니고 있는 치료적 속성으로는 심상, 승화, 창조성을 들 수 있다.

(1) 심상

병원아동의 정서 안정을 지원하기 위해서는 무의식 세계와 개인의 경험을 이해하고 접근하는 것이 필요하다. 심상을 구체적으로 볼 수 있게 하는 것이 바로 미술표현이다. 언어보다는 심상이 먼저 떠오르고, 미술은 심상의 표현이기에 이런 심상을 통해 개인이 잘 모르는 정신세계를 알아차리고 무의식을 의식으로 가져올 수 있다. 미술활동에서는 통제하기 어려울 정도의 비이성적인 면과 그 이면의 다양한 감정이 표출된다. 병원아동과의 미술활동에서 자신이 표현한 심상을 어느 정도 바라볼 수 있는 거리에 두고 천천히 의식과 무의식 사이의 대화를 할 수 있다면 모호한 정서가 구체적인 정서로 변화되는 과정을 볼 수 있을 것이다. 이때 정서는 심상으로 다시 재구성할 수 있으며, 표현된 심상은 격렬한 정서를 안정화시키고 감소시킬 수 있다.

미술활동을 지속적으로 하게 되면 심상의 의식화가 촉진될 수 있다. 종이나 풀을 가지고 자유로운 핑거페인팅을 하는 과정 속에서 내면의 흐름을 드러낼 수 있다. 아동은 어떤 선입견이나 지시 없이 조작도 가해지지 않은 자유로운 놀이를 통하여 형상을 만들면서 몰입하여 놀기 때문에 마음속에서 무엇인가가 움직여지는 것에 대하여 때로는 즐겁기도 하고 불쾌함도 있으며 놀라기도 하면서 자신의 상황과 연결짓지 않더라도 다양한 감정을 알게 된다. 심상은 계속적으로 드러난다. 그러면서 의미가 발견된다.

보통 의미는 단계를 거친다. 제일 먼저, 나타난 대상을 단순히 바라보면서 무엇이 일어나고 있는지 인식하고, 더 많은 것을 보는 것으로 외적인 형상과 관련하여 지각하게 된다. 그런 다음 전혀 새로운 사실을 보게 되면서 눈으로 보는 것 이상으로 의미가 확대된다. 어떤 사람은 심상을 보고 나서 이야기하는 경우도 있는데, 이것도 의미가 있다. 이야기는 활기차고 흥미진진하면서 상상인지 현실인지도 모를 정도로 끊임없는 심상작용으로 오랫동안 계속될 수 있다. 단순하게 놀아야 이런 경험이 가능하며, 충분한 시간을 주어 자신의 깊은 마음과 연결되도록 도와야 한다.

자아의 강도가 약한 아동과 그 가족에게는 내부적인 혼란이 야기될 수 있으므로 그림에 나타난 심상을 상징으로만 해석하고 지적하는 것은 옳지 않다. 심상이 의식화되는 작업에 있어서는 다양한 감정이 함께 올라오기 때문에 함께 버텨 주고 이해하는 전문가의 도움이 반드시 필요하다.

(2) 승화

미술활동은 사회적으로 수용되고 해롭지 않은 방법으로 자신의 불안과 분노, 적대감, 걱정 등을 해소시킬 수 있는 승화의 기능을 가지고 있다. 오랜 병원생활 속에서 나타나는 분노나 두려움, 적대감은 진료의 속도감과 안정적인 치료를 위협하는 부적절한 행동을 유발할 수 있다. 이에 이런 감정들을 해소하게 함으로써 심리적인 성장과 더불어 사회 복귀를 위한 지원을 가속화할 수 있다.

정신분석이론에서는 원초아의 본능적 충동이 자아에 의해서 직접적인 만족이 아닌 바람직한 형태로 변환된 행동을 '승화'라고 설명한다. 자아는 욕구의 위험성과 잠재적인 파괴력을 바람직한 방향으로 전환시키는 조절 기능을 가지고 있다. 인간은 발달 및 성숙의 결과로 얻은 자아의 통제력을 통하여 사회를 유지하는 중요한 기능을 한다. 아동은 발달단계별로 욕구를 조절하는 자아의 기능을 성장시키는 중요한 과정에 놓이게 된다. 통제력이나 자율성이 점차 강해지는 발달과정에서 자아의 기능을 활용하여 공격 에너지와 본능 에너지를 중립화하는 과정이 필요한 것이다. 절대적 돌봄이 필요한 영아를 제외하고, 사회활동이 시작된 아동이라면 기본적인 생리적 욕구와 공격적 욕구를 직접 방출하는 것이 안 된다는 것을 잘 알고 있다. 그렇지만 이런 욕구를 해소할 수 없다면 견디기 힘든 욕구불만이 생김과 동시에 병원생활의 적응은 어려울 것이다. 분노를 표출할 때, 간호사를 공격하거나 의사를 때리고 싶은 분노 대신에 점토를 주무르거나 풍선 게임을 통하여 분노를 발산할 수 있다. 직접 표현하기 어려운 분노나 공포 같은 것은 그림이나 점토활동, 만들기 등 상징적 표현이나 중간 접촉을 통해 표출될 수 있도록 도와야 한다. 단순하게 대용적 만족만을 승화라고 논하기에는 어려움이 있지만, 적어도 승화는 사회적으로 수용될 수 있고 유익한 활동으로 전환되는 경우라고 하겠다. 자아 통제에 실패하며 즉각적이고 충동적인 쾌락을 통해 만족을 얻게 된다면 이는 결코 본인에게 도움되는 행위가 아니며 이후 죄책감과 실망감으로 나타나게 된다. 아동의 자아통제력을 지원하지 못함은 아동의 질병 회복에도 도움이 되지 않고 정서적 불안까지 야기하게 된다. 승화는 창조적인 미술활동을 통해 불안과 두려움을 감소시키고 심리적인 성장을 가져올 수 있다. 승화는 자아를 복돋아 주고 고양시키는 활동에서 나타날 수 있다.

(3) 창조성

미술표현에서 창조성은 생활의 의미를 부여하는 중요한 요소이다. 미술에서 표현되는 심상은 시각적인 형태로 창조된다. 같은 대상을 보고 그린 것이라고 하더라도 그 작품 결과가 똑같을 수 없다. 눈과 마음으로 표현한 작품은 그 작품을 만드는 사람의 경험과 생각, 감정, 내면의 세계가 형상화되기 때문이다. 병원아동은 자기 생활에 의미를 부여하는 힘이 점점 약해질지 모른다. 위축될 수 있는 상황이며 행복감이 있기엔 무리가 있다. 우울함, 불평, 분노, 실망, 두려움, 공포심 등 다양한 감정 속에서, 심지어 자신이 그런 것을 느끼는 것조차 모르며 자신에게 주어지는 치료과정에서 수동적일 수도 있다.

미술작업에서 창조는 생활의 의미를 느끼지 못하는 아동에게 성장과 미래의 삶에 대한 의미를 부여해 준다. 삶의 의미를 부여하기 위한 방법으로 창조적 표현의 본질인 미술을 매개체로 활용하는 것이다. 이는 작품의 결과를 보고자 함이 아니며 미술활동 과정에 병원아동의 자발적인 표현을 지지하고,

아동의 작품을 함께 바라보고 이해하며, 새로움을 알아내는 통찰과정을 병원아동생활전문가가 함께하는 정서적 과정인 것이다. 시각적 이미지를 표현하고 창조적인 의미를 풍부하게 하기 위한 전문가적 개입에는 매체의 특성에 대한 고려가 선행되어야 한다. 예를 들어, 물감을 마구 칠하거나 강한 필압으로 낙서를 하는 행동은 심하게 억압되어 있는 병원아동에게 신나는 경험과 활기참을 줄 수 있는 반면, 겁에 질리게도 할 수 있고, 또는 물감을 잘 다루지 못해 당황할 수도 있다. 미술매체의 다양한 활용을 통하여 병원아동이 자유로운 활동으로 몰입할 수 있어야 창조성을 끌어 낼 수 있을 것이다.

창조성을 위해서는 심리적·물리적 환경이 필요하다. 심리적 환경은 병원아동생활전문가가 제공해 주는 분위기이며, 물리적 환경은 표현을 위한 재료와 공간, 시간이다. 아동이 미술매체를 선택하고 주제를 선택하거나 작품을 구성하고 설명함에 있어 자유로움을 느낀다면 이것은 존중과 지지적인 병원아동생활전문가가 만들어 낸 심리적 환경이라 하겠다. 특히 질병과 관련하여 접촉하지 말아야 할 매체들이 있으므로 이에 대한 사전 조정을 필요하다. 어떤 면에서는 제한된 자유로움일 수도 있겠으나 미술활동을 하기 위해서 병원아동의 자발적 매체 선택과 참여 의지, 자신의 작품 제작 특성과 스타일을 발견할 수 있도록 도와주는 전문가의 태도는 심리적 환경 제공에 특별함을 줄 수 있다. 아동에 대한 존중은 작품과정과 작품을 설명하는 아동의 생각이나 연상 내용을 말할 수 있도록 격려하고 경청하는 것을 포함한다. 병원아동생활전문가는 아동의 개인적 탐색이나 표현에도 관심을 가져야 한다. 민감하면서도 조심스러운 관찰, 경청, 부드러운 목소리와 언어의 사용 등 미술활동을 위한 지지자이자 촉진자로서 아동의 활동에 관심을 주어야 한다. 동시에 아동의 즐거움과 흥미를 위해 그들의 창조 작업과 성장에 가치를 부여하고 기쁨을 함께 느껴야 한다.

병원생활에 물리적 분위기를 조성하는 것은 병원아동생활전문가에게 쉬운 일은 아니다. 그럼에도 물리적 분위기는 창조적 표현에 중요한 역할을 한다는 것을 기억해야 한다. 물리적 분위기는 미술 재료적 측면과 활동을 위한 적절한 공간의 확보, 시간, 그리고 아동이 느끼는 안전 상태이다. 질병의 유의점을 고려한 미술 재료를 준비해야 하며, 어떤 매체는 특별한 활용 기술을 요구할 수도 있다. 이때는 미술 매체에 대한 지도가 먼저 이루어져야 하고, 아동의 발달수준과 이전의 경험, 특별한 요청 사항과 흥미에 맞추어 준비되어야 한다. 특히 안전은 여러 표현을 허용하고 기괴한 것, 퇴행적인 것, 부정적인 것들도 수용되는 것을 의미하다. 단, 사람을 때리거나 물건을 부수는 행위는 제한한다. 제한도 아동이 자신의 충동으로부터 보호하는 것을 도와주는 것이므로 안전의 한 방법이 된다.

3) 발달단계에 따른 미술의 변화

아동의 미술표현에 대해 학자들이 관심을 갖기 시작한 것은 오래전의 일이다. 심리학자들은 아동을 이해하기 위한 방법으로 그림을 분석하기 시작하였고, 아동의 그림을 이해하여 좀 더 나은 교육을 하기 위한 방법을 찾으려고 노력하였다. 그러한 결과로 아동의 그림을 단순한 표현으로만 인식하기보다는 발달의 한 표상으로 여기게 되었다. 이는 미술표현이 한 아동의 전반적 발달을 보여 주는 한 예라는 것을 알게 해 준다. 아동미술표현의 발달은 아동의 신체발달과 인지, 언어, 사회성 등의 발달 전반과 밀접한 관계를 맺고 있으므로 이에 대한 기초적 이해를 가지고 있다면 아동의 발달단계에 맞는 지도를 하고, 창조활동을 격려하는 데 도움이 된다. 아동발달에 있어 개인차가 있기 때문에 어떤 표준적 발달과정을 설정하는 데 어려움이 있다 보니 학자에 따라 발달단계의 구분이 각기 다르고, 각 단계별 연령 범위와 내용이 조금씩 다르게 설명하고 있다. 발달단계이론가 로웬펠트(Lowenfeld, 1954)는 아동의 미술표현 단계를 6단계로 구분하여 다음과 같이 설명하고 있다.

(1) 난화기(The Scribbling Stage: 자아표현의 시작, 1~4세)

난화기는 착화(scribble)의 단계로 상하좌우로 자유로이 그리며 점차 원과 각이 나타난다. 성인이 보기에는 불규칙한 선이지만, 아이는 '엄마' '아빠'라고 의미를 붙이기도 한다. 그리고자 하는 대상이 있어서 그리는 것이 아니라, 그리는 자체가 목적이고 즐거움이다. 난화기는 무질서한 난화기, 조절하는 난화기, 명명하는 난화기 등 3단계로 나눌 수 있다.

① 무질서한 난화기

이 시기는 1세부터 시작하여 2세 6개월까지 지속되며, 끄적거리기에 대한 시각적 통제를 거의 못하고 끄적거리는 행위 자체에 재미를 느끼면서 무질서하게 그리는 시기이다. 또한 유아는 손목 운동이 아니라 어깨를 사용한 팔 운동으로 낙서를 하게 되고, 감각이 주변 환경과 접촉하면서 그 반응으로 그리기 시작한다.

이 시기 그림의 특징은 빠른 경우에는 1세 이전에도 끄적거림이 나타나는 경우가 있지만, 보통 1~2세에 나타나며, 개인차가 있다. 점은 아이들이 처음 손에 무언가 쥘 수 있는 그때부터 시작되는 첫 번째의 조형이다. 모든 사물의 시작이기도 하다. 아이들의 점은 점차 끄적거림을 통해 다양한 선으로 표현된다. 아동의 초기 선놀이는 팔 근육의 움직임에 따라 끄적거리기의 형태를 통해 무질서하게 나타난다. 아이에게는 마냥 신기하고 즐거운 놀이가 된다. 끄적거림은 어깨를 왼쪽에서 오른쪽, 위에서 아래로 움직이는 근육 운동의 결과로 볼 수 있다. 이 시기에는 별로 힘을 들이지 않고서도 다양한 흔적이 나타나는 색연필이나 크레용이 자주 사용된다.

② 조절하는 난화기

동작이 반복되면서 시각과 근육 활동 간의 협응이 시작되고, 선이 일정한 모양으로 나타난다. 자기 손이나 팔의 움직임의 결과가 종이 위 흔적으로 나타난다는 것을 알게 된다. 시각적 조절을 인식하게 되는 것은 이 시기의 주요 특징이다. 그림 자체에는 큰 차이는 없지만 손목이 부드러워지고, 자신의 손과 팔의 동작에 대한 조절을 할 수 있다는 발견을 통해서 다양한 움직임을 시도하게 된다.

이 시기에는 자신의 그림을 응시하게 되고 그림을 그리는 시간이 훨씬 길어진다. 이 단계의 의미 없는 선들은 운동능력에 따른 조절로 인한 중요한 성취이며 유아는 자신의 손과 팔의 움직임에 따라 난화가 나타나는 것에 즐거움을 느낀다.

이 시기 그림의 특징은 마구 그린 무질서한 끄적거림들이 일정한 흐름이 잡히고 규칙적인 반복이 나타난다는 것이다. 자신의 근육을 어느 정도 조절하고 통제하게 됨에 따라 자신의 근육의 움직임과 표시되는 흔적들 사이에 어떤 관련이 있음을 알게 된다. 수평, 수직, 사선의 규칙적인 반복이 어느 정도 지나면 동그란 선의 반복이 나타난다. 인물화의 특징으로 원, 선, 고리, 소용돌이 모양 공간의 표현된다. 종이 안에만 그리기도 가능하며, 이미 그린 것 주위에 그리기도 가능하다. 또한 어떤 부분에 집중해서 그리기도 한다.

③ 명명하는 난화기

3~4세 정도의 유아는 연속적으로 겹쳐진 선들을 그리던 것에서 점차 하나의 선을 의식하고 그리게 된다. 또한 무의식적 접근이 점차 의식적인 접근이 되어 자신이 그려 놓은 난화에 이름을 붙이기 시작한다.

이 시기 그림의 특징은 독자적으로 끊어진 난화를 그리고 나서 그 표현에 이름을 붙인다는 것이다. 연속적으로 반복되어 그려지던 난화는 끊어지고 분산되며 곡선과 직선이 뒤섞여 나타난다. 아이는 자신이 만들어 낸 형태와 주변 세계를 연결 지으려고 하며, 자신의 의사를 표현하려는 의도로 그림을 그려 나간다. 알고 있는 사물과 관련해서 표시할 수 있으며, 다양한 선 표현을 위해 손가락 사이로 도구를 잡는다. 그리는 도중에 사물을 바꾸어 그리기도 한다. 집중력이 증가한다. 인물화의 특징으로는 '달리기' '뛰기' '흔들기' 등의 움직임에 대하여 명명한다.

(2) 전도식기(The Preschematic Stage: 재현의 첫 시도, 4~7세)

본 것보다는 아는 것을 표현하는 단계이다. 따라서 감정적으로 좋아하는 것을 선택하며 대상의 색과는 무관한 색을 칠한다. 이 시기의 표현은 원시미술과 유사한 표현양식을 보이며, 고대 이집트 벽화에서 보이는 '정면의 법칙'이 나타나기도 한다. 전도식기의 아동은 표현된 것과 대상과의 관계를 발견하기 시작하며 알고 있는 것을 그리며, 반복을 통해 한정된 개념을 발달시킨다. 아울러 인물, 나무, 해, 산 등을 주로 그리며 모든 것을 자기중심적으로 표현한다.

이 시기 그림의 특징은 물체의 크기와 위치를 주관적으로 정한다는 것이다. 서로 관계없는 물체들이 그려지기도 한다. 미술작품은 자신의 의사표현이 된다. 이미 알고 있는 물체를 카탈로그식으로 표현하거나 나열할 수 있으며, 이 시기에 그려지는 인물은 보통 미소를 지으며 앞을 보고 있다. 전체적으로 인물의 팔, 몸, 손가락, 발가락 등 몇 부분이 없거나 왜곡될 수 있으며, 옷이나 머리카락 등의 자세한 것은 이 시기의 말기에 나타난다.

(3) 도식기(The Schematic Stage: 형태 개념의 습득, 7~9세)

미술작품에 있어 객관적 표현이 드러나기 시작하며, 인물을 중심으로 동물, 집, 차량, 나무, 꽃 등을 그린다. 자기의 생각을 나타내려는 도식적이고 상징적이며 개념적인 표현이 많다.

이 시기 그림의 특징은 다양하다.

첫째, 도식화된 그림을 그린다. 아동은 자신과 대상과의 관계를 공식화하고 그것을 도식화하여 표현한다. 아동은 몇 번이고 반복해 본 결과로 표준적이고 정형적인 그림을 그리게 된다. 이 도식화된 내용은 아동의 체질이나 개성에 따라 다양하게 나타난다.

둘째, 자기중심성의 그림을 그린다. 자아 미분화상태에서 점차 분화되려는 심리적 경향이 반영되면서 자기중심적 그림이 등장하게 된다.

셋째, 기저선이 나타난다. 이 시기의 아동은 기저선을 통하여 바닥이나 땅을 나타내면서 공간관계에 일정한 질서가 있다는 발견을 하게 된다. 양식화 이전 단계에서는 사물과 사물의 관계를 '나무가 있다' '사람이 있다' '기차가 있다'라고만 했다면 이 단계에서는 '나는 땅 위에 있다' '풀이 땅 위에 있다' 등의 생각으로 지면이 옆으로 긴 선을 긋게 된다.

넷째, 주관적 경험을 포함한다. 중요한 부분을 과장하고 중요하지 않은 부분은 생략하여 주관적 인물과 공간 개념을 표현할 수 있다.

다섯째, '접어서 포개기'가 나타난다. 정서적 경험이 강하기 때문에 자기가 환경의 일부라는 것도 잊고 기저선의 경험도 포기한 채 공간관계를 표현함에 있어 때때로 전개도식 표현(folding over)을 사용하기도 한다. 이것은 물체를 기저선에 대하여 수직으로 그림으로써 공간관계를 나타내는 과정으로 사물이 거꾸로 그려져 있는 것 같이 보이기도 한다.

여섯째, 공간과 시간을 재현한다. 이것은 단일 공간 안에 각각 다른 시각에 일어났던 일을 연속하여 표현하는 것을 말한다. 평면적인 것과 입체적인 것을 동시에 묘사하며 각각 다른 시각에 연속적으로 일어나는 일을 함께 묘사하는 독자적 방법을 쓰기도 한다.

일곱째, 아동은 내부가 외부보다 정서적으로 중요하다고 느껴졌을 때 내부와 외부를 동시에 그린다. 이것은 시각적 의미보다도 정서적으로 무엇이 주가 되며 무엇에 관심이 더 큰가를 알 수 있다.

여덟째, 객관적 색채의 단계로 색과 사물 사이의 관계를 발견하게 됨으로써 주관적이지도 정서적이지도 않은 사실적인 색을 사용하게 된다.

아홉째, 인물화의 특징으로는 똑같은 인물 표현 양식이 나타난다. 신체는 보통 기하학적 모양으로 만들어진다. 팔과 다리는 선만으로 표현되는 것이 아니라 피부가 있고 적절한 위치에 그려진다. 과장, 생략, 표현 양식의 변화는 어떤 경험을 했는가를 반영하는데, 이때 인체의 신체 비율 표현은 정서적 느낌에 의해 좌우된다.

(4) 또래집단기(The Gang Age: 사실 표현의 시작, 9~11세)

사물을 보다 객관적이고 실제적으로 표현하는 리얼리즘의 시초 단계이다. 색채도 사실적 양상을 강하게 보여 주며, 의복 표현에도 관심을 보인다. 사실적 표현에 미숙한 아동이 미술표현에 흥미를 잃어버리는 현상이 나타나기 시작하는 시기이며, 흥미를 잃어버린 아동은 그림에 자신감을 잃고 점차 미술을 멀리하는 경향을 보이게 된다. 미술에서의 사실이란 물체 그 자체의 재현이 아닌 특정한 대상에 대한 경험의 재현이다. 단순한 사진적 모사는 자기 자신의 자기동일화하는 기회를 아동으로부터 박탈시킬 수 있으므로, 아동이 단순한 사진적 모사에 빠지지 않도록 유의해야 한다.

특히 자기의식의 확대가 이 시기의 특징인데, 아동은 사회적 독립에 눈을 뜨게 되고 혼자보다는 무리지어 놀기를 좋아하고, 자기 옷에 대하여서도 관심을 갖게 되며, 또래끼리의 암호나 은어를 만들어 성의 욕구와 때때로 대립하기도 하는데, 이러한 현상은 창작활동에도 반영된다.

색채에 대한 주관적 의식단계로 이때의 아동은 색과 사물 사이에 시각적 관계가 있다는 것을 알게 된다. 사실적 색채에 대한 초기의 감각을 알려 주기도 하면서 색에 대하여 주관적이고 강한 반응을 유도해야 한다. 추상적 방법이 아닌 실험과 경험으로서의 미술활동을 하는 것이 좋다.

이 시기에는 또래집단의 의사를 존중하고 도식으로부터 벗어나기 시작하며 세부 표현이 나타난다. 중첩과 기저선 사이에 공간을 인식하기 시작하며 위에서 본 모습을 표현하기도 한다.

(5) 의사실기(The Pseudo-Naturalistic stage: 합리적 표현, 11~13세)

자기중심에서 벗어나 주변 상황과 미래에 대한 관심이 커지며 사실적 표현 경향이 짙어져 관찰 묘사에 의존하게 된다. 3차원적 공간을 표현하고 명암, 음영 등을 표현한다. 아동화에서 보이는 아동만의 독특한 분위기가 사라지고 작품의 평가 기준을 사실적 표현에 두게 된다. 따라서 완성된 작품에 중요성을 부과하게 된다.

신체의 성장에 따라 무의식적인 것에서 비판적이며 의식적인 것으로 이어져 가는 상상 활동의 변화는 이 시기의 중요한 특징이다.

이 시기 그림의 특징은 다양하다.

첫째, 아동의 창작활동을 분석해 보면 시각적 자극에 대하여 민감한 반응을 보이는 아동이 있는가 하면, 주관적 경험에 관심을 두는 아동이 있으며, 대부분의 아동은 이 두 가지 특징을 뒤섞어 표현한다.

둘째, 시각적 경향의 아동은 공간을 원근법적으로 나타내려는 데 관심을 가지며, 색채, 빛과 그림자의 모든 변화에도 관심을 갖는다.

셋째, 주관적 경향의 아동은 자기와 주변 상황과의 정서적 관계를 강조하며, 시각적 경향의 아동은 그 작품에 대하여 환경에 관심을 갖고 구경꾼의 기분으로 자기 작품을 바라본다. 주관적 경향인 아동은 자기 작품 안에서 마음을 담아 표현하고 느낀다.

넷째, 사실적 표현이 싹트기 시작한다. 시각적 아동을 보면 사람을 그릴 경우 앉아 있을 때 옷에 어떠한 변화가 일어나는지를 관찰하여 그것을 사실적으로 그리게 된다. 이 연령 이전에는 대개 특징 표현, 즉 옷만으로 '이것은 소녀' '이것은 인간'이라는 것을 나타냈지만, 이후에는 자세한 특징을 표현함에 있어서 시각적 변화를 추가하려고 노력한다.

다섯째, 각각 다른 두 개의 공간 개념이 발달한다. 이 시기의 중요한 변화는 먼 곳에 있는 것이 작게 보인다는 원근법을 알게 되고 지평선을 발견하게 된다. 거리차이를 알게 됨으로써 입체적 공간을 발견하고 표현하게 된다. 이러한 발견은 언제나 자연 속에서 실제로 경험한 것을 바탕으로 깨달아야 한다.

4) 미술매체의 특성과 활용법

가장 기본적으로 사용하는 매체에는 크레파스, 마커, 사인펜, 색연필, 물감, 점토, 다양한 종이, 콜라주 재료들, 헝겊이나 자연물 등이 있다. 일반적으로 병원아동생활전문가에게는 구조화된 매체보다는 덜 구조화된 매체를, 복잡한 매체보다는 단순한 매체를 권한다. 단순하고 덜 구조화될수록 아동의 심리적 투사가 용이하고 아동의 감각을 자극하게 되어 자신감과 성취감에 효율적이기 때문이다. 미술을 활용하는 병원아동생활전문가는 미술매체의 특성과 아동의 유형에 따라서 어떤 효과를 낼 수 있을지 고려하여 선택하여야 하며, 친밀감과 흥미를 줄 수 있는 매체, 욕구 표현에 용이한 매체, 정서 지원에 도움이 되는 매체, 그리고 자발적인 표현을 북돋울 수 있는 매체가 무엇일지 연구하고 직접 체험해 보아야 할 것이다.

미술매체의 선택에서 중요한 고려점은 촉진과 통제이다. 아동은 매체의 특성에 따라 다른 반응을 보일 수 있기 때문에 병원아동 개인의 특성을 충분히 알고 안전하게 제공해야 한다. 랜드가튼(Landgarten, 1987; 김진숙 역, 2004에서 재인용)은 이런 매체들을 통제하기 쉬운 것부터 가장 어려운 것까지 구분하여 분류하였다. 일반적으로 물기를 담고 있는 습식 매체는 심리를 이완하고 촉진하는 경향성을 가지며, 반대로 건조 매체는 심리를 통제하는 경향성이 있다. 이를 잘 활용하여 자신의 감정과 상태를 표현하는 데 어려움이 있는 병원아동에게는 자발성을 촉진하기 위한 단순하고 비정형적인 매체를 유용하게 사용하고, 병원아동의 성격과 반대 성향의 재료를 제공하는 것은 개인의 내면세계에 억압된 반대 부분을 재통합하는 기회를 제공한다는 점에서 치료적이라 하겠다. 즉, 자기통제가 어려운 아동에게는 연필, 색연필과 같은 건식 매체를 사용하여 불균형적인 감정과 행동 조절에 도움을 줄 수 있다. 감각 통합에 어려움이 있는 병원아동에게는 물기가 있는 습식 매체에 대하여 두려움과 공포가 있을 수 있으므로 유의하여야 한다.

병원아동의 자발성을 촉진하기 위해서는 적당한 작업 공간과 아울러 다양한 색상과 충분할 크기의 종이와 매체들이 제공되어야 한다. 매체는 일반적으로 아동에서 폭넓은 정서를 표현하는 것이 가능한 것이어야 하고 창조적 표현을 촉진하는 것이어야 한다. 매체의 사용법을 익히는 것에 시간이 많이 걸리거나 많은 에너지가 소모되는 매체는 좋은 선택이 아니다. 병원아동을 위한 미술활동에 있어서 아동 특성에 맞는 매체이면서 다양하게 표현이 가능하고 실용적인 매체, 위생적이면서 안전한 매체 선택이 최우선이다.

가장 낮게 통제 ←	매체의 종류									가장 높게 통제 →
	젖은 점토	그림물감	부드러운 점토	오일 파스텔	두꺼운 펠트지	콜라주	단단한 점토	얇은 펠트지	색연필	연필

[그림 6-1] 미술매체의 특성(Landgarten, 1987)

미술매체를 사용할 때 기본적으로 알아야 할 사항

- 구입할 수 있는 가장 좋은 매체를 사용해야 한다. 너무 오래되고 부러진 크레파스나 질 나쁜 종이는 내면이 약하고 상처받은 아동에게는 특히 유의해야 한다. 신체적 욕구와 사회적 욕구가 좌절되어 있기에 새롭고 흥미로운 매체를 사용하도록 도와야 한다.
- 매체들이 안전하고 깨끗한지 반드시 확인해야 한다. 정신적 어려움, 발달의 어려움, 병으로 인하여 병원아동의 경우 더욱 조심해야 하는 부분으로 날카로운 가위는 사용하다 다치면 치명적인 위험이 있을 수 있고, 구슬, 점토, 풀 같은 것들도 입으로 넣을 수 있기 때문이다.
- 독소가 없는 것을 사용해야 한다. 매체의 안전도 평가와 의료진에게 사용 여부를 확인하는 것도 좋다.
- 매체 보관 장소가 별도로 있는지, 병원아동생활전문가가 운반 가능한지를 살펴야 한다. 매체가 파손되는 것을 방지하기 위한 캐비넷을 활용할 수 있는지 확인해야 한다.

모든 매체에 대한 전문가가 될 필요는 없지만 주로 활용되는 주요 매체에 대해서는 익숙해져야 한다. 미술활동에 사용할 수 있는 매체의 종류와 특징은 다음과 같다.

- **채색 재료**: 수채물감, 아크릴 컬러, 유화물감, 파스텔, 오일 파스텔, 크레파스, 색연필, 수성 색연필, 포스터 컬러, 핑거페인팅 물감 등이 있다. 색연필은 선묘를 하기에 부드러우며, 간단한 채색을 하기에도 좋고, 또한 건식 매체로서 높은 통제력을 지닌 재료이며 충동적인 성향을 통제하기가 용이하다. 수채물감은 물로 색의 밝기를 조절하고 겹치기, 번지기, 뿌리기 등 다양한 기법을 구사하기 좋고, 붓 대신 솔이나 화선지, 스펀지, 비닐 등 다른 매체에 묻혀 찍어내거나 뿌릴 수 있다. 물감과 핑거페인팅

을 함께 사용하면 심리적 유연성을 촉진시킬 수 있으므로 성격이 경직된 병원아동에게 유용하지만, 충동적이고 자아 경계가 불분명한 아동에게는 충동적 성향을 더욱 심화시킬 수 있으므로 주의해야 한다.

• **소묘 재료:** 연필, 목탄, 콩테, 사인펜, 마커, 볼펜 등이 있다. 연필은 소묘 재료 중 표현이 자유롭고 수정이 가능한 재료이다. 사인펜은 진하여 명암 표현이 어렵지만, 수성 사인펜의 경우 수채물감과 함께 사용하면 번짐의 효과를 볼 수 있어 재미있는 표현이 가능하다.

• **입체 재료:** 찰흙, 지점토, 종이죽이 대표적이다. 이러한 것들은 위축된 아동에게 해방감을 줄 수 있으나, 산만한 아이는 감정 조절이 잘 안 될 수도 있다. 점토가 주는 느낌은 재질감이 있고 풍부하지만 더럽고 좋지 않은 기분을 느끼는 아이도 간혹 있다. 그럼에도 점토는 가소성이 풍부하고 흡착력이 강한 재료로 촉감을 동반한 활동에 유용한 재료가 된다. 그 외에 석고붕대, 비누, 다양한 목재, 천, 실, 노끈 등이 다채롭게 사용된다. 석고붕대의 경우 인체의 부분을 그대로 본을 뜨는 순간 조형 제작에 좋으며, 제작하기 쉽고 건조가 빠르고 건조 후에는 단단하게 변하는 성질이 있으므로 병원아동이 간단하게 자기 신체 일부를 본뜨는 작업을 통하여 자아상에 대한 인식과 통찰을 돕고 즐거움을 줄 수 있는 매체로 활용가능하다.

• **종이 및 섬유:** 종이, 화선지, 한지, 섬유, 색 켄트지나 두루마리 휴지, 색종이, 모눈종이, 사포 등이 있다. 종이는 각 재질에 따라 표현이 색다르게 나타나므로 병원아동생활전문가는 번짐과 종이 재질에 대한 사전정보를 잘 알고 있어야 한다. 사포에 크레파스로 문지르는 것은 색깔이 보다 또렷하게 칠해지는 것으로 자신감과 성취감을 경험하기도 하고 강한 대비적 색감으로 공격성을 표출할 수도 있다.

• **기타 미술 외적 재료:** 면도크림, 밀가루, 전분, 모래, 다양한 공모양의 스

티로폼, 색 테이프, 반짝이풀, 이쑤시개, 빨대, 수수깡, 양초, 종이접시, 종이컵 등 다채롭게 활용이 가능하다.

미술매체의 탐구과정을 통하여 병원아동은 자신의 생각과 감정을 발견하고 이해할 수 있다. 언어적인 자유연상과 재료의 자유로운 탐구를 통해 애매모호하고 혼란된 반응으로부터 유발되는 여러 가지 방어와 무의식을 작품으로 의식화할 수 있다. 눈에 보인다고 모두 의식적인 것은 아닐 수 있다. 작품들에서 반복되는 주요 메시지와 교묘하게 생략되는 부분은 병원아동이 무엇을 중요하게 생각하고 있는가에 대한 하나의 신호가 된다.

매체의 안전도에 대한 평가는 병원아동에게 꼭 필요한 요소이다. 특히 채색 매체 중 크롬산염 안료나 카드뮴은 암 발병의 원인이 되고, 코발트 비산염 종류의 코발트 보라색은 매우 위험하므로 절대로 사용하지 말아야 한다. 도자기용 점토에는 규산염과 이산화규소가 포함되어 있고, 점토의 경우도 기름이 섞인 점토는 해가 적은 편이긴 하지만 어떤 아동은 알레르기 반응을 일으키기도 한다. 석고 또한 눈과 호흡기에 자극을 준다. 많은 석고를 다루게 될 경우, 인증된 마스크를 착용해야 하고 신체 일부를 본뜨고자 할 때 생기를 열로 불편감을 느낄 수 있으니 반드시 주의를 요한다.

병원아동에게는 신체적·심리적 이유에서 유해한 미술재료를 사용하지 않는 것이 좋다. 아동이 유해물질에 노출되었을 때 신체적 위험 부담은 훨씬 커진다. 병원아동에게의 미술치료 적용은 안전수칙 지키기를 강조해야 하며 피부 접촉이나 호흡으로 인하여 위험에 처할 수 있는 재료는 사용하지 않는다.

회화 매체 선택에 있어서 색의 선호도는 아동을 이해하는 데 도움이 된다. 일반적인 색채의 심리와 유아동을 대상으로 한 알슐러와 해트윅(Alschuler & Hattwick, 1947)의 색채별 심리분석을 살펴보면 다음과 같다. 단, 1:1의 해석은 금물이며 주의를 요한다.

〈표 6-1〉 색채별 심리분석

색명	심리적 반응
빨강	• 높은 에너지, 본능적 욕구의 표현, 적극적 관심, 외향성을 의미한다. • 부정적으로 분노, 공격성의 성향을 의미하기도 한다.
주황	• 친근감, 사교적, 사회성, 외향적, 열린 마음, 진취적 성향을 의미한다. • 다른 대상에게 보이는 따뜻한 마음과 공감의 표현으로 나타난다.
노랑	• 주목받고 싶어 함, 천진난만, 유아기적 욕구로 사랑받고 싶어한다. • 생동감과 따뜻함, 경쾌함, 명석함, 자유로운 사고와 행동을 의미한다. • 부정적으로는 응석받이, 유아기적 퇴행이나 소아적 욕구의 표현이 나타나기도 한다.
분홍	• 사랑받고 싶어 함, 행복감, 애정, 청춘, 품위, 자상함, 연약함, 소녀적 취향으로 볼 수 있다. • 애정에 대한 적극적 표현이라기보다는 수동적인 애정의 표현으로 해석할 수 있다.
초록	• 안정감, 품위 있고 성실하며 예의바른 사람, 다른 사람의 이야기를 잘 들어 주며 균형 잡힌 시각을 가진 사람일 수 있다. • 부정적으로는 자신의 주관이 부족하며 미래로 나가지 못함을 의미하기도 한다.
파랑	• 신뢰감, 안정감을 주는 색으로 지적 영역을 추구하는 사람에게 많이 나타난다. • 부정적으로는 내성적인 사람에게 흔히 나타나며, 우울감, 침체된 기분을 나타낸다. • 공상적 자기 세계에 빠진 대상자에게도 나타난다.
보라	• 자신의 재능 등 특별함을 강조하고 싶은 경우에 사용되는 색이다. • 노란색의 드러내고 싶어 하는 솔직한 감정과는 달리, 다른 사람과 차별된 특별한 대상으로 보이고 싶어 하는 경우가 많다. • 부정적으로는 정서불안에서 오는 불안 등을 나타내는 색이기도 하다.
갈색	• 어린아이에게는 잘 나타나지 않으나 이 색을 사용하였다면 그 대상에 대한 부적절한 감정을 표현한다. • 성인에게는 편안함, 휴식, 안정적 심리 상태를 추구하는 심리의 반영으로 나타난다.
검정	• 아동에게는 공포와 두려움의 색으로 사용한다. • 성인에게는 권위, 무감정의 상태, 문제의 모든 것을 철회하고 싶을 때 사용한다.
흰색	• 깨끗함을 나타내며, 때론 그런 상태를 유지하고 보상받고 싶어 하는 마음의 표현이기도 하다. • 특정 대상에 흰색을 표현했다면 선망이나 동경의 표현으로 그 대상을 닮고 싶어 하는 감정 상태를 나타낸다. • 자신에게 사용할 경우는 완벽함, 결벽의 상징적 표현이며 보상적 차원이 강하게 나타난다.

출처: Alschuler & Hattwick (1947).

〈표 6-2〉 아동의 선호색에 대한 심리분석

색채 사용	아동의 심리
빨간색을 좋아하는 아동	사회적 규범을 크게 마음에 두지 않는 자유로운 성격이다. 협동적이며 교우관계가 원만하다. 행복한 상태, 격한 심리 상태를 나타낸다.
주황색을 좋아하는 아동	주위에 잘 적응하는 사회적 성격의 아동이다. 간혹 감정적 표현을 하기가 두려운 심약한 아동이 그것을 위장하기 위해 사용할 때도 있다.
노란색을 좋아하는 아동	의존적이다. 다른 아이들과 관계가 좋으며 인기가 많다. 유아적 행복감에 차 있다.
초록색을 좋아하는 아동	자제력이 있고 주의 깊으며 자기만족적이다. 엄격한 가정교육을 나타낸다.
파란색을 좋아하는 아동	불안이나 공포를 나타낸다. 순응적이다. 파랑이 노랑 위에 칠해진 경우는 좀 더 컸으면 하는 욕망을 드러내며, 반대로 노랑이 파랑 위에 칠해진 경우는 아직도 어린아이이고 싶은 욕구를 나타낸다.
보라색을 좋아하는 아동	억제된 불안한 심리 상태와 관련이 깊고, 많은 친구 사귀기를 싫어하는 감상적인 면이 강하다.
갈색을 좋아하는 아동	파란색과 비교하여 갈색이 강한 것은 유아적 상태에 머무르려는 욕구의 표현으로 더러운 것을 싫어하며, 이 색을 고집해서 쓸 때는 모성애의 결여와 관련이 있다.
흰색을 좋아하는 아동	외부와의 관계에 대한 후회로 인해 결백한 심정으로 돌아가고 싶은 마음을 반영한다.
회색을 좋아하는 아동	대인관계가 원만하지 않고, 경계심이 강하며, 열등감이 강하다. 가정에서 만성적으로 억압감을 갖고 있는 경우가 많다.
검정색을 좋아하는 아동	정서 행동에 결함이 있는 것으로 자유로운 가정의 흐름이 결여되어 있고, 공포와 불안을 가지고 압박감을 느끼며, 고독하다.
난색 계통을 좋아하는 아동	따뜻한 감성으로 남을 위하는 마음이 많으며 성에게 의존하는 경향이 짙고, 마음의 동요가 심하다.
한색 계통을 좋아하는 아동	비판적인 사고를 가지고 있고 자기중심적이며 지적이고 의지적이며 독립심이 강하다.

출처: 정현희(2006).

5) 아동미술작품의 이해

(1) 아동의 그림 작품을 간단하게 설명하고 해석하는 것은 어려운 일이다

아동에게 미술활동은 무엇인가 새롭고, 자기만의 것, 유일한 것을 창조하는 많은 경험을 결합시켜 주는 하나의 과정이라고 볼 수 있다. 그림을 그리는 과정은 선, 모양, 색을 선택하고 변형하고 배열하기 위해 그림의 내용, 스타일, 형태와 구도 등의 다양한 구성요소를 종합하여 아동으로 하여금 생각과 느낌, 사건 또는 관찰한 것을 전할 수 있게 한다. 아동의 그림 안에는 매우 다양한 요소와 경험이 결합되어 있다.

(2) 아동의 그림에는 기억, 상상력 그리고 현재의 삶이 담겨 있다

오랫동안 학대를 받았거나 심리적인 마비 상태가 올 정도로 심한 충격을 받은 아동은 종이 위에 아무것도 그리지 못할 수 있다. 또 어떤 아동은 지침이나 도움 없이 무엇인가 만들 때 잘못할 것 같은 두려움을 느낄 수도 있다. 특히 기억을 통해 그림을 그린다는 것은 모든 아동(성인)에게 쉬운 일이 아님을 알아야 한다.

(3) 그림에 대한 태도는 어린 시절에 형성된다

예술표현은 매우 개인적인 창조적 노력이며, 아동과 성인 모두 이에 대해 비난을 받으면 상처받기 쉽다. 어릴 적 교사나 부모에 의해 좌절을 느끼고 용기를 잃었을 수 있다. 이러한 경험은 그림의 내용, 스타일, 표현의 질, 미술활동에 대한 능력과 관심에 영향을 줄 수 있다.

(4) 아동의 그림은 사회문화적인 영향을 받는다

아동의 관심, 동기, 그림을 그리는 과정에 있어 어떠한 결정을 내리기 전에 신념과 가치에 대해 학습하고, 이와 같은 차이점들을 해석하고 이해하는 것이 중요하다.

(5) 그림은 아동의 잠재력을 반영해 준다

잠재력은 아동의 강점과 회복력, 개성을 말한다. 아동이 그림을 어떻게 그렸으며, 무엇을 그렸으며, 왜 그렇게 그렸는지에 영향을 미치는 요소들을 내용적으로 평가하는 것이 더 도움이 된다. 그림의 맥락을 고려하지 않은 형식적 해석은 '위험'으로 오인되거나 잘못 해석될 수 있다. 무엇보다 아동의 미술작품을 이해할 때는 강점과 잠재력을 발견하고 키워 주어야 한다.

(6) 그림에 대한 이야기가 중요하다

그림과 그에 대한 언어적 묘사의 결합은 아동을 이해하는 통합적 단서를 가지게 되었음을 의미한다. 그림 자체는 아동의 이야기를 자연스럽게 드러낼 뿐 아니라, 아동이 자신의 생각과 관심을 다른 사람과 이야기하는 과정에서 정화를 느낄 수 있도록 해 준다. 이러한 상호작용을 위해서 병원아동생활전문가는 다양한 질문을 통하여 관계할 수 있다. 질문을 할 때에는 다음과 같은 것을 염두에 두어야 한다.

- 그림과 이야기를 통해서 아동이 자신의 생각·감정·사건·시각 등을 외면화하도록 돕는다.
- 아동이 경험한 사건과 환경에 대한 아동의 생각·감정·느낌 등을 잘 이해해서 아동에게 최대한 이익이 되도록 협력한다.
- 자주 사용할 수 있는 질문으로는 다음과 같은 것들이 사용된다.
  예: "제목이 무엇이니?" "그림에 대해 이야기해 주렴" "그림 속에서는 어떤 일이 벌어지고 있니?" "그림 속의 사람이나 동물은 어떤 생각을 하고

있니?" "그린 사람이나 동물에 대해 어떻게 생각하니?" "만약 그들이 말할 수 있다면 어떤 이야기를 나눌 것 같니?"

(7) 미술활동과 관련된 관찰 항목

그림 자체를 해석하는 데 주목하기보다는 그리는 과정, 병원아동생활전문가와 어떤 관계를 갖는지, 자신의 그림에 대해서 어떻게 반응하는지를 살피는 것이 더 중요하다.

- 아동은 지시나 명령을 기다리는가, 혹은 충동적으로 그림을 그리거나 재료를 다루는가?
- 아동은 조용한가, 집중하고 있는가, 혹은 침착하지 못한가, 흥분하고 있는가, 활발한가, 뒤로 물러나 있는가, 산만한가?
- 이러한 변화가 회기나 미술활동 혹은 특별한 개입이나 상호작용할 때 일어나는가?
- 아동은 지시에 따를 수가 있는가, 혹은 지시에 따르지 못하거나 쉽게 좌절하는가?
- 아동은 자신만만하게 미술작업에 몰입하는가, 혹은 실수할 것을 지나치게 두려워하는가?
- 작품을 만들 때 또는 그림을 그리는 데 아동은 얼마만큼 생각하는가, 도움이 필요한가?
- 집단으로 그릴 때, 다른 아동과 미술재료를 나눠 쓰거나 자기의 영역을 잘 지키는가?
- 미술놀이 시간을 끝내는 데 어려움이 있는가, 요청에 의해서 그리던 그림을 멈추어야 할 때 어떻게 반응하는가, 자신이 그림 그림을 가지고 가는 것을 즐거워하는가, 자신의 그림을 선생님이 맡아 줄 것을 특별히 요

청하는가?

• 작품을 완성해 놓고 자랑스러워하는가, 혹은 평가절하하는가?

• 작품에 독특하게 표현된 심상이 나타나는가, 혹은 정형화된 이미지가 나타나는가?

• 작품에 대해서 물었을 때 아동은 어떻게 반응하는가?

• 작품에 그려진 이미지와 자신을 연관시키는가?

• 작품에 대해 은유적으로 혹은 자신과 관련시켜서 이야기할 수 있는가, 혹은 작품에 대해 이야기하거나 설명하는 것을 어려워하는가?

• 작품이 아동의 연령에 비추어 볼 때 발달적으로 적합한가?

6) 아동미술의 윤리적 고려사항

(1) 비밀유지와 전시

병원아동생활전문활동 과정에서 그려진 아동의 그림을 다룰 때 제일 먼저 고려해야 하는 것은 비밀의 유지이다. 비밀유지는 윤리적인 문제이기 때문에 모든 관계의 기본 원리이며, 돌봄 관계 속에서 드러난 정보로부터 아동과 그 가족을 보호할 책임으로 정의된다. 어떤 경우에는 병원생활 중에 그려진 아동의 그림을 직접 소유하는 것이 적절하지 않을 수도 있다. 즉, 아동의 그림이 학대당한 경험을 분명하게 드러내고 있을 때는 아동의 안전과 복지를 위해 아동이나 가족이 소유하는 것은 적절하지 않다. 전시된 작품 중에 몇몇 아동은 지역 방송에서 인터뷰를 함으로써 그 아동의 비밀 유지와 개인적인 측면에 손상을 입기도 한다. 자신의 그림이 어떻게 보일지에 대해 염려하여, 자유로운 표현이 줄어들 수 있다.

(2) 소유권

병원생활 동안은 아동에 대한 책임이 보호와 더불어 병원아동생활전문가에게 있으므로 작품에 대해서도 분명히 작업을 함께 한 병원아동생활전문가에게 책임이 있다고 여겨진다. 아동에 대해서 법적인 책임을 가지고 있는 부모나 보호자의 소유로 생각될 수도 있다. 그리고 상황에 따라서 기관 혹은 시설에서 아동의 기록을 소유해야 한다고 생각할 수도 있다.

(3) 작품의 보관

미술작품은 의학적 혹은 법적 기록이 될 수 있으므로 잠금 장치의 파일이나 안전한 곳에 보관되어야 한다. 학대나 정신적 외상 혹은 가정폭력의 경우에는 아동의 그림을 반드시 보관해야 한다. 기록은 7년 이내까지로 해야 한다.

7) 미술 활용의 실제

(1) 다양한 미술활용기법

병원아동과 미술활동을 해 나가는 과정에서 아동의 미술표현을 도울 수 있는 방법과 활용되는 기법을 몇 가지 살펴보면 다음과 같다.

- 테두리법: 테두리법은 병원아동에게 병원아동생활전문가가 도화지를 제시하면서 테두리를 그어 건내 주는 방법이다. 아동의 조형활동을 자극하고 동기를 부여할 수 있으며, 빈 도화지나 작업에 대한 공포를 줄일 수 있어 자아가 허약한 아동에게 사용하면 좋다. 이는 풍경화 검사법이나 난화에 대한 상호 이야기 방법을 할 때에도 많이 활용된다.
- 그림 완성하기: 그림을 그리는 데 저항이 있거나 의욕이 없는 병원아동의 미술표현을 자극하고 촉진하기 위해 출발그림용지(starter sheet)를 사용

한다. 이 방법은 병원아동생활전문가가 종이에 잡지에서 오린 얼굴 사진이나 사람의 눈만을 붙여 주어 그림을 완성하게 하는 방법이다. 또 다른 방법의 하나인 그림 완성법은 종이에 기호가 그려져 있는 8개의 정방형을 제시하고 그 기호를 사용해서 그림을 완성하게 하는 방법이다.

- 난화 그리기: 누구든지 난화는 쉽게 그릴 수 있기 때문에 종종 그림 그리기를 어려워하는 병원아동에게 난화를 그리도록 한다. 특별한 도식이나 보편적인 양식에 익숙하여 특히 상상력이 부족한 병원아동에게 난화는 도움이 된다. 난화는 아동으로 하여금 끄적거리기를 통해 창조하지 못했던 이미지를 발견하고 그리도록 해 주며, '숨어 있는 이미지'가 출현하도록 도와 준다. 이러한 난화의 장점을 이용한 것이 난화에 대한 상호 이야기 방법이다. 이 방법은 난화법과 이야기법을 종합하여 응용한 것이다. 병원아동생활전문가와 아동이 각기 서로 제시해 준 난화에 이미지를 찾아 형상을 그리고 서로 번갈아 가며 이야기를 만들어 나간다. 이때 난화에서 이끌어 낸 심상의 형성이 치료에 중요한 의미를 지닌다. 이와 비슷한 위니컷(Winnicott, 1971)의 스퀴글(squiggle) 기법은 그림을 그릴 줄 모른다고 주장하는 아동의 초기 저항을 극복할 수 있는 좋은 방법이 된다. 이 방법을 사용할 때 병원아동생활전문가는 아동에게 게임하는 것이기에 그림 그리는 능력이 필요하지 않음을 알려 준다. 이것이 투사기법으로 이용될 때에는 아동에게 시리즈를 만드는 데 사용할 난화를 선정하게 하고 이야기를 만들도록 권할 수도 있다. 최근에는 난화와 콜라주를 함께 사용하기도 한다. 이 기법은 말을 할 수 있는 아동에게 효과적이므로 부모교육 시 안내하는 것은 도움이 된다. 자발어나 언어화의 자극에 유용한 기법이다.

- 자유화/주제화: 자유화는 아동이 제재나 방법을 스스로 결정하여 그리게 하는 것으로 병원아동의 자발적인 표현을 통해 무의식을 의식화하는 데

크게 도움이 된다. 미술활동과정에서 중요한 주제는 자연스럽게 나타나지만, 때로는 특별히 주제를 제시해야 할 시기가 있다. 예컨대, 아동이 무엇인가 느끼고 있을 때는 '느낌'을 그리도록 제안할 수 있다. 특별히 주제를 주는 주제화법은 인물, 가족, 친구, 집, 나무, 산, 동물, 길 등의 주제를 미리 주고 상상화를 그리게 한다. 아동의 내면 욕구와 그 욕구를 억압하는 압력을 살펴볼 수 있다. 인물화, 묘화완성법, 산과 해의 묘화법, 풍경화법 등이 여기에 속하며, 산 · 길 · 집과 같은 특정 과제를 부여할 수도 있다.

- **자신 표현하기:** 집단운영시 '나는 누구인가'를 알리고자 할 때 자신을 표현하도록 하기 위해서 '인물화'를 그리게 한다. 또는 자기를 표현하는 '잡지 콜라주'를 시행하고, 서로 토의하며 피드백을 하여 타인과의 비교를 통해 통찰할 수도 있다. 자신의 표현은 자아감각을 발달시키기 위한 수단으로 많이 활용된다. 소아당뇨나 섭식의 어려움이 있는 아동은 긍정적 자아개념 향상을 위해 출발그림용지나 묘화완성법, 손도장과 발도장 찍기, 조소 활동, 동그라미기법, 씨앗으로 얼굴 만들기, 가면 만들기, 자기 신체 본뜨기(실물 크기), 인체 퍼즐 게임, 거울 보고 자기그리기, 손 본뜨기 등을 활용할 수 있다.

- **가족화 그리기:** 가족화와 동적 가족화는 가족을 그리게 하여 병원아동의 심리나 가족의 체계 및 가족 역동을 이해할 수 있다. 가족화(Draw A Family: DAF)와 동적 가족화(Kinetic Family Drawing: KFD)는 지시가 다르며, 후자가 더 역동성 파악에 좋다. 동적 가족화는 "당신의 가족 모두에 대해서 무엇인가를 하고 있는 그림을 그려 보세요."라고 지시하여, 그린 후에 각 인물상이 누구인가, 연령, 무엇을 하고 있는가를 질문한다. 해석에 있어서는 인물상의 행위와 그림의 양식(구분, 포위 등), 상징(책상 등), 그림의 역동성(크기, 거리, 방향, 생략 등)을 기준으로 하여 사정한다. 가족

화는 진단에도 활용하고 가족상담에 활용할 수도 있다.

- **풍경화 그리기**: 풍경화 그리기(Landscape Montage Technique: LMT)는 도화지에 '강, 산, 밭, 길, 집, 나무, 사람, 꽃, 동물, 돌, 자신이 원하는 것 추가'를 순서대로 그려 넣게 하고 하나의 풍경이 되게 채색하도록 한 다음 계절, 시간, 기후, 강의 흐르는 방향, 사람과 집, 밭 등의 관계에 대해서 이야기한다.

- **콜라주로 표현하기**: 표현이 쉽고, 그리기보다 정확한 감정 전달이 우수하다. 선택할 수 있는 잡지나 사진 매체를 사전에 많이 보유하고 있어야 한다. 자기감정 나타내기, 가족이나 친구에게 말하고 싶은 것, 주고받고 싶은 선물, 타인에 대한 느낌 표현, 나의 미래 등을 쉽게 표현할 수 있다.

- **조소로 표현하기**: 조소는 촉각과 지각을 촉진하는 조형 활동이다. 점토로 인물상을 만들거나 자기의 느낌을 표현하게 한다. 묽은 점토는 수채 물감과 같이 액체 도구로서 언어화가 결핍된 병원아동에게 유용하며, 과도한 언어화를 나타내는 사람에게는 감각적 요소를 강조할 때 사용한다.

- **손과 신체 본뜨기**: 인간은 자기 신체를 매우 중요시하고 신체 개념이나 신체상부터 긍정적 또는 부정적 자기 개념을 형성하게 된다. 자기의 손을 도화지에 놓고 본을 떠서 각 손가락에 자기가 하고 싶은 말을 적어 표현하게 한다. 신체 본뜨기는 큰 종이를 벽에 붙여 놓고 병원아동의 신체와 같은 크기로 본을 떠 준 후에 스스로 장식하게 한다. 이러한 활동으로 긍정적인 신체상과 자기존중감을 갖게 할 수 있다.

- **감정파이 만들기**: 감정파이 만들기는 도화지에 몇 개의 칸을 구분하고 최근의 감정을 그리거나 색종이로 나타내게 한다. 감정을 표현한 후에 모든 인간은 불편한 감정을 가지고 있음을 확인시킨다. 또한 칸 없이 한 장의 종이에 표현할 수도 있다.

- **기타의 방법**: 미술활동 과정에서 '가면'을 만들어 쓰고 게임을 할 수도 있

고, 자신의 작품에 대해서 자유롭게 표현할 수 있도록 녹음기나 마이크를 사용하여 자신을 표현하게 한다. 글짓기도 가능하며, 비디오를 통해 자기가 보존하고 싶은 영상을 복사해 줄 수도 있다.

(2) 구조화된 집단 미술활동 프로그램(가안)

〈표6-3〉 병원아동을 위한 미술심리활동

주	프로그램명	활동 내용	목적	미술매체
1	자기소개	이름 디자인 "나도 그래"	프로그램에 대한 이해 및 자기소개 통해 참여 동기를 부여하고, 매체에 대한 흥미 유발로 긴장감 이완 및 대상자들 간의 친밀감을 형성한다.	크레파스, 사인펜, 4B 연필, 지우개, 8절 켄트지(12장), A4용지, 투명접착테이프, 명찰(15개)
2	다양한 색 느끼기	컵에 물과 원하는 물감 섞어 색 느끼기, 휴지에 물감 뿌리며 퍼지는 느낌 감상하기	매체에 대한 흥미 유발 및 소근육 운동을 향상시키고, 내면에 억제된 감정표출한다.	수채화물감, 붓, 물통, 물 티슈, 앞치마, 토시, 4절 켄트지(12장), 투명접착테이프, 물티슈, 신문지
3	지점토, 컬러찰흙 공작 만들기	지점토, 컬러찰흙을 사용하여 다양한 자신의 마음(나를 화나게 하는 것, 나를 기쁘게 하는 것)을 표현하여 이야기하기	매체에 대한 감각운동 능력의 활성화 및 감정의 정화를 촉진한다.	지점토(15개), 두꺼운 종이(15장), 물감, 물통, 붓, 조각칼, 토시, 앞치마, 물티슈, 투명접착테이프, 컬러찰흙
4	손 또는 손가락 본뜨기	움직일 수 있는 손으로 자신의 손을 그려 보거나 혹은 병원아동생활전문가가 그려 주어 자신이 꾸미고 싶은 손을 채색하여 제목 붙인 후 느낀 점 이야기 나누기	자기 인식을 도와 감성을 계발하고 자기를 재개발한다.	크레파스, 색연필, 8절 도화지(15장), 물감 용구, 다양한 스티커(별, 하트 등 다양한 모양), 사인펜, 연필, 지우개, 물티슈, 토시, 앞치마

5	과거·현재·미래 표현하기	잡지에서 자신의 과거·현재·미래를 표현하고 꾸민 후 이야기	자기 발견과 자각을 통해 자아성장과 자기 표현력을 증진시킨다.	잡지, 풀, 가위, 8절 도화지(15장)
6	가면무도회	가면무도회를 생각하면서 자신의 캐릭터를 잡아서 나름대로 묘사하기	변화하고 싶은 자신의 모습을 다룸으로써 현재의 자신의 이해를 돕는다.	가면, 물감, 반짝이풀
7	데칼코마니	다양한 모양의 데칼코마니를 전지에 붙여 집단별로 새로운 하나의 작품을 완성한 후 이야기하기	개인 감정과 타인 감정의 조화를 통한 의사소통 능력과 성취감을 경험하게 한다.	8절 도화지(20장), 전지(4장), 물감 용구, 풀, 가위, 색연필, 크레파스, 사인펜
8	만다라 표현하기	다양한 모양의 만다라에서 자신이 원하는 모양 선택 후 채색하기	의식하지 못하였던 무의식 세계의 자신의 문제 및 욕구를 표출함으로써 정화해 준다.	다양한 만다라 모양 종이, 동그라미 그려진 종이(A4 12장, 8절 12장), 파스넷(5개), 물티슈, 크레파스, 색연필, 사인펜
9	스퀴글 게임	병원아동생활전문가와 아동이 상호난화 게임을 통하여 이야기를 만들고 제목을 함께 붙이고 느낀 점 이야기하기(비언어적표현: 몸짓, 표정, 말을 하지 않은 상태)	나와 다른 타인에 대한 인식과 수용을 통해 대인관계 기술 능력을 촉진한다.	파스넷, 색연필, 사인펜, 크레파스, 4절(12장), 8절 도화지(10장), 휴지, 연필, 지우개
10	종이 찢기와 작품 만들기	종이를 찢는 신체활동을 통하여 자신을 표현하고, 억압된 감정이나 기쁨의 감정을 서로 공유하기	분노, 기쁨, 화남, 슬픔의 표현 방법을 이해한다.	색 습자지, 신문지, 테이프, 은박지, 포장지, 한지
11	내가 걸어가는 길	나이에 따라 발자국을 다양한 모양으로 붙인 후 표정을 그리고 그 이유와 느낌에 대해서로 공유하기	앞으로 나아가야 할 나의 길을 발자국을 통해 표현함으로써 환경과의 적응력과 적극적 대처능력을 표현해 본다.	4절·8절 켄트지, 8절 색상지(검은색 포함) 등

12	내 마음의 풍경	동양화를 표현하듯 화선지와 먹물을 사용해 한 폭의 멋진 풍경 및 정물화 표현 후 마음에 드는 시구를 적어 느낀 점 이야기하기	무의식적인 욕구를 파악하고 창의성을 향상시켜 만족감과 성취감을 경험케 한다.	화선지, 붓(일반 수채화 붓, 서예 붓), 먹물, 수채화물감(5개), 색화선지 등
13	나의 문	종이를 양 가장 자리에서 중앙에 오도록 접은 후 밖에 문을 그리고 문을 열었을 때 보이는 광경을 그림으로 그린 후 이야기하기	자신과 외부와의 관계를 인식하고 내향적인 면과 외향적인 면을 살펴본다.	다양한 8절 색상지, 켄트지, 색연필, 파스텔 등
14	소망나무	소망과 꿈을 사과에 적어 자신의 소망나무에 붙이고 꾸민 후 나의 희망에 대해 이야기 나누기	나의 앞으로의 긍정적 미래에 대한 소망을 표현함으로써 자신감과 만족감을 경험케 한다.	나무모양 틀, 색종이, 풀, 크레파스, 색연필, 사인펜, 파스넷, 연필, 지우개 등
15	사포 그림 상장 만들기	과정을 돌아보면서 내 자신 칭찬하기	병원생활에서의 격려 활동을 통해 마무리한다.	사포, 크레파스, 상장, 사인펜 등

3. 다양한 매체를 통한 접근

1) 음악을 통한 접근

우리 생활의 일부인 음악을 병원아동의 심리적 문제를 지원하기 위한 방법으로 활용하는 것이다. 음악은 모든 정서를 표현하는 매체로 생활과 밀접한 관계가 있으며, 남녀노소 상관없이 음악을 기꺼이 좋아하고 즐길 수 있기 때문에 부작용 없이 심리적 어려움을 지원하기에 좋은 장점을 가지고 있다. 음악과 치료가 합쳐진 음악치료는 치료적인 상황에서 체계적으로 내담자에게 음악을 듣게 하거나 적절한 연주 행동을 하게 함으로써 개인의 신체적 · 심리적 · 정서적 통합과 바람직한 행동 변화를 가져오게 하는 등의 치료적 효과를 보게 하는 특수한 심리치료법으로 그 효과는 내담자의 기분뿐만 아니라 신체적 기능에까지도 작용한다(이철수, 2009). 많은 유아교육 관련 학자는 생후 몇 개월이 지난 영아도 음악적 자극에 반응함을 강조하면서 음악적 발달이 생득적이며 영속적인 것이라고 하였다. 이러한 관점으로 볼 때 음악은 유아의 발달과도 밀접한 관련이 있으므로 음악은 아동의 발달과 병원아동의 재활과 정서건강을 돕기 위한 효과적인 도구가 될 수 있을 것이다. 아동치과진료실, 내시경실 등 병원에서 음악이 흘러나오는 것은 결코 낯선 풍경이 아니다. 병원아동생활전문가가 병원아동에게 음악치료의 개념으로 접근하기엔 무리가 있지만, 음악의 장점을 활용하여 병원생활을 지원하기 위한 방안을 살펴보면 다음과 같다.

(1) 음악매체 활용의 장점

음악은 감정을 표현할 수 있는 도구이다. 음악은 놀이나 미술과 마찬가지로 언어를 반드시 필요로 하지 않기 때문에 비언어적인 의사소통의 대표적인 매체라고 할 수 있겠다. 음악은 소리를 활용하여 사람의 몸과 마음에 직접적이고 순간적으로 작용하여 병원아동의 지능 수준과 상관없이 생리적 반응을 유도할 수 있다. 특히 수술 후의 고통을 경감시켜 주기 위한 편안한 음악은 긴장을 이완시키고 심신의 안정에도 관여한다. 라이더(Rider, 1985)는 음악적 요소와 발달을 연관시킨 연구에서 아동의 음악적 형식에서의 불변성과 인지발달 간에 상호 연관성이 있음을 보고하였다. 병원아동생활전문가는 음악적 행위를 통하여 병원아동에게 표출되는 것들을 바람직하게 변화시키고 병원생활을 원만히 해 나가기 위한 기능을 보완시켜 주어야 한다.

메리암(Merriam, 1964)는 음악의 사용과 기능을 구별하였다. 음악은 말로 표현하지 못하는 감정을 쉽게 표현하도록 도와주는 매체이고, 음악은 미적 즐거움을 더해 준다고 주장한다. 오락의 한 방법으로 제공될 수 있으며, 의사소통의 방법으로도 이용된다. 음악은 상징적 표현으로 제공되고 신체적 반응을 불러 일으키며, 사회와 문화의 연속성에 기여하며 나아가 사회 통합에 기여하는 장점이 있다. 나이가 어린 아동은 언어를 사용하여 자신의 감정을 제대로 표현하지 못하므로 자신의 감정이 전달되지 못할 때 더욱 불안감을 겪게 되는데, 이때 음악은 감정표현을 도움으로써 문제행동 발생을 감소시킬 수 있다. 오랜 병원생활이나 수술, 검사 등에 노출되는 아동 병실의 안정적인 음악은 심신 보호에 유용한 수단이 되기도 한다.

신체적 반응을 유발하는 음악의 기능은 음악이 근육의 운동을 자극시키면서 리듬감을 제공한다는 기본적 원칙 덕분에 춤, 행진, 무용, 체조 등에서 활용되면서 즐거움을 주고 있다. 음악은 사람을 모이게 하고, 참여 및 결속시키는 통합의 기능도 톡톡히 하고 있다.

(2) 음악 활용 시 병원아동생활전문가의 역할

음악을 활용할 때의 일차적 도움은 건강을 위한 일이어야 한다. 신체적ㆍ정서적ㆍ영적 건강을 위한 노력으로 모든 상태가 건강하고 기능적으로 작용할 수 있도록 도우며, 행복감과 안정을 느낄 수 있도록 지원해야 한다. 병원 아동에게 음악을 통해 자신의 감정을 이입하도록 돕고 음악을 통하여 자기표현의 기회를 제공하게 된다면 타인과의 상호 관계도 촉진할 수 있을 것이다. 소리를 외부로 표현해 봄으로써 내면의 이미지를 떠올리게 할 수 있고, 무엇보다 음악의 즐거움을 통하여 병원생활의 동기를 부여할 수도 있다.

음악을 활용할 때는 두 가지의 형태의 접근방법을 이해할 필요가 있다. 집단에서 경험한 내용을 음악 외적인 것과 연관시켜서 목적을 달성하는 가스톤(Gaston, 1968)의 관련적 음악치료(referential music therapy)와 집단활동 중에

가지는 경험을 목표와 직접 연결되어 짓는 시어스(Sears, 1968)의 경험적 음악
치료(experiential music therapy)이다. 먼저, 관련적 음악치료 접근은 병원아
동과 병원아동생활전문가, 혹은 병원아동들 간의 교류를 통한 관계 내지는
관계의 재확립을 강조하는 것이라 하겠다. 다음으로, 경험적 음악치료 접근
은 음악이 능력에 따른 행동을 허용하고, 감각과 관련된 행동을 이끌어 낸다
는 점을 강조한다. 사회적으로 허용되는 상과 그렇지 않은 행동에 대한 교정
기회를 제공하고 자신감을 증대시킨다는 점, 치료적 환경에 필요한 즐거움과
오락을 제공한다는 점, 병원아동의 현실감각을 깨우면서 현재 상황에 적합한
행동을 촉진한다는 점에서 그 특징이 있다고 하겠다.

(3) 다양한 음악활동

음악을 즐기기만 할 것인가 아니면 창조적으로 이용할 것인가에 따라서 그
방법이 달라진다. 음악을 다만 즐기는 수준으로 개입하는 대표적인 방법은
음악감상이며, 여기서는 병원아동생활전문가의 선택과 결정으로 음악을 들
려주는 것이라 하겠다. 창조적 활용은 능동적 음악의 치료적 활용법으로 노
랫소리만을 이용할 것인지 아니면 악기를 이용할 것인지도 중요하다. 기존
의 곡을 연구할 것인지 아니면 자작곡을 연주할 수 있도록 도와 아동의 창작
활동에 초점을 맞출 수도 있다. 다른 매체와는 달리 고도의 기술을 필요로 하
기 때문에 일반적으로 심도 있는 접근은 어렵지만, 다른 매체와 함께 작업하
는 것도 도움이 된다.

- **즉흥연주를 통한 음악활동**: 병원아동생활전문가가 자신의 음악적 기술을
  사용하여 병원아동의 작품에 맞춰 연주함으로써 아동이 자신을 표현하
  도록 돕는 것이다. 아동의 음악을 모방하거나 아동의 감정을 반영하여
  접근해야 한다.

- **적극적인 음악감상활동**: 차분해진 몸과 마음의 상태에서 클래식을 감상하는 동안 일어나는 심상을 통해 자신을 경험하는 것을 목적으로 한다. 이를 통해 상상활동을 진행할 수 있으며, 이미지를 그림이나 글로 의식화하는 것도 가능하다.
- **창작, 작곡, 노래 만들기**: 병원아동생활전문가가 4마디 또는 8마디의 간단한 음으로 노래를 만들어 노래를 통해 질문하고 아동이 노래를 통하여 답하는 방법을 사용할 수 있다. 언어로 의사소통하는 것보다 부드럽고 즐거운 분위기에서 유대관계를 형성하며 자연스럽게 진행될 수 있다. 간단한 노래에 자신의 느낌을 넣어서 곡을 마무리하는 방법도 가능하다. 이 과정은 즉석으로 만들어질 수도 있지만, 아동에게 익숙한 곡을 활용하여도 무방하다.
- **음악연주**: 악기를 배우고 가르치는 활동이다. 함께 노래 부르는 시간이나 합창, 합주도 포함된다.
- **배경음악을 활용한 음악활동**: 배경음악을 들으면서 심리적 안정감을 유도하거나, 음악을 들으면서 그림을 그리기도 한다. 배경음악을 사용하여 동작활동을 하거나 병원아동과의 대화를 편안하게 진행하는 시간을 가질 수도 있다. 음악을 사용하는 데 있어서 심리적 편안함을 주기 위해 특별한 음악을 선택할 수 있으며, 때에 따라서는 아동이 좋아하는 음악을 함께 즐기기도 한다.

2) 독서를 통한 접근

책을 이용하는 방법은 단순히 책을 읽는 것뿐만 아니라 병원아동생활전문가의 전문적 개입이 진행됨으로써 더욱 효과적일 수 있다. 미술, 음악과 같이 심리치료의 보조 수단으로 활용되고 있으며, 이제는 독서치료라고 하여 독립된 심리치료 영역으로 발전해 가고 있다. 독서치료는 오래된 역사를 가지고 있지는 않지만, 미국에서 처음으로 환자를 치료하기 위한 방법으로 병원에서 독서를 권장하는 것으로 논의되어서 20세기 중반 이후에 본격적으로 확산되었다. 독서교육, 독서심리, 문학치료, 독서 클리닉 등 다양한 용어로 혼용되면서 독서를 통한 정서적 지원이 가능함을 확인시켜 주고 있다.

(1) 독서 활용의 장점

아동은 자신의 생각과 경험을 표현하는 데 필요한 언어능력이 부족할 수 있으며, 병원생활에서의 힘듦이나 자신의 문제를 직접적으로 언급하지 못할 수도 있다. 이런 경우에 그림책이나 아동도서를 활용하는 것은 자기방어를 줄여 주면서 문제를 인식하고 해소할 수 있는 자연스러운 방법이라 하겠다.

책을 읽는 동안 즐거움이 있으며, 특별한 문제나 상황에 있을 때 적절한 정보를 맞춤 제공해 줌으로써 문제를 이해하고 슬기롭게 해결할 수 있도록 도와준다. 책 속의 주인공이나 대상을 통해서 자신의 어려움과 비슷한 경험에 비추어 예측할 수 있고 유머가 섞인 극복과정을 통해 자신에게 적용해 보기도 하고, 자신을 있는 그대로 긍정적으로 인식하는 데에도 효과적이다.

책뿐 아니라 잡지, 신문, 시, 음악과 영화도 활용 가능하며, 이에 병원아동생활전문가는 적절한 자료를 선정하고 활용할 수 있어야 한다. 좋은 자료 선정의 기준으로는 먼저 자신에게 익숙한 자료 중에서 병원아동의 어려움이나 독서능력, 생활연령, 정서적 연령 등을 고려하여 선정하여야 한다. 아동의 개인적이고 일반적인 독서 선호는 아동이 보이는 감정이나 분위기와 동일한 감정을 보여 줄 수 있는 자료로 선택하는 것이 좋다.

구마에르(Gumaer, 1984)는 아동문학을 치료적으로 활용함에 있어 문학의 가치를 다음과 같이 제시하고 있다.

- 아동은 책을 읽고 듣는 행위를 즐기게 됨으로써 독서를 즐기게 된다.
- 언어발달을 촉진한다.
- 상상력을 발휘할 수 있는 창의력을 촉진한다.
- 자신이 직면하고 있는 문제들을 더 잘 이해할 수 있도록 도와준다.
- 다른 사람에 대한 지식을 많이 얻을 수 있다.
- 틀에 박힌 일상생활(병원생활)에서 잠시 벗어날 수 있는 기회를 준다.
- 도덕적인 기준과 태도를 발견하고 개발할 수 있도록 도와준다.

(2) 독서 활용 시 병원아동생활전문가의 역할

독서를 활용할 때에는 책에 대한 구체적인 정보와 지식을 갖추고 있어야
한다. 병원아동에게 적합한 책을 선정하는 것이 가장 핵심적인 부분이므로
책에 대한 다양한 지식을 갖추기 위한 노력을 지속해야 한다. 병원아동생활
전문가는 아동이 책을 치료적으로 읽어 낼 수 있도록 개입해야 하는데, 이
를 위해서는 먼저 책의 내용을 분석할 수 있어야 하고 그것에 기초하여 적절
한 치료적 질문을 만들 수 있어야 한다. 책은 그 자체로 읽는 사람이 그것을
읽고 이해하고 수용하면서 책과 상호작용하는 동안 효과를 얻게 된다. 아동
과 병원아동생활전문가 사이에서 발행하는 토론은 필수적이며, 이후 활동으
로는 책의 내용을 내면화하고 활용할 수 있도록 돕기 위해 글쓰기, 그림 그리
기, 역할극 등 다양한 상호작용을 통하여 확장시킬 수 있다.

독서 활용 시에 세 가지 주요 요소를 살펴보면 다음과 같다. 첫째, 적절한
유형의 도서를 선정하여 적절한 시기에 읽게 한다. 둘째, 책에서 경험과 관련
지어 아동과 병원아동생활전문가 사이에 상호작용한다. 셋째, 그러한 활동
을 자극하는 것이 병원아동생활전문가의 활동과 역할이다.

독서활용 과정은 읽기 전, 읽기, 읽기 후 단계로 나누어 살펴볼 수 있다(김
춘경, 2002). 주로 세 번째 단계인 읽기 후 단계에서 상호작용과 활동이 구체

적으로 시행된다.

① 읽기 전 단계

이 단계는 책을 선택하고 책을 효과적으로 읽기 위한 예비준비 단계이다. 도서 선택 시의 고려할 점을 다음과 같다(Bernstrein, 1989).

- 책의 내용이 가지는 범위와 성격은 어떠한가?
- 책 속의 모든 서술이 정확한가?
- 만약 서술이 정확하지 않다면 잘못된 정보인가?
- 책이 내용이 주는 정서적인 영향은 무엇인가?
- 책의 내용이 문학점 관점을 가지고 있고 감정적 수준과 정신적 수준에서 아동을 만족시킬 만한가?
- 꾸민 이야기인가 아니면 사실을 바탕으로 한 것인가?

병원아동생활전문가는 도서를 신중히 선택해야 하는데, 이때 아동의 발달 정도, 나이, 성별, 질병 상황, 독서능력, 취향 등을 먼저 파악하는 것이 중요하다. 작품의 난이도, 구성, 길이와 재미, 문제점을 미리 알고 있어야 하며, 책의 선택에서 아동이 스스로 선택할 수 있도록 기회를 부여하는 것이 바람직하다. 병원아동생활전문가는 아동의 요구와 이에 적절한 도서를 선정하여 최대의 돌봄과 지원 효과를 얻도록 해야 한다.

② 읽기 단계

일반적으로 읽기는 짧은 시간에 이루어진다. 이 단계에서는 작품을 통해 동일시의 과정을 경험할 수도 있는데, 이때 아동에게 미치는 효과는 다음과 같다(김춘경, 2002).

- 다른 사람의 어려움을 보면서 자신이 문제를 깨달을 수 있는 기회가 된다.
- 독서는 사적인 활동이며, 자아인식은 흔히 고독한 가운데 생긴다.
- 당황됨이 최소화된다. 병원아동의 경우 그런 상황에 처해 있는 사람이 본인 혼자만이 아님을 간접 경험할 수 있다.
- 다른 사람에게 보이거나 간섭받지 않고서 자기 문제에 대한 해결방법을 연습할 수 있다.
- 등장인물과 관련하여 자기 문제를 이야기해 볼 용기가 생긴다.

이 단계에서는 병원아동이 자신만이 그런 환경에 처한 것이 아니라는 사실을 인식하고 보편적인 효과와 인물 동일시를 통한 감정 정화 효과를 얻게 된다.

③ 읽기 후 단계

이 단계에서는 병원아동생활전문가의 의미 있는 피드백이 중요하다. 먼저, 문학작품에 대한 반응으로 아동이 최대한 동일시하고 투사할 수 있도록 돕는다. 다음으로, 문학작품과 관련하여 아동이 자신의 어려움을 다루는데, 작품 속 적절한 주제의 감정과 내용을 가지고 아동이 자신과 관련시킬 수 있도록 격려해야 한다. 마지막으로, 아동의 노력과 진전을 강화하는 격려와 지지로 도움을 주어야 한다.

(3) 다양한 독서 활용기법

그 밖에 독서를 활용한 다양한 기법을 살펴보면 다음과 같다.

- 생활 속 이야기 만들기: 잘 알려진 이야기나 주제에 대한 기억, 미리 정해진 주제나 모티브를 가지고 활용 가능하며, 매일 일어나는 일들이나 사

건에서 가공하지 않은 치료적 은유 소재를 찾아 이야기를 만드는 기법
이다.

• **집단 동화 쓰기 활동**: 돌아가면서 동화 쓰기를 하는 활동이다. 병원아동
들이 집단으로 참여할 수 있으며, 제목을 함께 정하고 그 다음부터 서로
상의하지 않고 자기 차례가 오면 2～3줄로 돌아가면서 글을 쓰고 동화
를 완성해 나가는 것이다. 이 활동에서는 자기 뜻대로 글이 이어지지 않
을 수 있음을 경험하면서 협동심과 인내심, 타인에 대한 배려를 경험하
게 된다. 이 기법은 독창적인 이야기를 만들어 나감에 있어 친숙한 이야
기나 동화를 무의식적으로 선택하고 끌어온다는 점에서 아동의 정서 및
심리 상태를 짐작하게 해 준다.

병원아동생활전문가의
부모 및 가족 지원

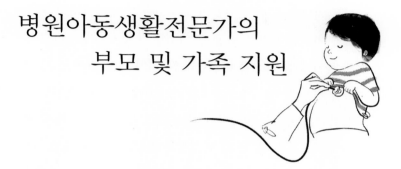

1. 병원아동부모의 이해와 지원

1) 병원아동부모의 심리 · 정서 · 행동

입원하게 된 아동은 가족체계의 구성원이다. 만약 아동이 아주 강력하고 잘 기능하고 있는 가족의 일원이며 입원이 상대적으로 짧고 병이 심각한 것이 아니라면, 그 가족은 나쁜 영향력으로 인한 위기를 거의 겪지 않을 수 있다. 그러나 다른 상황에 있는 가족은 그렇게 좋지 않을 수도 있다. 제대로 기능하지 못하는 가족에게 이러한 상황이 주어지면 그 가족은 불안과 불화로 흩어지고, 의사소통에 심각한 문제를 경험하여 상대적으로 단순한 입원에도 잘 대처하지 못 할 수 있다. 설령 훌륭하게 기능하는 가족이더라도 장애를 가진 아이의 탄생이나 자녀가 장기적으로 치료를 요하는 백혈병 진단을 받을 때와 같은 갑작스러운 특수 상황에 직면하게 되면 대처에 어려움을 겪을 수 있으며, 이로 인하여 가족의 해체가 생길 수 있다.

아픈 자녀를 둔 많은 부모가 죄의식을 가지고 자녀의 질병을 대하게 된다. 부모는 자녀의 불행을 막을 수 있었던 무엇인가가 있다고 생각하게 되며 그렇게 하지 못한 자신을 비난한다. 자녀가 낭포성 섬유종같은 유전적 질병에 걸렸을 경우에 이런 감정은 최고조에 이르게 된다. 또한 그들이 가지고 있던 만성질환은 가족의 생활을 변화시키고, 부모는 분노하게 되고, 경제적인 어려움에 이르게 될 수 있다. 만성질환이 있는 아동이 특별 치료를 자주 받아야 한다면, 가족은 병원과 더 가까운 곳으로 이사를 해야만 할 수도 있다. 아동이 받는 고비용의 의료 처치와 특수 기계에 의한 치료로 경제적인 어려움도 불가피하다. 부모는 병원 비용을 감당하기 위해 낮은 급여의 일에서 더 높은 급여를 받는 일로 이직해야만 할 수도 있고, 부가적인 일자리를 구해야 할 수도 있다.

장애자녀의 탄생도 만성질병 상황과 유사하다. 부모는 여러 달 동안 아기의 탄생을 계획하고 기다린다. 건강하고 안전할 것이라 기대하면서 상상해 왔던 아이가 탄생하지 않았을 때, 부모는 건강할 수 있었을 아이의 상황에 슬퍼한다. 신체적으로 좋지 않거나 체질적으로 연약한 유아 자녀와 유대를 시도하는 부모는 아주 어려울 수 있다. 더욱이 이런 아이들에게 불안을 초래하는 낯선 절차와 환경은 부모에게도 영향을 준다. 자녀가 아프면 부모는 자주 긴장하고 걱정하며 자녀에게 꾸준한 지원을 제공할 수 없게 되기도 한다.

이러한 부모의 걱정과 가족의 어려움이 자녀에게 전달될 때 아동은 더 고통을 느끼게 되며 안 좋은 영향을 받게 된다. 아동은 오랫 동안 치료를 받으며 싸워야 할 뿐만 아니라 자신이 어려운 상황에 놓여 있다는 것을 알게 하는 조건들로부터 파생된 가족의 어려움이 증가되어 가는 것에도 직면하게 된다. 그러므로 이러한 가족에 대한 의료진의 지원과 이해로 그들의 감정에 대처할 수 있도록 도와야 하며, 부모–자녀의 유대관계 성립에 대해 관심을 기울여야 한다.

스키퍼와 레오나드(Skipper & Leonard, 1968)는 부모에게 아동의 상태에 대해 부가적인 정보를 제공하는 것이 부모의 걱정을 줄이고 이를 통해 아동의 불안까지도 줄이게 된다고 설명하였다. 낯선 병원 환경과 절차가 아동의 고통의 중요한 요인이며, 입원과 퇴원 후 고통을 줄이는 효과적인 방법 중의 하나는 아동과 부모를 각각의 절차에 적절하게 준비시키는 것이다. 단순히 가족을 병원에 초대하는 것으로도 가족 구조의 생명력을 관찰하고 위기 대응력을 관찰하는 것이 가능하며, 문제가 감지 되었을 때 적절한 해결책이 시행될 수 있다는 것이다. 그러므로 가족의 지원이나 그들의 정서에 대한 돌봄도 아동의 병원 적응과 치료에 중요한 영향을 미칠 수 있다.

2) 부모 참여

부모의 참여를 지원하는 최고의 명백한 논거는 입원한 아동이 부모와 떨어질 때의 영향력에 있다. 부모와 떨어져 입원 중인 아동은 큰 고통의 시간을 견디게 된다. 초기 '저항'의 시기는 아이의 울음이나 소리 지르는 것으로 나타나고, 이후 잠재적으로 더욱 어려운 '절망'의 시기로 이어지고, 뒤이어 '분리'의 시기에 이르게 되는 것이다. 부모가 자주 방문하도록 지원받고 어린 자녀와 함께 밤을 보낼 수 있게 된다면, 의료진은 아동의 즉각적인 고통을 방지할 수 있고, 아동에게 흔하게 영향을 미치는 퇴원 후의 문제점도 최소화할 수 있다.

또한 부모의 참여는 아동에 대한 성공적인 처치에 많은 다른 긍정적인 영향력을 가진다. 부모는 병원아동을 치료하는 의료진을 도울 수 있는 아동의 습관에 대해 잘 알고 있다. 예를 들면, 좋아하는 음식, 수면 습관 그리고 아동의 특별한 공포심 등에 대한 정보는 아동을 더 섬세하게 케어할 수 있게 돕는다. 의료진은 그 아동만의 독특한 언어에 익숙하지 못하지만, 부모는 자녀와 더 쉽게 의사소통할 수 있기에 신뢰하는 부모의 적절한 언어는 아동이 오해할 만한 상황, 예를 들면 간호사가 약이 아닌 점심을 가져다 주는 것이라는 사실을 전해 아동을 안심시킬 수 있다. 이 경우에 만약 간호사 혼자서 아동을 설득하려 시도한다면, 아동은 공포에 휩싸여 배고픈 채로 남아 있게 될 것이다.

그리고 부모에게 치료의 과정에 하나의 일원으로 협조시키는 것은 위기 대응력을 관찰하는 것과 문제가 감지되었을 때 적절한 해결책이 시행되는 데에 훨씬 효과적이다. 만약 그렇지 않다면 병원아동생활전문가와 다른 의료진이 가족의 대처능력을 식별할 기회는 더욱 적어지기도 하며, 부모와 의료진 사이의 신뢰가 약해질 수도 있다. 이것은 부모가 의료진이 제안하는 해결책에 덜 수용적이게 반응하는 것을 야기할 수 있으며, 이는 치료에 방해가 되기도 한다. 버튼(Burton, 1975)은 낭포성 섬유종을 앓는 아동들과 그 가족에 관한 연구에서 부모가 자녀와 함께 머물도록 장려된 가족이 상황에 대처하는 방법이나 여러 면에서 그렇지 않은 가족보다 더 진보적이며 긍정적인 방향으로 대처하는 것을 증명하였다. 그러므로 부모의 참여를 통하여 병원 의료진은 부모에게 필요한 지원을 할 수 있고, 의료진은 아동이 질병으로 인한 어려움을 잘 해결해 나갈 수 있게 더 잘 도울 수 있을 것이다.

(1) 부모를 위한 정보 제공

병원아동에게 부모와의 접촉을 심하게 규제하는 병원의 규칙은 부모가 덜 환영 받는다고 느끼게 하는 상황을 발생시키며, 이것은 치료과정에 실망감을 더할 수 있다. 부모는 자녀가 익숙한 가정에서 낯선 환경의 병원으로 올 때 친숙함과 강한 자원으로서의 역할을 한다. 어떤 강한 힘의 자원과 함께하는 것처럼, 부모-자녀 관계에 내재된 힘은 긍정적인 혹은 부정적인 결과를 생산할 수 있다. 걱정에 사로잡히지 않는 부모는 질병에 대한 분노, 의학적 환경의 낯선 관습에 의해 압도되는 것을 극복하고 아동의 적응을 놀랍게 향상시킬 수 있고, 심리적 불안의 가능성을 최소화할 수 있다. 치료 속에서 일어나는 과정에 아동이 잘 준비되도록 돕기 위한 적절한 방법을 부모에게 알려주지 않으면 많은 부모가 자녀에게 최선이 되는 것을 찾는 데 그저 자신의 직감에 의존해야만 한다. 이 때문에 아동에게 병원에 대한 정보는 그들을 걱정하게 만들 것이라는 잘못된 신념을 가지게 되고 이에 대해 전해 줄 만한 제대로 된 정보는 거의 없게 되는 것이다. 그러므로 준비가 적절하게 이루어지지 못한 아동은 불안과 불신으로 부모에게 반응하고 배신감을 느끼게 되고, 이로 인해 부모는 그들의 실패에 대해 죄책감을 느끼게 된다.

다음의 사례는 많은 부모가 병원에서 겪게 되는 이야기일 수 있다.

미나 이야기

5세 미나는 큰 두려움을 안고 병원에 가게 되었다. 미나는 작은 손으로 엄마의 손가방을 꽉 쥐었다. 다른 한 손에는 미나가 사랑하는 인형 앤이 매달려 있었다. 외출이 평소 오후에 공원에 가는 것이나 상점에 들르는 것과는 다른 외출이라는 사실을 미나는 알아챘고 부모님의 긴장감도 느낄 수 있었다. 미나가 아침에 일어났을 때, 지금 아빠가 들고 있는 가방에 미나가 좋아하는 장난감들을 챙기라는 말을 들었기 때문이다.

미나는 엄마가 미나의 목을 치료하기 위해 며칠 동안 병원에 가 있어야 한다고 설명하는 것을 주의 깊게 들었다. 하지만 엄마의 말은 혼란스러웠고 그런 엄마의 태도에 미나는 겁이 나기 시작했다. 지난 몇 주간 아픈 목으로 고생한 것은 사실이었다. 하지만 미나에게 병원이란 곳은 할머니, 할아버지가 가거나 때때로 죽은 사람이 있는 곳으로 알고 있었을 뿐이었다. 너무 혼란스러웠지만 미나는 자기가 엄마에게 너무 많은 질문을 해서 엄마가 화가 날 수도 있다는 것이 두려웠다.

미나의 어머니도 긴장되긴 마찬가지였다. 미나는 사교적인 아이였다. 일주일도 안 된 불과 며칠 전에도 동네 공원에서 풍선맨과 두 명의 꼬마 야구 선수, 그리고 큰 개와도 친구가 되었는데. 지금은 지독한 침묵 속에 갇혀 있다. 어머니는 미나에게 좀 더

일찍, 좀 더 자세하게 병원에 대해 이야기하려고 했다. 하지만 그녀는 두려웠다. 미나의 어머니는 적절한 단어가 생각나지 않았고, 병원의 규칙에 익숙치 않아 미나를 안심시켜 줄 약속 등을 할 수 없었다. 지금 미나의 반응을 보면서 자신이 미나의 병원생활에 효과적인 도움을 주지 못하고 있다는 생각을 하게 되며 자책감이 들었다.

미나의 아버지도 마찬가지였다. 어릴 때 그는 친구가 던진 야구공을 받으려다 차 사고가 나서 병원에 오래 머문 적이 있었다. 로비를 지나는 빳빳한 흰 유니폼의 간호사들은 어렸을 때 자신을 돌본다고 했던 그 무심한 간호사들을 떠오르게 했다. 특히 그에게 "조용히 입 다물고, 아기처럼 울면 안 돼!"라고 말하던 그때의 나이 든 간호사를 그는 끔찍하게 싫어했었다. 그는 뜨겁고 갑갑하던 깁스를 하고 10명의 아이가 함께 있는 병실에 던져져 있었기에 울 수밖에 없었던 당시 상황이 너무 당연하다고 느꼈었다. 미나를 병원으로 데려오면서 미나의 아버지는 그때의 나쁜 기억들이 떠올라 고통스러웠다. 그는 미나가 자신처럼 나쁘게 다뤄질 수 있다는 사실을 두려워하며, 미나의 편도선 절제술에 의구심이 들기 시작했다.

미나의 아버지와 같이, 일부 부모는 불행했던 과거의 경험으로 인해 의료진에 대한 적대감을 가지고 있다. 의료진에게 불신감으로 대응하는 부모를 보게 되는 아동은 자신이 받게 되는 처치에 확신을 가질 수 없게 된다. 부모가 병원 환경에서 느낄 수 있는 다양한 불편함, 불안 혹은 죄책감을 아동은 금세 인지할 수 있을 것이다. 아동은 이에 따르는 불안이 증가하게 될 것이고, 덜 협조적이며 심리적 불안을 보여 주는 행동을 나타낼 것이다. 부모-자녀 관계에서 문제점들이 생길 수 있는 가능성에도 불구하고, 부모는 자녀의 입원생활에 가장 큰 역할을 담당하고 있다. 아동의 병원생활에서 부모의 참여가 배제되고 심각하게 제한된다는 것은 생각할 수 없는 것이다. 그러므로 병원아동생활전문가와 의료전문가는 이러한 부모의 공포를 이해하고 어려운 시기에 놓인 아동을 돕는 데 필요한 체계, 정보, 지원을 제공해 주어야 한다. 아동과 부모의 상호작용을 제한하는 병원 환경에서 병원아동생활전문가는 자유로운 방문과 병실 내에 부모가 함께 머무는 것에 대한 옹호자의 역할을 할 수 있도록 준비되어 있어야 한다.

부모는 대개 최상의 상태에서 병원에 들어서지 않는다. 자녀의 건강에 대한 걱정과 병원 환경의 특수성으로 인한 두려움으로 걱정은 배가 된다. 의료진의 권위를 수동적으로 받아들이며 여기에 대한 불만을 표출하는 것이 불가능해진다. 부모에 대한 서비스가 공식적인 병원 정책의 일부이고 즉각적이며 효과적으로 활용되기에 힘든 상황이 많은 실정이다. 하지만 자녀의 입원으로 깊은 상심 속에 있는 부모에게 이용 가능한 서비스에 대한 정보 외에도 정서적 지원을 해 줄 수 있는 병원 측의 협력자는 필요하다. 이러한 도움을 받은 부모는 효능감을 가지고 자녀를 더 잘 도울 수 있게 될 것이다. 이상적인 상황은 정규직의 부모 변호사나 부모 코디네이터가 있어서 부모의 권리를 보호해 주고, 부모에게 활동적으로 서비스를 제공하는 업무를 하는 것이다. 하지만 이러한 중요 업무는 사회복지, 간호, 아동생활 업무를 포함한 다양한 분야 속에 위임되고 분리되어 있다.

병원아동생활전문가는 주로 부모 프로그램의 이행이나 아동의 입원을 승인하는 부모의 요청을 잘 알아야 하는 사람들과의 긴밀한 협조 업무에 책임을 가지고 정확한 정보를 제공하도록 노력하여야 한다. 왜냐하면 병원 환경에서 부모가 경험하게 되는 많은 불편함은 여러 분야에 대한 지식의 부족에서 비롯되기 때문이다. 자녀의 상태에 대한 기본 정보와 함께 부모는 병원에 무엇을 가져와야 하는지, 혹은 자녀가 검사를 받는 동안 자신은 어디에 서 있어야 하는지 등 사소한 사항에 대해서도 알 필요가 있다. 이런 정보들을 안내받는다면 부모는 안심하게 되고, 더 편안하게 느낄 수 있을 것이다. 부모가 가지는 많은 정보의 힘은 이전 장에서 논의한 스키퍼와 레오나드(Skipper & Leonard, 1968)의 연구에서 밝혀졌다. 그들의 연구는 병원에 대한 일반적인 정보 이상의 더 많은 정보를 가지게 된 부모의 아동들이 심리적 스트레스가 덜하다는 것, 더 빠르게 회복한다는 것 그리고 퇴원 후에 입원으로 인한 불안이 덜하다는 것을 보여 주었다. 이처럼 부모에게 정보를 전하는 것은 아동이 실제 입원을 할 때까지 늦춰져서는 안 되며, 그 전에 자세한 정보와 부모의 질문에 대한 빠른 답을 주어 안도감과 안전감을 제공해야 한다.

이를 위해 병원아동생활전문가와 의료 종사자들은 입원 전에 부모와 아동에게 입원 사전 안내 소책자를 발송하거나 입원 전 친숙함을 위한 병원투어 프로그램에 참여하게 하는 등 다양한 방법을 통해 정보를 전달해야 할 것이다.

① 사전 안내 소책자

가족에게 직업 우편 발송되거나 의사와의 특별 면담을 통해 배포될 수도 있다. 소책자에 담기는 내용은 간략하고 명확해야 하고 이해력이 부족한 부모도 읽을 수 있어야 하며, 부모가 가진 주요 질문에 답을 할 수 있어야 한다. 하드그로브(Hardgrove, 1972)는 부모가 원하는 정보 분야에 대한 목록을 정리하였는데, 이러한 질문들은 소책자에 반드시 포함되어야 한다.

하드그로브(1972)의 부모를 위한 질문들

많은 부모는 입원을 앞둔 자녀를 준비시키는 과정에서 가장 중요한 것이 무엇인지 알지 못한다. 사전 안내 소책자는 부모가 자녀와 함께 앞으로의 일들에 대해 이야기할 수 있도록 안내되어야 한다. 병원 서비스에 대한 컬러링 북이나 동화는 아동이 앞으로 만나게 될 일상, 사람, 장비를 소개하고, 부모와 아동이 이야기를 나눌 수 있게 하는 최상의 수단이 되어 줄 것이다. 컬러링 북이나 동화는 소책자의 일부분으로 구성할 수도 있고, 지역 도서관에서 이용 가능한 어린이 도서 중에서 적절한 것이 추천될 수도 있다. 아동이 입원하게 되는 구체적 이유에 대한 안내가 소책자에 보충될 수도 있고, 이를 위한 적절한 놀이 활동이 수록될 수도 있다. 소책자에는 부모의 동실 가능 여부도 안내해야 한다. 입원 준비 초기 단계에서 아이는 부모가 자신과 함께 병원에 머물게 될 것이라는 것을 알 수 있어야 한다.

• 어떻게 옷을 입고 무엇을 가져갈 것인가?

부모는 아동과 자신의 짐을 어떻게 챙겨야 하는지 알아야 한다. 아동에게 어떤 물품이 제공되는지 또는 필요한 물품이 무엇인지 부모가 알고 있어야 한다. 아이가 좋아하는 장난감을 가져가는 것(이름을 써서 놀이방에 잃어버리지 않게 한다!)이 좋은 것인지, 허용이 되는지에 대한 설명도 있어야 한다. 자녀의 병실에 함께 있을 것을 계획하는 부모에겐 사물함 이용 가능성에 대한 설명이나 병원 이용 안내가 필요하다. 세탁시설의 이용 여부 혹은 상점과의 거리 등 정보도 제공되어야 한다.

• 누구에게 의지할 것인가?

병원생활에 대한 지나친 실망과 걱정을 피하기 위해서 부모는 병원에서 얻을 수 있는 정보와 지원에 대해 미리 알아야 한다. 의학 정보에 대한 적절한 자원을 식별해야 하고 자신을 도와줄 수 있는 인력에 대한 구별도 숙지해야 한다. 자녀의 담당의사, 간호사, 병원아동생활전문가, 사회복지사 혹은 부모 서비스 코디네이팅의 책임자를 구분하는 데 주의를 기울어야 한다. 부모는 병원아동부모를 위한 모임 일정이 있다면 장소와 시간도 알고 있어야 참여를 통해 다양한 정보를 얻게 된다.

• 병동에서 어떻게 행동할 것인가?

의료진이 부모의 행동이 무신경한 것이라 인식하는 것의 대부분은 부모가 잘 몰라서 하게 되는 행동일 경우가 많다. 부모는 자녀의 식사나 처치 시간 때 TV를 보거나 모여서 수다를 떨 수도 있다. 부모가 몇 가지 기본 수칙을 알고 소아과 병동의 일정에 익숙해지는 것으로 다양한 긴장과 갈등에 대비할 수 있다.

• 입원한 자녀를 어떻게 도울 것인가?

부모는 자녀를 의료진에 맡기고 수동적인 역할을 하거나, 자녀의 의료적 돌봄에 대해 무기력한 관찰자의 역할을 하게 되기도 한다. 심지어 의료진이 허락함에도 자녀에게 손대는 것조차 두려워한다. 사전 안내 소책자에 담긴 정보들을 통해 이런 모습을 없앨 수 있어야 하고, 부모는 자신의 중요성을 확인하고 입원 전에 자신의 아이를 어떻게 도와주는 것이 좋은지 연습할 수도 있을 것이다.

• 부모는 어떤 일을 할 것인가?

병원생활과 의료적 돌봄에 있어서 부모는 자신이 해야 하는 일들이 무엇인지를 알아야만 한다. 사전 입원 준비 활동, 병원 투어, 임상 검사, 신체 검사에 대한 정보도 알아야 한다. 부모는 병원에 있는 동안 어떤 행동이 가능한지 정확하게 알 수 있어야 한다. 병원 환경으로 인해 겁먹은 부모가 이런 내용들을 모르고 있다면 마치 유도 시설과 회복실을 접근 금지 공간이라 여길 수 있고, 이로 인해 자녀에게 중요한 지원을 할 수 없게 될 수도 있다. 사전 안내 소책자는 병원 관계자가 작성해야 하고, 해당 병원에 대한 구체적인 정보를 포함해야 한다.

• 입원 전 오리엔테이션 프로그램

입원 전 안내 소책자가 중요하고 포괄적인 정보를 제공하지만, 이것이 입원 전에 제공되는 유일한 정보가 되어서는 안 된다. 부모의 읽기 능력, 시간적 제약, 앞으로의 일들에 대한 걱정 등으로 자료를 주의 깊게 읽지 않을 수도 있다. 모든 정보는 사전 친숙함을 위한 투어 프로그램에서 다시 반복되어야 한다. 말로 하는 오리엔테이션이 사전에 자료를 읽지 않은 부모에게 특히 중요하지만, 다른 모든 부모에게도 유용한 기능을 하게 될 것이다. 병원 인력 중에 이해심 있고 공감적인 인력(병원아동생활전문가 혹은 다른 사람들)이 부모를 안심시키고 필요한 정보를 줄 것이라는 안내는 병원이 인간적이고 포괄적인 돌봄을 주고자 하는 정성을 보여 주는 것이다. 인쇄물과 함께 말로 설명하는 것은 부모가 질문하고, 문제들을 이해하고, 부모가 병원 환경에 들어올 준비가 될 수 있게 지원하는 것을 가능하게 할 것이다. 사전 안내 정보를 읽지 않은 부모, 혹은 병원에 대한 공포로 주저하는 부모는 병원 관계자들이 발송한 안내문 외의 특별한 노력을 하지 않으면 사전 투어나 오리엔테이션에서 도움을 받기 어려울 수 있을 것이다. 병원아동생활전문가는 사전 오리엔테이션에 가족의 참석을 장려하고 사전 방문의 중요성에 대한 설명을 하는 안내 전화를 통해 프로그램 참여를 증가시키는 노력이 필요하다.

• 입원 후의 정보 전달

아동과 부모가 입원한 후에 아동의 상태, 병원의 일상, 그리고 가능한 부모 관련 서비스에 대한 정보는 다양한 매체를 통해 지속되어야 한다. 일정하게 짜인 부모 상담은 부모와 의사소통하고 질문에 대답을 할 수 있을 최상의 수단이 된다. 부모 게시판, 벽보를 활용하기도 하고, 티타임을 마련할 수도 있다. 이 시간에는 부모와 만남이 적었던 다양한 병원 인력과 함께할 수도 있을 것이다. 예를 들어, 경영실의 직원이 건강보험, 병원 비용 등에 대한 대답을 해 줄 수도 있을 것이고, 경영자는 병원의 철학과 목표 등에 대해 이야기할 수도 있을 것이다.

부모의 가장 큰 관심은 자녀의 의학적 건강 상태이다. 병원의 일상과 처치에 대한 많은 질문은 부모가 병원아동생활전문가의 도움으로 아동 준비에 참여하는 과정에서 답을 얻을 수 있고, 이를 통해 아동과 부모 모두 안심할 수 있게 된다. 부모와 자녀가 함께 준비하는 것은 부모의 걱정을 줄이고 간호케어에 만족을 증가시키는 결과를 가져오고, 아동의 입원과 퇴원 후의 적응을 향상시킨다. 아동의 현재 의학적 상황에 대한 구체적인 정보를 제공하는 것은 병원아동생활전문가의 영역 밖에 놓여 있지만 다른 방법으로 부모를 도울 수는 있다.

첫째, 병원아동생활전문가는 동료들에게 개방된 의사소통 채널을 활용하여 지속적으로 추가되는 정보를 알고자 하는 부모의 요구에 부응할 수 있다. 둘째, 병원아동생활전문가가 부모가 표현하는 특별한 관심들을 해당 관계자에게 알려 줄 수 있다. 셋째, 병원아동생활전문가는 무섭거나 소심하여 의사나 간호사에게 질문하기를 꺼리는 부모의 마음을 감지하여 부모가 의료진에게 직접적으로 다가갈 수 있도록 지원하고 응원할 수 있다. 의학적인 것들 외에 대한 질문들, 특히 양육 기술이나 아동발달의 문제에 대한 것들은 병원아동생활전문가가 다루어야 하는 것들이다. 이에 대한 특별한 요청이 있다면 병원아동생활전문가는 부모와 가족의 어려움과 관심사를 다룰 수 있는 재료나 전문 프로그램을 준비할 수 있다.

② 병원투어

병원아동생활전문가는 병원투어를 통하여 부모에 대한 여러 가지 지원과 필요한 정보를 제공할 수 있다. 부모가 병원 환경을 편안하게 느끼고, 자신들이 자녀와 함께 있는 것이 단순히 그냥 옆에 있는 것이 아니라 꼭 필요한 존재로서 장려되는 것이라고 느끼게 된다면 자녀가 입원에 대한 불안감에 직면할 때 가장 효과적으로 아이를 돕게 된다. 자녀를 입원시킨 부모라면 압도되는 불안을 경험할 것이다. 적극적이고 충분한 사전 정보 제공은 의심의 여지 없이 이런 불안을 감소시키지만, 부모는 지속적으로 충분한 지원을 요구하게 될 것이다. 어떤 부모는 병원생활이 비교적 편안하고 환영받는다고 느낄 것이고, 상황적 스트레스에도 불구하고 병원의 도움을 통해 적절하게 역할을 할 수 있을 것이다. 하지만 어떤 부모는 더 강력한 지원을 요구하기도 한다. 부모는 자녀가 입원하는 것에 대해 죄책감을 경험한다. 부모는 자녀의 병이 심해지기 전에 더 잘 살펴보았다면 질병을 눈치챌 수 있었을 것이라고 후회한다. 혹은 안전에 좀 더 신경을 썼다면 아이의 사고를 막을 수 있었을 것이라 여긴다. 입원이 길어짐에 따른 경제적 부담도 커지게 된다. 만약 병원아동생활전문가가 부모를 대할 때, 부모가 이러한 문제와 걱정으로 위축되어 있는 것을 발견하게 된다면, 감정에 대한 대처만 돕는다고 하여 효율적일 수 없다. 다른 필요한 지원이 필요한 것이다. 사회복지부서의 인력, 심리학·정신의학의 인력과 협업하여 병원아동생활전문가가 부모의 입원 관련 고통을 줄이려는 시도는 필요하며, 이는 충분히 가치 있는 일이다.

부모상담을 위한 안내

- 부모와의 대화에 집중해야 한다. 자신의 경험, 충고, 해석 혹은 제안 등을 제시하여 주의를 돌려서는 안 된다. 화자를 무대의 중심에 두어야 한다.
- 부모를 부드러운 시선으로 응시한다.
- 가끔씩 당신이 집중하고 있다는 걸 알리기 위해 공감의 언어, 예를 들면 '아하' '음……' '흠……'이라 말하고 고개를 끄덕여라.
- 침묵을 두려워하지 마라. 다른 화제로 침묵을 깨려는 충동에 사로잡힐 수 있지만 부모는 당신이 여전히 듣고자 한다는 것이 명백해질 때, 아마도 이야기를 계속해 갈 수 있을 것이다.
- 질문을 통해 대화를 끌어내라. 화자가 더 말할 수 있도록 하는 열린 질문을 사용하라. "그것에 대해 어떻게 느끼셨어요?" "그것에 대해 좀 더 말해 주실 수 있으세요?"와 같은 질문을 하라. "예/아니요" 혹은 간단한 한 단어로 대답할 수 있는 질문은 피하라.
- 만약 부모가 하는 말에 동의하지 않을 때, 당신이 원하는 것으로 이끌어 가게 하는 유도질문은 피하라. 당신이 듣고 싶어 하는 견해를 나타내기보다는 부모의 생각을 돕는 질문을 제시하라.
- 부모가 말하고자 하는 것의 한 부분을 끝마쳤을 때는, 이야기했던 주요 생각들을 요약하거나 환원시켜 말하라. 만약 잘못 이해한 부분이 있다면 다시 한번 질문하라. "부모님께서 말하시고 있는 것은 …처럼 들리는데요." 혹은 "부모님께서는 ……라고 생각하시네요. 제가 제대로 이해한 건가요?" 등의 문장들로 시작한다.
- 감정적 메시지에 대해 대응하라. 부모가 말하고 있는 것과 함께 부모가 어떻게 느끼고 있는지는 이해하고 있다는 것을 보여 주어라. 이것은 "그것에 화가 나셨겠어요." 혹은 "제 생각에는 부모님께서 그렇게 느끼시는것 같아요."와 같은 말로 시작할 수 있다.

이처럼 부모의 걱정을 지지하면서 경청하는 것과 함께, 병원아동생활전문가는 부모가 자녀를 입원시킴으로써 처하게 된 실제적인 문제들에 대처하는 데 도움줄 수 있을 것이다. 부모가 병원까지의 이동수단이 문제라면, 병원아동생활전문가 혹은 다른 인력들이 이에 대한 해결책을 강구해 볼 수 있을 것이다. 버스나 택시 회사의 특별 배려가 이루어지거나 자원봉사 운전자 목록을 구성해 볼 수도 있을 것이다. 다른 자녀 때문에 집을 떠나기 어려운 부모에게는 병원이 병원아동의 다른 형제자매들을 위한 놀이 공간을 만들 수도 있고, 자원봉사 부서가 가사 도움 서비스를 제공해 볼 수도 있다. 이 외의 문제들도 입원 아동의 돌봄을 위해 부모를 최대한으로 참여시킬 수 있게 하는 방향으로 해결해 나갈 수 있을 것이다.

출처: Thompson & Stanford (1981).

의료진은 아동 치료를 위해 부모를 파트너로서 진심으로 환영하며, 이들의 더 많은 참여를 보장할 수 있을 것이다. 의료진은 부모를 정서 지원하고 가족의 붕괴를 막고, 가족 체계의 문제점을 감지하게 할 수 있을 것이다. 예를 들어, 천식을 앓는 아동의 호흡이 부모 사이의 싸움을 목격한 후에 더욱 힘들어진다는 것을 관찰한 병원아동생활전문가는 아동의 천식 발작을 일으키는 스트레스의 원인을 정확하게 찾아내는 데 도움을 줄 수 있다. 이러한 환경적 이해의 바탕 없이 아동을 가정으로 되돌아가게 하는 것은 아동이 반복된 입원을 하게 만드는 것일 수 있다. 아동의 건강한 생활은 그들의 안정된 가정생활에서 출발한다. 아동의 물리적 필요성을 위해 사회적 맥락을 무시하는 것은 부적절한 돌봄을 제공하는 것이다. 병원아동생활전문가는 병원아동을 돌보는 과정에서 아동의 질병을 악화시키거나 질병에서 파생할 수 있는 스트레스의 징조를 관찰할 수 있을 것이다.

(2) 부모를 위한 프로그램

부모 프로그램은 '부모들을 어떻게 받아들일 것인가?'에서 '부모와 무엇을 할 수 있을까?'로 초점을 이동시켜야 한다. 가족에게 편리함을 줄 수 있어야 하고, 병원 측의 승인을 유지할 수 있도록 계획들을 실행해 나가야 한다. 이를 위해서는 물리적인 것들도 고려되어야 한다. 부모를 위한 숙박시설이 반드시 제공되어야 하며, 가능하다면 부모가 자녀와 함께 한 방에서 잘 수 있어야 한다. 만약 병실이나 환경상 공간에 제약이 있다면, 아마도 놀이방이 밤 시간 동안의 숙소로 전환되어 부모에게 매트나 접이식 침대와 같은 것을 제공해야 한다. 부모는 개인 공간도 이용 가능해야 한다. 샤워 시설과 사물함이 필요하고, 특히 먼 곳에서 왔거나 장기간 입원하게 된 아동의 부모에게는 더욱 그렇다. 이런 공간을 제공하는 데 실패하는 것은 부모에게 그들이 진실로 환영받고 있는 것이 아니라는 메시지를 주는 것이다. 병원에서의 시간은 길고 지루한 것이며 불안한 상황일 수 있다. 부모에게는 다른 부모와 함께 시간을 보내고 대화를 하고 정보를 교환하고 정서적 공감과 지원을 할 수 있고 휴식하거나 책을 읽거나 자녀의 입원으로 소홀하게 된 업무를 볼 수 있는 부모 라운지 공간이 필요하다.

병원의 너무 많은 규칙은 부모가 병원아동과 함께 참여하는 것으로부터 얻을 수 있는 이점들을 사라지게 할 것이다. 예를 들어, 많은 병원이 가장 중요하면서도 스트레스가 높은 과정들, 즉 피검사, 처치, 마취 유도, 회복실에서 아동과 부모와 접촉하는 것을 불허한다. 하지만 하드그로브와 다우손(Hardgrove & Dawson, 1972)은 아동에게 정서적 지원이 필요할 때 부모와 분리시키는 제한적인 정책들을 비판하며 부모 참여에 대한 이해 부족은 오히려 비생산적인 결과를 낳을 수도 있다고 주장하였다. 그의 연구에서 응답 병원의 77%는 아동에게 양육 활동과 심리적 지원을 제공하는 것에 부모 이상의 것은 없다고 하였지만, 정작 가장 스트레스가 많은 시기, 안정이 가장 필요할 시기에 부모를 제한하였다. 연구참여 병원 중 29%는 부모가 검사와 절차들에 함께 있는 것을 허락하지 않았고, 89%는 아동이 마취 유도 중일 때 부모가 함께하는 것을 허용하지 않았고, 81%는 회복실에 부모가 함께 있는 것을 제한하였다. 연구자들은 "아동이 의학적 위기 상황에서 부모가 함께 있어 주기를 요구할 때 그 부모에게 우선권을 주고, 특히 5세 이하의 유아일 경우에는 입원의 첫째 혹은 둘째 날 밤에 부모의 위안을 요구하거나, 정서적 불안이 감지되는 아이의 부모에게는 우선권이 주어져야 한다."라고 주장한다.

하지만 지나친 규제로 인해 아동에게 부모가 가장 필요한 시기에 아동에 대한 지원을 빼앗고 부모에게 정확하고 완전한 정보를 전하지 못하는 경우가 발생될 수 있다. 이것은 부모에게 아동의 상태에 대해 다르게 전달되는 오해가 생길 수 있으며, 의료에 대한 불신이 생길 수 있다. 다양한 분야의 사람들에 의해 제공되는 여러 서비스는 명확해야 하고, 부모의 참여를 귀찮거나 부담이라고 느끼지 않아야 한다. 그러므로 병원아동생활전문가는 프로그램들을 계획할 때 아동에게 중요한 역할을 하는 부모들과의 면담을 통해 그들의 의견을 수렴하고 논의하며 오랜 시간에 걸쳐 발전시켜야 한다. 그리고 부모 프로그램을 통하여 부모가 의료진과 함께하는 것을 점점 더 편안하게 느낄수 있게 도우며, 어떤 요소들을 첨가하거나 향상시킬 수 있는지를 생각하여야 한다. 프로그램의 운영과 경영의 문제점과 관련한 것들을 이야기할 수 있는 포럼이 있다면 더 쉽게 다뤄질 수 있을 것이므로 욕구를 가진 부모들과의 만남과 조사, 탐색도 도움이 될것이다.

(3) 부모에게 역할 제공

소아 의료 시설에 부모를 초대하고 참여를 장려하는 노력의 궁극적 목표는 아동이 치료에 필요한 힘을 낼 수 있도록 부모와 자녀 관계를 보호하는 것이다. 부모는 병원 밖에서의 역할에는 익숙하지만 병원에서의 부모 역할은 새로운 것이고 무서운 것일 수 있다. 부모에게 바이탈 사인 기록, 밥 먹이기, 수액 체크, 그리고 마취 유도시 함께 머무르고, 회복실에 함께 있고, 밤을 함께 지내는 것 등 특정 과업을 제안하여 부모가 새로운 역할에 친숙해지는 것을 도울 수 있다.

하드그로브와 다우손(1972)의 부모 역할을 위한 계획

다음은 1972년에 하드그로브와 도슨이 논의한 프로그램들이다. 시기의 차이로 현재의 상황과 차이가 있으나 이를 통해 초기의 병원아동을 위한 움직임을 살펴볼 수 있다.

• 부모가 돌보는 병실

부모는 아동과 함께 생활하고 주요 보호자의 역할을 하게 된다. 감독 간호사는 부모가 바이탈 사인 체크 및 기록, 소변량 측정, 정맥 주사 모니터링, 약 먹이기 등을 할 수 있게 훈련시킨다. 이것은 부모와 아동의 정서에 이점인 동시에 부모가 간호 업무의 조력자로서 역할을 한다는 것이다. 이 역할은 병원 인력에 의해 대체되는 의미보다는 부모가 하는 것이 더 가치 있기 때문이다. 이로 인해 부가된 책임감은 부모가 자녀의 돌봄에 상당한 필요성이 있다고 느끼게 하는 데 도움을 준다. 부모가 자신감을 갖고 병원 환경에 편안함을 느낄 수 있게 되면 아동을 더 잘 돌볼 수 있게 될 것이다.

• 소아과 병동에서의 돌봄

부모에 의한 돌봄보다 더욱 일반적인 것은 일반 소아과 병동에 부모가 함께 머무는 것을 허용하는 것이다. 몇몇의 현대적인 시설에는 부모를 위한 수면 공간, 부모 라운지, 샤워 시설을 제공하는 것을 포함하고 있다. 이러한 병동에 대한 부모의 참여 정도는 해당 의료기관의 철학에 따라서 그리고 의료진의 태도에 따라 다양하다. 어떤 병원에서는 부모는 그저 방문객일 뿐이었고, 또 다른 어떤 곳에서는 병원아동의 돌봄에 부모가 완전하게 통합되어 있기도 하다.

병원아동생활전문가는 부모의 불편과 불안함을 인식해야 하며, 병원에서의 부모역할을 수행하도록 도와야 한다. 하지만 이것이 병원아동생활전문가가 부모가 아동에게 함께 있도록 하는 것에만 집중하게 만들 수 있다. 부모가 놀이활동 프로그램에 참석할 수 있다면, 부모는 더 완전하게 일원으로 참여할 수 있게 될 것이다. 병원아동생활전문가는 놀이활동 프로그램에 부모가 참석하게 돕고 부모가 놀이 제공자로서의 역할을 할 수 있도록 세심하게 지원해야 한다. 이 과정에서 부모에게 아동과 함께할 수 있는 새로운 방식을 알려 주고, 놀이 활동이 어색한 부모에게 모델로서의 역할을 하여 부모역할을 강화하고 보충할 수 있을 것이다. 부모가 아동과 더 잘 놀 수 있게 도움으로써 병원아동생활전문가는 병원에서 집으로 돌아갈 때까지 이어지는 중요한 관계 기술을 전하게 될 것이다.

하지만 모든 놀이가 부모의 참여하에서 행해질 필요는 없다. 아동과 분리 시간이 필요한 부모는 아동의 놀이 시간에 휴식을 가질 수도 있다. 만약 부모가 병원을 떠나야 필요가 있을 때, 병원아동생활전문가가 아동이 부모 없이도 잘 놀 수 있을 것이라는 안심을 준다면 편안하게 외출할 수도 있을 것이다. 특별히 아동의 놀이가 부모에 의해 방해될 때, 혹은 아동이 재현하는 놀이가 부모에 관한 불안일 경우 병원아동생활전문가는 부모와 떨어져 아동과의 놀이치료 시간을 만들 필요가 있다. 이런 경우에 병원아동생활전문가는 부모의 감정과 필요를 인식해야 하고, 부모의 역할을 과도하게 침해하지 않도록 유의해야 한다.

2. 병원아동가족의 이해와 지원

병원아동의 형제자매의 방문도 보장되어야만 한다. 하지만 병원은 여러 이유로 다른 가족의 방문을 자주 금지한다. 하지만 이는 가족의 필요성을 이해하지 못하는 것이고, 필요성을 인정하는 것과도 모순되는 것이다. 부모가 병원에서 더 많은 시간을 보내도록 장려하면서 형제자매를 병원아동의 활동에 포함시키지 않는다는 것은 부모의 부담을 가중시킬 수도 있다. 더욱이 병원아동의 형제자매는 부모가 병원에 오래 머물게 될 때 이별의 고통으로 힘들어한다. 아픈 형제로 부모의 걱정이 증가하는 시간을 함께 견뎌야 하고, 자신에게는 부모의 돌봄이 결여된 상황도 버텨야 한다. 부모의 시간, 정성 그리고 경제적 자원이 입원 중인 아동에게 집중되다 보니, 다른 아동에게는 무관심한 시간들이 생길 수 있기 때문이다. 그러므로 병원아동생활전문가는 부모의 24시간 방문과 병실에서 함께 지내기, 그리고 형제자매의 방문을 금지하는 기관에 대하여 정책들의 개선을 위한 변호사의 역할을 할 수 있어야 한다. 이런 정책들을 뒷받침하는 이론적 근거들에 대한 지식을 갖추는 것은 병원아동생활전문가가 변화의 필요성에 대한 명쾌한 논거를 제시하는 데 도움을 줄 것이다. 한 아동의 입원은 가족 내 모든 아동에게 일상적 불편과 혼란을 준다. 입원하지 않은 형제자매에게도 부모의 돌봄과 지원이 필요하므로 병원아동생활전문가는 이 사실에 민감하면서 형제자매도 병원아동 생활 프로그램에 포함시켜야 한다.

형제자매의 방문을 장려하는 것은 모든 아동에게 병원과 관련한 경험이 공유되는 것이다. 형제자매의 방문은 환경을 덜 낯설게 만들수 있으며, 입원 중인 아동에게 형제자매와의 접촉이 허락되면 고립감을 덜 느끼고, 버려졌다는 느낌이 덜하게 된다. 병원아동도 가족의 상황에 대해 더 잘 알게 되며, 형제자매와의 '의견교환'을 통해 자신이 잊혀질지 모른다는 불안한 상상을 떨쳐버릴 수 있게 되고, 완전한 한 단위로서의 가족과 상호작용할 수 있게 된다. 또한 형제자매의 방문은 입원하지 않은 다른 아동에 대한 입원의 방해 요소를 정상화하는 데 도움을 준다. 형제자매의 방문 권리가 자주 거절된다면, 학교나 집에서의 불안이 증폭되어 입원 중인 형제자매가 죽었다거나 입원과 관련한 부모의 이야기가 거짓일 거라는 부정적 믿음을 갖게 될 수도 있다. 입원 중인 형제자매와의 접촉은 이러한 환상과 문제점을 최소화하는 데 도움을 줄 수 있을 것이다.

아픈 아이의 심각한 질병이 만성적인 것으로 밝혀지거나 사고로 신체장애가 생긴 것일 때 형제자매가 이에 대처하는 것은 자세한 설명과 이해가 동반되어야 하며 그 과정을 함께 적응하는 것이 필요하다. 버논 등(Vernon et al., 1965)은 낭포성 섬유증을 가진 아동의 형제자매의 반응이 연령에 따라 보이는 다른 경향에 대한 연구를 하였다. 누나나 형인 경우 병원아동에 대한 부모의 관심 증가에 분노할 수도 있지만, 그것이 필요한 것이라는 것을 더 잘 인식하는 듯했다. 반면에 동생의 경우는 아픔에 대해서는 반응하지 않고, 병원아동에 대한 증가된 관심에 질투심이 많아지는 경향이 있다. 그러므로 병원방문을 막는 것은 형제자매들의 적응과정을 방해하는 것이다.

적응을 위해 질병과 병원의 절차에 대한 적절한 설명은 형제자매에게도 필요한 과정이다. 입원한 형제자매의 상태에 대해 귀동냥으로 알게 되는 불완전한 지식은 불필요한 불안을 가져 오고, 부모도 형제자매에게 병원아동에 대한 정보를 전하는 것을 소홀히 하여, 부정적인 공상의 나래를 펼치기도 한다. 버논 등(Vernon et al., 1966)은 부모들의 53%가 나머지 아동들에게 병원아동에 대해 한 번도 알려 준 적이 없다는 것을 연구를 통해 밝혔다. 많은 부모는 입원한 아동에 대한 내용을 다른 자녀들과 나누는 데 불편함을 표시하였고, 이것을 다른 자녀들도 분명하게 알아차려, 부모와의 '침묵에 대한 암묵적 합의'를 하게 된다는 것이다. 하지만 입원한 형제자매에 대한 이해와 서로의 관계 향상을 돕기 위해서는 다른 건강한 형제자매가 병원아동의 상태를 이해할 수 있도록 설명하는 과정이 필요하기에 병원아동생활전문가는 형제자매가 입원 중인 아동의 방문을 요청하여 병원아동의 건강과 처치에 대한 중요 정보를 제공하고, 아동 스스로가 병원 일상에 대해 관찰하여 입원한 자신의 형제자매의 상황을 더 잘 이해하고 정보를 얻을 수 있도록 도와야 한다.

병원에서 형제자매가 함께하는 것은 병원아동을 돕기 위한 것이고, 아동의 질병에 형제자매가 어떻게 적응하는지 지켜보기 위한 것이고, 가족체계를 유지하기 위한 것이다. 병원아동생활전문가는 여러 가지 방식으로 병원

활동에 형제자매를 포함 시킬 수 있다. 형제자매는 병원아동의 놀이에 조력
자로서 혹은 아동의 병원 생활 조력자로서 함께할 수 있다. 침대에 누워 있는
아동을 위해서는 형제자매가 지속적인 놀이를 지원할 수 있다. 보행할 수 있
는 병원아동은 형제자매와 함께 놀이실에서 집단활동이나 특별활동을 할 수
도 있다. 형제자매는 병원에서 자신이 탐험해 볼 수 있고 낯설고 새로운 환경
에 대처하는 자신의 감정을 시험해 볼 수 있는 특별한 공간을 갖게 됨으로써
기쁨과 설렘을 느낄 것이다. 병원아동생활전문가는 주의 깊게 살펴봄으로써
이런 목적을 이루도록 함께해야 할 것이다.

　특히 한부모가정의 경우에는 병원에 방문하면 나머지 자녀를 돌보는 것
이 어려워진다. 이럴 때 보호자는 진퇴양난의 상황에 놓이게 된다. 병원아동
에게 오려고 하면 어쩔 수 없이 나머지 자녀를 방치하게 되며, 나머지 자녀를
돌보기 위해서는 병원 방문이 줄어들 수밖에 없다. 이때 형제자매의 병원 방
문을 환영하고 병원아동생활전문가의 보호하에 이루어지는 놀이활동 서비
스를 그들에게 확대하여 돕는다면 병원이 그들의 개인적인 상황까지 이해하
고 있고 가족의 중요성에 헌신하고 있음을 보여 줄 수 있다.

병원아동생활전문가 | **제8장**

국외 병원아동생활전문가의 동향[1]

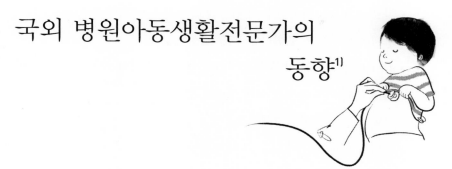

1. 미국 병원아동생활전문가의 동향

미국 소아과 학회(American Academy of Pediatrics: AAP)에서 병원아동생활전문가의 활동은 "소아 건강관리의 질에 있어 중요 요인"이라고 단언하듯이, 병원아동생활서비스는 대부분의 소아 병원에서 일반적인 것이 되었다. 대체로 병원아동생활전문가는 의사, 간호사, 사회복지사, 치료사, 상담사, 교사, 부모와 그 외 사람들을 포함하는 하나의 통합 치료 팀의 구성원으로 일하는 동시에 병원아동의 부모들과 팀의 다른 구성원들과 함께 협력하면서 병원아동들의 심리적 요구들에도 중점을 둔다.[2]

---

1) Association of Child life Professionals의 홈페이지에서 확인가능하다. www.childlife.org에서 발췌하였다.

1) 미국 병원아동생활전문가가 하는 일

- 치료와 레크리에이션 놀이 활동들로 아동의 공포와 불안 완화
- 정서적인 지원을 포함하는 환경 조성
- 검사, 수술, 그 외 다른 의료적인 과정들을 겪어야 하는 아동에게 비의료적 준비와 지원을 제공하여 이해와 협력을 권장
- 가족 중심의 돌봄을 지지
- 특별한 이벤트나 즐거움 그리고 활동들을 통해서 아동과 가족의 관계에 조력
- 한 아동의 질병이나 트라우마에 영향받을 수 있는 다른 아동이나 형제자매의 요구를 고려
- 외래 환자와의 상담, 입원 전의 병원 안내와 지원
- 슬픔과 사망 등에 직면하는 가족을 지원
- 통합치료 팀의 구성원과 부모에게 정보와 자원을 제공
- 의사, 간호사, 정신건강 전문가, 사회복지사, 다른 소아과 훈련 관련 파견인을 포함하는 통합치료 팀의 구성원들과 협력
- 병원아동 생활 분야 학생 및 자원봉사자의 훈련과 감독
- 기부처와의 협력과 프로그램 펀딩을 위한 자원 모색
- 대중에게 병원아동의 요구에 대한 교육

---

2) 병원아동생활전문가 서비스에 대한 새로운 정책들은 미국 소아과학회(AAP)에 의해 검토되었다. 이 성명의 개요는 AAP의 전문 잡지 『Pediatrics』 2014년 5월호 실렸다. 개정된 내용은 여러 다양한 곳에 병원아동생활 서비스를 포함하도록 강력히 추천하는 것들을 포함하고 있다. 미국 소아과학회 (http://pediatrics.aappublications.org/content/133/5/e1471.full)에서 발췌하였다.

2) 미국 병원아동생활전문가가 일하는 장소

병원아동생활전문가는 대부분의 대규모 소아과 시설에서 그리고 작은 소아 입원 기관에서 다전문 분야 팀의 중요 구성원이 된다. 그들은 종종 응급실, 수술실과 중환자실, 외래환자 진료실과 같은 특별 분야에서도 일한다. 또한 몇몇 병원아동생활전문가는 성인 환자의 자녀의 필요에서도 활동하게 된다. 병원아동생활전문가가 일하는 장소는 대부분 병원에 기반을 두고 있지만, 많은 병원아동생활전문가는 외래환자의 건강 시설, 개인병원, 호스피스 시설, 특수 시설, 학교, 법 관련 시설, 장례식장 등을 포함하는 환경 속의 아동에게 점점 더 많이 특화된 전문성을 적용해 나가고 있다. 장소에 상관없이 병원아동생활전문가의 개입은 아동과 가족의 개별적인 요구에 기반을 두고 있다.

3) 미국 병원아동생활전문가의 역할과 책임

병원아동생활전문가는 아동발달 분야의 숙련가로서 놀이, 준비단계, 교육, 자기 표현 활동을 통해 효과적으로 대응할 수 있게 한다. 이들은 병원아동의 가족에게 정서적인 지원을 하고, 도전적인 경험, 특히 건강 및 입원과 관련한 경험들에 광범위하게 관련된 아동에게 최상의 발달을 고취할 수 있는 정서적인 지원을 제공한다. 아동의 행복이 그 가족의 지원에 달려 있다는 것을 이해하면서, 정보지원 및 부모, 형제, 그외 가족 구성원을 위한 지침을 제공한다. 그들은 또한 양육자, 행정가, 스트레스에 있는 아동의 요청에 대응하는 일반 사람을 교육하는 데 있어서도 중요한 역할을 한다.

- 검사, 수술, 의료상의 절차에 대한 비의료적인 준비
- 의료상 절차 진행 동안에 지원

- 특별한 인형, 동물 장난감, 의료 기구를 활용하는 치료적인 의료 놀이지원
- 병원에 환자실 혹은 활동실에서의 유아·아동·청소년의 정상적인 성장과 발달을 지속하기 위한 활동 지원
- 병원아동의 형제자매 지원
- 슬픔, 사망 소식과 관련된 정서적 지원
- 응급실 개입
- 병원 사전 방문 투어와 정보 제공
- 가족과 함께 외래 환자 상담
- 다양한 소아과 의료진과의 협력
- 병원 학교 프로그램 지원
- 병원아동생활 분야 학생의 교육과 감독
- 애완동물 치료 프로그램, 자원봉사자의 오리엔테이션, 훈련, 감독
- 특별 이벤트, 기념일 축하, 엔터테이먼트, 기부자 등과의 협력
- 아동과 가족의 요구와 관련된 공동체 교육

4) 미국 병원아동생활전문가의 자격 요건

대부분은 병원 직원으로서의 병원아동생활 직업에는 인증이 있어야 하고, 혹은 최소한 고용 시기에 병원아동생활전문가 인증시험(Child Life Professional Certification Examination)에 대한 자격을 갖춰야 한다. 병원아동생활전문가가 되기 위해서 병원아동생활전문가 학위가 필요한 것은 아니다. 자격증을 얻기 위한 목적이라면, 해당 관련 전공 학위(baccalaureate degree)를 가지는 것이 더 유리할 수 있다. 병원아동생활전문가의 아동 생활 인턴십/펠로우십 혹은 전문가 인증 시험을 최상으로 준비하기 위해 학생들은 자신이 관심 있는 과정을 선택해야 한다. 병원아동생활과 관련된 잠재 영역을 포함

하는 연구의 추천 교육과정은 이용 가능하도록 안내되어 있다. 학생들의 과정들이 인증 요구 사항에 적합하도록 하기 위해서는 인증 적용 요구사항들을 살펴봐야 한다.

CLC의 온라인 아카데미 프로그램은 병원아동생활 프로그램을 제공하는 대학의 정보를 제공한다. 병원아동생활전문가가 되기 위해서는 융통성있고, 인내심 있고, 개혁적이어야 하는 것은 중요하다. 특수한 건강상의 요구를 가진 아동, 스트레스를 겪는 아동과 일해 본 자원봉사 경험은 매우 유용하며, 전문가의 기술을 성숙하게 할 수 있다. 제2 외국어를 배우는 것 또한 오늘날의 다양한 건강 분야에서 일하는 것에서 유리하다. 병원아동생활 직업에 입문한 사람은 견습생 지위를 견고히 하기 위해서 스스로 교대 근무자로 일하거나 혹은 또 다른 도시나 지역으로 이동해 볼 수도 있을 것이다.

5) 미국 병원아동생활 서비스 이용 방법

미국 병원아동생활 서비스가 있는지 알기 위해서는 병원에 문의하고, 아동생활 부서와 상담을 요청하는 것이 가장 적절하다. 그러나 병원아동생활 프로그램이 확립된 대부분의 병원은 웹사이트에서 병원아동생활 서비스에 대한 정보를 공유한다. 관련 정보들은 '환자, 가족 서비스'나 '가족중심 돌봄' 항목에서 찾아볼 수 있을 것이다. 또한 CLC 온라인 프로그램 항목의 '아동 생활 프로그램'은 인턴십과 자원봉사 기회를 포함하는 각각의 프로그램에 대한 연락처 정보와 세부 사항을 멤버 전용으로 제공하고 있다. 만약 해당 의료기관에서 자신의 아동과 가족이 동시에 병원아동생활 서비스를 받고자 한다면, 의사나 의료인에게 이용 가능한지 문의해 볼 수 있다. 병원아동생활전문가를 찾는 가장 좋은 방법은 병원아동생활 프로그램에 기반을 둔 병원에 가 보는 것이다. 각각의 개별적인 실행가의 영역이 해당 공동체의 요구에 따라 매우 다양하지만, 현재 아동과 가족이 다양한 경험에 대처하는 것을 돕는 프리랜서 개념의 개별적 실행을 하는 몇몇의 병원아동생활전문가가 있다. 의료인들이 그들을 소개하는 것이 가능할 수도 있다.

2. 일본 병원아동생활전문가의 동향

일본에서 활동하는 병원아동생활전문가협회는 병원아동이나 가족에게 보다 질 높은 심리사회적 지원을 계속 제공할 수 있도록 전문적 지식이나 기능을 유지하고 향상을 꾀하는 것을 목적으로 설립되었다. 미국의 CLC와 협동하면서 병원아동생활에 관한 전문적 교육 및 연구 활동을 실시하고 있다.

일본의 병원아동생활전문가는 의료 환경에 있는 아동이나 가족에 심리사회적 지원을 제공하는 전문직이다. 아동이나 가족이 겪는 정신적 부담을 경감하고 주체적으로 의료 체험에 나설 수 있도록 지원하며, '아이 가족 중심 의료'를 목표로 한다. 아동이 수동적 입장으로 되기 쉬운 의료 중에서도, 아동 자신이 주체적인 존재로 인식되어 의료 체험을 잘 극복할 수 있도록 놀이나 자기 표현, 감정 표출을 촉진하거나 의료 체험에 대한 마음의 준비를 지원하고 있다. 또한 의료에 있어 아동의 심리사회적 요구를 사회에 널리 전하는 역할도 담당하고 있다.

일본의 병원아동생활전문가는 대학과 대학원에서 심리학·교육학·가족학·사회학 등 병원아동과 가족에 대한 심리사회적 지원에 관한 학문을 배우고, 유치원이나 보육원, 초등학교, 특별지원학급, 병원 등의 현장에서 실습을 하며 병원아동생활전문가 협회가 인정하는 병원에서 인턴십을 거쳐서 자격증을 취득하는 전문직이다.

현재는 미국 병원아동생활전문가 협회(CLC)가 일본 병원아동생활전문가

협회의 인정과 지원을 실시하고 있으며, CLC가 제정한 윤리 규약에 따라 활동을 하고 있다. CLC가 관리·운영하고 일본 병원아동생활전문가협회가 실시하는 인정 시험에 합격하고 소정의 자격을 이수한 자들에 한하여 '병원아동생활전문가(Certified Child Life Specialist: CCLS)' 자격이 주어진다. 이들은 의사, 간호사, 사회 복지사, 심리사, 교사나 보육교사 또는 아동의 부모 등 다직종으로 구성되는 의료 팀의 일원으로 일하고 있으며, 다직종 연계 의료분야, 특히 병원아동의 심리사회적 요구에 초점을 맞추어 활동하고 있다.

1) 일본 병원아동생활전문가 협회의 목적

- 놀이나 치유적 놀이를 통해서 아동의 불안이나 스트레스를 최대한 줄인다.
- 아동이 앞으로 받는 의료처치를 이해하고 주체적으로 임할 수 있도록 마음의 준비를 지원한다.
- 병원아동과 가족, 형제를 포함한 가족중심 의료를 목표로 한다.
- 아동 인권을 존중한다.
- 병원아동뿐 아니라 그 형제나 주위의 아동도 심리사회적으로 지원한다.
- 다양한 가족의 위기적 상황과 상실 체험과 마주하는 가족을 지원한다.
- 병원아동과 가족의 개별성을 인정하고 각각의 아동과 가족에 밀착 지원한다.
- 의료 환경에서 아동의 생활과 성장 발달을 보장한다.
- 병원이란 비일상적인 환경에 일상을 창조하면서 아동이 적응할 수 있는 의료 환경을 만든다.
- 의료 팀의 일원으로서 다양한 전문직과 협동하여 여러 직종 연계 의료를 수행한다.

• 병원아동생활 전공 학생 자원 봉사자를 교육한다.
• 병원아동의 심리사회적 요구를 널리 사회에 발산한다.

2) 일본 병원아동생활전문가 협회의 목표

• 병원아동과 가족에게 보다 질 높은 아동생활지원을 제공할 수 있도록
한다.
• 병원아동생활전문가 직종이 의료 현장과 사회에서 바르게 인식되고
이해되도록 한다.
• 일본의 사회문화적 배경이 아동 생활 방식을 유연하게 검토하고, 의료
팀의 일원으로서 병원아동생활전문가의 역할을 확립한다.
• 아동과 가족을 지원하는 의료, 복지, 교육, 심리 등의 각 관련 단체와 연
계하여 병원아동과 가족에게 보다 좋은 환경이나 심리사회적 지원을 마
련한다.

3) 일본 병원아동생활전문가 협회의 활동 내용

• 전문교육의 실시
 −일본 내의 병원아동생활전문가 및 관련 영역을 전문으로 하는 강사를
  초빙하여 학술대회 개최
 −사례 검토회
 −지도자 연수
• 동료 지원
 −학회 초록 및 발표회
 −병원아동생활전문가 자신을 관리할 기회의 공유

　　－회원 간의 정보 교환을 위한 연계 서비스 운영

　　－취업 지원이나 신입 교육

・연구 활동

　　－병원아동생활에 관한 국내외 연구

　　－각종 학회에서 연구 발표

　　－협회지 발간을 통하여 사회적 의식 고취

・미국 병원아동생활전문가협회(CLC)와의 협력 활동

　　－CLC 본부 및 각 위원회와 정보 교환 및 회의 참석

　　－병원아동생활에 관한 자료 및 문헌의 번역

　　－일본에서 활동하는 '인증 병원아동생활전문가(CCLS)'의 파악

・홈페이지의 운영 관리

　　－병원아동생활 지원에 관한 올바른 정보의 발신

　　－각종 연수회나 교육의 소식

　　－본 협회의 활동 보고

4) CCLS의 인정자격

　현재 미국 병원아동생활전문가협회(Child Life Council: CLC)는 병원아동생활전문가 인정 자격을 주고 있으며, 실제로 일본의 국가 자격은 없다. CLC의 병원아동생활전문가 자격 위원회(Child Life Certifying Committee: CLCC)는 관련 전공 분야와 임상 경험의 조건을 충족시키고, 병원아동생활전문가 시험에 합격한 사람만이 자격자로서 인정된다. 이들은 '병원아동생활전문가(CCLS)'의 명칭을 사용하는 것이 허용된다. CCLS 기간은 5년이며, 이후 5년마다 자격 갱신을 위한 보수교육을 받아야 한다. 이 자격 제도는 병원아동생활전문가의 전문적 지위와 신용을 높임과 동시에 훈련되지 않은 개인이 부적절하게 아동

이나 가족에게 관련하는 위험성으로부터 보호하는 역할을 담당하고 있다.

응시 자격을 얻으려면 수험 신청까지 다음의 조건을 충족하고 있어야 한다.

- 관련 전공분야의 학사 학위, 석사 학위 취득자 또는 취득 예정자
- 병원아동생활 관련 과정에서 정해진 10과목 이상을 수강한 자
- 지도자 조건을 충족한 CCLS의 직접적 지도 아래에서, 480시간 이상
  (2019년부터 600시간 이상)의 임상 경험을 수행한 자

현재 일본에는 병원아동생활전문가 양성과정을 운영하는 교육기관이 없어 시험 응시 자격을 얻기 위해서 이 과정이 있는 미국의 대학 및 대학원에서 교육과정을 이수해야 한다. 자격 인정 시험은 병원아동생활전문가로서 갖춰야 할 관련 지식, 이해 그리고 실천적 응용 능력에 대해서 객관적으로 심사하는 것으로 시험은 150문항의 객관식 문제로 출제되며, 시간은 4시간이다.

다음 세 영역에 걸친 내용이 출제된다.

- 사정(Assessment): 52문제(35%)
- 개입(Intervention): 53문제(35%)
- 전문 책임성(Professional Responsibility): 45문제(30%)

5) CCLS의 자격갱신

병원아동생활전문가는 전문적 지식과 기술을 이용하여 폭넓고 복잡한 문제에 대응해야 한다. 그래서 전문직의 능력을 유지하고 향상시킬 필요가 있다. 병원아동과 가족은 병원아동 생활영역에서의 최신 지식과 최선의 실천을 제공하는 병원아동생활전문가 서비스를 받을 권리가 있다. 그래서

CCLS는 그 전문성을 계속 유지하고 향상시키기 위해 5년마다 인정을 갱신할 필요가 있음을 강조한다. 5년 인정 기간의 마지막 해에 발달전문가협회 (Professional Developmental Units: PDUs)에서 운영하는 교육을 이수하거나 또는 재시험으로 자격 인정이 갱신된다.

6) CCLS의 고용 현황

일본의 병원아동생활전문가의 취업정보센터는 일본에서의 취업을 희망하고 있는 병원아동생활전문가에게 취업 정보를 제공하고 있다. 병원아동생활전문가의 고용 또는 증원을 검토 및 모집하고 있는 병원과 시설 담당자에게 연락을 받아 취업을 알선하며, 그 외에 취업을 희망하고 있는 병원아동생활전문가 및 교육받은 학생에게 취업 정보를 제공한다. 그러나 CCLS의 파견이나 업무 알선을 하는 것은 협회의 본업은 아니므로 취업을 보장하는 것이 아님을 함께 명시하고 있다.

병원아동생활전문가 | **제9장**

그 밖의 쟁점

1. 아동권리

1) 아동의 권리보장과 과제

종전의 아동권리는 단순한 보호대상으로서 아동을 다루는 보호 중심적 시각이었다. 1989년 11월 20일 유엔총회에서 만들어진 「아동의 권리에 관한 국제협약(United Nations Convention on the Rights of the Child: UNCRC)」은 기존의 시각에서 벗어나 아동이 성인과 같은 인간으로서의 존엄을 가지며 그들의 삶을 위해 권리가 존중되어야 한다는 권리 중심적 시각을 강조한다. 이것은 아동의 권리가 보호되지 않으면 적극적으로 개입이 가능한 적극적인 권리의 주체로서 인정함을 의미한다. 엘렌 케이(Ellen key, 1990)는 아동은 건강하게 출생할 권리, 건전하게 육성받을 권리, 정상적인 가정생활의 혜택을 받을 권리, 교육을 받을 권리, 정신적·도덕적 훈련을 받을 권리, 오락을 즐길 권리가 있다고 주장함으로써 아동의 권리와 복지권 사상을 강조하였다.

국제적인 아동권리선언에 나타나 있는 구체적인 아동의 권리들은 다음과 같다. 이는 이 책의 부록에 실은 「유엔아동권리협약」과 함께 병원아동생활전문가가 숙지하고 있어야 할 부분이다.

(1) 생존권

생존권이란 태어날 인간과 현재 살고 있는 인간의 생존의 권리를 의미한다. 아동의 생존권을 보장하려면 아동 및 모성 생명의 안전과 경제생활의 안정이 우선되지 않으면 안 된다. 특히 건강하게 태어난 아이도 생존권 보장의 기본권리 안에 보호받아야 하지만, 미숙하거나 장애를 가지고 태어난 아이들은 더 큰 지원 안에 삶을 보장받아야 한다.

아동 생존권 침해 사례

전(前) 배우자로부터 양육비를 받지 못해 고통받는 부모들이 양육비 미지급 문제에 대한 입법 미비의 책임을 묻는 헌법소원을 제기했다. '양육비 해결모임'(양해모)은 14일 서울 종로구 헌법재판소 앞에서 기자회견을 열고 "양육비 미지급은 아동의 생존권인 기본권 침해"라며 "첫 양육비 헌법소원 심판청구를 낸다."라고 밝혔다. 헌법소원에는 양해모 회원 250명이 청구인으로 참여했다.

연합뉴스(2019. 2. 14.).

아동 생존권 성공 사례

의령군 유곡면 당동리 강길숙(25), 이숙(23) 자매가 국내에서 40여 명밖에 없다는 희귀 난치성 병원균인 뮤코다당증(MPS) 환자로 판명, 삶을 향한 불굴의 의지를 불태우고 있다는 소식이 최근 언론을 통해 알려지면서 이들을 돕기 위한 온정이 줄을 잇고 있다. 길숙 씨 자매가 앓고 있는 뮤쿄다당증은 특정 효소의 부족으로 체내의 뮤코다당, 즉 탄수화물이 체내에서 유용성분으로 분해되는 과정에서 중간물질이 축적돼 일어나는 진행성 유전병으로 병이 계속 진행되다 10~20세 전후에 사망에 이르게 되는 희귀병이다. 그런데 이들 자매는 어머니 김갑연 씨(53)와 함께 세 식구가 기초생활보장 수급자로 지정돼 월 27만 원가량을 지원받으며 병마와 사투를 벌여 온 것으로 알려졌다. 특히 동생 이숙 씨는 최근 한 두 해 동안 병마에 시달리다 지난 달 힘든 수술을 이겨낸 뒤 현재 경북 구미 시에 있는 언니 집에서 병간호를 받고 있으며, 두 자매는 의학계의 당초 예상을 뒤엎고, 국내 MPS환자 가운데 가장 오랜 기간 생존하고 있는데다 삶에 대한 강인한 정신력을 쌓아가고 있어 한 가닥 희망을 안겨주고 있다. 이에 따라 지난 8월 28일부터 의령군청 산하 전 직원이 성금 모으기 운동을 전개해 지난 31일 전원용군수가 어머니 김 씨를 찾아 성금 146만여원을 전달하고, 용기와 희망을 북돋웠다. 이에 앞서 8월 29일에는 유곡면 기관단체 및 주민들이 줄줄이 성금모금에 동참해 성금 100여만원을 전달했으며, 30일에도 군내 기관 단체장 모임에서 성금모금이 이뤄지는 등 온정의 손길이 답지하고 있다.

연합뉴스(2019. 2. 14.).

(2) 발달권

발달권이란 아동이 건전하게 발육하고 성장할 권리를 의미하며, 여기에는 아동의 성장 및 학습에의 권리가 포함된다. 아동이 자유롭게 발달하는 데는 심신이 다 같이 건강해야 하며, 부모가 건강해야 한다. 또한 가정환경이 깊은 애정과 이해로 유지되며, 아동의 가능성을 개발시키는 성장의 원리에 따라 스스로 미래를 배우도록 그 환경을 정비해 갈 필요가 있다. 더욱이 성장단계에 대응해서 주택이나 놀이터, 지역 환경 등의 생활행동권이 확립되고 학습 환경이 개선되어야 할 것이다. 이와 같이 미숙에서 성숙으로, 의존에서 독립으로, 타율에서 자율로 향하는 아동의 발달단계를 과학적으로 규명하여 그 발달을 전면적으로 보장할 것이 강하게 요망되고 있다.

아동 발달권 침해 사례

아동 빈곤가구는 19세 이하 아동이 있으면서 주거기본법에 규정돼 있는 최저 주거기준에 미달된 주택에 사는 경우를 뜻한다. 지하 및 옥탑방 등 열악한 주거 환경에 거주하는 가구도 해당된다.

초록우산어린이재단이 지난해 말 발표한 보고서 '아동 주거 빈곤의 실태와 주거 빈곤이 아동권리에 미치는 영향'을 보면, 국내 주거 빈곤 아동은 총 94만 4101명으로, 전체 아동의 9.7%에 이른다. 이들 중 0.9%인 8만 6605명은 고시텔·컨테이너 등 집이라고 할 수 없는 집에 살고 있었다. 이곳에 사는 아이들은 대개 학습욕구가 없거나 친구에게 집 보여 주기를 창피해하며 집에서 탈출하고 싶어 하는 등 정서발달에 부정적 영향을 받았다.

경향신문(2019. 6. 24.).

(3) 의료권

의료권은 아동의 생존권과 발달권을 보장하기 위한 이차적인 권리이다. 의료의 산업화로 의료가 상품화되고 환자의 치료는 이의적(二義的)인 것으로 되어 가고 있는 현실이다. 지역사회에서의 의료체계의 불비는 아동의 의료권을 위협하고 있으며, 농어촌 및 무의촌 지역의 증가, 더 나아가서 지역의 과밀·과소를 불문하고 의료 인력의 양적 부족은 심각하다. 의료체계의 정비와 의료산업화로부터 아동을 보호하기 위해 교육의료나 양육의료 외에도 유아의료무료화(乳兒醫療無療化), 임산부의 무료건강진단이나 출산비 보조 등 의료권 보장이 이루어져야 한다.

아동 의료권 침해 사례

　「가족관계등록법」 개정을 통해 의료기관이 태어난 모든 아동을 누락 없이 국가 기관 등에 통보하도록 하는 '출생통보제' 도입도 추진한다. 부모에 의존하는 출생신고 시스템 때문에 아이를 낳고도 출생신고를 하지 않아 이른바 투명인간으로 살다 숨지는 사례를 막기 위해서다. 법무부 차원의 태스크포스(TF)와 함께 출생통보제 도입을 골자로 한 가족관계등록법 개정안(권미혁 더불어민주당 의원안)을 중심으로 구체적인 내용을 다듬게 된다. 다만 의료계에서는 "충분한 논의가 없었다."라고 반발하고 있다. 김동석 (직선제)대한산부인과의사회장은 "출생통보제를 시행하려면 의료기관에서 산모의 개인정보 제공 동의를 받아야 한다."라면서 "만약 문제가 되면 병원에 책임을 물을 텐데, 의사들의 부담만 가중된다."라고 주장했다.

　출생통보제가 도입되면 출산 사실을 알리고 싶지 않은 산모가 의료기관에서의 출산을 꺼리는 부작용이 있을 수 있는 만큼, 상담 등 일정한 요건을 갖추면 신원을 감추고 출생등록을 할 수 있는 '보호출산제'도 함께 시행될 예정이다. 이르면 올해 10월부터 매년 만 3세 유아 전체에 대해 관계 부처와 지방자치단체 합동으로 아동 소재·안전 등을 확인하기 위한 전수조사도 실시된다.

한국일보(2019. 5. 23.).

(4) 교육권

　교육권은 교육을 받는 아동과 교육을 하는 부모 및 교사와 관련이 된다. 그러나 우리나라의 「헌법」이나 「민법」 및 각종 교육 관계법에서 보면 부모의 교육권을 언급할 뿐이고 교육을 실시하는 사람, 즉 교사의 교육권에 대한 규정은 되어 있지 않은 실정이다. 아동의 교육권이 각별히 문제가 되는 것은 장애아동의 교육권 보장에 관한 것으로서 장애아동의 교육보장, 거택 장애아동의 방문지도교육제도, 방문교사의 위치 설정 등에 대한 명확한 장치가 시급한 상태이다.

아동 교육권 침해 사례

올해 네 살인 여진이를 장애전문어린이집에 보내는 혜진 씨.

의무교육 대상자인 딸이 선생님이 없을까봐 불안해야 한다는 게 이해가 되지 않습니다.

인터뷰: 이혜진 / 장애전문어린이집 학부모

"얘네들이 교육받아야 되는 이유는 사실은 생존을 하기 위한 거잖아요. 국가가 국민이 살아가겠다는데 생존에 대한 지원은 당연히 해 줘야죠. 그건 맞는 거잖아요."

특수교육법에 따라 만 3세에서 5세 사이 장애아동은 장애어린이집을 다니더라도 의무교육을 받은 것으로 간주됩니다. 그렇다면 의무교육을 보장하기 위한 조치는 제대로 이뤄지고 있는 걸까? 보건복지부 보육통계를 보면 전국의 장애전문어린이집에 1,200명이 넘는 특수교사들이 일하고 있다고 나와 있습니다. 하지만 EBS 취재 결과 실제 확인된 숫자는 29명에 불과합니다. 왜 이런 차이가 나는 걸까? 법안이 도입된 2012년, '인정' 처리해 준 특수교사들의 숫자를 통계에 합산하고 있기 때문입니다. 하지만 인정 특수교사 도입은 당시 근무하고 있던 보육교사들에 한해 한시적으로 이뤄진 조치여서, 유아특수교사 부족 문제를 파악할 때는 의미가 없는 숫자입니다. 이런 문제가 생길지 몰랐던 걸까? 현장의 어린이집들은 이미 법안 시행 이전부터 수차례 문제를 제기했는데도 정부가 제대로 된 대책을 세우지 않고 땜질 처방만 반복했다고 지적합니다.

EBSNEWS(2018. 7. 27.).

(5) 생활권

아동의 생활권이란 안전하고 쾌적한 생활을 누릴 권리를 의미하며, 놀이터, 오락 등의 기회의 충족에 관한 권리를 말한다. 요즈음의 아동들은 교사의 과밀화 또는 농촌의 과소화 등으로 인하여 안전한 놀이터뿐만 아니라 놀이시간이나 놀이친구, 놀이 내용까지도 잃어가고 있다. 또한 레저 산업의 발달로 놀이나 오락도 돈으로 사는 것이라고 생각하는 아동이 증가하고 있다. 따라서 아동의 발달단계에 알맞은 생활공간이나 생활시간이 계획되고 보장되어야 한다.

아동 생활권 침해 사례

놀이터 보험도 문제지만, 애초부터 놀이터가 잘 관리되지 않는 것도 문제입니다. 한 달에 한 번 안전점검을 하게 돼 있는데, 제대로 하는 곳이 절반도 안 된다고 합니다. 지난 달, 이곳에서는 어린이가 2도 화상을 입는 사고가 났습니다. 이렇게 햇볕에 달궈진 철판에 손을 짚다가 사고가 난 것인데요. 그런데 이런 금속 재질의 놀이기구는 놀이터에서 아주 쉽게 찾아볼 수가 있습니다. 또, 플라스틱 재질로 된 미끄럼틀도 한여름이면 화상을 입을 수 있습니다. 이렇게 놀이터 곳곳에 숨겨진 위험 요소들, 잘 관리되고 있을까요?

놀이터는 한 달에 한 번 안전점검을 받습니다. 행안부가 정한 80여개 항목대로 검사를 해야 하는데, 이 항목에는 여름철 화상사고를 막을 수 있는 규정이 없습니다. 환경부가 시범사업으로 전국 58개 놀이터에 그늘막을 설치했을 뿐입니다. 그나마 있는 안전규정도 무시되기 일쑤입니다. 지자체가 관리하는 전국 놀이터들, 어떻게 점검하고 있는지 한 번 살펴봤습니다. 행안부가 정해 둔 항목대로 제대로 지켜서 검사하는 지자체가 절반이 채 되지 않습니다. 한 달에 한 번 아주 간단한 서류도 작성하지 않는 지자체가 80개입니다. 현행법이 단순히 놀이기구의 안전에만 초점을 맞추는 것도 문제입니다. 경기도에서는 어린이 교통사고 중 60%가 어린이 공원 주변에서 났는데 어린이 놀이터 주변까지 어린이 보호구역을 확대하는 법안은 국회에서 멈춰있습니다. 천편일률적인 놀이기구도 어린이들을 돌아 세웁니다. 어린이들이 오히려 안전을 위협받으면서 놀이터라는 이름이 무색해지고 있습니다.

JTBC(2019. 07. 13.).

(6) 환경권

환경권은 아동의 생활권과 밀접한 연관을 가지고 있다. 자연환경이 인간의 발달, 특히 아동의 발달에 있어서 중요하다는 것은 재론할 여지도 없는 것이다. 그러나 오늘날 많은 아동은 산업화·공업화로 그에게 필요한 생활공간이나 자연을 빼앗겨 버리고 교통사고나 공해의 위험에 노출되고 있다. 환경의 악화는 인간관계의 악화를 낳고 아동의 심신의 건강을 좀먹는다. 이로 인해 신경증 아동, 등교거부 아동, 자폐증 아동, 허약 아동 등이 점점 증가 추세에 있다.

아동 환경권 침해 사례

주부 박모(37세, 서울 도봉구 쌍문동) 씨는 지난 월 초등학교 2학년 아들이 교통사고를 당한 뒤로는 아이에게 놀이터 '금지령'을 내렸다. 아파트 단지 내 놀이터에서 공놀이를 하던 아이가 공을 주으러 놀이터 밖으로 나서다 때마침 후진하던 승용차에 치인 것이다. 다행히 아이는 전치 2주의 가벼운 상처를 입었지만 박 씨는 아직도 사고 당시의 아찔했던 기억이 악몽처럼 떠오른다고 하소연했다. 이처럼 어린이들이 많이 뛰어노는 놀이터들이 교통사고에 무방비로 노출돼 어리이 안전이 크게 위협받고 있다. 교통안전단체와 학부모 등은 주택가 어린이 놀이터 대부분이 교통사고 위험을 알리는 표지판, 안전울타리, 과속방지턱, 감시카메라, 횡단보도 등 안전장치가 제대로 설치되어 있지 않다고 지적한다.

특히 초등학교나 보육원은 그 주변이 어린이보호구역으로 설정돼 차량 통행이 엄격히 규제되지만 놀이터는 보호구역으로 지정된 사례가 거의 없다. 실제로 서울 서대문 홍제초등학교 인근 놀이터 앞에는 과속방지턱 등 기본적인 교통안전 장치가 없어 차량들이 속도를 높여 달리는 바람에 어린 자녀를 둔 부모들이 항의가 끊이지 않고 있다.

세계일보(2007. 5. 28.).

---

(7) 노동권

노동권의 보장에는 아동이 장차 노동자로서 일할 권리를 가질 수 있도록 교육 및 직업지도를 받을 권리를 보장할 것과 고용주로부터 혹사되거나 위험한 노동에 종사하는 일이 없도록 그 권리를 보장할 것 등의 두 가지 의미를 포함한다. 오늘날 생산장에서의 능력주의는 아동의 노동에의 적응을 곤란하게 하고 있다. 특히 장애인의 경우는 더욱 어렵고, 취업의 기회, 직종, 노동조건 등의 측면에서 노동권의 보장이 충분히 이루어지고 있지는 않다.

아동 노동권 침해 사례

국제구호개발 NGO 굿네이버스(회장 양진옥)는 지난 6월 10일 서울 종로구 강화문 북측 광장에서 아동노동 근절을 위한 캠페인을 진행했다. 이번 캠페인은 6월 12일이 국제노동기구(ILO)에서 지정한 '세계 아동노동반대의 날'임을 시민들에게 알리고, 지구촌 아동노동 근절이 필요성을 전하기 위해 마련되었다.

국제노동기구(ILO)가 2017년에 발표한 보고서에 따르면 아직도 전 세계에는 5세에서 17세 사이의 아동 1억 5천만 명이 노동을 강요받고 있으며, 이 중 7천 3백만 명의 아동은 위험하고 가혹한 환경에서 노동을 하는 것으로 알려졌다. 욱히, 노동을 하는 아동 가운데 48%가 11세 이하로 학교에서 미래를 꿈꿔야 할 아동들이 노동으로 꿈을 펼칠 기회를 놓치고 있다. 이에 굿네이버스는 광화문 북측광장에서 시민들의 참여로 높이 4m에 달하는 '초대형 연필'을 만들었다. 초대형 연필은 아동노동을 근절하겠다는 시민들의 마음을 모아 완성되었다. 또한 희망으로 가득 찬 아이들의 미래를 초대형 연필로 함께 그려나가겠다는 의미도 담았다. 캠페인에 참여한 시민들은 미리 설치된 3m 높이의 대형 젠가에서 아동노동을 상징하는 이미지가 그려진 젠가를 희망의 이미지가 그려진 젠가로 바꿨다. 망치, 재봉틀 등의 이미지를 학교, 책가방 등의 이미지로 바꾸자 대형 젠가가 초대형 연필로 모습이 바뀌게 되었다. 황성주 굿네이버스 나눔마케팅본부장은 "아직도 전 세계에는 학교에 가지 못하고 고강도의 노동을 하는 아동이 너무나 많이 있다."라며, "아이들이 꿈을 펼칠 기회를 놓치지 않도록 굿네이버스는 아이들의 편에서 꼭 필요한 자원을 통해 아동노동을 근절할 수 있도록 노력을 기울이겠다."라고 전했다.

교회연합신문(2019. 6. 20.).

이와 같은 아동의 권리보장에 관한 문제 중에 해결되어야 할 몇 가지 과제가 있는데, 그중 하나는 아동의 권리에 대한 자유권 및 사회권이다. 모든 아동의 권리를 사회, 즉 국가나 자치단체의 책임하에 아동의 권리를 보장하는 사회권이 보장될 수 있어야 한다는 것이다. 아동에 대한 부모의 사물권(私物權)을 허용하는 사회적 배경은 부모ㆍ자녀의 동반 자살, 자녀학대 등을 낳고 있으며, 아동의 권리에 대한 끝없는 주장이 학교교육자나 복지시설 종사자에게 무거운 노동을 강요하는 결과를 초래하고 있다는 의견이 있다. 반대로 복지 재원의 결핍을 이유로 복지시설 종사자나 교사의 증원을 억제하고 있다고 지적되기도 한다. 이러한 문제는 아동의 권리보장에 관련된 문제해결을 단순히 부모, 교사, 복지시설 종사자의 개별적인 힘으로 이루어질 수 있는 것이 아니라 지역주민의 연대로서 해결되어야 할 것으로 오늘날 장애인에 대한 지역단위의 원조, 즉 지역사회 보호(community care)가 중요한 과제로 부각되고 있는 이유도 여기에 있다. 그러므로 아동의 권리에 대한 자유권과 사회권은 고려되어야 할 사항임에 분명하다.

2. 아동복지

아동에 대한 사회적 관심과 개입의 형태는 오랜 역사를 갖고 있으며, 시대의 변천에 따라 다양하게 변화ㆍ발전하여 왔다. 하지만 아동의 문제가 사회적 이슈로서 인식되고 사회문제로 다루어진 것은 근대 산업사회 이후의 일이다. 산업사회 이전에는 아동의 빈곤, 기아, 유기 등과 같은 문제들이 하나의 사회적 사실로서 존재하였다 하더라도 그것이 곧바로 사회문제로서 인식된 것은 아니었으며, 이에 대한 제도화된 사회적 대책이 발전하지 못하였다. 서구사회의 산업화가 20세기 사회구조와 아동복지에 지대한 영향을 미친 것과 같이 1960년대 이후 우리 사회에서도 산업화의 영향은 전통적 가족 구조의 변화를 초래하였고, 이러한 변화는 다시 아동에게 새로운 문제를 발생시켰다. 그러나 21세기는 산업사회를 넘어 새로운 모습의 정보기술 사회로 발전하고 있으며 새로운 형태의 사회문제들을 발생시키고 있다.

최근 아동을 위한 사회복지정책은 사회적 보호를 필요로 하는 아동에게 경제적 시장이 아닌 사회적 시장에 의하여 사회적 자원을 할당하는 선택의 메커니즘으로서 이러한 사회적 자원의 할당에는 아동보호에 관한 다양한 관점에서 사회적 가치와 목표가 선택된다. 아동복지정책은 아동의 보호와 가족의 유지를 목표로 한다. 그리고 정책은 아동이나 가족의 욕구가 무엇인가에 기초하여 정책결정이 이루어진다. 아동복지정책이 이러한 목표를 달성하기 위해서는 아동복지의 이슈가 명확하게 정의되어야 하며 나아가 다양한 접근방법이나 서비스 유형이 아동을 보호하는 능력이나 가족관계를 강화하는 능력에 기초하여 분석되어야 한다.

1) 아동복지의 가치이념

아동복지의 이념은 인간의 존엄성을 인정하면서 아동의 권리를 찾는 것을 말한다. 아동복지의 이념은 1922년에 제정된 독일 「아동법」, 1909년 제1차 백악관회의, 1924년 국제연합의 「아동권리헌장」에 나타나고 있으며, 우리나라의 경우 1959년 「아동권리선언」에 아동복지의 이념을 명시하였으며 1957년에 제정된 「어린이헌장」을 1987년에 개정하였다. 아동복지의 가치를 실현시키기 위한 아동복지 정책의 주된 가치 이념은 다음과 같다.

(1) 개인주의와 집단주의

인간은 개별적 동기와 집단적 동기(국민의 생활안정과 향상 또는 복지는 상부

상조라는 형태로 행해지고 있는 것)에 의하여 행동하며 각국의 문화는 두 동기 중 하나에 역점을 두는 경향이 있다. 우리나라는 근대화 과정에서 서구 문화의 영향으로 개인주의화가 두드러진 가운데 업적주의에 의한 가치기준 현상(한국적 경쟁 가열 풍조)이 뚜렷해지고 있다. 따라서 개인주의와 집단주의를 어떻게 배합 또는 균형지을 것인가는 아동복지 정책의 가치 선택에서 중요한 쟁점이다.

(2) 자유와 평등 및 민주주의

억압으로부터 제약을 받지 않는 것을 의미하며 평등은 개인의 확립에 입각하여 개인 간의 비교 가능성을 전제로 하고 있다는 의미에서 다함께 개인주의의 맥락에서 정의할 수 있다. 그런 틀 속에서 자유는 개별성 계기를, 그리고 평등은 집단성 계기를 표현하고 있다고 볼 수 있다. 따라서 자유와 평등을 어떻게 정책에 양립시킬 것인가가 아동복지정책의 가치 선택의 과제라 할 수 있다. 자유와 평등을 주된 본질로 하는 민주주의란 가치이념 또한 아동복지정책이 강조하는 중요한 가치이다.

(3) 사회적 공정과 효율

정의에는 '교환의 정의'와 '분배의 정의'가 있는데 전자는 '시장사회'에 적용되는 정의이며 후자는 '조직'에 적용되는 정의라 할 수 있다. 조직의 목적으로 정의를 본다면 어떤 분배기준이 바람직한가의 문제로 볼 수도 있다. 즉, 생존, 안전, 건강 등과 같은 기초적 욕구의 우선적 충족을 위한 욕구에 응하는 분배 원칙과 그 이상의 욕구에 관한 공헌도에 응하는 분배의 원칙, 그리고 동일한 조건의 경우 동일하게 다룬다는 의미로서의 기회의 균등 내지 공평을 기하는 것이 공정한 분배라는 사상이 사회적으로 넓은 지지를 받고 있다. 따라서 분배의 원칙은 어떤 의미에선 '기회의 평등화'라고 볼 수 있다.

(4) 소셜 미니멈

개인주의와 집단주의, 자유와 평등, 능력원칙과 필요원칙 등의 모순과 긴장을 내포하고 있는 가치이념을 어떻게 조화시킬 것인가에 대한 해답이 미니멈(minimum) 수준의 설정이라고 볼 수 있다. 미니멈에 의하여 국민에게 최저한도의 필요를 보장하며, 대립된 가치, 이념 간에 일단의 경계선을 긋게 되는 것으로 이와 같은 미니멈 설정 수준의 근거는 집단주의, 평등, 필요원칙 및 그것과 밀접하게 관계하는 연대주의의 계열에 속하는 원리이다.

2) 아동복지정책의 개요

(1) 아동복지의 정의

아동복지의 정의는 학자에 따라 역사성을 중시하거나 대상에 증점을 두거나 또는 프로그램이나 서비스를 강조하는 데에 따라 차이가 있다. 아동복지는 빈곤, 방치, 유기, 질병, 결함을 지닌 아동 혹은 환경에 적응하지 못하는 비행아동에만 관심을 두는 것이 아니며, 모든 아동이 신체적 · 지적 · 정서적 발달에 있어서 안전하며 행복할 수 있도록 위험으로부터 보호하기 위하여 공사의 제기관에서 실시하는 사회적 · 경제적 · 보건적인 제 활동들이다.

활동 분야로서의 아동복지는 아동이 행복하게 살며 그들의 생활에서 잠재능력을 최대한도로 발휘할 수 있는 건강하고 건전한 개인으로 성장, 발달할 수 있도록 하는 것을 목적으로 하는 광범위한 노력을 내포하고 있다. 코스틴(Costin)은 아동복지를 아동과 그 가족의 복지를 증진시키는 한편, 모든 아동 · 청소년의 복리 증진을 위한 것이라고 하면서 그러기 위해서는 아동복지사업의 근본 목적이 달성되도록 가정생활을 강화해야 한다고 주장하였다. 카두신(Kadushin)은 아동복지를 광의와 협의로 구분하여 정의하고 있다. 광의의 아동복지는 지역사회의 요구와 조화를 이루는 모든 아동의 행복 및 사회적응을 위해 심리적 · 사회적 · 생물적 잠재력을 계발시켜 주기 위한 각종 의 방법이며, 협의의 아동복지는 사회기관이나 가족을 통해서 충족되지 않는 요구를 지닌 아동과 그의 가족에 관련되는 것으로서 전문적인 기관에서 행해 지는 특수한 서비스라고 보았다. 이처럼 아동복지란 특수한 장애를 가진 아 동은 물론 모든 아동이 가족 및 사회의 일원으로서 육체적으로나 정신적으로 건전하게 성장 · 발달할 수 있도록 지역사회나 사회복지서비스 분야에 있는 공사단체와 기관들이 협력하도록 한다. 그리고 아동의 복지에 필요한 사업 을 계획하며 실행에 옮기는 조직적인 활동으로 결국 가족생활을 강화하기 위 한 사회복지의 한 분야로서 아동의 전반적인 복리는 물론 아동의 복리에 공 헌하는 정책과 이념 및 사업을 포함하는 것이라고 할 수 있다.

(2) 아동복지의 이념

인류는 오랜 세월 동안 가족중심, 특히 모성중심으로 자녀양육을 해 왔으 나 산업혁명 이후 결혼한 여성들이 직업활동에 진출하게 되면서 가정안에서 자녀를 돌보는 일에 많은 결함이 생겼으며 이로 인해 사회의 개입을 필요로 하는 가정과 아동이 증가하게 되었다. 이러한 현상은 제2차 세계대전 이후 산업의 발전, 가족제도의 변천, 가족 수의 감소, 도시로의 인구 집중, TV 등 의 매체 증가 등으로 인하여 더욱 심화되어 왔다. 아동은 한 가정의 자녀이면 서 동시에 한 나라의 중요한 자원이기 때문에 이러한 상황에서 아동의 건강 한 성장 · 발달에 대해 정부나 사회가 관심을 기울이지 않을 수 없는 상태에 이르렀다. 아동양육에 대한 가정 기능의 약화 내지 결함은 사회적 설비를 필 요로 하는 가정과 아동을 증가시켰으며, 이에 가정이 책임지고 기르던 아동 을 이제는 국가나 사회가 공동으로 책임지고 잘 길러 보자는 것이 아동복지 의 기본이념이라 할 수 있다.

아동복지란 아동이 지니고 있는 잠재능력을 최대 한도로 발휘시키며, 충실하게 현재를 살아가게 하는 동시에 아동의 건전한 성장과 발달을 도모하는 활동으로 이는 아동의 권리이며 아동이 건전하게 성장하고 발달하는 데 대한 권리이다.

아동복지의 이념을「아동복지법」에서는 다음과 같이 정립하고 있다.

제1조(목적)

이 법은 아동이 건강하게 출생하여 행복하고 안전하게 자랄 수 있도록 아동의 복지를 보장하는 것을 목적으로 한다.

제2조(기본 이념)

① 아동은 자신 또는 부모의 성별, 연령, 종교, 사회적 신분, 재산, 장애유무, 출생지역, 인종 등에 따른 어떠한 종류의 차별도 받지 아니하고 자라나야 한다

② 아동은 완전하고 조화로운 인격발달을 위하여 안정된 가정환경에서 행복하게 자라나야 한다.

③ 아동에 관한 모든 활동에 있어서 아동의 이익이 최우선적으로 고려되어야 한다.

④ 아동은 아동의 권리보장과 복지증진을 위하여 이 법에 따른 보호와 지원을 받을 권리를 가진다.

이와 같이 국가와 국민이 아동을 건전하게 육성할 의무와 아동의 복지와 권리에 관한 이념을 나타내고 있음을 알 수 있다.

(3) 아동복지의 전제조건

『사회사업사전(1996)』에서는 아동복지의 기본전제 요소로서 가족생활, 부모의 보호, 적절한 가정경제와 주거, 건강과 의료보호, 유희나 교우, 윤리적

표준, 이념과 가치, 교육적 · 직업적 보호, 법적 보호 등을 들고 있다.

프레더릭슨(Fredericksen)의 기본전제는 다음과 같다.

① 부모의 계몽과 교육

부모로서 자녀양육의 책임에 대한 준비 및 이를 위한 상담과 지도 프로그램이 부모에게 제공되어야 한다. 또한 아동발달의 원리, 자녀와의 대화기법, 부모역할 등에 대한 부모교육이 필요하다.

② 가정생활의 강화

1차적인 인간관계인 부모-자녀 관계는 애정관계일 뿐만 아니라 권위와 복종관계 또는 지도관계로 볼 수 있다. 부모-자녀 관계에서 직접적인 것으로 부모의 상벌, 칭찬, 훈계 등에 따라 자녀의 가치체계와 행동양식이 규정된다. 이와 같은 관계의 적절한 유지가 존속될 수 있어야 한다.

③ 심신건강의 증진

아동의 건강뿐만 아니라 모체의 건강유지 증진은 아동의 복지의 기본이다. 신체적 건강뿐만 아니라 정신건강이 증진되어야 하는데, 이는 자신에 대한 긍정적인 자아개념을 형성하도록 자신의 능력에 대해 자신감을 갖도록 해야 한다.

④ 경제적 안정

아동에게 안정감을 주기 위해서는 가정에서 생활에 필요한 최저한도의 물질적 욕구가 충족되어야 한다. 오늘날 빈곤의 개념은 주로 상대적 개념으로서 최저생계비 이하의 상태를 의미하는 것이 아니라 교육 · 건강 · 비행 · 불평등 · 기회 등의 사회적 조건 또는 자원의 결핍 상태를 의미하는 것이다. 그러므로 절대적 빈곤과 상대적 빈곤을 총망라한 전체적인 빈곤문제를 해결할 수 있는 각종 복지대책이 마련되어야 한다.

⑤ 교육

모든 아동은 개인이 타고난 잠재력을 최대한 신장시키며 이렇게 계발된 능력을 최대한 발휘할 수 있도록 사회적 기회가 부여되는 것을 민주주의의 이상으로 하고 있다. 따라서 아동은 그의 능력 · 필요 · 흥미에 따라 교육의 기회가 부여되어야 하며, 자기충족을 얻으며, 불안에서 벗어나기 위해 배우려는 욕구를 충족할 수 있어야 한다.

⑥ 놀이 및 오락

아동의 놀이는 단순한 장난이 아니라 귀중한 학습의 기회이고 발달의 기회이다. 놀이를 통해서 아동은 자신의 경험을 재구성하고, 자기 생명과 감정을 나타낸다. 또 창의적인 생각을 표현하고 발달시키기도 하고, 억압된 감정을 해소하기도 한다. 그러므로 아동은 여가활동을 건설적으로 활용할 수 있도록 지도받아야 하며, 취미를 발전시키고 운동 등에 능동적으로 참여하도록 기회와 지도가 수반되어야 한다.

⑦ 노동으로부터의 보호

아동은 연소노동이나 유해한 환경으로부터 보호되어야 한다. 아동은 사회규정상 아직도 성장 · 발전 단계인 보호받아야 하는 미성숙한 대상이기 때문이다. 뿐만 아니라 연소노동은 신체적 발달을 저해하며, 건강을 위태롭게 하고, 지능발달과 장애를 초래하며, 인격발달에 나쁜 영향을 미친다. 우리나라 「근로기준법」은 13세 미만자의 근로자 사용의 금지, 여자와 18세 미만자의 위험한 사업에의 사용금지, 13세 이상 18세 미만자의 1일 7시간, 1주 42시간

근로 금지 등을 명시하고 있다.

⑧ 특수보호

아동복지가 모든 아동을 대상으로 그들의 복리를 증진시키기 위한 것이라면, 특수한 욕구를 가진 아동을 위한 개별적인 특수보호가 실시되어야 한다. 즉, 신체적·정신적·심리적 장애를 가진 아동에 대한 교육, 치료 및 보호, 취업모 자녀에 대한 탁아보호 및 방과후 보호, 빈곤층 아동에 대한 교육·보건·오락 및 문화 설비 등의 제공이 이루어져야 한다.

(4) 아동복지의 원칙

① 권리와 책임의 원칙

아동·청소년을 위한 사회적 봉사는 아동·부모·사회가 각각의 권리와 책임의 확립에 기반을 두고 있어야 한다. 이 3자 중 어느 한 부분의 권리나 책임에서 야기되는 갈등이나 부적응 또는 지나친 요구 등은 아동에게 어려운 문제점을 갖게 하는 원천이 된다.

- **아동의 권리와 책임**: 아동은 지도와 보호를 받아야 하는 권리를 지닌 것과 마찬가지로 책임도 있다. 즉, 성인의 기대에의 충족, 합리적 요망의 수긍, 자발적 활동이나 계획에의 참여, 자기발전 기회의 적극적 활동에 대한 책임의식을 가져야 한다.
- **부모의 권리와 책임**: 부모는 자녀에 대한 후견(後見)의 권리를 갖고 있는 동시에 인격 발달을 위한 행동이나 생활양식의 기준을 결정해야 하며, 교육, 건강보호, 의료보호, 재정적 지원 등의 책임을 감당할 수 있어야 한다.

• **사회의 권리와 책임**: 사회는 아동의 건전한 육성대책을 위해서 아동에게 보호와 혜택을 줄 수 있는 제반 권한을 행사할 수 있어야 한다. 또한 부모·자녀에 개입하여 부모의 보호가 법이 정한 바의 수준 이하일 때에는 가정위탁보호나 시설보호 등을 받을 수 있도록 책임을 행해야 한다.

② 보편성과 선정성의 원칙

아동복지에 있어서 보편주의란 전체 아동이 누구나 이용할 수 있는 제도적 및 시설설비적 대책들을 의미한다. 아동수당, 가족수당, 무상 의무교육 등이 그에 속한다. 또한 선정주의란 사회가 법적으로 인정하는 요구 상태에 빠진 아동에게 지원하는 대책을 의미하며, 시설수용보호, 입양 등이 이에 속한다. 보편성은 예방적 제도적 대책임에 비하여 선정성은 치료적 보완적 대책이다.

③ 개발적 기능의 원칙

그동안 아동복지사업은 주로 구호적·사후대책적 기능이 지배적이었으나, 그러한 기능으로는 사회 변천 과정에서 야기되는 부정적 요소들에 대처할 수 없게 되었다. 따라서 앞으로는 예방적이며 의도적으로 변화를 가져올 수 있는 개발적 기능이 수행되어야 한다. 켄달(Kendall, 1973)은 개발적 기능에 개해 목적에서 적극성을 띠고, 접근방법에서 포괄성을 가지며, 대상 인구가 각 부문에 관련돼야 하며, 종전까지의 순수한 치료적 혹은 미시적 수준에서 지역사회적·거시적 수준에서 국가적으로까지의 제 복지기능에 관여하는 것이라고 하였다. 즉, 아동욕구의 발견 및 변화 예측, 그 변화와 발전에 대한 사람들의 참여, 지도자의 계발, 기관과 집단 간의 조정과 협력의 향상 등과 관련되는 기능들이 적극적으로 수행되어야 한다.

④ 포괄성의 원칙

아동복지의 기본 전제가 되는 요소들과 관련되는 프로그램이나 서비스가 포괄적으로 제공되어야 한다. 즉, 보건복지부, 교육부, 문화체육부, 노동부 등 여러 정부 부처에서 산발적으로 관장하고 있는 아동의 복지와 관련되는 사업이나 프로그램들이 포괄적으로 수행되기 위해서는 조직과 운영의 연계가 효과적으로 이루어져야 한다.

⑤ 전문성의 원칙

아동의 욕구나 사고 및 행동문제에 관한 전문적 지식이나 기술이 없이는 올바른 문제해결을 기하기 어렵다. 아동의 건전한 발달을 위해서는 이를 위한 전문기구와 아울러 전문적 인력의 활용이 절실하다.

(5) 아동복지사업의 기능과 유형

아동복지사업은 부모와 아동 사이의 역할수행의 불이행으로 빚어지는 문제에 대처하기 위한 것으로서, 그 정도에 따라 카두신(Kadushin, 1988)은 다음의 3가지로 구분하고 있다.

- 지지적 서비스(supportive services): 아동문제를 예방하기 위한 1차 방어선으로 아동을 가정에 머물게 하면서 부모와의 좋은 관계를 계속 유지할 수 있도록 상담 등의 서비스를 통해서 가족의 기능을 강화시키고, 부모-자녀 관계의 긴장을 완화시켜 주기 위한 방법이다. 이때에 서비스가 바로 주어지지 않으면 가족 내에 균열이 일어나 이혼 · 별거 · 유기 등의 문제가 일어날 수 있다. 아동상담소, 가정상담소, 집단 활동기관, 미혼부모기관 등이 있다.
- 보조적 서비스(supplementary services): 아동문제에 대처하기 위한 2차 방

어선으로 가정 및 가족의 형태는 그대로 있으나 부모의 역할이 매우 부적절하므로 가정 외부에서 지원해 줌으로써 부모의 역할을 대행하거나 도와주는 것이다. 경제적 지원, 가사보조사업(home help service), 탁아사업 등을 들 수 있다.

- 대리적 서비스(substitute service): 아동문제에 대한 3차 방어선으로 부모-자녀 관계가 임시적 또는 영구적으로 해체되었을 때 아동을 다른 가정이나 시설에 있게 함으로써 아동을 보호하는 것이다. 위탁가정보호, 입양, 시설보호 등을 들 수 있다.

3) 아동복지정책의 내용

(1) 아동복지정책의 대상

① 전체 아동: 대상자 수 점차 감소(인구 억제 정책에 의한 출산율 감소)
우리나라는 아동 및 청소년에 대한 정의를 다음과 같이 하고 있다.

- 아동복지법: 18세 미만의 자
- 민법: 만 20세 미만은 미성년자
- 소년법: 10세 미만의 자
- 근로기준법: 18세 미만의 자
- 청소년 기본법(1995): 9세 이상 24세 이하의 자
- 청소년 보호법(1997): 18세 미만의 자

② 보호를 필요로 하는 아동: 1995년 이후 증가 추세

(2) 아동복지 대상의 체계

① 문제별 분류
- 환경불우아: 고아, 기아, 피학대아, 빈곤가정아, 이혼·사망 등에 의한 결손가정의 아동, 양친의 노동·질병 때문이 방임된 아동 등
- 정신장애아: 정신박약아, 병적 성격아
- 신체장애아: 지체부자유아, 맹아, 농아, 허약아, 병아 등
- 정서장애아: 행동문제아, 신경증아, 정신질환아 등
- 복합원인에 의한 아동: 비행아, 부랑아, 가출아, 장기결석아
- 일반아동: 특별한 문제를 지니고 있지 않으나 아동상담·케이스워크·그룹워크, 보건지도의 대상이 되는 아동
- 성년자: 아동과의 관계에 있어서 원호지도를 필요로 하는 성년자로 임산부, 모자세대의 모, 문제아를 가진 보호자, 불량문화재에 관계 있는 성년자 등

② 사업별 분류
- 요보호 상태에 있는 아동
- 요보호 상태에 빠질 위험이 있는 아동
- 일반 아동

③ 가정을 중심으로 하는 분류
- 보호를 요하는 가정의 아동
- 경계선상에 놓여 있는 가정의 아동
- 일반적 건전한 가정의 아동

(3) 아동을 위한 사회복지정책의 유형

① 가족유지 및 지원정책

아동양육을 지원하는 정책은 소득보장에 의한 방법과 서비스 제공에 의한 방법이 있다. 소득을 보장하는 방법에는 보편주의 원칙에 의하여 전체 아동을 대상으로 일정한 급여를 지불하는 방법, 그리고 일정한 기준의 선별주의 원칙에 의하여 사회적 취약계층의 아동에게 급여를 제공하는 방법이 있다. 보편주의 원칙에 의한 소득보장 정책은 아동이 모든 가정에게 부담을 가져오며 국가는 이러한 가정의 아동양육 부담을 경감시켜 주는 역할을 수행해야 한다고 본다. 선별주의 원칙에 의한 소득보장 정책은 스스로 아동을 부양할 능력이 없는 가정에 대해서만 국가가 그 부담을 경감시킨다는 목표를 갖는다. 이 정책은 사회적 연대의 가치에 기초하고 있다. 아동양육의 지원 범위에 있어 가족에게 부과되는 아동양육의 비용은 생계비뿐만 아니라 보육, 교육, 의료 등의 비용을 포괄하고 있다는 점을 유의해야 한다. 따라서 아동을 둔 가정에 대한 지원은 주택수당, 교육 관련 보조 등 다른 형태의 사회보장과 연계되어야 할 필요가 있다. 또한 아동을 위한 소득보장의 특징은 급여가 아동 자신에게 직접 주어지는 것이 아니라 가족 또는 다른 부양 의무자에게 지급된다. 이에 따라 아동에 대한 소득지원이 다른 용도로 남용되는가의 여부에 정책적 논의가 제기되기도 한다. 사회복지 서비스를 제공하는 방법은 가족의 기능을 강화시키기 위한 상담과 교육 서비스, 문제가 발생한 사례에 대하여 가족에 초점을 둔 사례관리 서비스, 집중적인 가족위기 서비스가 포함된다.

② 대체가정 서비스 정책

일시적인 대체가정 보호로서 가정위탁과 친족보호, 주거시설 보호가 있으며, 영구적인 대체가정 보호로서는 입양이 있다. 대체가정 서비스의 역사적

기원은 부모가 없는 고아를 대상으로 한 보호로서 출발하였으나, 오늘날 서구 산업국가의 대체가정 서비스의 목적은 특별한 욕구를 지닌 아동을 위한 보호에 있다. 우리나라의 경우에도 한국전쟁을 전후하여 대량 발생한 전쟁고아들을 대상으로 수용시설 보호나 입양 등 영구적 대체가정 서비스가 확대되었으나, 양친이 모두 없는 고아의 비율이 감소함으로써 대체가정 서비스의 정책목표도 전환되어야 할 필요성이 증대하고 있다.

③ 아동 강제보호 서비스 정책

아동 강제보호(protective) 서비스는 아동의 학대와 유기에 대한 대응으로 최근에 급속하게 그 필요성이 증가하는 추세이다. 강제보호 서비스는 아동의 보호와 부모의 친권보호라는 두 가지 목표 중 아동의 보호에 초점을 둔 것이지만, 사회적 관습이나 문화의 차이에 따라 정책의 방향이나 내용이 다를 수 있다. 서구에서는 국가개입주의와 아동권리의 관점이 발달하면서 아동을 부모로부터 강제적으로 격리시키는 조치가 제도화되어 있다. 그러나 아동을 부모로부터 격리시키는 것이 최선의 정책목표는 아니며, 친권보호의 관점에서 아동과 가족에 대한 서비스와 지원을 강화하여 가능한 한 가족의 기능을 유지해야 한다는 입장이 대립하고 있다. 우리나라에서는 아동보호에 관한 가족책임주의와 자유방임적 관점이 지배적이어서 공권력에 의한 개입이 아직까지 제도화되어 있지 못한 실정이며, 최근 아동학대의 사례가 증대하고 사회적 이슈로 부각되면서 아동학대 방지와 대처를 위한 법적·제도적 장치의 마련이 요청되고 있다.

(4) 아동복지정책의 종류

① 소득보장

• 아동 빈곤의 문제

한국의 절대빈곤율은 1998년에서 2002년까지는 감소하다 2004년부터 다시 증가하였고, 2004년을 기점으로 다시 감소하고 있다.

빈곤한 집단으로서 아동빈곤이 높은 수준을 유지하는 원인으로는 이혼과 혼외출산의 증가, 실질임금 증가의 정체, 아동에 대한 정부의 실질적 소득지원 급여의 감소를 들 수 있다.

• 아동을 위한 소득보장정책

−전략: 경제적 자립을 위한 근로복지 전략

−주요내용: 양육수당, 조부모 양육지원제도는 여성의 경력단절 예방과 일 가정 양립자원을 목표로 자녀양육에 드는 최소의 지원체계이다.

• 아동의 빈곤을 줄이기 위한 전략

−소득지원정책 확대

−소득향상정책(노동유인 복지정책)으로 부모로 하여금 더 많은 돈을 벌 수 있도록 함

−공적부조 이외 소득지원의 개선

−의료보호 적용 확대

−근로소득세 크레디트 확대

−아동양육지원의 확대

② 의료보장

대부분의 아동은 국민건강보험에 의해 의료혜택을 받고 있다. 의료보험에 의해 의료보장을 받을 수 없는 빈곤층은 의료급여제도에 의해 의료 서비스를 받을 수 있다.

③ 아동상담사업

2006년 기준 공립 8개소, 법인 35개소의 아동상담소가 설치·운영되고 있으며, 시·군·구 및 공립 아동상담소 등에 아동복지지도원 378명을 배치하여 상담·지도를 담당하게 하고, 읍·면·동에는 아동위원 7,112명을 위촉하여 아동 문제에 대한 일차적 상담체계를 마련하고 시·군·구에서 필요한 조치를 취하도록 하고 있다.

아동상담소의 주요 기능

정신의학적·심리학적·사회학적 관점에 기반을 둔 조언과 상담을 통한 아동과 부모를 위한 상담 서비스, 아동을 적절한 시설이나 위탁가정 등에 배치, 부설 일시보호시설을 통한 요보호아동의 관찰과 일시보호 등이 있다.

아동상담소에는 아동복지사, 상담원, 심리판정원, 정신과의를 포함한 의사, 아동지도원, 보모 등의 직원이 있으며, 부설 일시보호소를 운영하고 있다. 아동상담소의 주요 상담 내용은 일시보호 관련 상담, 심신장애아 관련 상담, 비행 및 아동양육 관련 상담이 주를 이루고 있다.

④ 시설보호

부모가 아동을 양육·보호할 능력을 상실하였거나 그 역할을 회피할 때 제공되는 완전한 대리보호사업으로 집단의 형태로 제공되며 혈연적으로 무관한 아동이 혈연적으로 무관한 성인의 보호 아래 24시간 함께 거주함으로써 아동을 사회적으로 보호하는 아동복지사업의 일종이다.

〈표 9-1〉 아동복지시설의 종류

종류	기능
아동양육시설	보호를 필요로 하는 아동을 입소시켜 보호, 양육하는 것을 목적으로 하는 시설
아동일시보호시설	보호를 필요로 하는 아동을 일시보호하고 아동에 대한 향후의 양육대책수립 및 보호조치를 행하는 것을 목적으로 하는 시설
아동보소치료시설	불량행위를 하거나 불량행위를 할 우려가 있는 아동으로서 보호자가 없거나 친권자나 후견인이 입소를 신청한 아동 또는 가정법원, 지방법원소년부지원에서 보호 위탁된 아동을 입소시켜 그들을 선도하여 건전한 사회인으로 육성하는 것을 목적으로 하는 시설
아동직업훈련시설	아동복지시설에 입소되어 있는 만 15세 이상의 아동과 생활이 어려운 가정의 아동에 대하여 자활에 필요한 지식과 기능을 습득시키는 것을 목적으로 하는 시설
자립지원시설	아동복지시설에서 퇴소한 자에게 취업준비 기간 또는 취업 후 일정 기간 보호함으로써 자립을 지원하는 것을 목적으로 하는 시설
아동단기보호시설	일반가정에 아동을 보호하기 곤란한 일시적인 사정이 있는 경우 아동을 단기간 보호하며 가정의 복지에 필요한 지원조치를 하는 것을 목적으로 하는 시설
아동상담소	아동과 그 가족의 문제에 관한 상담, 치료, 예방 및 연구 등을 목적으로 하는 시설
아동전용시설	어린이공원, 어린이놀이터, 아동회관, 체육, 연극, 영화, 과학실험전시시설, 아동휴게숙박시설, 야영장 등 아동에게 건전한 놀이와 오락 그 밖의 각종 편의를 제공하여 심신의 건강유지와 복지증진에 필요한 서비스를 제공하는 것을 목적으로 하는 시설
아동복지관	지역사회 아동의 건전육성을 위하여 심신의 건강유지와 복지증진에 필요한 서비스를 제공하는 것을 목적으로 하는 시설
공동생활가정	보호를 필요로 하는 아동에게 가정과 같은 주거여건과 보호를 제공하는 것을 목적으로 하는 시설
지역아동센터	지역사회 아동의 보호·교육, 건전한 놀이와 오락의 제공, 보호자와 지역사회의 연계 등 아동의 건전육성을 위하여 종합적인 아동복지서비스를 제공하는 시설

⑤ 입양사업

미혼부모에 의하여 혹은 아동복지시설에 수용 중인 아동을 대상으로 하여 본래의 가정환경에 부합하는 조건에서 양육될 수 있고, 또 자녀가 없는 가정이나 자녀를 잘 키울 수 있는 가정에는 자녀를 훌륭하게 키우는 보람을 제공하기 위하여 이루어지고 있는 아동복지사업의 중요한 내용이다.

⑥ 보육사업 및 보육시설 지원

여성의 사회진출 확대로 부모의 역할을 대체하고 특수한 욕구를 가진 아동이나 부모의 기능문제가 있는 경우에 대비한 보육의 필요는 확대되고 있다. 보육의 목표는 아동발달, 가족기능의 보완, 개입의 역할이며, 직장보육, 영리기관의 보육 서비스, 공공기관의 보육 서비스를 제공하고 있다.

(5) 아동복지정책의 전달체계

사회복지에 있어서 전달체계란 급여 또는 서비스를 효율적으로 수혜자에게 전달하기 위하여 어떠한 조직을 통하여 실천할 것인가의 전략을 선택하는 것이다. 국가는 아동을 건전하게 육성할 공적인 책임을 지며, 지방자치단체는 국가의 정책에 호응하면서 지역 아동의 욕구충족이나 문제해결을 공적으로 다루며, 민간단체나 지역주민은 인권사상이나 상부상조의 정신에 입각하여 자발적으로 요보호아동을 보살필 책임을 지는 주체가 될 수 있다. 아동복지정책의 전달 체계에 있어 주무담당 중앙정부 부서는 보건복지부로서 사회복지정책실 아동복지과를 중심으로 아동복지시설, 상담시설, 입양 및 결연사업, 연장아동 직업보도, 유관사업단체 등의 지도 · 감독 등 아동복지정책에 관한 종합 계획의 수립 및 조정 업무를 관장하고 있다. 또한 행정 자치부 치안본부와 법무부에서는 소년의 비행 및 범죄에 관한 업무를, 교육부에서는 특수아동에 관한 업무를, 노동부에서는 근로 청소년에 관한 업무를 각각 담당해 오고 있다.

　오늘날의 아동복지사업은 전문적인 지식과 기술을 요하는 전문적 사업이므로 전문 기구와 전문 인력을 주체로 하는 제반 활동을 전개해야 하며, 아동복지의 주체는 행정 주도적이거나 상부 하달식으로 일관하는 것보다 지역사회를 기반으로 하는 주민의 참여 활동과 지역의 요구나 문제의 인식을 토대로 지역 자원이나 행정의 자원을 공히 활용하는 지역복지적 주체의 활동을 활발히 전개해 나가야 할 것이다. 그 내용은 다음과 같다.

- 한국의 경제가 발전하기 위해서는 경제발전의 혜택이 빈곤계층까지 골고루 배분되어야 하며, 이러한 소득배분을 가능하게 하기 위해서는 아동의 시기부터 인력 투자를 게을리해서는 안 된다. 왜냐하면 경제가 발전하기 위해서는 인력자원의 효과적인 개발이 중요하며, 아동의 잠재능력 개발의 제반 대책이 국가발전 전략에 반영되어야 하기 때문이다.

- 아동양육 면에서 가정이 주체가 되었던 것이 점차 사회적 양육(사회기관, 시설)이 주체가 되어야 한다. 이는 사회경제적 법칙에 의존해야 하기 때문에 공동가계의 맞벌이 부부나 모의 취업과 함께 빈곤이나 질병의 경우 사회적 양육을 기대할 수밖에 없기 때문이다.

- 오늘날 지역사회는 아동에게는 정신적 · 신체적으로 건전하게 성장할 수 있는 가장 중요한 현장이며 환경이다. 자기 지역에서 아동양육의 문제, 아동보호의 문제가 생긴다면 이를 자체적으로 해결할 수 있는 지역복지 서비스를 제공해 줄 수 있어야 하며, 이러한 지역복지의 개념은 복지의 요구를 생활의 장이나 지역사회에서 스스로 파악하여 기관이나 시설을 재편성하며 주민의 자발적 지역사회 형성을 추진하도록 권장함에 있다.

4) 아동복지정책의 발전방향

(1) 아동보호를 위한 국가의 적극적 개입

"한 사회의 미래는 그 사회가 아동을 어떻게 보호하고, 교육하느냐에 의해서 예측할 수 있다."모이니함(1986)의 언급은 아동복지에 대한 사회와 국가의 책임의 중요성을 단적으로 나타낸 것이라고 볼 수 있다. 아동보호의 일차적인 책임은 가정에 있다고 할 수 있지만, 가정이 이를 제대로 행하지 않을 경우에는 국가가 적극적으로 개입할 필요가 있다.

아동복지사업의 전개에서 사회와 국가의 책임은 아동과 가정이 처한 상황에 따라 달라진다. 원칙적으로는 부모역할의 지지 · 보충하는 입장에 서며, 책임의 정도도 최저한도의 생활보장을 기본선으로 하고, 궁극적으로는 이상적인 생활을 목표로 삼아야 한다. 예를 들면, 우리나라의「아동복지법」에서는 "모든 국민은 아동을 보호 · 양육하고 사회생활에 적응하도록 육성할 책임을 지며, 또 국가와 지방자치단체는 보호자와 더불어 아동을 건전하게 육설할 책임을 지며, 또 지방자치단체는 영유아를 건전하게 보호할 책임을 진다."라고 명시하고 있다. 또한「청소년기본법」에서는 "모든 국민은 청소년의 사고와 행동양식의 특성을 인식하고, 사랑과 대화로서 청소년을 이해하고 지도해야 하며, 청소년의 탈선을 방임하거나 포기하여서는 안 되며, 모든 국민은 청소년을 대상으로 하거나 청소년이 쉽게 접근할 수 있는 장소에서 그들의 정신적 · 신체적 건강에 해를 끼치는 행위를 해서는 안 될 뿐만 아니라, 청소년에게 유해한 환경을 정화하여야 한다."라고 명시하고 있다. 이에 국가는 청소년이 올바른 국가관과 건전한 가치관을 가지고 나라와 겨레의 앞날을 이어 갈 훌륭한 국민이 되도록 청소년의 육성에 대한 책임을 져야 할 것이다.

(2) 아동수당제도의 도입

현재 우리나라에는 아동수당제도가 없다. 다만, 연말 소득정산 때 부양 아동이 있을 경우에 세금을 다시 돌려받는 제도가 있다. 그러나 이 제도는 과세 대상의 소득이 있는 중산층 이상에게만 해당되고, 과세 대상 수준의 소득이 없는 저소득층은 해당이 되지 않는 역진적인 성격을 지니고 있다. 그러나 현실적으로 아동수당이 저소득층에게 더 필요하다고 볼 때 저소득층을 대상으로 하는 아동수당제도의 도입이 필요하다고 하겠다.

(3) 저소득층 아동을 위한 식품권 제도의 도입

저소득층 아동은 중산층 이상의 아동에 비해 건강하게 성장할 권리를 원천적으로 박탈당하고 있다고 할 수 있다. 그러므로 미국에서 실시하고 있는 빈곤층 임산부 · 아동 · 유아를 위한 식품권 프로그램인 WIC와 같은 제도를 도입할 필요가 있다. 하지만 현재 미국의 식품권 프로그램은 여러 가지 문제가 지적되고 있다. 그중 하나가 식품권의 사용 실적이 불분명하여 당사자가 식품권으로 사실상 식품만을 구입할 수 있지만 비공개적으로 현금과 교환하거나 다른 물품과 교환하는 문제가 생기고 있다. 이 문제는 본질적인 문제만이 아닌 이차적인 사회적 문제를 야기할 수 있으므로 우리나라가 식품권 제도를 도입하기에는 상당한 신중함과 시간이 필요할 듯하다.

(4) 아동복지시설의 개선

아동복지시설은 가정에서 양육되거나 보호할 수 없는 아동들을 수용 · 보호하는 곳이다. 카두신(Kadushin, 1988)은 제시하는 서비스 기능에 의하여 아동복지서비스를 분류하였다. 갈등 상황을 처리할 수 있도록 가족의 능력을 지원하고 강화시켜주는 지지적 서비스(supportive service), 부모의 역할이 영구적 혹은 일시적으로 충분히 충족되지 못할 때 가정 내에서 부모 역할의 일부를 대행하는 보조적 서비스(supplementary service), 그리고 부모가 아닌 제 3자가 부모의 역할의 전부를 떠맡는 대리적 서비스(substitute service)이다. 아동복지시설 보호의 경우 대리적 서비스에 포함되는데, 이때의 양육 역할의 변화는 아동의 출생 가정이 기능을 상실하여 아동에게 필요한 최소한의 사회적·정서적·물리적 보호를 제공할 수 없게 된 경우가 발생하기 때문이다. 대리적 서비스에는 아동복지시설 보호 외에도 입양, 가정위탁 등이 포함된다. 주커만(Zuckerman, 1994)에 따르면, 아동복지시설은 제3차 방어선으로서 특히 수용시설에 의한 서비스는 최소 침해 대안의 원칙에 따라 아동의 욕구가 출생가정이나 대리가정에 의하여 충족될 수 없는 경우에 한하여 집단적인 보호를 제공하는 것이다. 또래집단과의 관계가 중요한 요소인 집단적인 생활환경이 필요한 아동, 특수한 욕구를 가진 장애아동에게 이러한 집단적 주거환경에 의한 서비스가 제공된다.

이처럼 아동복지시설은 가정에서 양육·보호할 수 없는 아동을 수용·보호하는 곳으로 시설은 수용되어 있는 아동이 일반 가정의 아동과 다르지 않다는 전제 아래에 있어야 한다. 가정을 대리하여 가정의 분위기를 제공하면서 양육하거나 보호하여야 하며, 가족 구성원인 한 인간으로서 서비스가 제공되어야 할 것이다. 하지만 대규모 아동복지시설은 시설장이나 직원과 수용되어 있는 사람과의 관계가 소홀해질 수밖에 없어 모성박탈을 더 가속화시킨다. 따라서 소규모의 시설에서의 상호 간 긴밀한 관계를 맺을 때에 시설장이나 직원의 아동에 대한 부모의 역할 수행을 기대할 수 있다. 때문에 아동복지시설은 소규모화되어야 하는데, 궁극적으로는 시설의 문패가 없는 가족그룹홈, 그룹홈의 형태로 전환되어야 할 것이다.

우리나라의 경우 1980년대 이후 요보호대상 아동의 계속적인 감소로 시설보호아동이 정원에 미달하는 경향이 있다. 그러나 최근 급격히 대두되는 이혼, 가출, 교통, 산업재해 등 사회문제로 발생하는 요보호아동이 가정적인 분위기에서 성장·양육될 수 있도록 종래의 대규모 단순보호 형태에서 소숙사제도(cottage system)나 그룹홈 형태 등 소규모 가정 단위의 보호 방식으로 아동복지시설의 보호 방법에 변화가 필요하게 되었다.

(5) 사회복지관 중심 정책의 개선

우리나라의 아동복지정책은 사회복지관에만 너무 편중하여 실시되고 있다. 먼저 우리나라의 사회복지관에 대해 살펴보면, 사회적 여건의 변화에 따라 국민의 복지욕구가 다양화되고 있다. 사회복지도 취약계층 중심에서 일반 주민으로 일반화·보편화되고 있는 실정이며, 경제 수준이 향상됨에 따라 의식주 위주의 물질적 차원에서 점차 문화적·정신적 차원의 욕구로까지 다양화되고 있다. 그러나 일반 주민이 이용할 수 있는 다양한 복지 프로그램이 마련되어 있지 않으며, 현재 제공되고 있는 서비스와 급여도 주민의 욕구를 만족시킬 만큼 적절한 수준이 되지 못하고 있다.

1980년대에 들어 정부는 시설보호만으로는 국민의 복지욕구에 대응하기 어렵다고 여기고, 1983년에는 개정「사회복지사업법」을 토대로 사회복지관의 설립 및 운영 지원의 근거를 마련하였고, 1989년 사회복지관 설치·운영 규정을 제정하여 저소득층 밀집지역에 사회복지관의 설치를 확대하는 정책을 추진하였다. 그 결과 몇 년 사이 사회복지관의 수가 급격히 증가하였다.

사회복지관의 특징을 살펴보면 다음과 같다. 첫째, 사회복지관은 저소득층, 문제가정 그리고 일반 주민을 서비스의 대상으로 삼고 있기 때문에 요보호대상자에는 한하는 선별주의가 아니라 모든 계층의 주민을 수혜대상으로 하는 보편주의적 접근을 취하고 있다. 둘째, 사회복지관은 재가복지봉사센터의 운영을 통해서 사회복지의 전달이 수용시설 중심에서 탈피하여 서비스 대상자들의 거주지와 지역사회를 중심으로 한 새로운 전달방식이 조직화되고 있다는 점에서 탈시설화와 지역사회보호의 정신을 담고 있다. 셋째, 치료 및 재활의 전통적인 사회복지 서비스 목표뿐만 아니라 문제가 발생될 소지가 있는 집단에 대해서도 서비스를 제공하는 예방적 목표가 중요시된다는 것이다. 그리고 마지막으로, 사회복지관 사업은 지방화시대를 맞이하여 다양한 지역주민의 복지욕구를 수렴하여 지역적 특성과 여건에 적합한 프로그램을 수행해 나아갈 수 있다는 점이다. 그러나 현행 사회복지관은 정부보조 기준의 불합리 및 수준 미흡, 이용료 수입금 비중의 과다 및 지역별 격차, 사업비 비중의 과소 및 사업 분야별 지출 불균형, 전문인력 미확보와 배치 기준의 비현실성, 규정상 업무분장 기준의 현실성 미흡, 사회복지사의 업무량 과다 및 열악한 보수 수준 등의 한계점을 가지고 있다.

현재 사회복지관 중심의 아동복지정책으로 인하여 이와 같은 사회복지관의 문제는 아동복지정책과 연관되어 있다고 볼 수 있다. 이러한 문제를 해결하는 방법은 가족 정책 차원에서의 아동복지시설의 확충과 아동복지의 전문화·차별화를 들 수 있다.

① 가족정책 차원의 아동복지정책

프랑스의 아동복지시설을 예로 들어 보자. 프랑스에서는 아동복지서비스가 가족정책의 차원에서 실시되고 있다. 이를 살펴보면 다음과 같다. 첫째, 모자복지서비스로 편친 가족과 혼외동거 및 미혼모에 의한 아동을 중심으로 한다. 둘째, 도움이 필요한 고아와 기아, 피학대아 및 비행청소년 보호 및 교정서비스로서 요보호아동은 아동보호소에 입소되어 수용 보호된다. 셋째, 여성 취업의 증가에 의한 낮 동안의 탁아 서비스로서 각종 탁아시설, 유아학교, 보모에 의한 가정보육 서비스 등이 활성화되고 있다. 우리나라도 이러한 흐름의 아동복지정책을 고려할 필요가 있다.

② 아동복지의 전문화, 차별화

아동복지의 전문화를 이야기할 때 인력은 빠질 수 없는 부분이다. 이에 대하여 전반적으로 살펴보자. 아동보육 부문의 인력 수요는 계속 증가할 것으로 전망되며, 가족해체 사유 증가, 각종 산업재해의 증가는 일반 가정 내에서 자라던 아동을 정서장애 · 유기 · 학대 등 요보호대상으로 만들 가능성이 높아지고 있어 사전 예방이나 상황에 맞는 보호를 위한 아동상담사업의 중요성 또한 증가하고 있다. 따라서 아동 · 청소년 사업 부문의 상담체계를 강화하고 상담인력을 확대 배치할 것이 요청된다. 또한 앞서 언급했던 소규모 시설의 확충과 가정정책적 측면의 사회복지정책에서도 계속적인 시설 종사자의 증원이 필요하다. 또 2부제나 3부제 근무가 요청됨에 따라 아동복지시설 종사자의 증원이 계속되어야 할 것으로 전망된다. 산업화 · 도시화로 인한 사회적 문제가 증가하고, 특히 청소년 비행은 날로 증가하고 있고, 비행청소년 발생 예방과 교정교육을 위한 상담 및 교정 요원의 증원은 물론 청소년 지도 · 선도를 위한 민간 청소년지도자의 증원이 필요할 것으로 예상된다.

이러한 인력 수요에 대하여 전문적 인력의 공급이 필요하다. 현재 전문대학 및 대학의 유아교육학과, 아동학과, 보육학과, 아동복지 관련 학과에서 아동복지 부문의 전문 인력을 양성하고 있다. 부족한 부분은 보육교사 단기 양성기관으로서 보육교사 교육원을 설치하여 충당하고 있다. 사회복지사는 전문대학과 대학의 사회복지학과 또는 사회복지 관련 학과를 설치하여 양성 배출하고 있으며, 이들 대학의 배출 인력으로 수요를 충족하는데 부족한 인력은 국립사회복지연수원에서 단기 양성훈련에 의하여 양성 배출한다. 복지관련 전체 인력의 공급은 원활하나 이때 배출되는 인력이 아동복지 부문에만 공급되는 것이 아닐뿐더러, 아동복지시설의 열악한 근무 환경, 처우 수준의 미흡 등으로 실제 전문 인력의 확보가 어려운 실정이다.

5) 한국 아동복지의 과제

우리나라의 아동복지는 해방과 한국전쟁이라는 위기 상황에서 발생된 요보호아동을 긴급구호하기 위해서 가정보호보다는 시설보호를 중심으로 발전되었다. 우리 사회의 도시화·산업화·핵가족화 등으로 출현된 새로운 아동문제를 해결하기 위해서 영유아보육사업 등이 보편화되고 있지만, 전체 아동을 위한 상담사업, 학대받은 아동을 위한 보호사업 등은 여전히 초보적인 수준에 머물러 있다. 우리 나라 아동복지의 과제를 정리하면 다음과 같다.

첫째, 전체 아동을 위한 상담사업과 정보제공 사업을 체계적으로 실시해야 한다. 우리나라의 아동복지는 지지적·보충적·대리적 서비스 중에서 대리적 서비스가 먼저 발달되고, 지지적 서비스와 보충적 서비스는 매우 초보적인 수준에 머물러 있다. 많은 학자는 아동복지가 이상적으로 실현되기 위해서는 가족의 자녀양육 기능이 충실하고, 가족과 지역사회의 복지 기능을 사회복지서비스로 보충한 후, 피할 수 없는 경우에 대리적 서비스를 실시할 것을 제안한다. 이러한 관점에서 볼 때, 전체 아동을 위한 체계적인 상담사업과 정보제공 사업은 시급히 체계화되어야 한다. 특히 서울의 경우 시립 아동상담소와 시립동부아동상담소가 있지만, 다른 시·도지역에는 있었던 공립 아동상담소조차 여성회관 등에 흡수되고 없다. 청소년을 위해서 지역마다 청소년상담실이 있고 청소년수련시설이 있는데, 아동을 위한 독립된 상담기관이 없다는 것은 시급히 개선되어야 할 것이다. 아동의 문제를 조기에 예방하거나, 문제행동을 하는 아동을 가진 부모를 돕기 위해서도 공립 아동상담소가 시·도청 소재지와 인구 30만 이상 도시에 반드시 설립되어야 한다.

둘째, 신체적·성적·정서적으로 학대받고 방임된 아동을 보호하고 치료할 수 있는 체계를 갖추어야 한다. 그동안 아동학대는 심각한 사회문제였음에도 불구하고, 장유유서를 존중하는 우리 사회에서는 아동학대의 문제를

'체벌' 정도로 인식하여 왔다. 최근 「성폭력범죄의 처벌 등에 관한 특례법」과 「가정폭력방지 및 피해자보호 등에 관한 법률」 등이 제정되어서 성적·신체적 폭력에 대한 관심이 증대되었고, 「아동복지법」(2018, 일부개정)은 아동학대를 예방하거나 조기에 개입하기 위해서 아동보호전문기관을 설립하도록 하였다. 또한 이 법은 학대받는 아동을 발견한 모든 시민은 신고하도록 하고, 특히 사회복지사 등 아동보호와 관련된 전문가는 의무적으로 신고하도록 하였다. 이제 학대받는 아동을 조기에 발견하고 개입할 수 있는 법적 체계는 갖추어졌으므로, 아동학대 신고를 받고 즉각 출동하여 위기개입할 수 있는 체계를 갖추고, 아동보호전문기관에 전문인력과 충분한 예산을 배정해야 한다.

셋째, 가정보호와 시설보호를 연계시키고 가정위탁보호를 활성화시켜야 한다. 우리나라의 아동복지서비스는 과도한 시설보호와 부실한 가정보호가 문제인데, 이는 두 가지 방식의 서비스 간에 연계가 없었기 때문이다. 시설보호를 받는 대부분의 아동에게는 법적으로 보호자가 있고, 아동보호를 위해서 정부의 도움을 청하기보다는 자녀를 버릴 때(기아, 친권 포기 등)만이 도움을 받을 수 있는 잘못된 관행이 바뀌어야 한다. 즉, 요보호아동을 보호하기 위해서 먼저 가정을 지지하거나 보충하고, 불가피한 경우에는 시설보호를 실시하더라도 조기에 가정으로 복귀할 수 있도록 체계를 갖추어야 한다. 경제적 지원을 하되 사실상 가사조력과 생활지도가 이루어지지 않고 있는 소년소녀가장세대 지원사업을 점차 폐지하고, 가정위탁보호, 공동생활가정사업 등을 활성화시켜야 한다.

넷째, 절도, 폭력, 약물오남용 등 문제행동을 하거나 정서장애, 행동장애 등으로 문제를 일으키는 아동을 예방하고 치료하기 위한 사업을 체계적으로 실시해야 한다. 아동복지의 목표는 전체 아동의 건전한 성장이지만, 제한된 인력과 예산으로 우선 해야 할 사업은 문제행동을 하거나 적응능력이 떨어진 아동을 돌보는 일이다. 선진 외국에서는 문제행동을 하는 아동을 조기에 치

료하거나 적절히 보호함으로써 문제청소년이 되는 것을 막고, 이로 인한 사
회적 비용을 줄여 가고 있다. 우리나라의 경우에는 비행청소년과 범죄소년
을 위해서는 분류심사원, 보호관찰소, 소년원 등 교정교호시설을 갖추고 있
지만, 작은 비행과 범죄를 되풀이하는 아동을 위한 전문기관은 거의 없다. 문
제행동을 하는 아동을 전문적으로 조사·판정·분류하고, 치료 서비스를 제
공할 수 있는 아동복지시설을 시급히 설립해야 한다. 일본의 경우에는 공립
아동상담소가 이 일을 병행하고 있는데, 우리나라에도 아동상담소를 전문화
시켜서 문제행동의 치료 기능을 크게 강화시켜야 할 것이다.

다섯째, 아동복지 서비스를 전문적으로 수행할 수 있는 전문인력이 배출
되어야 한다. 아동의 욕구와 문제가 다양화되면서 이러한 욕구를 충족시키
고 문제를 완화시키기 위한 인력이 개발되어야 한다. 예컨대, 영유아보육의
업무는 보육교사와 유치원교사로 전문화되고, 청소년복지는 청소년지도사
로, 장애인복지는 특수교사, 재활의학과 의사, 물리치료사 등으로 전문화되
었다. 아동복지의 대상이 빈곤하거나 보호자가 없는 아동에서 문제행동을
하는 아동과 학대받는 아동으로 그 비중이 바뀌면서, 이러한 문제를 해결해
야 할 인력도 보다 전문화될 필요성이 있다. 따라서 아동복지에 대한 학제간
연구, 다양한 실천 장에서 필요한 기법의 개발과 실습을 통한 학습 등이 더욱
절실하다. 아동복지를 위한 일반 전문가로서 사회복지사와 함께 특정 아동
복지 영역에 대한 전문가로서 아동복지사가 필요한 시점이다.

3. 아동안전

영유아는 부모가 조금만 방심한다거나, 보육시설에서 교사가 부주의하면
영유아 사고로 바로 연결될 소지가 매우 크다. 우리나라 어린이 안전사고 발

생률은 OECD 회원국 중 가장 높은 수준이며, 주로 교통, 익사, 추락, 질식사
고 순으로 발생하고 있으며, 영유아기 안전사고의 경우 70~80%가 질식 사
고로 교통사고 다음으로 많이 발생하고 있다. 특히 영유아 안전사고는 전체
어린이 안전사고의 69%를 차지하고 있으며, 대부분이 가정에서 발생한다.
이는 보호자의 순간적인 방심이나 부주의로 인해 영유아가 안전사고에 쉽게
노출되고 있기 때문이다. 영유아(0~6세)는 무엇이든 입에 집어 넣는 행동특
성상 집안에 흩어져 있는 장난감 부품이나 동전·바둑알 등 작은 생활용품을
삼키거나 코·귀에 삽입하여 상해를 입는 안전사고가 매년 증가하고 있다(한
국소비자원, 2018). 영유아가 위험물질을 삼키는 안전사고는 소화기 계통의
손상, 질식과 같은 호흡장애 등 심각한 위해 및 후유증을 초래할 수 있어 전
신마취 후 내시경으로 위험물질을 제거하는 등 신속한 응급조치와 함께 위해
를 유발하는 요인에 대한 철저한 관리가 필요하다. 그러므로 영유아의 보호
자는 안전사고의 유형과 그 예방대책을 충분히 인지하고 실행해야 한다.

1) 영유아 안전교육과 예방

안전이라는 단어는 의미가 매우 광범위하며, 복합적인 개념을 내포하고
있다. 안전이란 "인간의 행동 수정에 의해 만들어진 조건이나 상태 또는 위
험 가능성을 줄일 수 있도록 물리적 환경을 고안함으로써 사고를 감소시키
는 것"(유정민, 2017)이라고 정의하였고, 강수헌(1995)은 안전의 개념을 사고
의 가능성과 위험을 제거할 목적으로 하는 "인간의 행동변화와 물리적 환경
의 설계에서 발생한 상황 상태"라고 하였다. 즉, 안전의 사전적 정의는 위험
에 대립하는 말로 '평안하고 온전함' 또는 '위험이 없음'으로 통용되고 있다.
안전교육이란 안전을 위협하는 여러 요소로부터 건강한 생활을 유지하기
위한 적극적인 방법으로 사고의 위험을 사전에 방지하여 사고율을 낮추고,

사고에 대한 대책을 마련하여 그 피해를 줄이기 위한 방법을 주된 내용으로 하는 교육을 의미한다. 즉, 안전에 대한 바람직한 행동의 변화와 태도 및 능력을 기르는 것을 목표로 하는 교육으로 정의할 수 있다. 영유아 안전교육과 예방은 유아 스스로 위험으로부터 자신을 보호할 수 있도록 안전 지식과 태도, 기능을 익히게 하여 건강한 생활을 할 수 있도록 도와주는 교육이다. 즉, 자신에 대한 보호뿐 아니라 타인의 생명을 존중하는 인간 개개인의 존엄을 배우는 교육을 의미한다.

2) 영유아 안전사고의 유형

2009년 CISS(소비자위해감시시스템)를 통해 접수된 안전사고 중 10세 미만의 어린이 안전사고가 26.9%로 가장 많이 발생하고 있으며, 이 중

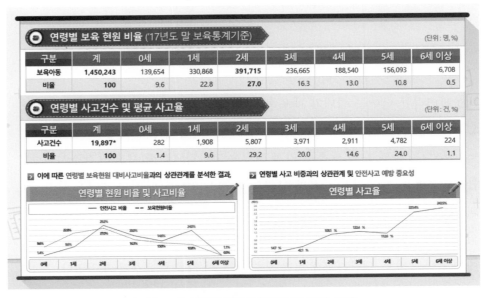

[그림 9-1] 안전사고별 유형군과 사고건수 비율

출처: 어린이집안전공제회(2016).

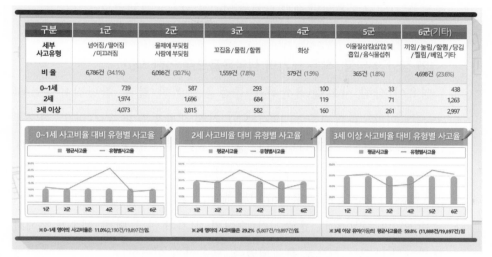

구분	1군	2군	3군	4군	5군	6군(기타)
세부 사고유형	넘어짐/떨어짐/미끄러짐	물체에 부딪힘 사람에 부딪힘	꼬집음/물림/할큄	화상	이물질삼킴(삽입) 및 흡입/음식물섭취	끼임/눌림/할큄/당김/찔림/베임 기타
비율	6,786건 (34.1%)	6,098건 (30.7%)	1,559건 (7.8%)	379건 (1.9%)	365건 (1.8%)	4,698건 (23.6%)
0~1세	739	587	293	100	33	438
2세	1,974	1,696	684	119	71	1,263
3세 이상	4,073	3,815	582	160	261	2,997

[그림 9-2] 안전사고별 유형군과 사고건수 비율

출처: 어린이집안전공제회(2016).

64.3%(2,566건)가 가정 내에서 발생하는 것으로 조사됐다. 가정 내 어린이 안전사고의 70% 이상이 방과 거실을 중심으로 집중적으로 발생하고 있으며, 사고 유형도 추락·미끄러짐·넘어짐, 충돌·충격, 이물질 흡입이 대부분인 것으로 나타나 부모의 주의나 안전 교육 등으로 충분히 예방을 할 수 있는 것으로 나타났다.

(1) 삼킴 안전사고

위해정보수집시스템으로 보고된 위해정보(2016. 1.~2016. 6.)를 분석한 결과, 14세 이하 어린이의 안전사고는 총 10,117건이며, 이중 영유아 안전사고가 69%(7,003건)를 차지하여 매년 증가하고 있는 것으로 나타났다. 영유아 삼킴 안전사고는 총 729건으로 전체 어린이 삼킴 사고(808건)의 90%를 차지하고 있으며, 특히 이들 사고는 1~3세에서 가장 많이 발생(65.7%)하는데, 이는 큰어금니가 제대로 발달되지 않았으며 호흡 수가 성인보다 빠른 신체적 특성과 강한 호기심, 무엇이든 삼키는 행동 특성에 기인한 것으로 분석되었다.

(2) 장난감 부품, 작은 크기의 생활용품으로 인한 사고

영유아 삼킴 사고를 유발하는 물품을 분석한 결과, 장난감류 27.3%(199건), 의약·화학제품 25.1%(183건), 가정 생활용품 15.6%(114건), 학용품류 10.6%(77건) 순으로 나타났다. 장난감류는 주로 완구(93건), 구슬(53건), 비비탄 총알(48건)과 같은 작은 장난감이나 부품에 의한 것이었으며, 생활용품으로는 가정에 흔히 방치되어 있는 동전(48건), 머리핀(33건), 단추 모양 건전지(28), 바둑알(25건), 면봉(24건) 순이며, 심지어 연필, 빨대, 체온계 등에서도 발생하고 있는 것으로 분석되었다. 영유아가 이러한 위험물질을 삼키면 대부분은 전신마취 후 내시경으로 제거하게 되며, 특히 단추 모양의 건전지는 식도 부식에 의한 천공 등 치명적인 손상을 일으킬 수 있는 것과 같이 위해 품목에 따라 심각한 위해를 유발할 수 있다.

안전사고 유형별 예시

- 2005. 2. 서울 거주 1세 여아가 수은건전지를 삼킨 후 이상증세로 병원에서 입원하여 제거함.
- 2009. 5. 서울 거주 1세 남아가 장난감을 삼킨 후 토하는 증상으로 병원에 입원하여 제거함.
- 2009. 8. 서울 거주 3세 남아가 방에서 놀던 중 장난감 구슬을 콧속에 넣어 병원에서 제거함.
- 2009. 8. 강원도 원주 거주 3세 남아가 어릴 적부터 손을 이용해 토하거나 자연적으로 토하는 증상이 있어 입원하여 검사한 결과 식도에 바둑알과 껌이 있어 제거한 후에도 식도협착으로 두 차례 입원 치료함.

(3) 가족이 사용하는 물건을 방치하여 발생하는 사고

실제 사고를 경험했던 영유아 보호자의 설문조사 결과(174명), 사고 원인이 된 물품의 66%(115건)는 부모·형제·자매 등 가족의 것으로 나타나 장난감의 분리 보관이나 작은 물품은 영유아 손에 닿지 않는 곳에 보관하는 등의 세심한 주의가 필요한 것으로 분석되었다.

또한 보호자가 위험하다고 인식하는 장소는 주방(32.2%)과 베란다(18.4%)인 데 비해, 실제 사고는 영유아가 주로 생활하는 거실과 침실(84%)에서 발생하였으며, 사고 발생 시간은 보호자가 저녁식사를 준비하는 시간대인 오후 5~8시에 가장 많이 발생(36.2%)하였다.

3) 영유아 위험물질 삼킴 안전사고 예방

미국 소비자제품안전위원회(Consumer Product Safety Commission: CPSC)는 영유아 삼킴 안전사고 및 질식사고 예방을 위한 특별법(어린이안전보호법)을 제정하고, 사업자가 위해정보를 신속하게 보고하도록 하는 안전규정을 마련하고, 완구 등 영유아 용품에 대한 리콜 등 철저한 사후관리로 사고가 눈에 띄게 줄어들었던 사례를 들어 사전 교육과 예방의 중요성을 강조하였다.

안전관리 중요 사례

미국의 경우 2006년부터 2008년 8월까지 공산품 리콜 1,314건 중 어린이 용품이 264건(20.1%)이며, 이중 삼킴 관련 리콜이 45.1%나 되나, 우리나라는 어린이 용품이 10건(2.7%), 삼킴 관련 리콜이 단 2건에 불과하다. 따라서 영유아용품에 대한 내구성 등 안전기준을 강화하고, 미국과 같이 시판품에 대한 안전검사 등 엄격한 안전관리와 리콜 활성화를 통하여 영유아 삼킴 안전사고를 줄일 수 있을 것으로 분석되었다.

이에 한국소비자보호원은 영유아 삼킴 안전사고를 예방하기 위하여, 어린이 용품에 대한 내구성 등 안전기준 강화, 결함 정보에 대한 보고제도 도입, 시판품 조사 및 리콜 등 사후관리 강화, 가정 내 영유아 안전사고 방지를 위한 체계적인 안전교육 등을 관계 기관에 건의할 예정이다. 또한 보호자는 영유아가 위험물질을 삼켰을 때 무리하게 빼내려하지 말고 반드시 의사의 도움을 받아 응급처치를 하여야 하며, 또한 가정 내 작은 물건에 대한 정리정돈과 놀이용품 구입·놀이·보관에 대한 요령을 숙지할 것을 당부했다.

① 어린이용품 구입

- 유아의 연령을 고려하여 구입하고, 제품에 표시된 경고문을 충분히 숙지한다.
- 눈이나 코가 단추나 유리로 되어 있는 것은 피한다.
- 목구멍, 귀, 코에 들어갈 정도의 작은 조각으로 나누어지지 않아야 한다.
- 입으로 물거나 바닥에 던지더라도 쉽게 파손이 되지 않도록 견고해야 한다.

② 놀이할 때

- 3세 미만의 유아가 완구를 가지고 놀 때는 놀이과정을 지켜보아야 한다.
- 분해되는 장난감은 주지 않는다.
- 작은 구슬이 들어 있는 딸랑이, 장신구 등을 아기 목에 걸지 않도록 한다.
- 눌렀다가 입으로 들어간 뒤에 펴지는 것은 주지 않도록 한다.
- 어린이가 장난감을 갖고 논 뒤에는 안전한 장소에 보관하도록 가르친다.
- 동생이 모르고 삼킬 수 있음을 알려준다.
- 인형의 눈, 코 등 작은 부품이 떨어져 나가 있지 않았는지 확인하고 리본이나 끈을 잘라 버린다.

③ 보관할 때

- 단추나 구슬 등 작은 물건은 영유아의 손이 미치지 않는 곳에 보관한다.
- 큰 아동의 장난감은 영유아의 손이 닿지 않는 곳에 두어야 한다. 만 4~5세용 장난감은 크기가 아주 작은 것들이 많기 때문에 1~2세 미만 영아가 노는 곳에는 만 4~5세용 장난감을 함께 두어서는 안 된다.
- 장난감을 주기적으로 점검하고, 안전하지 못한 것은 폐기한다.

4) 영유아안전관리의 목적

영유아는 신체 · 운동 발달이 미숙하여 자신이 신체를 마음대로 조절할 수 없으며, 여러 가지 사태를 판단하고 사고의 가능성을 예측하여 미리 예방할 수 있는 지적 사고 능력이나 판단 능력이 부족하다. 또한 사물이나 사태를 탐색하려는 욕구나 호기심이 많고, 잠시도 조용히 앉아 있지 않을 정도로 아주 활동적인 특성을 가지고 있다. 이러한 발달특성으로 인해 영유아는 항상 불의의 사고 위험을 안고 있다. 또한 영유아가 생활하는 주변 세계에는 곳곳에 사고의 위험이 도사리고 있다.

이처럼 사고의 위험 속에서 생활하고 있는 영유아의 건강과 생명을 보호하기 위해서는 부모나 교사는 물론, 모든 성인이 영유아를 철저히 보호 · 지도하고 그들의 안전을 관리해야 한다. 결국 안전관리의 목적은 사람이나 사물에 잠재하는 위험 요인을 조기에 발견하고 그것을 신속히 제거하여 사고나 재해를 미연에 방지하는 데 있다. 최근 선진국이나 중진국에서 유아의 사망 원인의 가장 중요한 요인은 어떤 질병이나 전염병이 아니라 사고인 것으로 나타났다. 이것은 영유아의 보호와 교육에서 그들을 위한 안전관리가 얼마나 중요한가를 단적으로 말해 주는 증거라고 할 수 있다.

4. 아동학대

1) 아동학대의 개념

우리나라에서 아동학대에 대한 법률적 의미는「아동복지법」상의 개념 정의를 들 수 있다.「아동복지법」제2조에서는 "아동학대란 보호자를 포함한 성인에 의하여 아동의 건강, 복지를 해치거나 정상적인 발달을 저해할 수 있는 신체적·정신적·성적 폭력 또는 가혹행위 및 아동의 보호자에 의하여 이루어지는 유기와 방임을 말한다."라고 규정하여, 적극적인 가해행위뿐만 아니라 소극적 의미의 방임행위까지 아동학대의 정의에 명확히 포함하고 있다. 즉, 자기의 보호 또는 감독을 받는 18세 미만의 자에 대한 학대 행위를 말한다.

이는 '아동의 복지나 아동의 감정적 발달을 위협하는 보다 넓은 범위의 행동'으로 확대하며 신체적 학대뿐만 아니라 정서적 학대나 방임, 아동의 발달을 저해하는 행위나 환경 더 나아가 아동의 권리보호에 이르는 매우 포괄적인 경우를 규정하고 있다. 아동의 권리란「유엔아동권리협약」에 따르면 '생존할 권리' '보호받을 권리' '발달할 권리' '참여할 권리'의 4가지 기본 권리를 누려야 함을 규정하고 있다.

하지만 아동은 빈곤, 신체적·정신적 학대, 성적 학대 등의 위협요인들에서 어려움에 처하는 경우가 늘고 있다. 여기서 말하는 위협요인이란 아동과 부모 그리고 가족, 사회문화, 스트레스 요인 등 체계 간의 상호작용에 의해 유발되는 것으로 볼 수 있다. 이러한 위협요인들은 다음과 같다.

(1) 부모 요인
• 부모의 미성숙(나이가 어리거나 안정되지 못한 부모)

- 아동발달에 대한 지식 부족
- 지나친 기대
- 정서적 욕구불만
- 상호 기술 부족
- 아동기 피학대 경험
- 아동기 신체적 폭력의 목격
- 알코올 중독, 약물중독

아동요인은 학대의 유발요인인지, 학대로 인한 결과인지는 확실하지 않다. 그러나 다음의 특성을 보이는 아동은 부모나 양육자의 신체적 · 심리적 부담감을 가중시키고, 따라서 부모는 쉽게 지치게 된다. 또한 부모와의 애착형성이 어려운 경우가 많아 신체적 · 심리적으로 지친 상태에서 아동에게 지속적인 관심과 애정을 주는 것이 어려울 뿐만 아니라 장애아나 기형아에 대한 사회적 편견은 부모에게 큰 스트레스로 작용하여 아동을 학대할 가능성이 높아지게 된다.

(2) 아동 요인

- 문제행동, 과다행동
- 미숙아, 기형아
- 신체적 · 발달적 장애
- 부모 성격과의 불일치
- 부모의 원치 않는 임신이나 조산
- 적대적 행위, 충동적 특성, 폭력적 행동, 고집이 셈
- 자신감 결여, 지나친 경계, 무반응, 겁이 많음

(3) 가정적 · 사회적 요인

① 가족관계의 문제(가족 구성원 간에 갈등이 존재하거나 가족 상호작용이 약
한 가정)

② 가족 구조의 문제(미성년 가족, 한부모 가족, 이혼가족, 재혼가족 등)

③ 사회적 고립 및 사회적 지지 체계의 결여

④ 신체적인 체벌에 대해 허용적인 문화

⑤ 아동을 존중하지 않는 문화

⑥ 아동 양육에 있어서 성역할의 전형화

2) 아동학대의 유형 및 현황

아동학대 사례

2013년 칠곡 계모 아동학대 사망 사건을 보면 아동학대에 대한 여러 가지 부분을 편집해서 보여 주는 것 같다.

처음에는 12세 언니에 의해 9세 소원이가 폭행으로 숨진 것으로 알려졌었지만, 조사 결과 언니에 의한 치사 사건이 아니라 계모에 맞아 죽은 것으로 판명났고, 더욱 놀라운 것은 계모의 단독에 의한 사건이 아니라 친아버지도 사건에 깊숙이 관련됐다는 것이다. 계모가 때리고 장파열로 죽어 가는 딸을 보며 그 친아버지란 사람은 그 모습을 촬영하는 괴기스러운 장면을 연출한 것이다. 그런 다음 아무렇지도 않게 큰딸에게 이런 모든 것의 책임을 전가시키는 파렴치한 행위를 하였다.

또한 소원이는 일회성의 폭력에 의한 죽임을 당한 것이 아니라 죽기 오래전부터 세탁기에 넣어 돌리기, 계단에서 밀기, 잠 안 재우고 두손 들기 등 과거 일제강점기의 고문 경찰이나 어두웠던 과거 정권의 하수인들이나 저질렀을 법한 그런 괴롭힘을 수없이 당했다.

그렇게 오랫동안 소원이가 고통을 가지고 살았고, 1차적으로 학교 교사에 의해 인

지되었음에도 불구하고 결과적으로 주위에서 아무 도움을 주지 못한 것은 분명히 우리 사회 안전망에 문제가 많다는 것이다.

방지방법

아동학대의 문제를 관심을 가져주지 않은 이웃이나 학교 교사 그리고 기관이나 경찰 등 어느 한 기관을 탓하기 앞서 사회안전망 체계 차원에서 바라보고 연구하며 그 방지책을 찾아야 한다.

첫째, 일선에 있는 경찰이 아동학대에 대해 좀 더 경각심을 갖도록 해야 한다. 신고가 되었을 때 '이건 집안일이다.' 또는 '아이가 뭔가를 잘못해서 체벌 했구나.'하는 생각을 할 것이 아니라 아무리 적은 일이라도 좀 더 면밀하고 엄중하게 상황을 판단해야 한다.

둘째, 학대받는 아동이 있거나 개연성이 짙은 아동은 아동보호기관에서 얼마간이라도 격리해서 아동이 진실을 말할 수 있고 안정을 취할 수 있도록 보호해 줘야 한다. 칠곡 계모 사건의 경우에도 계모 앞에서 아동에게 학대당했냐고 물어봤고, 아동은 학대당하지 않았다고 대답했다. 학대당한 아동은 3~4개월이라도 격리를 시킬 수 있는 제도를 확대해야 한다

셋째, 아동학대 담당 기관의 단일화가 필요하다. 칠곡 계모 사건의 예에서 보듯이, 학교 교사는 수차례 경찰에 신고했지만 경찰도 현행법의 모순 때문에 별다른 조치를 취하지 못하고 있다가 결국은 이런 일을 당했다고 항변한다. 우리 법에는 특별사법경찰관이라는 제도가 있다. 일반 행정기관에서 민생에 대한 업무를 담당하는 공무원에게 단속권을 주는 제도이다. 지금 당장 사회 전반적인 체계를 확대할 수 없다면 우선 이렇게라도 하여 교사나 행정기관의 사회복지 담당자에게 이러한 권한을 부여하여 보다 효율적으로 학대아동을 보호할 수 있도록 해야 한다.

(1) 아동학대 사례의 유형별 특성

모든 아동학대 유형에서 보면 학대 행위자의 양육태도 및 방법 부족이 가장 높은 특성으로 나타났으며, 다음은 사회적 · 경제적 스트레스 및 고립으로

나타났다. 또 한편으로 성적 학대의 경우 다른 학대 유형 사례에 비해 비정상적인 성인식을 가진 행위자가 월등히 높은 것으로 나타났다(김현식, 2017).

(2) 아동학대 사례의 유형별 피해 아동의 특성

유기를 제외한 모든 학대 유형 사례에서 거짓말, 가출, 학교 부적응등이 포함된 적응행동 특성이 가장 많이 나타난다. 유기 사례의 경우 약 40.9%에 해당하는 아동이 특성이 없는 것으로 보고되었는데(구자숙, 2009), 이것은 유기 사례 아동의 과반수가 만 1세 미만의 영유아이기 때문에 그 특성이 드러나지 않는 것으로 여겨진다.

(3) 아동학대 사례 유형에 따른 학대행위자와 피해 아동과의 관계

어린이집안전공제회(2016)에 따르면 모든 학대 유형에서 부모에 의해 발생한 사례가 가장 높게 나타났으며, 특히 전체 유기 사례의 77건(90.6%)이 부모에 의해 저질러졌다. 하지만 성적 학대의 경우 부모에 의해 발생한 사례는 177건(48.1%)으로 다른 학대 유형에 비해 상대적으로 낮은 편이었으며, 타인에 의해 발생한 성적 학대는 123건(33.4%)으로 다른 학대 유형에 비해 비교적 높게 나타났다.

아동학대의 유형에는 신체적 학대, 정서적 학대, 성적 학대(성폭력), 유기와 방임을 포함한다.

① 신체적 학대

아동에게 고의적이거나 우발적으로 신체적 손상을 입히거나 혹은 입도록 허용하는 모든 행위를 말하며, 생후 36개월 이하의 영아에게 가해진 체벌은 어떠한 상황에서도 심각한 신체학대이다. 이로 인해 아동은 심리적·정서적 후유증을 갖게 될 수 있으며, 심한 경우에는 생명을 잃을 수도 있다. 이러한 신체적 학대 행위로는 물건을 던지는 행위, 밀고 움켜잡는 행위, 아동을 차고 물고 뜯고 주먹으로 치는 행위, 뺨을 때리는 행위, 물건을 이용하여 아동을 때리거나 위협하는 행위 등을 말한다.

② 정서적 학대

아동에게 가해지는 신체적 구속, 억제 혹은 감금, 언어적 · 정서적 위협 등으로 아동의 심리적 자아에 상처를 입히는 것을 말한다. 정서적 학대는 눈에 두드러지게 보이는 것도 아니고 당장 그 결과가 심각하게 나타나지 않기 때문에 그냥 지나칠 수도 있다는 점에서 더욱 유의하여야 한다. 이로 인해 아동은 자아존중감이 낮아지며, 성인을 지나치게 두려워하거나 공격적인 행동을 나타낼 수도 있다. 이러한 정서적 학대 행위로는 비난하거나 위협하고 감금하는 행위, 경멸 · 모욕감 · 수치심을 주거나 적대적이며 거부적인 태도를 취하는 행위, 심한 욕설과 고함을 지르는 행위, 아동의 인격과 감정이나 기분을 심하게 무시하고 모욕하는 행위 등이 있다.

③ 성적 학대

아동이 꼬임이나 완력에 의해 자기보다 나이가 많은 사람의 성적 요구를 충족을 목적으로 18세 미만의 아동과 함께하는 모든 성적 행위를 말한다. 즉, 아동에 대한 성적 학대는 성인의 성적 만족을 위해 성인이 아동의 신체에 접촉하는 행위를 말한다. 일반적으로 강간은 두려움이나 강압적인 힘으로 성적 행위를 하는 것을 의미하지만, 아동 성적 학대는 그러한 방법 외에도 놀이를 통해 착각하게 하거나 아동을 사랑하는 사람들로부터 심리적으로 고립되도록 조성하고, 성인의 권위로 강요하기도 하기 때문에 더욱 위험하다. 이로 인해 아동은 성병 감염의 위험이 높고, 임신을 할 수도 있으며, 갑작스러운 식욕감퇴, 의기소침, 퇴행행동을 보이거나 공격적인 행동을 보이기도 하는 등 다양한 징후가 나타날 수 있다. 이러한 성적 학대 행위로는 성인이 아동의 성기를 만지거나, 성인 자신의 성기에 접촉을 요구하는 행위, 성인이 아동 앞에서 옷을 벗으며 자신의 성기를 만지는 행위, 강제로 아동의 옷을 벗기거나 키스하는 행위, 성인이 아동과 강제적으로 성적 관계를 맺는 행위, 아동 매춘이나 성매매를 하는 행위 등이 포함된다.

이렇게 성폭력을 당했을 경우에는 영유아를 안정시킨 후 편안하게 이야기할 수 있도록 자연스럽게 대화를 시도하고, 몸을 씻지 말고 그대로 여아는 산부인과에, 남아는 비뇨기과에 가서 증거를 보존해야 한다. 그런 다음 성폭력 관련 전문기관에 도움을 요청해 의료적·법률적 지원을 받는 것이 중요하다.

④ 방임

보호자가 아동에 대한 양육 및 보호의 책임을 다하지 못함으로 인해 아동의 건강을 해치거나 정상적인 발달을 저해할 수 있는 것을 말한다. 여기에는 신체적 방임, 의료적 방임, 교육적 방임, 정서적 방임이 있다. 첫째, 신체적 방임은 고의적 또는 반복적으로 아동에게 의식주를 제공하지 않는 행위나 적절한 보호나 감독 없이 아동을 방치하는 것을 말한다. 둘째, 의료적 방임은 아동의 예방접종, 신체 상해, 질병, 장애 등에 대한 필요한 전문가의 적절한 처치를 제공하지 않고 지연시키며 아동발달과 관련된 의료적 치료를 소홀히 하는 방임을 말한다. 셋째, 교육적 방임에는 아동의 무단결석, 학교 등록의 포기 등 아동의 교육에 대하여 무관심 내지 거부, 만성적 태만을 허용하는 행위 등이 포함된다. 넷째, 정서적 방임은 적절한 양육과 사랑을 제공하지 않거나 배우자 학대에 노출시키는 행위, 아동에게 비합적 약물이나 술을 허용하는 행위 등 아동에게 적절한 심리적 보살핌을 소홀히 하는 방임을 말한다. 이로 인해 아동은 위험한 환경에 처하거나 충분한 영양을 공급받지 못해 발육부진이 되는 경우가 많으며, 나이 어린 아동에게는 치명적인 결과(장애)를 가져오거나 사망에까지 이르게 한다.

중앙아동보호전문기관과 보건복지부가 이와 같은 유형들의 아동학대 현황을 분석해 본 결과 방임과 중복학대가 가장 높았고, 그다음이 정서적 학대와 신체적 학대, 유기의 순서였다.

⟨표 9-2⟩ 아동학대 현황 분석

기간	계	신체적 학대	정서적 학대	성적 학대	방임	유기	중복학대
2000. 10.~12.	464	180	30	23	205	26	-
2001	2,105	476	114	86	672	134	623
2002	2,105	476	114	86	672	134	623
2003	2,478	254	164	65	814	212	949
2004	3,891	364	360	177	1,367	125	1,508
2005	4,633	429	512	206	1,635	147	1,710
2006	5,202	438	604	249	2,035	76	1,799
2007	5,581	473	589	266	2,107	58	2,087
2008	5,578	422	683	284	2,237	57	1,895
2009	5,685	338	778	274	2,025	32	2,238
2010	38,538	3,716	4,051	1,764	14,052	981	13,964

출처: 이기숙, 장영희, 정미라, 윤선화(2011).

이러한 학대 중에서 가해자 현황을 살펴보면, 부모에 의한 학대가 대부분을 차지하고 있으며, 이어서 타인이나 친인척에 의한 학대를 받고 있는 것으로 나타났다.

3) 아동학대 대처방안

아동학대가 발생되지 않도록 노력하는 것은 1차적인 예방활동이며, 학대가 일어났을 때 재발하지 않도록 치료 및 상담하는 기능은 2차적인 예방활동이라고 말할 수 있다. 물론 일차적인 예방활동을 강화하면 더 많은 아동학대를 방지할 수 있다. 대부분의 부모와 양육자는 아동의 좋은 보호자가 되고자 한다. 그러나 아동에 대한 지식이 부족하거나 아동에 대해 지나친 기대를 하여 아동학대를 유발하기도 한다. 아동의 부모나 양육자와 개별적인 상담을 통하여 그 가정이나 집단에 내재되어 있는 문제의 해결에 도움을 준다면 그 문제가 아동학대로 발전하는 것을 미리 방지할 수 있다. 아동학대 예방 상담기관이나 교사와 일선 공무원, 경찰관, 의료인 등의 분야별 전문가 팀은 서로 협력하여 '부모교육' '집단시설 내 아동을 위한 성교육' '부모 됨의 준비교육' 등과 같은 예방 프로그램을 개발해야 한다. 또한 소외되고 문제가 있는 가정이나 집단에 필요한 자원을 알선하기 위한 지역사회 연계망을 구축하여 아동학대를 사전에 예방하도록 노력하여야 할 것이다.

또한 이러한 예방활동 방법도 중요하지만, 주변에서 아동을 학대하는 것을 봤을 경우 보건복지부의 상담서비스전화(129)나 아동상담전용전화(1577-1391)로 전화 신고하는 것 역시 매우 중요하다. 「아동복지법」 제26조에 "아동학대에 관한 신고 의무는 그 직무상 아동학대를 알게 된 때에는 즉시 아동보호전문기관 또는 수사기관에 신고하여야 한다."라고 명시되어 있듯이 아동학대를 봤을 경우 신고하는 행동 역시 매우 중요하다.

5. 아동 미디어 중독

미디어란 문자 미디어, 전자 미디어, 전자매체를 이야기한다고 할 수 있다. 문자 미디어는 자신의 생각을 다른 사람한테 시간과 장소에 제한받지 않고 전달하는 수단으로 가장 많이 쓰인다. 문자는 가장 기본적인 멀티미디어 구성 요소로, 다음과 같은 특징이 있다. 첫째, 의미를 정확하게 전달할 수 있으며, 같은 의미를 여러 사람에게 전달하기 쉽다. 둘째, 문자 정보에는 한글, 영문자, 한자, 특수 문자, 숫자 등이 있다. 셋째, 컴퓨터에서 처리되는 문자 정보는 적은 용량으로도 많은 정보를 효율적으로 처리할 수 있다.

전자 미디어는 신속, 편리성을 대중에게 보도, 교육, 오락, 공시, 선전 등 다양한 기능을 수행하고 있고, 전자매체는 전자·통신 기술을 응용한 정보 전달 매체를 의미한다. 한국인터넷진흥원(2010)의 정보화실태조사의 내용을 살펴보면, 만 3~5세 유아의 인터넷 이용률이 63%로 10명 중 6명이 사용하고 있고, 10대 99.9%, 20대 99.9%, 30대 99.9%로 젊은층이 거의 100%에 달하고 있으며, 만 5~9세도 80%에 달하고 있다. 미디어 사용의 급격한 증가로 중독 증세가 심각해지고 있는 시점에서 미디어 안전에 대해 고민해 보지 않을 수 없다. 미디어가 아동의 공격성에 부정적 영향을 주는 요인을 살펴보면 다음과 같다.

1) 미디어와 공격성

(1) 아동의 공격성에 부정적 영향

지난 2001년 초등학생 동생을 살해한 양모 군(15세, 중3, 광주 동구)의 사건과 미국 버지니아주에서 총기난사로 32명을 죽음으로 이끈 조승희 사건은 우리 사회에 커다란 충격을 안겨 주었다. 두 사건은 폭력적인 대중매체나 '죽고 죽이는' 인터넷의 폭력게임이 아동·청소년, 더 나아가서는 성인에게 얼마나 심각한 폐해를 끼치는지를 단적으로 보여 준 사례이다. 공격성은 연령에 따라 변화가 매우 적고 안정적이기 때문에 아동기 때 조기 개입되지 않으면 청소년기나 성인기의 여러 가지 부적응이나 범죄로 이어질 수 있다(강명숙, 2007; Rubin, Stewart, & Chen, 1995; Trembly, 2002). 또한 통계청(2007)의 한

국사회지표조사에서 '초등학생의 방과 후 생활'에 대한 조사에 따르면, 도시
와 농촌 지역 모두에서 컴퓨터 게임 및 인터넷 검색, TV 및 비디오 시청이 가
장 큰 비중을 차지했다.

물론 아동의 공격성 원인에는 여러 복합적 요소가 존재하겠지만, 초등학
생의 방과 후 생활에 미디어가 큰 비중을 차지하며, 공격성은 아동기에 조기
개입되지 않으면 성인이 되어 큰 문제로 이어질 수 있으므로 그 위험성을 잘
고려해야겠다. 폭력적인 미디어가 아동의 공격성에 부정적 영향을 끼치기에
미디어 사용에는 많은 주의가 필요하다.

(2) 미디어 속 공격적 행동 모방학습

대중매체가 아동의 공격성에 미치는 영향의 일반적인 설명은 반두라
(Bandura, 1985)의 사회학습이론이 잘 보여 준다. 그는 모델링을 통해서 아동
이 폭력적인 영화에서의 공격적인 행동 양식을 학습한다고 주장한다. 반두
라는 몇 차례의 실험을 통해서 영화에 등장하는 인물의 공격적 행동을 아동
이 어떻게 모방하는지를 설명하였다. 지속적인 폭력물의 시청은 사람을 폭
력성에 둔감하게 만들며, 이로 인해 공격적 행동에 대하여 무관심과 수용을
가져오게 한다. 예컨대, TV에서 많은 폭력물을 시청한 아동은 잔혹한 권투시
합을 시청하여도 흥분도가 올라가지 않는다(Cline et al., 1973). 또한 공포물을
많이 시청하는 사람은 여성에 대한 폭력에 상대적으로 무관심한 것으로 드러
났다(Donnerstein et al., 1987). 이러한 공격성에 대한 탈감화는 금지해제 효과
를 유발한다. TV와 영화에 나오는 모델들이 공격행동을 통해 자신의 욕구를
해결하는 것을 본 뒤부터는 그동안 자신의 공격행동을 눌러오던 아동은 그러
한 마음가짐을 더 이상 유지할 필요성을 느끼지 못하게 된다. 그리하여 공격
행동의 금지에 대한 해제가 일어나고, 아무런 죄책감이나 거리낌 없이 공격
행동을 표출하게 된다.

(3) 아동의 공격성에 원인이 되는 요소

이경자(2009)의 "대중매체가 아동의 공격성에 어떤 영향을 미치는가?"를 주제로 연구한 연구에서 인구사회학적 변수는 공격성에 큰 영향은 미치지 않는 것으로 나타났지만, 평균을 비교해 봤을 때 남학생, 학년이 높을수록 그리고 가족 구성원이 많을수록 공격성이 높게 나타났다. 생활수준이 낮다고 응답한 49명의 평균이 가장 높아 공격성이 더 높은 것으로 나타났다. 대중매체가 공격성에 미치는 영향에서 TV 시청 시간과 폭력물 선호도, 폭력행동 모방을 분석한 결과, 폭력물을 좋아하는 아동일수록 더 공격적인 성향을 보인다. 유의미하지는 않지만 TV 시청 시간이 길어질수록 공격적인 성향의 점수가 더 높아지는 것을 알 수 있다. 따라서 선행연구에서 대중매체에 노출되는 시간이 길수록 공격적인 성향을 보인다는 연구결과와 일치한다.

김효선(2002)은 제주 시내에 소재하고 있는 초등학교 5, 6학년 아동 1,024명을 대상으로 인터넷게임 중독과 충동성, 공격성에 대한 설문 조사를 실시하였다. 학년별로는 5학년 443명, 6학년 478명이었다. 이들을 대상으로 한 연구결과에 따르면, 인터넷게임 중독은 남학생에서 더 많았고, 인터넷 중독과 아동의 충동성, 공격성은 양의 상관관계를 보였다. 인터넷 중독 학생이 인터넷 비중독 학생보다 4가지 공격성 영역 모두에서 더 높은 점수를 보였다. 이는 미디어에 접촉하는 빈도가 높을수록 공격성이 높아진다는 것을 의미하기 때문에, 미디어가 아동의 공격성에 부정적 영향을 끼친다는 것을 알 수 있다.

(4) 점화효과

언어의 공격성은 신체 공격에 비해 많은 주목을 받지 못하였다. 하지만 오늘날 우리 주변의 미디어에서 언어폭력의 등장이 신체폭력보다 그 빈도가 높다는 점을 볼 때, 그 문제점은 상당하다고 볼 수 있다. 특히 극화되고 오락화된 TV 프로그램 유형을 통해 언어폭력에 노출되는 수용자는 이를 쉽게 수용하고 모방하며 결국 무감각해진다는 점이 큰 이유 중 하나이다. Wigley(1998)는 공격적 언어의 중요성을 강조하였다. 연구자들은 공격적 언어를 "상대방과의 커뮤니케이션에서 그가 지닌 입장을 공격하는 대신 자아개념을 공격하거나 입장과 자아개념을 함께 공격하는 것"으로 정의하였다. 공격적 언어는 상대방에게 당황감, 분노, 흥분, 나아가 심각한 자아개념 손상에 이르기까지 폭넓고 다양한 심리적 고통을 안긴다.

공격적 언어 사용은 신체적 폭력으로 이어지기도 한다는 Rocca(1999)의 연구 또한 공격적 언어의 사용에 우리가 주목해야 함을 시사한다. 이때 미디어는 기억을 상기시킬 수 있는 사례를 제공하거나 용이하게 연상하게끔 만드는 기폭제 역할을 함으로써 점화효과를 일으킨다. 대체로 수용자들은 미디어를 매일 접하면서 기억의 그물망을 형성하기 때문이다. 미디어의 언어폭력 점화효과는 흥분전이 모델을 바탕으로 한 Anderson(2002)의 공격성 일반모델로 설명할 수 있다.

공격 일반 모델에서 설명하는 폭력 점화효과는 많은 대중매체 연구에서도 확인되었다. 예컨대, 폭력적인 영화 내용이 그렇지 않은 영화 내용에 비해 수용자로 하여금 더 많은 공격적 생각을 형성하게 만들며, 폭력적인 영화를 본 실험 참여자들이 그렇지 않은 영화를 본 실험 참여자에 비해 훨씬 빨리 공격적인 단어를 떠올린다는 것이다(Bushman, 1988). 또한 코리와 아사드(Chory & Assad, 2004)는 시트콤에 등장하는 공격성 수위가 높은 언어를 시청한 집단이 그렇지 않은 집단에 비해 자신의 성격이나 능력에 대한 공격에 직면했을 때 이에 대응하는 공격적 인지 반응을 많이 드러낸다는 사실을 입증함으로써 언어폭력의 점화효과를 밝혀냈다. 이러한 연구들을 통해 수용자가 신체폭력이든, 언어폭력이든 폭력적인 내용에 노출되면 공격적 구조에 대한 접근이 점화되고 증가되어 공격적 단서와 같은 관련 자극에 보다 빨리 반응한다는 사실을 알 수 있다.

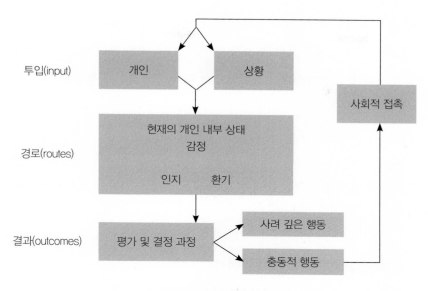

[그림 9-3] 공격 일반 모델

출처: 오미영(2008).

　현대 사회는 미디어가 지배하는 사회라 해도 과언은 아니다. 우리는 집에 오자마자 TV나 컴퓨터를 켜고, 대부분의 업무를 컴퓨터로 처리하며, 휴대전화를 이용해 다른 사람과 멀리서도 의사소통을 주고 받는다. 최근에는 그에 그치지 않고 스마트폰을 통해 뉴스를 보거나, 동영상을 시청한다. 우리의 모든 일상은 미디어로 점철되어 있다고 해도 과언은 아니다. 이러한 미디어의 확산을 개인의 힘으로 막아내기란 불가능에 가까울 것이다. 그렇다면 우리는 미디어가 주입하는 방대한 양의 정보로부터 어떻게 우리 스스로를 지켜내야 하는가?

　가장 중요한 것은 미디어에서 방출하는 수많은 정보를 우리의 필요에 맞게 취사선택하는 능력을 기르는 것이다. 정보의 양이 많아질수록 정보의 정확성은 떨어지며, 정보 전달의 기능뿐만 아니라 인간의 다양한 욕구를 만족시키기 위한 여러 정보가 도처에 산재되어 있기 때문에 우리는 어떤 것이 우리에게 유용한 것이고, 어떤 것이 과장된 혹은 거짓된 정보인지 판별하는 능력을 기르는 것이 가장 중요하다. 이는 특히 정보에 대한 판별 능력이 부족하고 새로운 자극에 민감한 아동·청소년에게 더욱 중요성이 부각된다.

2) 미디어 안전교육

영유아의 발달에 적합한 전자 미디어 교육의 내용 범주를 제시하면 다음과 같다.

① 전자 미디어의 기능과 역할 인식
- 일상생활에서 활용되는 다양한 미디어의 종류 인식하기
- 미디어의 색, 모양, 구조, 기호 등 미디어를 구성하고 있는 외부적 요소 탐색하기
- 미디어의 요소가 가지고 있는 기능과 역할에 대한 탐색 및 경험하기

② 전자 미디어의 사용법 숙지
- 일상생활에서 미디어의 필요성을 인식하고 사용법 학습에 대한 동기유발하기
- 미디어의 각 기능에 대한 반복적·직접적 경험을 통한 기술 익히기
- 능동적인 미디어 활용을 준비하는 자유로운 사용 능력 습득하기

③ 전자 미디어를 통한 정보 활용
- 일상생활에서 미디어 활용의 장점 탐색하기
- 다양한 활동을 통해 정보 수집, 정보와 경험의 공유, 타인과 관계 맺기 등과 같은 미디어의 긍정적 활용방법을 직접 경험하기

- 미디어와 일상생활과의 상호 교류 활동 과제 수행을 통한 시너지 효과 경험하기

④ 전자 미디어에 대한 자기조절력 형성하기
- 미디어를 통해 경험하는 정보의 적절한 선택능력 형성하기
- 문제 상황과 관련된 스스로의 행동에 대한 결과와 원인 분석을 통해 문제 상황에 대한 대처능력 형성하기
- 일상생활의 현실과 미디어의 세상을 분리하여 즐기는 태도 형성하기

⑤ 전자 미디어와 관련된 윤리의식 기르기
- 일상생활에서 미디어 사용의 과오에 의해 발생하는 문제 인식하기
- 나-미디어, 타인-미디어, 나-타인과의 올바른 관계 맺기를 위한 방법 모색하기
- 미디어에 대한 자기조절력과 자신감을 바탕으로 하는 윤리의식 내면화하기

3) 스마트폰 사용 안전 수칙

(1) 스마트폰의 현재

① 스마트폰의 정의

스마트폰의 사전적 정의는 무선 인터넷 접속기능을 가진 휴대전화이다. 하지만, 스마트폰이 발전함에 따라 하나의 '유기체'라 할 정도로 우리 옆에 살아 숨쉬고 있다. 아침에 눈을뜰 때부터 잠들 때까지 우리의 옆을 지켜 주고, 함께 놀아주고, 공부를 시켜 주는 등 다양한 역할을 하고 있기도 하다.

그렇지만 스마트폰을 사용하는 사람들이 늘어나면서 그에 따른 역기능도 발생하고 있다. 그것은 국어사전에 오를 정도로 문제가 되고 있는 '스마트폰 포비아', 즉 스마트폰 중독이 특히 문제가 되고 있다.

국어사전 단어 1-5 / 10건

스마트폰 (smart phone)
[명사] <통신> 휴대 전화에 여러 컴퓨터 지원 기능을 추가한 지능형 단말기. 사용자가 원하는 응용 프로그램을 설치할 수 있는 것이 특징이다.

스마트폰 오픈사전 ?
1.무선 인터넷 접속 기능을 가진 휴대전화이다. 2.터치가 가능하며, 별도의 OS를 갖는 휴대전화.

스마트폰왕따 오픈사전 ?
1.**스마트폰**은 사람들이 빠른 사회 변화를 적극 수용하게끔 만드는 도구가 됐다. 이에 변화에 소외될 것이 두려워 스트레스를 받거나 **스마트폰** 왕따라는 신조어가 생겨났다.

스마트폰핑키 오픈사전 ?
1.**스마트폰** 핑키(smartphone pinky). 한 손으로 **스마트폰**을 쥐고 사용하는 습관으로 **스마트폰**을 받치던 새끼손가락 일부가 휘어지는 현상을 뜻하는 신조어.

스마트폰 노안 오픈사전 ?
1.**스마트폰** 노안 머리를 숙인 상태로 **스마트폰** 화면을 오래 봄으로써 입 주위가 처져 늙어 보이는 증상을 일컫는 말이다. 2.스마트폰을 자주 사용하여 젊은 나이에 노인들에게서 나타나는 노안 증세 즉, …

[그림 9-4] 스마트폰에 대한 정의

출처: 네이버 국어 사전.

② 스마트폰의 사용 현황

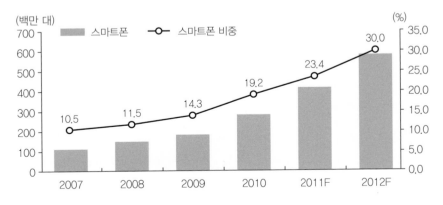

[그림 9-5] 연도별 스마트폰 사용 추이

출처: 디스플레이서치, HMC투자증권, KT경제경영연구소(2011), 정보통신정책연구원(2011), 재인용.

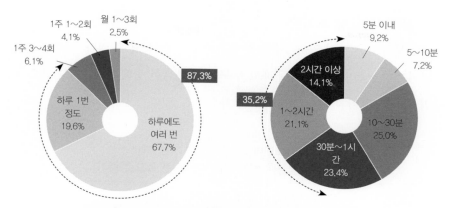

[그림 9-6] 스마트폰을 통한 인터넷 이용 빈도와 이용 시간

출처: 한국인터넷진흥원(2011).

〈표 9-3〉 스마트폰을 사용하게 된 계기

1	다양한 응용소프트웨어(모바일앱 등)를 설치·이용하고 싶어서	64.3
2	수시로 인터넷을 이용하고 싶어서	52.1
3	새로운 서비스나 기술에 대한 호기심 때문에	45.6
4	고기능·고성능 단말기를 이용하고 싶어서	38.4
5	주변 사람들이 스마트폰을 이용하고 있어서	29.5
6	학업이나 업무상 필요해서	15.2
7	이동통신사나 단말기 제조사의 홍보·마케팅 및 언론보도 때문에	8.5
8	지인·학교·직장 등으로부터 선물 받아서	7.0

출처: 한국인터넷진흥원(2011) 재구성.

　　2012년 12월 기준 국내 스마트폰 사용자 수는 약 3272만 명이다. 이는 세계 7위 수준으로 전체 휴대전화 사용자의 약 61%가 스마트폰을 사용하고 있다. 게다가 5위에 머물러 있는 '주변 사람들이 스마트폰을 이용하고 있어서'에는 스마트폰 붐을 일으킨 원인으로 메신저 앱인 '카카오톡'이 한몫했음을 알 수 있다.

③ 스마트폰의 중독 실태

과유불급이란 말이 있다. 어떤 것이든 과하면 해가 될 수 있다. 스마트폰도 마찬가지다. 남녀노소를 불구하고 누구든 스마트폰 중독에 걸릴 수 있으며, 게임 중독과 같이 비현실적인 사고를 가질 수도 있다.

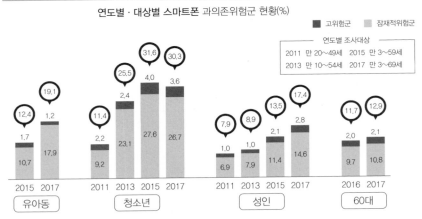

[그림 9-7] 연령대별 스마트폰 과의존 현황

출처: 아시아경제(2018. 04. 10.).

스마트폰 중독의 원인 중 하나는 스마트폰의 인터페이스적 특징이라 할 수 있다. 모바일 서비스, 멀티미디어, 인터페이스, 멀티태스킹과 같은 특성은 중독의 모든 하위 개념에 영향을 미치는 주요한 요인으로 조사된 바 있으며 스마트폰 이용자들에게는 이러한 기능이 '하나밖에 없는 자신만의 폰'으로 인식되면서 인터페이스에 대한 신선한 느낌과 만족감이 스마트폰의 과도한 이용으로 이어질 수 있다. 스마트폰의 다기능화 및 편리성 역시 스마트폰 중독의 하나의 원인이다. 검색, 이메일, 지도 등의 인터넷 기능, 미디어 기능, 비즈니스 기능 등 종합적인 기능을 제공하기 때문에 사람들은 점점 더 스마트폰에 의존하게 된다. 또한 스마트폰의 경우 무선으로 응용 어플리케이션을 다운 받아 실행하고 통신 접속이 없는 경우에도 사용이 가능하기 때문에 편리성을 더하여 일상생활과 더욱 밀접하게 관련되어 있다. 이러한 다기능화는 인터넷 중독, 미디어 중독과 같은 이전의 문제와 함께 중독으로 이어질 수 있는 연결고리가 된다(와이즈인포 편집부, 2012).

두 번째로 최근 스마트폰의 보급이 확대되면서 다양하고 재미있는 어플리케이션이 등장하고 있다. 최근 젊은 세대를 중심으로 확산되고 있는 대표적인 게임은 이용자의 수가 급증하고 있는 추세이다. 이러한 추세로 인해 스마트폰으로 인한 중독자의 수는 지속적으로 증가할 수밖에 없다. 스마트폰은 이러한 어플리케이션을 앞세워 국내에서 국외까지 사용자 수를 점점 늘려가고 있다.

세 번째로는 스마트폰의 보급 확대로 인한 소셜 네트워크 서비스(SNS) 의 확산이다. 전 세계적으로도 트위터 가입자 1억7천만명, 페이스북 가입자 5억명을 각각 넘어서는 등 소셜 네트워크 서비스(SNS)의 열풍은 시대적 흐름으로 굳게 자리매김 했다. 이처럼 소셜네트워크(SNS)는 언제든지 실시간으로 소통할 수 있는 생활의 일부로 자리매김하고 있다. 실시간으로 소통이 이루어지는 특성상 우리들은 그 흐름에 따라가고자 자주 SNS를 접속하곤 한다.

또한 스마트폰을 사용하는 이들은 자기도 모르게 반복적으로 스마트폰을 들여다보는 습관을 갖고 있는 것으로 조사됐다고 학술지 '퍼스널 유비쿼터스 컴퓨팅'에 실린 논문 내용을 CNN인터넷 판이 28일 전했다. 논문 제목은 '습관 때문에 스마트폰 이용이 더 늘어 난다'이다. 이에 따르면 사용자들은 무의식적으로 스마트폰을 확인하는 것으로 드러났다. 일종의 습관이나 강박처럼 30초 미만의 시간동안 이메일이나 페이스북 같은 어플리케이션을 사용하는데, 10분 간격으로 이를 반복한다는 것이다. 조사에 참가한 대상자들은 하루 평균 34회 스마트폰에서 이런 저런 정보들을 확인하지만 이것이 꼭 필요해서는 아닌 것으로 나타났다. 일종의 '확인 습관'이라고 연구진은 지적했다(경향신문, 2011).

(2) 스마트폰 중독으로 인한 문제점

스마트폰 중독은 신체에 직접적인 영향을 주어 건강을 해칠 수 있을 뿐만 아니라 휴대전화 단말기요금 으로 인한 경제적 문제, 금단현상 등을 초래하는 정신 병리적 문제, 일상의 업무나 학업에 지장을 주거나 잘못된 사용으로 인한 언어파괴 등 다양한 사회 문제를 유발하고 있다.

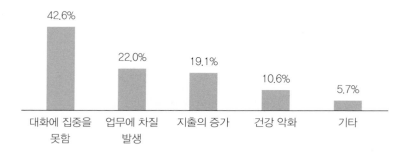

[그림 9-8] 스마트폰 중독으로 인한 문제

출처: digital trends.

① 신체적 문제

스마트폰 과다 사용에 따른 전자파 노출 문제에 대한 논의는 지속적으로 발생하여 왔다. 특히, 성장기에 스마트폰을 장시간 사용할 경우 전자파가 중요한 뇌 세포를 손상시켜 중년 시기에 알츠하이머병을 유발할 수도 있고, 전자파로 호르몬 분비에 이상이 생길 수도 있다는 연구 결과가 있다. 2012년 11월 20일 포털 사이트 네이버에는 '스마트폰 중독 뇌'가 핫 토픽 키워드에 올라갔다. 스마트폰 중독 뇌를 가진 아이들은 우측 전두엽의 활동이 떨어지게 되어 좌뇌와 우뇌를 번갈아 써야하는 왼손-오른발, 오른손-왼발 교차동작에서 어려움을 느끼게 된다는 연구결과가 나왔다. 또한, 스마트폰의 지속적인 사용으로 인한 손목터널증후군[11], 목 통증으로 인한 신체 질환을 겪기도 한다.

2010년 7월 12일 프랑스에서는 어린이 청소년의 건강을 위해 휴대전화 사용을 규제하는 법률을 공포하였으며 스위스, 독일, 영국, 핀란드, 캐나다 등은 휴대전화 전자파를 규제하고 휴대전화 구매 시 전자파 인체 흡수율이 낮은 모델을 구입하도록 권고하고 있다(한겨레21, 2010. 10. 15.).

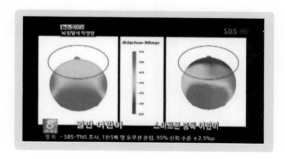

[그림 9-9] 스마트폰 중독뇌

출처: SBS 8시뉴스(2012. 11. 19.).

② 정신 · 병리적 문제

스마트폰 과다 사용은 금단 현상을 유발할 수 있다. 스마트폰을 두고 왔을 때 불안하고 초조해 업무에 집중할 수 없는 증상, 벨이나 진동이 울린 것으로 착각하는 환청 현상 등이 금단 현상에 해당한다고 할 수 있다. 유명옥(2009)의 고등학생을 대상으로 한 스마트폰 중독 연구에서도 강박증, 우울, 정신증, 불안, 대인 예민증, 편집증, 적대감, 공포불안의 순으로 정신적 문제가 발생한다는 결과가 나왔다(박용민, 2011). 어린이의 경우 현실에 무감각해지고 주의력이 크게 떨어지는 등의 '팝콘 브레인' 현상이 나타날 수 있다고 2012년 11월 19일 SBS에서 보도하였다. 또한 휴대전화가 없을 때 느끼는 공포증인 '노모포비아 증후군'이 스마트폰이 대중화된 이후로 수치가 더 높아져 주

---

1) 손가락의 과다 사용으로 손목이 아프고, 손가락 통증이 오거나 저림 현상.

의를 필요로 하고 있다. 영국의 조사 결과 이 중독증상이 처음 알려진 4년 전보다 11% 증가되었다고 한다. 휴대전화에 중독되었을 경우 전두엽의 기능이 떨어져 과잉행동과 감정조절에 문제가 생길 수 있다.

[그림 9-10] 노모포미아 증후군

출처: KBS1 아침마당.

③ 경제적 문제

[그림 9-11] 스마트폰 중독문제의 경제적 부분

출처: 취업포털사이트 커리어.

스마트폰 중독의 경제적 문제는 비교적 성인보다 청소년층에서 심각한 문제로 나타나고 있다. 스마트폰 중독은 과도한 문자메시지 전송, 유료콘텐츠 이용 등으로, 특히 청소년들이 감당하기 어려운 이용요금을 받음으로써 부모와의 갈등을 유발하고 휴대전화 요금을 벌기 위하여 학업에 지장을 받을 정도로 아르바이트를 하거나, 범죄에 연루되기도 하고, 통신 요금을 제때에 납부하지 못하여 신용 불량자가 되기도 하는 것으로 알려져 있다(이민석, 2011). 또한 이런 금전적인 문제 말고도 우리들의 시간을 많은 부분 할애하는 점에서도 경제적인 문제라고 볼 수 있다. '시간은 금이다.'라는 말처럼 시간은 우리에게 간접적인 경제부분이다. 이런 시간을 스마트폰 중독문제로 인해 빼앗긴다면 경제적인 문제를 생각해보지 않을 수 없다.

④ 업무 학업상의 부적응과 일탈

스마트폰 중독이 학교생활에 영향을 미치는 것으로, 스마트폰 중독이 심하면 학교생활에 지장이 있는 것으로 나타났다. 고립된 생활을 즐기고, 학교생활에 적응하지 못하는 등 대인관계에 영향을 미치는 것으로 나타났다(최현석 외, 2012). 한국정보문화 진흥원이 2009년 조사한 자료에 따르면 스마트폰이 안 되면 불안하고 수업, 회의 및 영화 연극관람 때에도 스마트폰을 끄지 못하는 중독성향을 가진 사람이 성인은 29.3%으로 청소년에 비해 3.6% 높으며 성인의 인터넷 중독률(6.3%)에 비해 휴대전화 중독률은 매우 심각한 수준이라는 연구결과를 발표하였다. 또한 청소년들의 스마트폰 사용은 학습을 방해할 뿐만 아니라, 시험 시 부정행위의 도구로 활용될 가능성까지 안고 있다.

(3) 스마트폰 중독의 예방방법

① 스마트폰 중독 예방 요금제

스마트폰 중독을 예방할 수 있는 ○○ 선택형 요금제

최근 ○○의 행보가 흥미롭다. 지난 8월에 발표한 무선통신요금 인하 방안에 대한 후속 조치로 선택형 요금제와 기본료 인하를 확정 발표한 것. 특히 SMS 문자 전송용량을 확대한 데 이어 기본료 인하와 선택형 요금제까지 선보이는 초강수를 꺼내 들었다는 점에서 눈길을 끈다. ○○가 새롭게 내놓은 무선통신요금 인하 방안은 이동통신 사이에서도 새로운 쟁점으로 떠오를 전망이다.

출처: 뉴스 전문 블로그 Dtalker.

스마트폰 중독을 줄일 수 있는 특별한 요금제가 아직 없다. 일정 데이터가 소진되면 더 이상 인터넷을 쓸 수 없는 선택형 요금제가 존재하기는 하지만, '스마트폰 중독'에 관련된 서비스는 존재하지 않는다. 따라서 스마트폰 중독을 예방할 수 있는 부가적인 서비스가 필요할 것이다. 휴대전화를 구입할 때 컬러링 서비스와 같은 부가서비스를 필수적으로 몇 개월 간 가입해야 하는 것을 예로 들 수 있다.

② 스마트폰 중독 예방 교육 이수자에게 부여하는 우수 인증제도

한국정보진흥원 인터넷중독대응센터 국가기관에서는 스마트폰 중독 예방을 위해 온/오프라인 상에서 다양한 프로그램을 운영하고 있다. 다양한 프로그램을 운영하고는 있지만, 그저 프로그램 '운영'에서 그친다는 것이 무척 아쉽다.

따라서, 이런 프로그램을 이수하고 난 후에 수료증 또는 인증서를 발급해 준다면－취업 시 가산점을 준다는 전제하에－프로그램 참가자들은 스마트폰의 올바른 사용 방법을 함양하는 동시에 가산점도 얻는다는 점에서 프로그램 참여율도 높아질 것이고 그만큼의 중독 예방 효과도 있을 것으로 보인다.

[그림 9-12] 인터넷 중독예방센터 홈페이지

출처: 한국정보 진흥원 인터넷 중독 예방센터.

③ 밖에서 스마트폰 사용 안전수칙

- 길을 걸으면서 스마트폰을 사용하지 않는다.
- 이어폰을 꽂고 영상이나 음악을 크게 듣지 않는다.
- 버스를 탔을 때 스마트폰을 서서 사용하지 않는다.
- 다른 사람과 대화 중 스마트폰을 사용하지 않는다.
- 다른 사람을 함부로 촬영하지 않는다.
- 공공장소에서 큰 소리로 통화하지 않는다.

- 출처를 확인하고 타인의 콘텐츠 공유는 허락을 받고 한다.
- 확인되지 않는 내용의 정보는 공유하지 않는다.
- 나쁜 표현을 사용하지 않는다.

④ 가정에서 스마트폰 사용 안전수칙

- 정해진 시간 이후에는 스마트폰을 사용하지 않는다.
- 스마트폰 충전은 공용 공간에서 한다.
- 잠자기 전에 스마트폰은 공용 공간에 두고 간다.
- 공부나 집중해야 할 일이 있을 때는 알림을 끄거나 부모님께 맡겨둔다.
- 식사할 때는 스마트폰을 들고 오지 않는다.
- 새로운 앱이나 프로그램을 설치할 때는 부모님의 허락을 받는다.
- 하루 30분~1시간 이내로 사용시간을 제한한다.
- 과도하게 데이터를 낭비하지 않는다.
- 스마트폰을 고장냈을 경우는 본인이 부담한다.

4) 미디어 사용에 있어서 성인의 역할

게임이나 오락 등 자극이 강한 인터넷 콘텐츠에 빠지기 되면 다른 자극에 대한 관심이 줄어 정서적으로 문제를 일으킬 수 있다. 그러나 평생을 인터넷 환경에서 살아야 하는 영유아에게 무조건 인터넷을 못하게 할 수는 없는 일이다. 미취학 유아의 인터넷 사용이 불가피하다면 부모와 교사는 다음과 같은 사항을 꼭 지켜야 한다.

- **유해 사이트 차단 프로그램 다운받기:** 영유아가 인터넷을 사용하다 보면 의도하지 않게 우연히 충격적인 유해 정보와 마주칠 수 있기 때문에 유해

사이트 차단 프로그램은 꼭 설치해야 한다. 유해 사이트 차단 프로그램의 필터링 기능을 통하여 사이트 제한 및 허가된 사이트만을 대상으로 웹 검색을 가능하게 한다. 방송통신심의위원회, 학부모정보감시단 등의 홈페이지에서 프로그램을 다운받을 수 있다.

- **상담센터 찾아가기**: 인터넷 사용 때문에 영유아가 또래와의 대화에서 적절한 의사소통을 하지 못하거나 자기 고집만 내세우려 한다면 전문기관에 상담을 의뢰하거나 소아신경정신과 등을 방문하여 적절한 해결책을 찾아야 한다.

- **적절한 콘텐츠 선정하기**: 영유아는 사이트 선별에 대한 판단력이 없기 때문에 영유아의 발달 정도를 파악하여 그에 맞는 콘텐츠를 성인이 골라 주는 것이 좋다. 교육 사이트라면 학습 내용이 체계적이고 단계적인 것 외에도 성취감을 느낄 수 있어야 하므로 학습 동기를 일으킬 수 있는 내용이 포함되어 있는지 확인한다.

- **꼭 필요한 때만 인터넷 접속하기**: 인터넷 중독은 단순히 사용 시간이 많은 것을 의미하기보다 습관적으로 늘 켜 두어야 할 것 같은 강박관념이 문제이다. 인터넷을 하지 않으면 불안해지고 습관적으로 컴퓨터를 켜 온라인에 접속하거나 수시고 전자메일을 열어 보는 행동도 중독으로 이어지기 쉬운 습관이다. 꼭 필요한 일이 있을 때만 컴퓨터를 이용하게 하고 이용 후엔 반드시 전원을 끄게 하는 것이 좋다.

- **몸을 움직이는 게임으로 유도하기**: 영유아에게는 신체적·정신적 자극을 직접 줄 수 있는 놀이를 하게 하는 것이 좋을 뿐만 아니라 인터넷 게임에 중독되는 것을 예방할 수 있다. 블록 쌓기, 색칠하기, 구슬 꿰기, 테이블 빙고 게임 등으로 관심을 집중시킨다.

- **부모가 교사가 적극적으로 참여하기**: 무조건 못하게 하기보다는 함께 놀아 달라고 영유아에게 청한다. 또한 영유아가 좋아하는 게임이나 콘텐츠를

공유하여 게임 전후 대화 시간을 많이 갖는 것도 좋다. 부모나 교사가 편하자고 인터넷에 접속해 주는 일은 없도록 한다.

부록

병원아동생활전문가의 윤리강령

다음의 윤리강령은 미국 병원아동생활전문가협회(CLC)에서 만들어졌으며, 다른 여러국가의 병원아동생활전문가의 윤리강령도 이에 준한다.

- 병원아동생활전문가로서 우리는 스트레스가 만연하고, 정신적 외상을 초래할 만한 삶의 사건과 환경들이 유아 · 아동 · 청소년과 가족들의 발달, 건강, 행복에 영향을 주는 부정적인 영향을 줄일 수 있도록 노력한다.
- 우리는 유아 · 아동 · 청소년이 평가, 개입, 방지, 옹호, 교육을 통해 최상의 성장과 발달을 강화할 시기에 치유의 한 양식으로서의 놀이의 가치를 수용한다.

우리는 병원아동생활전문가로서 다음의 사항들에 가치를 둔다

- 우리는 개인과 가족을 지원하는 시스템과 공동체들의 연계를 인정하고 개인과 가족의 장점, 요구의 다양성을 인식한다.
- 우리는 가족 중심의 돌봄 개념을 수용하면서 개인과 가족의 통합 · 발전 · 행복을 증진한다.
- 놀이는 아동기에 중요하고 본성적인 부분이며, 그 자체로 중요하다. 놀이는 치료, 대응, 숙달, 자기표현, 창조성, 성취, 학습을 용이하게 하고 아동의 최상의 성장과 발달에 필요하다. 놀이는 유아 · 아동 · 청소년의 모든 연령에서 아동 생활 실제의 통합적인 측면이다.
- 우리는 개인과 가족들이 발전 · 건강 · 행복에 대한 도전을 효과적으로 다룰 수

있게 하는 자신감, 자아회복성, 문제해결 능력을 발전시키는 데 기여하며 신뢰, 존중, 전문적 능력을 갖추어 건설적인 관계를 형성하는 데 힘쓴다.

- 우리는 모든 형태의 의사소통이 가능하도록 노력하고 아동 생활 평가, 개입, 결과 평가에 대한 서류 작업에도 성실하게 임한다.
- 우리는 아동발달, 놀이, 스트레스, 대응, 가족 체계의 이론에 기초한 지식과 활동을 학습하고 이것은 우리의 전문적인 실제들에 대한 기본이 된다.
- 우리는 개인, 관련된 사람들, 조직, 공동체와 연계한다. 공유된 상호 간의 노력들은 유아·아동·청소년과 가족들의 다양한 요구들을 충족하는 효과적인 수단이 된다. 병원아동 생활 실제는 전문적인 협력뿐만 아니라 교육, 감독, 초보 병원아동생활전문가들의 모니터링에 대한 헌신도 포함한다.
- 우리 업무의 전문성은 평생 학습, 윤리적 지침 이행, 정의된 임상적 능력에 기반을 둔 훈련프로그램과 교육 발달과 지원을 지켜 가는 것을 포함하고 있다.
- 우리의 실전, 개입을 안내하고 우리의 직업을 강화하고 발전시키는 데 필요한 연구를 한다. 병원아동생활전문가는 연구 결과들에 대한 현실적 이해를 유지하고 우리의 실행들을 평가하는 연구에 참여해야 할 책임을 가지고 있다.

병원아동생활전문가의 비전

- 병원아동생활 관련 직업은 스트레스가 만연하고 정신적 외상을 남기는 삶의 사건과 환경들에 노출되어 있는 유아·아동·청소년과 가족의 요구들을 지속적으로 충족할 것이다.
- 병원아동생활의 철학과 실제는 건강 관련 영역들에 적용 가능할 것이고, 유아·아동·청소년들이 처한 위험한 상황에 대응하고, 학습하고, 숙달할 수 있는 가능성들에도 전환이 가능할 것이다.

유엔아동권리협약
(The UN Convention on the Rights of the Child)

유엔아동권리협약의 기본원리

● 유엔아동권리협약의 핵심 원칙

유엔아동권리협약의 4가지 핵심원칙은 다음과 같다.

1. 아동은 생존, 보호, 발달의 권리를 갖고 있다.
2. 모든 아동은 동일한 권리를 갖고 있다.
3. 아동에게 영향을 미치는 결정들은 아동에게 가장 유익한 방향으로 이루어져야 한다.
4. 아동의 의견은 존중되어야 한다.

유엔아동권리협약은 이러한 원칙들이 어떻게 실천되어야 하는지 설명한다. 유엔아동권리협약은 건강관리, 교육, 법적·공적·사회적 서비스에 대한 기준을 세우고, 아동들을 폭력과 방임 그리고 착취로부터 보호하며, 가정과 사회문화적 삶에서의 완전한 아동 참여를 보장한다.

유엔아동권리협약에 명시된 모든 권리는 인간의 존엄과 모든 아동들의 조화로운 발달을 내재한다. 모든 권리들은 서로 연결되어 있으며 동등하게 중요하다.

● 유엔아동권리협약상의 권리와 책임

유엔아동권리협약은 다른 사람들, 특히 부모를 존중해야 하는 아동의 책임에 대해 말하고 있다. 또한 부모가 아동의 양육에 있어 가장 중요한 역할을 한다는 것을 인정한다. 유엔아동권리협약은 부모들이 그들의 자녀와 함께 '아동의 능력 발달에 상응하는 방법'으로 권리에 대한 이슈를 다루도록 권장한다(5조). 아동이 자신의 권리를 이해하도록 돕는다는 것은, 부모가 그들의 자녀가 다루기에는 아직 너무 어려운 것들에 대한 선택에 책임을 지도록 강요하는 것을 의미하지는 않는다.

● 유엔아동권리협약에 대한 국제적 지원

다른 어떠한 인권조약도 유엔아동권리협약만큼 국제적 지원을 받지는 못했다. 유엔아동권리협약은 1989년 유엔 총회에서 채택되었으며, 2015년 기준 195개 국이 유엔아동권리협약을 비준했다.

(출처 : www.unicef.org/crc/index_understanding.html)

1989년 11월 20일 유엔총회에서 채택

서론

이 협약의 당사국은

유엔헌장에 선언된 원칙에 따라, 인류사회의 모든 구성원의 고유한 존엄성 및 평등하고 양도할 수 없는 권리를 인정하는 것이 세계의 자유, 정의 및 평화의 기초가 됨을 고려하고,

유엔체제하의 모든 국민들은 기본적인 인권과 인간의 존엄성 및 가치에 대한 신념을 유엔헌장에서 재확인하였고, 확대된 자유 속에서 사회발전과 생활수준의 향상을 촉진하기로 결의하였음에 유념하며,

유엔은 세계인권선언과 국제인권협약을 통해 모든 사람은 인종, 피부색, 성별, 언어, 종교, 정치적 또는 기타의 의견, 민족적 또는 사회적 출신, 재산, 출생 또는 기타의 신분 등 어떠한 종류 구분에 의한 차별 없이 동 선언 및 협약에 규정된 모든 권리와 자유를 향유할 자격이 있음을 선언하고 동의하였음을 인정하고,

유엔은 세계인권선언을 통해 모든 사람은 유년기에 특별한 보호와 도움을 받을 권리가 있다고 선언하였음을 상기하며,

가족은 사회의 기초집단이며 모든 구성원, 특히 아동의 성장과 복지를 위한 자연적 환경으로서 공동체 내에서 그 책임을 충분히 감당할 수 있도록 필요한 보호와 지원이 부여되어야 함을 확신하며,

아동은 완전하고 조화로운 인격 발달을 위하여, 가족적 환경과 행복, 사랑 및 이해의 분위기 속에서 성장하여야 함을 인정하고,

아동은 사회에서 한 개인으로서의 삶을 영위할 수 있도록 충분히 준비되어져야 하며, 유엔헌장을 통해 선언한 이상주의 정신과, 특히 평화, 존엄, 관용, 자유, 평등, 연대의 정신 속에서 양육되어야 함을 고려하고,

아동에게 각별한 보호를 제공하여야 할 필요성은 1924년 아동권리에 관한 제네바 선언과 1959년 11월 20일 유엔총회에 의하여 채택된 아동권리선언에 명시되어 있으며, 세계인권선언, 시민적·정치적 권리에 관한 국제협약(특히 제23조와 제24조), 경제적·사회적·문화적 권리에 관한 국제협약(특히 제10조) 및 아동의 복지와 관련된 전문기구와 국제기구의 규정 및 관련 문서에서 인정되었음을 유념하고,

아동권리선언문에 나타나 있는 바와 같이, "아동은 신체적·정신적 미성숙으로 인하여 출생 전후를 막론하고 적절한 법적 보호를 포함한 특별한 보호와 배려를 필요로 한다."는 점에 유념하고,

"국내외 양육위탁과 입양을 별도로 규정하는 아동의 보호와 복지에 관한 사회적·법적 원칙에 관한 선언"의 제규정, "소년법 집행을 위한 유엔 최소표준규정"(베이징규정) 및 "비상시·무력충돌 시 부녀자와 아동의 보호에 관한 선언"을 상기하고, 세계 모

든 국가에 예외적으로 어려운 여건하에 생활하고 있는 아동들이 있으며, 이 아동들은 특별한 배려를 필요로 함을 인정하고, 아동의 보호와 조화로운 발전을 위하여 각 민족의 전통과 문화적 가치의 중요성을 충분히 고려하고, 모든 국가, 특히 개발도상국가 아동의 생활여건을 향상시키기 위한 국제협력의 중요성을 인정하면서, 다음과 같이 합의하였다.

제 1 부

제 1 조
이 협약의 목적상, 아동이라 함은 해당 아동법규에 의하여 미리 성년에 달하지 아니하는 한, 18세 미만의 모든 사람을 의미한다.

제 2 조
1. 당사국은 자국의 관할권 내에서 아동 또는 그의 부모나 법정 후견인의 인종, 피부색, 성별, 언어, 종교, 정치적 또는 기타의 의견, 민족적, 인종적 또는 사회적 출신, 재산, 장애, 출생 또는 기타의 신분에 관계없이 그리고 어떠한 종류의 차별이 없이 이 협약에 규정된 권리를 존중하고, 각 아동에게 보장하여야 한다.
2. 당사국은 아동이 그의 부모나 법정 후견인 또는 가족 구성원의 신분, 활동, 표명된 의견을 이유로 받게 되는 모든 형태의 차별이나 처벌로부터 보호되도록 보장하는 모든 적절한 조치를 취하여야 한다.

제 3 조
1. 공공 또는 민간 사회복지기관, 법원, 행정당국, 또는 입법기관 등에 의하여 실시되는 아동에 관한 모든 활동에 있어서 아동의 최선의 이익이 최우선적으로 고려되어야 한다.
2. 당사국은, 아동의 부모, 법정 후견인, 또는 여타 아동에 대하여 법적 책임이 있는 자의 권리와 의무를 고려하여, 아동복지에 필요한 보호와 배려를 아동에게 보장하고, 이를 위하여 모든 적절한 입법적·행정적 조치를 취하여야 한다.

3. 당사국은 아동을 보살피고 보호하기 위한 책임을 지고 있는 기관과 시설에서 관계당국이 설정한 기준—특히 안전, 건강, 직원의 숫자, 직원의 적격성 및 충분한 감독—을 지켜나가도록 조치를 취해야 한다.

제 4 조

당사국은 이 협약에서 인정된 권리를 실현하기 위한 모든 적절한 입법적 · 행정적 및 여타의 조치를 취하여야 한다. 경제적 · 사회적 · 문화적 권리에 관하여 당사국은, 가용자원의 최대한도까지 그리고 필요한 경우에는 국제협력의 테두리 내에서, 이러한 조치를 취하여야 한다.

제 5 조

아동이 이 협약에서 인정된 권리를 행사함에 있어서, 당사국은 부모 또는, 적용 가능한 경우, 현지 관습에 의하여 인정되는 확대가족이나 공동체의 구성원, 법정 후견인 또는 기타 아동에 대한 법적 책임자들이 아동의 능력발달에 상응하는 방법으로 적절한 감독과 지도를 행할 책임과 권리 및 의무를 가지고 있음을 존중하여야 한다.

제 6 조

1. 당사국은 모든 아동이 고유의 생명권을 가지고 있음을 인정한다.
2. 당사국은 가능한 최대한도로 아동의 생존과 발달을 보장하여야 한다.

제 7 조

1. 아동은 출생 후 즉시 등록되어야 하며, 출생 시부터 성명권과 국적 취득권을 가지며, 가능한 한 자신의 부모를 알고 부모에 의하여 양육받을 권리를 가진다.
2. 당사국은 이 분야의 국내법 및 관련 국제문서상의 의무에 따라 이러한 권리가 실행되도록 보장하여야 하며, 권리가 실행되지 아니하여 아동이 무국적으로 되는 경우에는 특히 그러하다.

제 8 조

1. 당사국은 법률에 의해 인정되는 아동의 국적, 성명 및 가족관계를 포함하여 아동

의 정체성을 유지할 권리를 존중하되 이를 불법적으로 방해하지 않는다.

2. 아동이 그의 신분요소 중 일부 또는 전부를 불법적으로 박탈당한 경우, 당사국은 그의 신분을 신속하게 회복하기 위하여 적절한 지원과 보호를 제공하여야 한다.

제 9 조

1. 당사국은, 사법적 심사의 구속을 받는 관계당국이 해당 법률 및 절차에 따라서 부모와의 이별이 아동의 최선의 이익을 위하여 필요하다고 결정하는 경우 이외에 는, 아동이 그의 의사에 반하여 부모로부터 헤어지지 아니하도록 보장하여야 한 다. 위의 결정은 부모에 의한 아동 학대 또는 유기의 경우나 부모의 별거로 인하 여 아동의 거처에 관한 결정이 내려져야 하는 등 특별한 경우에 필요할 수 있다.

2. 제1항에 따른 모든 절차와 관련하여 모든 이해당사자는 그 절차에 참가하여 자 신의 견해를 표시할 기회가 부여되어야 한다.

3. 당사국은 아동의 최선의 이익에 반하는 경우 이외에는 한쪽 부모 혹은 양쪽 부모 로부터 헤어진 아동이 정기적으로 부모와 개인적 관계를 유지하고 직접적인 면접 교섭을 유지할 권리를 가짐을 존중하여야 한다.

4. 부모와의 이별이 국가에 의한 한쪽 부모 혹은 양부모의 감금, 투옥, 망명, 강제퇴 거 또는 사망(국가가 억류하고 있는 동안 발생한 모든 원인에 기인한 사망을 포함 하여) 때문인 경우에는, 당사국은 그 정보의 제공이 아동의 복지에 해롭지 아니하 는 한, 부모·아동 또는 적절한 경우 여타 가족구성원에게 부재중인 가족 구성원 의 소재에 관해 본질적인 정보를 제공하여야 한다. 또한 당사국은 그러한 정보의 제공이 관련자에게 불리한 결과를 초래하지 아니하도록 조치를 취해야 한다.

제 10 조

1. 제9조 1항에 규정된 당사국의 의무에 따라서, 가족의 재결합을 위하여 아동 또는 그 부모가 당사국에 입국하거나 출국하기 위한 신청은 당사국에 의하여 긍정적이 며 인도적인 방법으로 그리고 신속하게 취급되어야 한다. 또한 당사국은 이러한 신청에 대한 처리로 인해 신청자와 그의 가족 구성원들에게 불리한 결과를 초래 하지 아니하도록 조치를 취해야 한다.

2. 부모가 타국에 거주하는 아동은 예외적 상황 이외에는 정기적으로 부모와 개인

적 관계 및 직접적인 면접교섭을 유지할 권리를 갖는다. 이러한 목적에 비추어 그리고 제9조 제1항에 규정된 당사국의 의무에 따라서 당사국은 아동과 그의 부모가 본국을 포함하여 어떠한 국가로부터 출국할 수 있고 또한 본국으로 입국할 수 있는 권리를 존중하여야 한다. 어떠한 국가로부터 출국할 수 있는 권리는 국가안보, 공공질서, 공중보건, 타인의 권리와 자유를 보호하기 위해 필요하기 때문에 법으로 출국을 금하고 있는 경우가 아닌 경우에만 제약을 받으며, 이 협약이 인정하고 있는 다른 권리와 일치한다.

제 11 조

1. 당사국은 아동의 불법 해외이송 및 미(未)귀환을 금지하기 위한 조치를 취하여야 한다.
2. 이 목적을 위해 당사국은 해당 국가와 양자 또는 다자 협정의 체결이나 기존협정에의 가입을 위해 노력해야 한다.

제 12 조

1. 당사국은 자신의 견해를 형성할 능력이 있는 아동에 대하여 본인에게 영향을 미치는 모든 문제에 있어서 자신의 견해를 자유스럽게 표시할 권리를 보장하며, 아동의 견해에 대하여는 아동의 연령과 성숙 정도에 따라 정당한 비중이 부여되어야 한다.
2. 이러한 목적을 위하여, 특히 아동에게 영향을 미치는 어떠한 사법적 · 행정적 절차에 있어 아동이 직접 또는 대리인이나 적절한 기관을 통하여 진술할 기회가 국내법의 절차에 따라 주어져야 한다.

제 13 조

1. 아동은 표현의 자유를 갖는다. 이 권리는 구두, 필기 또는 인쇄, 예술의 형태 또는 아동이 선택하는 기타의 매체를 통하여 모든 종류의 정보와 사상을 국경에 관계없이 추구하고 접수하며 전달하는 자유를 포함한다.
2. 이 권리의 행사는 일정한 제한을 받을 수 있다. 다만 이 제한은 오직 법률에 의하여 규정되고 다음 경우에 해당된다.

가: 타인의 권리 혹은 명예를 존중해야 하는 경우

나: 국가안보, 공공질서, 공중보건 또는 윤리상 필요한 경우

제 14 조

1. 당사국은 아동의 사상, 양심 및 종교의 자유에 대한 권리를 존중하여야 한다.
2. 당사국은 아동의 능력발달에 맞게 권리를 행사할 수 있도록 지도할 수 있는 부모 혹은 법적 후견인의 권리와 의무를 존중해야 한다.
3. 종교와 신념을 표현하는 자유는 오직 법률에 의하여 규정되고 공공의 안정, 질서, 보건, 윤리 또는 타인의 기본권적 권리와 자유를 보호하기 위하여 필요한 경우에만 제한될 수 있다.

제 15 조

1. 당사국은 아동에게 결사의 자유와 평화적 집회의 자유에 대한 권리가 있음을 인정한다.
2. 이 권리의 행사에 대하여는 법률에 따라 부과되고 국가안보 또는 공공의 안전, 공공질서, 공중보건, 윤리, 보호 또는 타인의 권리와 자유의 보호를 위하여 민주 사회에서 필요한 것 이외의 어떠한 제한도 가하여져서는 안 된다.

제 16 조

1. 어떠한 아동도 사생활, 가족, 가정 또는 서신 왕래에 대하여 독단적이거나 불법적인 간섭을 받지 아니하며 또한 명예나 신망에 대한 불법적인 공격을 받지 아니한다.
2. 아동은 이러한 간섭 또는 비난으로부터 법률의 보호를 받을 권리를 갖는다.

제 17 조

당사국은 대중매체가 수행하는 중요한 기능을 인정하며, 아동이 국내외의 다양한 소식통으로부터 정보와 자료, 특히 아동의 사회적·정신적·윤리적 복지와 신체적·정신적 건강의 향상을 목적으로 하는 정보와 자료를 접할 수 있도록 해야 한다. 이 목적을 위하여 당사국은,

가. 대중매체가 아동에게 사회적·문화적으로 유익하고 제29조의 정신에 부합되는 정보와 자료를 보급하도록 장려하여야 한다.

나. 다양한 문화와 국내외의 소식통에 의한 정보와 자료의 제작, 교환 및 보급을 위한 국제협력을 장려하여야 한다.

다. 아동 도서의 보급과 제작을 장려하여야 한다.

라. 대중매체로 하여금 소수집단의 아동 혹은 원주민 아동이 언어상 겪는 곤란에 특별한 관심을 기울이도록 장려하여야 한다.

마. 제13조와 제18조의 규정을 유념하며 아동 복지에 해로운 정보와 자료로부터 아동을 보호하기 위한 적절한 지침을 개발하도록 권장해야 한다.

제 18 조

1. 당사국은 양부모, 즉 아버지와 어머니가 아동의 양육과 발전에 공동책임을 진다는 원칙이 인정받을 수 있도록 최선의 노력을 기울여야 한다. 부모 또는 경우에 따라서 법정 후견인은 아동의 양육과 발전에 일차적 책임을 진다. 아동의 최선의 이익이 그들의 기본적 관심이 된다.

2. 이 협약에 규정된 권리를 보장하고 촉진시키기 위하여, 당사국은 아동의 양육책임 이행에 있어서 부모와 법정 후견인에게 적절한 지원을 제공하여야 하며, 아동보호를 위한 기관, 시설 및 편의의 개발을 보장하여야 한다.

3. 당사국은 취업부모의 아동들이 이용할 수 있는 아동보호를 위한 편의 및 시설사용에 대한 권리가 있음을 보장하기 위하여 모든 적절한 조치를 취하여야 한다.

제 19 조

1. 당사국은 아동이 부모, 법정 후견인 또는 기타 아동양육자의 양육을 받고 있는 동안 모든 형태의 신체적·정신적 폭력, 상해, 학대, 유기, 방임적 대우, 성적 학대를 포함한 혹사나 착취로부터 아동을 보호하기 위하여 모든 적절한 입법적·행정적·사회적·교육적 조치를 취하여야 한다.

2. 이러한 보호조치는 아동과 아동 양육자에게 필요한 지원을 제공하기 위한 사회 계획의 수립은 물론, 상기된 바와 같은 아동학대 사례를 여러 방법으로 방지하거나 확인, 보고, 조회, 조사, 처리 및 추적하고 또한 적절한 경우에는 사법적 개입을

가능하게 하는 효과적 절차를 적절히 포함하여야 한다.

제 20 조

1. 일시적 또는 항구적으로 가족적 환경을 박탈당하거나, 가족적 환경에 있는 것이 자신의 최선의 이익을 위하여 허용될 수 없는 아동은 국가로부터 특별한 보호와 지원을 받을 권리가 있다.
2. 당사국은 국내법에 따라 이러한 아동을 위한 대체적 보호조치를 마련해야 한다.
3. 이러한 보호조치는 특히 양육위탁, 회교법의 카팔라, 입양, 또는 필요한 경우 적절한 아동 양육기관에 두는 것을 포함한다. 해결책을 모색하는 경우에는 아동 양육에 있어 계속성 보장이 바람직하다는 점과 아동의 인종적 · 종교적 · 문화적 · 언어적 배경을 적절히 감안하여 조치한다.

제 21 조

입양제도를 인정하거나 허용하는 당사국은 아동의 최선의 이익이 최우선적으로 고려되도록 보장하여야 하며, 또한 당사국은,

가. 아동의 입양은, 해당 법률과 절차에 따라서 그리고 적절하고 신빙성 있는 모든 정보에 기초하여, 입양이 부모, 친척 및 법정 후견인에 대한 아동의 신분에 비추어 허용될 수 있음을, 그리고 관련자가 필요한 상담을 통해 입양과 관련한 내용을 알고 동의했음을 전제로, 자격이 있는 관계당국에 의해서만 허가되도록 보장하여야 한다.

나. 국제입양은, 아동을 위탁 양육자나 입양가족이 맡을 수 없다거나 또는 어떠한 적절한 방법으로도 출신국에서 양육될 수 없는 경우, 아동 양육의 대체수단으로서 고려될 수 있음을 인정하여야 한다.

다. 국제입양 대상 아동에게 국내입양의 경우와 대등한 보호조치와 기준이 적용되도록 보장하여야 한다.

라. 국제입양에 있어서 아동의 위탁이 관계자들에게 부당한 재정적 이익을 주는 결과가 되지 아니하도록 모든 적절한 조치를 취하여야 한다.

마. 해당되는 경우 양자 또는 다자 약정이나 협정을 체결함으로써 본 조의 목적을 촉진시키며, 이러한 테두리 내에서 아동의 타국 내 입양 위탁이 유자격 기관이

나 기구에 의해 반드시 추진되도록 한다.

제 22 조

1. 당사국은 난민으로서의 지위를 구하거나 또는, 적용 가능한 국제법 및 국내법과 절차에 따라 난민으로 취급되는 아동이, 부모나 기타 다른 사람과의 동반 여부에 관계없이, 이 협약 및 당해 국가가 당사국인 다른 국제 인권 또는 인도주의 관련 문서에 규정된 적용 가능한 권리를 향유함에 있어서 적합한 보호와 인도적 지원을 받을 수 있도록 하기 위하여 적절한 조치를 취하여야 한다.

2. 이 목적을 위하여, 당사국은 유엔 및 유엔과 협력하는 여타의 권한 있는 정부 간 또는 비정부 간 기구들이 그러한 아동을 보호, 원조하고 가족재결합에 필요한 정보를 획득하기 위하여 난민 아동의 부모나 다른 가족구성원을 추적하는 데 기울이는 어떠한 노력에 대하여도 적절하다고 판단되는 협조를 제공하여야 한다. 부모나 다른 가족구성원을 발견할 수 없는 경우, 그 아동은 어떠한 이유로 인하여 영구적 또는 일시적으로 가족환경을 박탈당한 다른 아동과 마찬가지로 이 협약에 규정된 바와 같은 보호를 받아야 한다.

제 23 조

1. 당사국은 정신·신체 장애아동에게 존엄성을 보장하고 자립을 촉진하며 적극적 사회참여를 조장하는 등 그들이 마음껏 품위있는 생활을 누려야 한다는 점을 인정한다.

2. 당사국은 장애아동에게 특별한 보호를 받을 권리가 있음을 인정하며, 아동의 여건과 부모나 다른 아동양육자의 여건에 적합한 지원을 활용 가능한 재원의 범위 내에서, 이를 받을 만한 아동과 그의 양육책임자에게 제공하도록 조치를 취해야 한다.

3. 장애아동의 특별한 곤란을 인식하며, 본 조 제2항에 따라 제공되는 지원은 부모나 다른 아동양육자의 재정형편을 고려하여 가능한 한 무상으로 제공되어야 하며, 가능한 한 장애아동의 전면적인 사회 참여와 문화적·정신적 발전을 포함한 개인적 발전을 위해 그 아동이 교육, 훈련, 건강관리지원, 재활지원, 취업준비 및 오락기회를 효과적으로 이용하고 제공받을 수 있도록 계획되어야 한다.

4. 당사국은 국제협력의 정신에 입각하여, 장애아동에 대한 예방의학, 의학적 · 심리적 · 기능적 치료분야에 대해 적합한 정보를 외국과 교환해야 한다. 이러한 정보 교류는 이 분야의 치료 분야에 대한 해당국의 대처능력과 기술 및 경험을 높이기 위한 것으로 장애아동의 재활, 교육 및 직업보도에 관한 정보의 교류가 포함된다. 이 문제에 있어서 개발도상국의 필요에 대하여 특별한 배려가 있어야 한다.

제 24 조

1. 당사국은 도달 가능한 최선의 건강수준을 향유하고, 질병의 치료와 건강의 회복을 위한 시설을 사용할 수 있는 아동의 권리를 인정한다. 당사국은 건강서비스의 이용에 관한 아동의 권리가 박탈되지 아니하도록 노력하여야 한다.
2. 당사국은 이 권리의 완전한 이행을 추구하여야 하며, 특히 다음과 같은 적절한 조치를 취하여야 한다.
   가. 유아와 아동의 사망률을 감소시키기 위한 조치
   나. 기초건강관리의 발전에 중점을 두면서 모든 아동에게 필요한 의료지원과 건강관리의 제공을 보장하는 조치
   다. 환경오염으로 인한 위험을 고려하여 기초건강관리 체계 내에서 무엇보다도 용이하게 이용 가능한 기술의 적용과 충분한 영양식 및 깨끗한 음료수의 제공 등을 통하여 질병과 영양실조를 퇴치하기 위한 조치
   라. 산모를 위하여 출산 전후의 적절한 건강관리를 보장하는 조치
   마. 모든 사회구성원, 특히 부모와 아동에게 아동의 건강과 영양, 모유 수유의 유익성, 위생 및 환경 위생시설 그리고 사고예방에 관한 기초지식의 활용에 있어서 정보를 제공받고 교육 지원을 받도록 하는 조치
   바. 예방적 건강관리, 부모를 위한 지도 및 가족계획에 관한 교육과 편의를 발전시키는 조치
3. 당사국은 아동의 건강을 해치는 전통적 관습을 폐지하기 위하여 모든 효과적이고 적절한 조치를 취하여야 한다.
4. 당사국은 본 조에서 인정된 권리의 완전한 실현을 점진적으로 달성하기 위하여 국제협력을 촉진하고 장려하여야 한다. 이 문제에 있어서 개발도상국의 필요에 대해 특별히 배려해야 한다.

제 25 조

당사국은 신체적 · 정신적 건강의 관리, 보호 또는 치료의 목적으로 관계 당국에 의하여 양육지정 조치된 아동이, 제공되는 치료 및 양육지정과 관련된 여타 모든 실정에 대해 정기적으로 평가받을 수 있는 권리를 갖고 있음을 인정한다.

제 26 조

1. 당사국은 모든 아동이 사회보험을 포함한 사회보장제도의 혜택을 받을 권리를 갖고 있음을 인정하며, 국내법에 따라 이 권리의 완전한 실현을 달성하기 위하여 필요한 조치를 취하여야 한다.
2. 이러한 혜택은 아동 및 아동에 대한 부양책임자의 재정능력과 상황은 물론 아동에 의하여 직접 행하여지거나 또는 아동을 대신하여 행하여지는 혜택의 신청과 관련된 여타의 사정을 참작하여 적절한 경우에 부여되어야 한다.

제 27 조

1. 당사국은 모든 아동이 신체적 · 지적 · 정신적 · 윤리적 · 사회적 발달에 적합한 생활수준을 누릴 권리를 갖고 있음을 인정한다.
2. 부모 또는 기타 아동에 대하여 책임을 지고 있는 사람은 능력과 재정상황의 범위 내에서 아동발달에 필요한 생활여건을 제공할 일차적 책임을 진다.
3. 당사국은 국가적인 여건과 재원의 범위 내에서 부모 또는 기타 아동에 대하여 책임을 지고 있는 사람이 이 권리를 실현하도록 지원하기 위한 적절한 조치를 취하여야 하며, 필요한 경우에는 특히 영양, 의복 및 주거에 대하여 물질적 보조 및 지원계획을 제공하여야 한다.
4. 당사국은 국내외에 거주하는 부모 또는 기타 아동에 대하여 재정적으로 책임을 지고 있는 사람으로부터 아동양육비를 회수하기 위한 모든 적절한 조치를 취하여야 한다. 특히 아동에 대하여 재정적으로 책임을 지는 사람이 아동이 거주하는 국가와 다른 국가에 거주하는 경우, 당사국은 국제협약의 가입이나 그러한 협약의 체결은 물론 다른 적절한 조치의 강구를 촉진하여야 한다.

제 28 조

1. 당사국은 아동의 교육에 대한 권리를 인정하며, 점진적으로 그리고 기회균등의 기초 위에서 이 권리를 달성하기 위하여 특히 다음의 조치를 취하여야 한다.

   가. 초등교육은 의무적이며, 모든 사람에게 무료로 제공되어야 한다.

   나. 일반교육 및 직업교육을 포함한 여러 형태의 중등교육의 발전을 장려하고, 이에 대한 모든 아동의 이용 및 접근이 가능하도록 하며, 무료교육의 도입 및 필요한 경우 재정적 지원을 제공하는 등의 적절한 조치를 취하여야 한다.

   다. 모든 사람에게 고등교육의 기회가 능력에 입각하여 개방될 수 있도록 모든 적절한 조치를 취하여야 한다.

   라. 교육 및 직업에 관한 정보와 지도를 모든 아동이 이용하고 접근할 수 있도록 조치하여야 한다.

   마. 학교의 정기 출석을 권장하고 중퇴율을 감소하기 위한 조치를 취하여야 한다.

2. 당사국은 학교 규율이 아동의 인간적 존엄성과 합치하고 이 협약에 부합하도록 운영되는 것을 보장하기 위한 모든 적절한 조치를 취하여야 한다.

3. 당사국은, 특히 전 세계의 무지와 문맹 퇴치에 기여하고, 과학적·기술적 지식과 현대적 교육방법에의 접근을 용이하게 하기 위하여, 교육에 관련되는 사항에 있어서 국제협력을 촉진하고 장려하여야 한다. 이 문제에 있어서 개발도상국의 필요에 대하여 특별히 배려해야 한다.

제 29 조

1. 당사국은 아동교육이 다음의 목표를 지향하여야 한다는 데 동의한다.

   가. 아동의 인격, 재능 및 정신적·신체적 능력을 최대한 계발한다.

   나. 인권과 기본 자유 및 유엔헌장에 내포된 원칙을 존중한다.

   다. 자신의 부모, 문화적 주체성, 언어 및 가치 그리고 현 거주국과 출신국의 국가적 가치 및 이질문화를 존중한다.

   라. 아동이 인종적·민족적·종교적 집단 및 원주민 등 모든 사람과의 관계에 있어서 이해, 평화, 관용, 남녀평등 및 우정의 정신에 입각하여, 자유사회에서 책임 있는 삶을 영위하도록 준비시킨다.

   마. 자연환경을 존중한다.

2. 본 조 또는 제28조의 어떠한 부분도 개인이나 단체가 교육기관을 설립하여 운영할 수 있는 자유를 침해하는 것으로 해석되어서는 안 된다. 이는 본 조 제1항에 규정된 원칙들을 준수하고 당해 교육기관에서 실시되는 교육이 국가에 의하여 설정된 최소한의 기준에 부합하여야 한다는 조건을 따른다.

제 30 조

인종적 · 종교적 또는 언어적 소수집단 혹은 원주민이 존재하는 국가에서 이러한 소수민족의 아동 혹은 원주민 아동은 자기 집단의 다른 구성원들과 함께 고유문화를 향유하고 고유의 종교를 신앙하고 실천하며 고유의 언어를 사용할 권리를 거부당하지 아니한다.

제 31 조

1. 당사국은 휴식과 여가를 즐기고, 자신의 연령에 적합한 놀이와 오락활동에 참여하며 문화생활과 예술에 자유롭게 참여할 수 있는 권리를 인정한다.
2. 당사국은 문화적 · 예술적 생활에 완전하게 참여할 수 있는 아동의 권리를 존중하고 촉진하며, 문화, 예술, 오락 및 여가활동을 위한 적절하고 균등한 기회를 제공하도록 권장해야 한다.

제 32 조

1. 당사국은 아동에 대한 경제적 착취, 그리고 아동의 교육에 위험하거나 방해되는 일, 아동의 건강이나 신체적 · 지적 · 정신적 · 도덕적 또는 사회적 발전에 유해한 노동의 수행으로부터 보호받을 수 있는 아동의 권리를 인정한다.
2. 당사국은 본 조의 이행을 보장하기 위한 입법적 · 행정적 · 사회적 · 교육적 조치를 강구하여야 한다. 이 목적을 위하여 그리고 여타 국제문서의 관련 규정을 고려하여 당사국은 특히 다음의 조치를 취하여야 한다.
   가. 최저 고용연령의 규정
   나. 고용시간과 조건에 관한 적절한 규정의 수립
   다. 본 조의 효과적인 실시를 위한 적절한 처벌 또는 기타 제재수단의 규정

제 33 조

당사국은 관련 국제조약에서 규정하고 있는 마약과 향정신성 물질의 불법적 사용으로부터 아동을 보호하고 이러한 물질의 불법적 생산과 거래에 아동이 이용되는 것을 방지하기 위하여 입법적 · 행정적 · 사회적 · 교육적 조치를 포함한 모든 적절한 조치를 취하여야 한다.

제 34 조

당사국은 모든 형태의 성적 착취와 성적 학대로부터 아동을 보호할 의무를 진다. 이 목적을 달성하기 위하여, 당사국은 특히 다음의 사항을 방지하기 위한 모든 적절한 조치를 국내적으로, 양국 간, 다국 간으로 취해야 한다.

가. 아동을 불법적 · 성적 활동에 종사하도록 유인하거나 강제하는 행위

나. 아동을 매음이나 기타 불법적 · 성적 활동에 착취적으로 이용하는 행위

다. 아동을 외설적인 공연 및 자료에 착취적으로 이용하는 행위

제 35 조

당사국은 모든 목적과 형태의 아동의 약취 유인이나 인신매매 또는 거래를 방지하기 위한 모든 적절한 국내적, 양국 간, 다국 간 조치를 취하여야 한다.

제 36 조

당사국은 아동복지의 모든 측면에 해가 되는 기타 모든 형태의 착취로부터 아동을 보호하여야 한다.

제 37 조

당사국은 다음의 사항을 보장하여야 한다.

가. 어떠한 아동도 고문 또는 기타 잔혹하거나 비인간적이거나 굴욕적인 대우나 처벌을 받지 아니한다. 18세 미만의 아동이 범한 범죄에 대하여 사형 또는 석방의 가능성이 없는 종신형을 부과해서는 안 된다.

나. 어떠한 아동도 불법적 또는 전횡적으로 자유를 박탈당하지 아니한다. 아동의 체포, 억류 또는 구금은 법률에 따라 행해야 하며, 오직 최후의 수단으로서 또한

적절한 최단기간 동안만 사용되어야 한다.

다. 자유를 박탈당한 모든 아동은 인도주의와 인간 고유의 존엄성에 대한 존중에 입각하여 그리고 그들의 연령상의 필요를 고려하여 처우되어야 한다. 특히 자유를 박탈당한 모든 아동은, 성인으로부터 격리되지 아니하는 것이 아동의 최선의 이익에 합치한다고 생각되는 경우를 제외하고는 서신과 방문을 통하여 자기 가족과의 접촉을 유지할 권리를 갖는다.

라. 자유를 박탈당한 모든 아동은 법률적, 기타 적절한 구조를 신속하게 받을 수 있는 권리를 가지며, 법원 혹은 독립적이고 공정한 소관 당국에게 자신이 당하고 있는 자유박탈의 적법성에 대해 이의를 제기하고 이러한 소송에 대하여 신속한 결정을 받을 권리를 갖는다.

제 38 조

1. 당사국은 무력분쟁에 있어서, 당사국에 적용 가능한 아동 관련 국제인도법을 존중하고 이 법이 준수되도록 조치를 취한다.

2. 당사국은 15세에 달하지 아니한 자가 적대행위에 직접 참여하지 아니할 것을 보장하기 위하여 실행 가능한 모든 조치를 취하여야 한다.

3. 당사국은 15세에 달하지 아니한 자의 징병을 삼가하여야 한다. 15세 이상 18세 이하의 아동 중에서 징병하는 경우, 당사국은 연장자 순으로 징집해야 한다.

4. 무력분쟁에 있어서 민간인 보호를 위한 국제인도법상의 의무에 따라서 당사국은 무력분쟁의 영향을 받는 아동을 보호하고 배려하기 위해 실행 가능한 모든 조치를 취하여야 한다.

제 39 조

당사국은 어떠한 형태의 유기, 착취, 학대 또는 고문이나 기타 어떠한 형태의 잔혹하거나 비인간적이거나 굴욕적인 대우나 처벌 또는 무력분쟁으로 인하여 희생된 아동의 신체적 · 심리적 회복 및 사회복귀를 촉진시키기 위한 모든 적절한 조치를 취하여야 한다.

제 40 조

1. 당사국은 형사피의자나 형사피고인 또는 유죄혐의 혹은 유죄로 인정받은 모든 아동에 대한 처리 방법을 다음과 같이 취한다. 아동의 연령 그리고 아동의 사회복귀 및 사회에서 건설적 역할을 담당하도록 촉진하는 것이 바람직스럽다는 점을 고려하고, 아동이 인권과 타인의 기본적 자유에 대해 존중하도록 하며, 인간의 존엄성과 가치에 대한 아동의 자각을 촉진시키는 범위 내에서 아동을 처리한다.

2. 이 목적을 위하여 그리고 국제문서의 관련 규정을 고려하며, 당사국은 특히 다음 사항을 보장하여야 한다.

   가. 모든 아동은 국내법 또는 국제법에 의하여 금지되지 아니한 행위를 했거나 안 했다는 이유로 형사피의자가 되거나 형사기소되거나 유죄로 인정받지 아니한다.

   나. 형사피의자 또는 형사 피고인이 된 모든 아동은 최소한 다음 사항을 보장받는다.

      1) 법에 따라 유죄가 입증될 때까지는 무죄로 추정된다.

      2) 피의사실을 신속하게 그리고 직접 또는, 적절한 경우, 부모나 법정 후견인을 통하여 통지받으며, 변론의 준비 및 제출 시 법률적 또는 기타 적절한 지원을 받는다.

      3) 독립적이고 공평한 소관기관 또는 사법기관에 의하여 법률에 따른 공정한 심리를 받아 지체 없이 사건이 판결되어야 하며, 판결 시에는 법률상의 지원을 제고하고, 특히 그의 연령이나 주변환경, 부모 또는 법정후견인 등을 고려하여야 한다.

      4) 증언이나 유죄의 자백을 강요당하지 아니하며, 대등한 조건하에 반대편 증인을 조사하고 자신을 위한 증인을 출석시켜 조사받도록 한다.

      5) 형법위반으로 간주되는 경우, 그 결정 및 그에 따라 부과되는 모든 조치를 법률에 따라 독립적이고 공정한 소관 사법기관에 의하여 심의하도록 한다.

      6) 아동이 사용되는 언어를 이해하지 못하거나 말하지 못하는 경우, 무료로 통역원의 지원을 받는다.

      7) 사법절차의 모든 단계에서 아동의 사생활이 충분히 존중받도록 한다.

3. 당사국은 형사피의자, 형사피고인 또는 유죄로 인정받은 아동에게 특별히 적용
될 수 있는 법률, 절차, 기관 및 기구의 설립을 촉진하도록 노력하며, 특히 다음 사
항에 노력하여야 한다.
가. 형법위반 능력이 없다고 추정되는 최저 연령의 설정
나. 적절하고 바람직스러운 경우, 인권과 법적 보호가 완전히 존중되는 조건하
에서 이러한 아동을 사법절차에 의하지 아니하고 처리하기 위한 조치
4. 아동을 그들의 복지에 적절하고 그들의 여건 및 범행에 비례하여 처리하기 위하
여, 보호, 지도, 감독명령, 상담, 보호관찰, 보호양육, 교육과 직업훈련 및 감호소
보호에 대한 여타 대체방안 등 여러 가지 처리 방법을 활용한다.

제 41 조

이 협약의 규정은 다음 법에 포함되어 있는 아동의 권리 실현에 보다 공헌할 수 있
는 어떠한 규정에도 영향을 미치지 아니한다.
가. 당사국의 법
나. 당사국에 대하여 효력을 갖는 국제법

제 2 부

제 42 조

당사국은 이 협약의 원칙과 규정을 적절하고 적극적인 수단을 통하여 성인과 아동
모두에게 널리 알릴 의무를 진다.

제 43 조

1. 이 협약의 의무이행을 달성함에 있어서 당사국이 이룩한 진전 상황을 심사하기
위하여 이하에 규정된 기능을 수행하는 아동권리위원회를 설립한다.
2. 위원회는 고매한 인격을 가지고 이 협약이 대상으로 하는 분야에서 능력이 인정
된 10명의 전문가로 구성된다. 위원회의 위원은 공평한 지리적 분포와 국가의 사
법제도를 고려하여 당사국의 국민 중에서 선출되며, 개인적 자격으로 임무를 수

행한다.

3. 위원회의 위원은 당사국에 의하여 임명된 자의 명단 중에서 비밀투표에 의하여 선출된다. 각 당사국은 자국민 중에서 1인을 임명할 수 있다.

4. 아동권리위원회의 위원을 선출하는 첫 번째 선거는 이 협약 발효일로부터 6월 이내에 실시되며, 그 이후는 매 2년마다 실시된다. 각 선거일의 최소 4개월 이전에 유엔사무총장은 당사국에 대하여 2개월 이내에 후보자의 명단을 제출하라는 서한을 발송하여야 한다. 사무총장은 위원으로 임명한 당사국의 국가명과 함께 알파벳 순으로 임명된 후보들의 명단을 작성하여, 이를 이 협약의 당사국에 제시하여야 한다.

5. 선거는 유엔 본부에서 사무총장에 의하여 소집된 당사국 회의에서 실시된다. 이 회의는 당사국의 3분의 2 참석을 의사정족수로 하고, 투표에서 최대득표와 절대득표를 얻은 자가 위원으로 선출된다.

6. 위원회의 위원은 4년 임기로 선출된다. 위원은 재임명된 경우에 재선될 수 있다. 첫 번째 선거에서 선출된 위원 중 5인의 임기는 2년 후에 종료된다. 이들 5인위원의 명단은 첫 번째 선거 후 즉시 동 회의의 의장에 의하여 추첨으로 선정된다.

7. 위원회 위원이 사망, 사퇴 또는 본인이 어떠한 이유로 인하여 위원회의 임무를 더 이상 수행할 수 없다고 선언하는 경우, 그 위원을 임명한 당사국은 자국민 중에서 잔여 임기를 수행할 다른 전문가를 임명하되 이는 위원회의 승인을 받아야 한다.

8. 위원회는 자체의 절차규정을 제정한다.

9. 위원회는 2년 임기의 임원을 선출한다.

10. 위원회의 회의는 통상 유엔 본부나 위원회가 결정하는 여타의 편리한 장소에서 개최된다. 위원회는 통상 매년 회의를 한다. 위원회의 회의 기간은, 필요한 경우, 이 협약 당사국 회의에 의하여 결정되고 재검토 되나 이는 총회의 승인을 받아야 한다.

11. 유엔사무총장은 이 협약에 따라 설립된 위원회의 효과적인 기능수행을 위하여 필요한 직원과 편의를 제공한다.

12. 이 협약에 따라 설립된 위원회의 위원은 총회의 승인에 따라 총회가 결정하는 기간과 조건에 따라 유엔의 재원으로부터 보수를 받는다.

제 44 조

1. 당사국은 이 협약이 인정하고 있는 권리를 실행하기 위하여 그들이 채택한 조치와 동 권리의 향유와 관련하여 이룩한 진전 상황에 관한 보고서를 다음과 같이 유엔사무총장을 통하여 위원회에 제출한다.

   가. 관계당사국에 대하여 이 협약이 발효한 후 2년 이내

   나. 그 후 매 5년마다

2. 본 조에 따라 제출되는 보고서는 이 협약의 의무 이행에 영향을 미치는 요소와 장애가 있을 경우 이를 명시하여야 한다. 보고서는 또한 관계국에서 협약을 어떻게 이행하고 있는지에 대해 위원회의 포괄적인 이해를 돕기 위해 충분한 정보를 포함하여야 한다.

3. 위원회에 포괄적인 내용을 담은 첫 번째 보고서를 제출한 당사국은, 본 조 제1항 "나"호에 따라서 제출하는 후속보고서에 이미 제출한 기초적 정보를 반복할 필요는 없다.

4. 위원회는 당사국으로부터 이 협약의 이행에 관한 정보를 추가로 요청할 수 있다.

5. 위원회는 위원회의 활동에 관한 보고서를 매 2년마다 경제사회이사회를 통하여 총회에 제출한다.

6. 당사국은 아동권리위원회에 제출하는 국가보고서를 일반 국민들에게 널리 알려야 한다.

제 45 조

이 협약의 효과적인 이행을 촉진하고 이 협약이 대상으로 하는 분야에서의 국제협력을 장려하기 위하여,

가. 전문기구, 유니세프 및 유엔의 여타 기관은 이 협약 중 그들의 권한범위 내에 속하는 규정의 이행에 관한 심의에 대표를 파견할 권리를 갖는다. 위원회는 전문기구, 유니세프 및 위원회가 적절하다고 판단하는 여타의 자격이 있는 기구에 대하여 각 기구의 권한 범위에 속하는 분야에 있어서 이 협약의 이행에 관한 전문적인 자문을 제공하여 줄 것을 요청할 수 있다. 위원회는 전문기구, 유니세프 및 유엔의 여타 기관에게 그들의 활동범위에 속하는 분야에 대하여 이 협약의 이행에 관한 보고서를 제출해 줄 것을 요청할 수 있다.

나. 위원회는 적절하다고 판단되는 경우, 기술적 자문이나 지원을 요청하는 국가보고서에 대해 위원회의 제안과 함께 전문기구, 유니세프 및 기타 자격이 있는 기구에게 발송할 수 있다.

다. 위원회는 유엔사무총장이 위원회를 대신하여 아동의 권리와 관계된 구체적인 사안에 대해 연구를 실시하도록 유엔총회에 요청할 수 있다.

라. 위원회는 이 협약 제44조와 제45조에 따라 접수한 국가보고서에 기초하여 제안과 일반적 권고사항을 제시할 수 있다. 이러한 제안과 일반적 권고사항에 대해 당사국의 논평이 있으면 그 논평과 함께 관계 당사국에 전달되고 총회에 보고되어야 한다.

제 3 부

제 46 조
이 협약은 모든 국가로부터 서명을 받기 위하여 개방된다.

제 47 조
이 협약은 비준되어야 한다. 비준서는 유엔사무총장에게 기탁된다.

제 48 조
이 협약은 모든 국가에 의한 가입을 위하여 개방된다. 가입서는 유엔사무총장에게 기탁된다.

제 49 조
1. 이 협약은 20번째 비준서 또는 가입서가 유엔사무총장에게 기탁되는 날로부터 30일째 되는 날 발효한다.
2. 20번째의 비준서 또는 가입서의 기탁 이후에 이 협약을 비준하거나 가입하는 각 국가에 대하여, 이 협약은 그 국가의 비준서 또는 가입서 기탁 후 30일째 되는 날 발효한다.

제 50 조

1. 어떤 당사국을 막론하고 개정안을 제안하고 이를 유엔사무총장에게 제출할 수 있다. 이 경우 사무총장은, 모든 당사국에게 동 제안을 심의하고 표결에 붙이기 위한 당사국회의 개최에 대한 찬성 여부에 관한 의견을 표시하여 줄 것을 요청하는 것과 함께, 개정안을 송부하여야 한다. 이러한 통보일로부터 4개월 이내에 당사국 중 최소 3분의 1이 회의 개최에 찬성하는 경우, 사무총장은 유엔 주관하에 동 회의를 소집하여야 한다. 동 회의에 출석하고 표결한 당사국의 과반수에 의하여 채택된 개정안은 그 승인을 위하여 유엔총회에 제출된다.
2. 본 조 제1항에 따라서 채택된 개정안은 유엔 총회에 의하여 승인되고, 모든 당사국의 3분의 2가 찬성하게 될 때에 발효한다.
3. 개정안이 발효하게 되면, 이에 찬성한 당사국과 기존의 협약서 및 이전의 개정안을 이행할 의무를 지고 있는 모든 당사국에 대해 구속력을 발휘하게 된다.

제 51 조

1. 유엔사무총장은 각국이 이 협약의 비준 또는 가입 시 작성한 유보조항 문서를 접수하고 모든 국가에게 이를 배포하여야 한다.
2. 이 협약의 목표와 목적에 위배되는 유보조항은 허용되지 아니한다.
3. 유보사항의 철회는 유엔사무총장에게 통지서 발송을 통하여 언제든지 가능하며, 사무총장은 이를 모든 국가에게 통보하여야 한다. 그러한 통보는 사무총장에게 접수된 날로부터 발효한다.

제 52 조

당사국은 유엔사무총장에게 서면으로 이 협약에 대한 비준의 실효(失效)를 통고할 수 있다. 실효는 사무총장이 통고서를 접수한 날로부터 1년 후에 발효한다.

제 53 조

유엔사무총장은 이 협약의 수탁자로 지명되었다.

제 54 조

아랍어, 중국어, 영어, 불어, 러시아어 및 서반아어로 된 이 협약서의 원본은 모두 동등한 정본으로서 유엔사무총장에게 기탁된다. 이 협약의 증인으로서, 아래에 서명한 전권 대사들은 각국 정부에 의하여 정당히 권한을 위임받아 이 협약에 서명하였다.

참고문헌

강진령(2016). 상담연습: 치료적 의사소통기술. 서울: 학지사.

곽은복(2008). 아동안전관리. 서울: 학지사.

교회연합신문(2019. 6. 20.). 굿네이버스, 아동노동 근절 캠페인 진행.

구자숙(2009). 유아안전교육의 운영 실태와 개선방안에 관한 연구. 강원대학교 석사
       학위 논문.

권기덕, 김동연, 최외선(2000). 가족미술치료. 서울: 동아문화사.

김기훈(2019. 2. 14.). "양육비 미지급, 생존권 침해… 대지급제 등 입법 필요" 헌소.
       연합뉴스.

김동연, 최외선 편(2002). 아동미술치료. 경북: 중문.

김미숙, 전진아, 하태정, 김효진, 오미애, 정은희, 최은진, 이봉주, 김선숙(2013). 아동
       종합실태조사. 한국보건사회연구원.

김선현(2006). 임상미술치료의 이해. 서울: 학지사.

김영민(2003). 임상미술치료집. 서울: 한솜.

김영혜 외(2015). 아동간호학. 서울: 현문사.

김유숙(2001). 가족치료 이론과 실제. 서울: 학지사.

김춘경(2002). 이혼가정아동의 정신건강 증진을 위한 독서치료에 관한 이론적 고찰.
       초등교육연구, 15(2), 47-64.

김효선(2002). 인터넷 게임 중독이 아동의 충동성 및 공격성에 미치는 영향. 제주대학교 교육대학원 석사학위 논문.

김희순(2017). **아동청소년 간호학**. 경기: 수문사.

박경덕, 이지원(2013). 소아암에 대해 알아야 할 모든 것. 한국백혈병소아암협회.

박상희(2002). **유아안전교육**. 경북: 삼광출판사.

박용민(2011). 성인들의 스마트폰 중독과 정신건강에 관한 연구. 상지대학교 평화안보 상담시리 대학원 석사학위논문.

박은하(2011. 11. 8.). 스마트 기기로 한글 깨친 아이들 "종이책 싫어". 경향신문.

서울대학교 교육연구소(1995). **교육학용어사전**. 하우동설.

서유정(2012. 3. 5.). 유 · 아동 인터넷 중독률 성인보다 심각, OBS NEWS.

서채문(1994). **인간과 건강**. 서울: 태근문화사.

손지은(2012. 2. 9.). 퀴즈로, 체조로 … 놀면서 예방하는 인터넷중독. 중앙일보.

송헌종(2006). 아동안전사고의 현황 및 정책 과제. 보건복지포럼. pp.89~98

신숙재, 이영미, 한정원(2000). **아동중심놀이치료 · 아동상담**. 서울: 동서문화원

신현옥(2005). **치매예방 그리고 미술치료**. 치매미술치료협회.

심숙영(2009). '아동놀이와 뉴미디어 게임'. 한국아동권리학회: **아동과 권리**, 13(1), 109-131.

아시아경제(2018. 4. 10.). 아이들 통신비 살벌하네.

엄명용, 노충래, 김용석(2015). **사회복지실천기술의 이해(3판)**. 서울: 학지사

오미영(2008). 언어 폭력 확산과 미디어 현상과 인식. **한국인문사회과학회**, 32(1), 54-72.

오효정(2019. 7. 13)곳곳 위험한 놀이터…안전점검 절반이 엉터리. JTBC.

옥금자(2005). **청소년 임상미술치료 방법론**. 서울: 하나의학사.

옥금자(2007). **미술치료 평가방법의 이론과 실제**. 서울: 하나의학사.

와이즈인포 편집부(2012). **스마트폰 산업 백서**. 서울: 와이즈인포.

이경님(2004). 개인적 변인과 환경적 변인이 아동의 게임중독경향에 미치는 영향. **대한가정학회지**, 42(4), pp. 99-118.

이경자(2009). 대중매체가 아동의 공격성에 미치는 영향에 대한 연구. **21세기 사회복지 연구**, 6(1). 33-49.

이근매(2005). 정서 · 행동장애아동을 위한 미술치료의 실제. 경기: 교육과학사.

이근매, 이상진(2007). 다문화가족미술치료. 경기: 양서원.

이근매, 최외선(2003). 유 · 아동의 발달을 돕는 미술치료의 실제. 경기: 교육과학사.

이기숙, 강영희, 정미라, 배소연, 박희숙(1997). 영유아를 위한 안전교육. 경기: 양서원.

이기숙, 장영희, 정미라, 윤선화(2011). 영유아 안전교육. 경기: 양서원.

이민석(2011). 스마트폰 중독에 영향을 미치는 요인 연구. 연세대학교 정보대학원 석사학위논문.

이성희(2019. 6. 24). 단칸방 거주 '아동 빈곤가구', 내달 공공임대주택 우선 입주. 경향신문.

이소현 (2011). 특수아동교육(3판). 서울: 학지사.

이용교 외(2000). 한국의 아동복지학. 경기: 양서원.

이용교(1993). 한국청소년복지의 현실과 대안. 서울: 은평천사원 출판부.

이정희(2009). 아동의 전자게임 환경과 가족유대감 형성에 관한 연구. 숙명여자대학교 원격대학원. 석사학위논문.

이종현(2012. 1. 24.) "게임 4.8세에 시작"…중독도 빨라진다. 조선비즈.

이철수(2009). 사회복지학사전. 경기: 블루피쉬.

이하나(2012. 3. 16.). "스마트폰 주는 건 칼을 쥐어주는 셈". 여성신문.

장성현(2011. 4. 21.). 스마트폰 게임중독 '세살 버릇' 될라. 매일신문.

장인협, 오정수(1993), 아동 · 청소년복지론. 서울: 서울대학교출판부.

전혼잎(2019. 5. 23). 아동학대 방지 위해 부모의 '민법상' 체벌 권리 삭제한다. 한국일보.

정여주(2004). 미술치료의 이해: 이론과 실제. 서울: 학지사.

정여주(2006). 노인미술치료. 서울: 학지사.

정원주, 유태영(2007. 5. 28.). 교통사고에 무방비 노출된 어린이 놀이터 "아車車".

정현희(2006). 실제적용중심의 미술치료. 서울: 학지사.

조미영(2011). 미술심리치료의 이해와 실제. 서울: 파란마음.

최은진 (2015). 아동의 신체적 건강상태와정책과제 보건복지포럼.

최중옥(2000). 특수 아동의 이해와 교육. 경기: 교육과학사.

최현석, 이현경, 하청절(2012). 스마트폰중독이 정신건강, 학교생활, 대인관계에 미치는 영향. 계명대학교 통계학과.

탁영란, 윤미화. 전영신 안지연(2003). 소아암 환아 가족이 인지한 사회적 지지가 적응에 미치는 영향. **아동간호학회지**. 9(1). 9-17.

하승민, 서지영, 강현아, 마주리, 서혜전, 장정백(2008). **아동상담**. 경기: 공동체.

한국미술치료학회 편(2000). **미술치료의 이론과 실제**. 서울: 동아문화사.

한혜경(1997). 아동안전 실태와 정책과제.

홍창의(2013). 소아과학. 서울: 대한교과서.

황대훈(2018. 7. 27.). '칸막이' 속 장애아동 교육권…왜 놓쳤나. EBSNEWS.

Alschuler ,R. h,& Hattwick, L.w, (1947). *Paintingand Personality: a study of young children*. Chicago: University of Chicago Press.

Association for the Care of Children's Health. (1980). *Guidelines for the Development of Child Life Programs*. Washington, D. C.: ACCH..

Barnett, C., Leiderman, H., Grobstein, R., & Kloys, M. (1970). *Neonatal separation: The maternal side of deprivation*. Pediatrics.

Bernstein, J .E. (1989). *Bibliotherapy: How books can help young children cope with dir*.

Brill, N. (1997). *Working with People: The Helping Process*.

Burton, L. (1975). *The Family Life of Sick Children* . Boston: Routledge & Kegan Paul.

Campbell, E. H. (1957). Effects of mothers' anxiety on infants' behavior. Unpublished doctoral disseration, Yale University.

Cassel, S. (1965). Effect of brief puppect theray upon the emotional responses of children undergoing caradiac catheterization. *Jounal of Counsulting psychology, 29*, 1-8.

Clatworthy, S. (1981). Therapeutic play: Effects on hospitalized children. *Journal of Association for care of children's Health, 9*, 108-113.

Douglas, J. W. B. (1975). Early hospital admissions and later disturbances of behavior and learning. Developmental Medicine and Child Neurology

Erikson, F. (1958) *Reactions of children to hospital experience*. Nurs outlook.

Evans, D. R. (2000). 상담의 필수기술 (*Essential Interviewing*). (성숙진 역). 서울: 나남.

Garvey, C. (1997). *Play*. Cambridge: Hatvatd University Press.

Gumaer, J. (1984). *Counseling and Therapy for children*. The Free Press.

Hardgrove, C., & Dawson, R. (1972). *Parents and Children in Hospital*. Boston: Lettle, Brown.

Hofmann, A. D., Becker, R. D., & Gabriel, H. P. (1976). *The Hospitalized Adolescent*. New York: The Free Press.

Howells, J. G., & Layng, J. (1956). *The effect of separation experiences on children given care away from home*. Medial officer.

James, F. E. (1960). The behavior reactions of normal children to commo n operation. *Practitioner, 185,* 339–342.

Jessner, L., Bloom, G. D., & Waldfogel, S. (1977). Emotional implications of tonsillectomy and adenoidectomy on children. In R. S. Eissler et al. (Eds.), *Physical Illness and Handicap in Childhood*. New Haven: Yale University Press.

Kassowitz, K. E. (1958). Psychodynamic reactions of childrem to the use of hypodermic needles. *American Journal of the Diseases of Children*.

Kennell, J. H., Voos. D, K,. & Klaus, M. H. (1979). Parent · infant bonding. In J. D. Osofsky(Ed.), *Handbook of Infant Development*. New York: Wiley.

Knight, J. (no date). Fair Play for Chidren. ACCH.

Landgarten, H. B. (1989). *Family Art Psychotherapy*. N. Y.: Brunner/mazel.

Landgarten, H. B. (2004). 가족 미술심리 치료 (*Family Art Psychotherapy*). (김진숙 역). 서울: 학지사. (원저는 1987년에 출판).

Levy, D. M.)1960). The infant's earlliest memory of innoculation: A contribution to Public health Procedures. *Journal of Gendtic Psychology*.

Lissauer, T., Clayden, G., & and Craft, A. (2012). Illustrated Textbookof Paediatrics: with STUDENTCONSULT Online Access (4th ed.). Elsevier.

Lowenfeld, V. (1947). *Creative and mental growth.* New York: Macmillan.

Lowenfeld, V. (1952). The Nature of Creative Activity (2nd ed.). London: Routledge and Kegan Paul.

Lowenfeld, V. (1954). *Your child and hisart.* New York: Macmilian.

Marshall. W. A. (1977). *Human growth and its disorders.* Orlando, FL: Academic press.

McCue, K., Wagner, M., Hansen, H., & Rigler, D. (1978). Survey of a developing health care profession: Hopspital "play" programs. *Journal of the Association for the care of children in Hospitals.*

Merriam, A. (1964). *The Anthropology of Music.* Chicago: Northwest University Press.

Mther, P. L., Glasrud, P. H. (1980). Personal communication, June 23.

O'conner, K. J. & Braverman, L. D. (2011). 놀이치료 이론과 실제: 이론과 기법의 비교 (*Play Therapy Theory and Practice*). (송영혜, 이승희, 김현주 역). 시그마프레스. (원저는 1997에 출판).

Parten. M. (1932). Social participation among pre · school children. *Journal of Abnormal and Social Psychology.*

Petrillo, M. & Sanger, S. (1980). *Emotional Care of Hospitalized Children.* Philadelphia: Lippincott.

Piaget, J. (1962). *Play, Dreams and Imitation in Childhood.* New York: W.W. Norton Psychology(pp. 103–129). New York: John willey & sons.

Pinterd, B., & Zipf, W. B. (2005). Puberty-timing is everything. *Journal of Pediatric Nursing, 20,* 75–82.

Prugh, D.G., Staub, E., Sands, H. H., Kirschbaum, R. J., & Lenihan, E, A. (1953). A Study of the emotional reactions of children and families to hospitalization and illness. *American Journal of Orthopsychiatry.*

Rider, M. (1985). Entertainment mechanism involved in pain reduction, muscle relaxation, and music mediated imagery. *Journal of Music Therapy, 22* (4), 184–192.

Robert M. Kliegman, Bonita F.Stanton, Joseph W St. Geme Ⅲ, Nina F. Schor, & Richard E. Behrman (2011). *Nelson Textbook of Pediatrics*(19th ed.). Elsevier Sunders.

Robert. L. B. (1995). 사회사업사전 (*Social work dictionary*). (중앙사회복지연구회 역). 서울: 이론과 실천. (원저는 1995년에 출판).

Robertson, J. (1958). *Young Children in Hospitals.* New York: Basic Book.

Roger, C. R. (1961). *On becoming a person.* Boston: Houghton Mifflin.

Rogers, C. R. (1951). *Client · centered therapy; its current practice, implications, and therapy.* Boston: Houghton Mifflin Company.

Rubin, K. H., Maioni, R. L., & Hornung, M. (1976). Free play behaviorors in middle and lower-class preschoolers: parten and piaget revisited. *Child Dvelopment.* 47, 414-419.

Rubin, L. C. (Ed.). (2018). *Handbook of Medical play therapy and Child life.* New York: Routledge.

Rutkowski, J. A. (1978). Survey of child life programs. *Journal of the Association for the care of children in Hospital, 6* (4), 11-16.

Salerno. M. (2003). *Mosby's Pharmacology in Nursing* (21th ed.). MOSBY.

Scarr-Salapatak, S., & Williams, M. L. (1973). The effects of early stimulation on low birth weight infants. *Child Development. 44* (1) 94-1014.

Shaffer. D. R. & Kipp, K. (2014). 발달심리학 (*Developmental Psychology: Childhood and Adolescence, International Edition 9th Edition*). (송길연, 장유경, 이지연, 정윤경 역). 서울: 박영사.

Sheafor, B. W., Horejsi, C. R., & Horejsi, G. A. (1997). *Techniques and Guidelindes for social Work Practice.* New York: Allyn & Bacon.

Shulman, L (1984). *The Skills of Helping: Individual and Groups* (2nd ed.). Itasca, IL: Peacock.

Skipper, J. K., & Leonard, R. C. (1968). Children, stress, and hospitalization: A field experiment. *Journal of Health and Social Behavior.*

Sweeney, D. S. & Homeyer. L. E. (2009). 집단놀이치료핸드북 (*The Handbook of*

Group Play Therapy). (유미식, 유재령, 우주영, 전정미 역). 시그마프레스. (원저는 1999년에 출판).

Taussig, E. et al. (2008). *Pediatric Respiratory Medicine* (2nd ed.). MOSBY

Thompson, R. H., & Stanford, G. (1981). Child Life in Hospitals-theory and practice. Charles C. Thomas Publisher.

Trevithick, P. (2000). *Social Work Skills: A Preactice Handbook.* Philadelphia, PA: Open University Press.

Vernon, D. T. A., Foley, J. M., Sipowicz, R . R., & Schulm an, J. L. (1965). *The psychological Responcess of Children to Hospitalization an Illness.* Spreingfield, Illinois: Charles C Thomas.

Wadeson, H. (2000). *Art Therapy Practice.* New York: John Wiley & Sons.

Webb, N. B. (2006). 위기에 처한 아이들을 위한 놀이치료 (*Play Therapy with Children in Crisis*). (권영민 외 역). 서울: 학지사. (원저는 1999년에 출판).

Wolfer, J. A., & Visintainer, M. A. (1975). Pediatric surgical patients' and parents' stress responses and adjustment as a function of psychological preparation and stress · point nursing care. Nursing Reasearch.

Woolfolk, A. (2012). *Education Psychology* (12th ed.). Person.

EBS 〈다큐프라임〉 아동범죄의과학 · 아이들은 왜 낯선 어른을 따라가는가?

SBS 〈우리아이가 달라졌어요〉 320회.

건강보험심사평가원(2017). 2016년 학령기별 진료현황보고. http://www.hira.or.kr

네이버 지식백과. 뇌전증. 서울대학교병원 의학정보.

놀이미디어교육센터 www.gamemedia.or.kr

미국 병원아동생활전문가 ACLP https://www.childlife.org/

서울아산병원 홈페이지 http://www.amc.seoul.kr

세브란스어린이병원 질환정보 http://sev.iseverance.com/children/health_info/ disease_info/disease_info/

우먼센스 공식 블로그 http://blog.daum.net/i_womansense/240

유니세프 홈페이지 http://www.unicef.org/crc/index_understanding.html

인터넷중독대응센터 http://www.iapc.or.kr/main.do
일본 병원아동생활전문가 CLS http://childlifespecialist.jp/
중앙아동보호전문기관 http://www.korea1391.org/page/0202.php
한국정보 진흥원 인터넷 중독 예방센터 http//www.iapc.or.kr)
한국정보화진흥원 http://www.nia.or.kr/

저자 소개

진혜련(Chin, Hye Ryun)

한림국제대학원대학교 언어치료학과 겸임교수
세이브더칠드런 긍정적 훈육 수퍼바이저
마음돌봄상담센터 공동대표

이혜미(Lee, Hye Mi)

한림국제대학원대학교 청각학과 겸임교수
명지대학교 자연사회교육원 상담과 미술심리상담 지도교수
마음돌봄상담센터 공동대표

임귀자(Lim, Kyu Ja)

광주여자대학교 유아교육과 교수
광주여자대학교 산학협력단 부단장 및 평생교육원 부원장
아이키우기좋은나라 운동본부 정책위원장

아픈 아동과 그 가족의 건강한 삶을 지원하는
병원아동생활전문가
Child Life Specialist in Hospital

2020년 1월 10일 1판 1쇄 인쇄
2020년 1월 20일 1판 1쇄 발행

지은이 • 진혜련 · 이혜미 · 임귀자
펴낸이 • 김진환
펴낸곳 • ㈜ 학지사

04031 서울특별시 마포구 양화로 15길 20 마인드월드빌딩
대표전화 • 02-330-5114   팩스 • 02-324-2345
등록번호 • 제313-2006-000265호

홈페이지 • http://www.hakjisa.co.kr
페이스북 • https://www.facebook.com/hakjisa

ISBN 978-89-997-1990-5 93180

정가 22,000원

이 도서의 국립중앙도서관 출판시도서목록(CIP)은 서지정보유통지
원시스템 홈페이지(http://seoji.nl.go.kr)와 국가자료공동목록시스템
(http://www.nl.go.kr/kolisnet)에서 이용하실 수 있습니다.
(CIP 제어번호: CIP2019048541)

출판 · 교육 · 미디어기업 학지사

간호보건의학출판 학지사메디컬 www.hakjisamd.co.kr
심리검사연구소 인싸이트 www.inpsyt.co.kr
학술논문서비스 뉴논문 www.newnonmun.com
원격교육연수원 카운피아 www.counpia.com